# 일제의 식민도시건설과 자본가

# 일제의 식민도시건설과 자본가

초판 1쇄 발행 2015년 8월 31일

지은이 | 김 경 남
펴낸이 | 윤 관 백
펴낸곳 | 도서출판 선인

등 록 | 제5-77호(1998.11.4)
주 소 | 서울시 마포구 마포대로 4다길 4 곶마루 B/D 1층
전 화 | 02)718-6252/6257
팩 스 | 02)718-6253
E-mail | sunin72@chol.com

정가 36,000원

ISBN 978-89-5933-921-1 93900

* 이 책은 2014년 정부(교육부)의 재원으로 한국연구재단의 지원을 받아 수행된 연구임(NRF-2014S1A5B8063617)

# 일제의 식민도시건설과 자본가

김 경 남

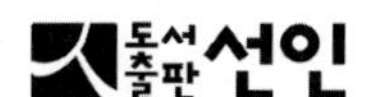

# 책을 간행하면서

## 1.

필자가 한국의 근대 도시형성사와 자본가에 대해 관심을 갖게 된 것은 80년대 격동적인 사회변혁기를 어떻게 보고 어떻게 현실을 살아야하는가라는 문제의식에서부터였다. 당시 군부 독재하에서 추진된 경제개발은 현상적으로 성장세를 보이고 있었으나, 자본축적은 정권에 밀착된 대기업위주로 진행되고 있었다. 이에 따라 자본을 재생산하기 위해 매일 일하고 있던 노동자, 농민, 기업의 사원들은 '개발'을 위해 자신들의 기본적인 권리조차 유린당하는 것이 일상사였다. 학교와 거리에는 '독재타도'를 외치는 학생과 시민들의 외침으로 가득 찼다. 자본의 축적과 배분에 대한 구조적인 모순에 대한 근본적인 원인은 어디에 있는가. 이러한 문제의식을 가지고 필자는 한국 자본주의의 역사적 기원에 해당하는 일제강점기 대도시를 중심으로 한 객관적 물적 토대를 연구하게 되었다.

연구를 진행하면서 일제가 점령지 및 식민지에 도시를 건설하는 과정은 식민지국가와 재조일본인과 조선인상층이 자본을 축적하는 시스템을 구축하는 과정이었다는 것을 알게 되었다. 그리고 그것은 공업화과정과 밀접하게 연관되어 있고 당국에 공조하는 새로운 자본가 집단이 형성되고 정경유착 시스템을 만들고 운용하는 과정이었다. 또한 무엇보다도 일제가 구축한 식민지 시스템은 아시아태평양전쟁 패전과 함께 전면 재편성되는 특징을 갖고 있다.

그러므로 필자는 일제강점기 도시공간을 식민지적 자본주의 축적 시스템의 한 구성단위로 파악하고자 한다. 그리고 일제의 침략과 함께 형성된 식민도시 공간에 내재된 식민지적 자본주의에 대한 구조적 본질과 특성을 밝히는데 초점을 맞추고 있다.

그런데 연구를 진행하면서 이러한 문제를 풀기 위한 과정에는 몇 가지 넘기 힘든 장애가 있다는 것을 알았다. 먼저, 가장 큰 문제는 자료의 분산과 이용 제한 문제이다. 일제의 무조건 항복으로 인해 조선총독부와 일본군 문서가 대량으로 파기되었고, 또한 일제강점기 일본내각과 조선총독부 사이의 중층적 결재구조 때문에 한국과 일본에 각각 분산 보존되어 있다. 그리고 당시 정권을 쥐고 있던 한·일 인사들이 해방 후에도 미·소 냉전 체제하에서 다시 부활하였고, 현재도 권력을 계승하고 있기 때문에 비밀자료들은 파기되거나 은닉되고 있다. 아시아태평양전쟁, 한국전쟁, 극동국제군사재판(The International Military Tribunal for the Far East; 일명 도쿄재판) 등은 더욱 기폭제가 되었다.

이런 까닭으로 우리들은 근대 도시형성 과정을 복원하는 기초자료 중 비밀자료 원본을 2000년대에 들어와 겨우 볼 수 있었다. 그러므로 현상적인 실태에 대한 전모와 본질적인 문제를 접근하는 것은 근본적으로 한계가 있었다. 그것은 현재도 마찬가지이다. 조선총독부기록을 소장하고 있는 한국 국가기록원에서는 자료를 분류하여 2000년대에 대부분 공개하였으나, 대부분 실행과 관련된 기록물이다. 실제로 일본이 조선을 지배하기 위해 작성한 핵심적인 정책, 예산, 인사관련 기록은 모두 일본의 국립공문서관과 궁내성 서릉부, 방위성 방위연구소, 외무성 외교사료관 등에 보존되어 있다. 특히 식민지 시기 도시개발에서 가장 중요한 군사관련 기록은 대부분 일본 방위성 방위연구소에만 있고 한국에는 전혀 보존되어 있지 못하다. 이것은 매우 심각한 문제이다. 이 기관들에는 봉인해제를 기다리는 총독부 관련 극비문서가 아직도 많이 남아있다. 향후 이 기관들이 비밀문서를 해제하는 것은 현재 한국의 근대 식민도시 형성사를 밝히는 관건이 될 것이다.

둘째, 일제강점기 권력집권층과 재계의 핵심적인 실세들과 그 유족들이 현재도 그대로 계승하는 경우가 많기 때문에, 사실을 있는 그대로 모두 밝히는 것은 어려움이 있다는 점이다. 한국에서 친일협력자는 반민특위나 과거사 친일청산작업 등에 의해 미완이기는 하지만, 이들이 사회적으로 존경받을 수 없는 분위기가 되었다. 그러나 일본에는 천황제가 아직도 지속되고 있고, 식민지 지배권력 유족들이 정권 실세를 잡고 있기 때문에 문제는 더욱 심각한 실정이다. 따라서 한국과 북한, 일본 모두 식민지 지배와 관련하여 완전한 청산이 수반되고, 이데올로기적 억압구조가 해결되는 것이 필요하다. 이 과정은 지난한 과정이 되겠지만, 객관적 사실 복원을 위한 필수적인 요건이라고 할 수 있을 것이다.

셋째, 한국 근대 도시사 형성은 공업화문제를 수반하기 때문에 한국 근대화논쟁과 밀접하게 연관되어 있다. 한국 근대화논쟁은 남북한 이데올로기문제와 관련하여 정치적으로 뉴라이트 세력의 이론적 근간이 되고 있다. 이에 따라 연구의 다양성이 결여되어 수탈－착취냐 개발－시혜냐를 중심으로 논리가 전개되었다는 점이다. 그러나 개발을 통해 이윤을 극대화하는 것은 자본주의 기본원리이므로, 식민지적 조건하에서 어떻게 특수성이 발현되는가에 대한 변증법적이고 통일적으로 분석할 필요가 있다. 일본제국이 식민지 조선에서 식민도시를 건설한 유형은 서양의 식민지 지배방식과는 다른 동양적 식민지지배 방식의 한 유형을 나타내고 있다. 따라서 한국의 근대 도시사는 근대성과 식민성을 모두 포함하고 있으므로 근대식민도시사라고 할 수 있으며, 세계사적 관점에서 다양한 스팩트럼으로 접근할 필요성이 있다.

## 2.

서구에서는 19세기부터 이미 도시연구가 진행되었고, 식민도시에 대한 학문적 관심이 촉발된 것은 세계적으로 광범위한 탈식민지화가 추진되었던 제2차 세계대전 이후의 일이다. 그러나 한국에서 도시연구는 2000년 이후에야 본격적으로 진행되었다. 서울을 비롯하여 부산, 인천 등 개항장, 개시장에서 성장한 대도시뿐만 아니라 중소도시에 대해서도 다양한 분야에서 미시적 연구가 진행되고 있다. 서구에서는 마르크스 엥겔스의 고전적인 도시이론부터 르페브르, 카스텔, 데이비드 하비, 앤서니 킹에 이르기까지 도시문제, 노동자재생산문제, 자본주의체제에 대한 영향력 등 다양하게 전개되고 있다.

현재는 신자유주의체제하 세계체제론적 관점에서 대부분 영국의 식민지 인도 델리·뉴델리에 대한 연구를 사례로 자본주의적 축적 구조에 대한 논의가 진행되고 있다. 그렇지만 한국에서 근대도시연구는 자본주의적 축적 구조보다는 사실을 복원하는 미시적 연구에 집중되어 있다. 이에 따라 수도 경성을 비롯하여 개항장도시 부산과 인천, 전통도시 전주와 대구 등에 대한 실태를 밝히는 연구가 다양하게 이루어지고 있다.

본서는 한국 근대도시사 분야에 대한 새로운 역사학적 모색의 하나로서, 전체적인 맥락을 파악하면서 한 지역을 선택하여 구체적으로 어떻게 자본주의적 축적구조가 만들어지는가에 초점을 맞추고 있다. 이를 통해 세계체제론적 관점에서 식민도시 혹은 종속도시에 대한 탈종속화 가능성에 대하여 예상해 볼 수 있을 것이다.

한국근대의 도시 건설과정을 왜 세계체제론적 관점에서 보아야 할까.

그 이유는 19세기 중반 이후 조선 사회 자체의 내부적인 모순이 표출된 것도 있지만, 변화의 터닝 포인트는 제국주의 전쟁이라는 핵폭풍 속에 있었기 때문이다.

한국근대사는 제국주의 열강의 식민지쟁탈전에 휘말려 전통적으로 내려오던 내재적인 상품화폐경제 원리가 부정되면서 진행되었다. 한반도는 1872년 메이지정부가 부산의 초량왜관을 점령하면서부터 전쟁의 소용돌이에 휘말려 들어갔다. 1910년 일제가 강제로 병합하기 전까지 한반도는 조불전쟁, 조영전쟁, 조일전쟁(운요호사건), 청일전쟁, 러일전쟁 등이 치러지는 전쟁터가 되었다. 이 과정에서 민중들은 동학농민전쟁, 의병전쟁 등을 통해 항거하였으나 역부족이었다. 결국 한국의 운명은 강대국 힘의 논리에 의해 결정되고 말았다. 이후 한국은 일본자본주의의 변동에 큰 영향을 받으면서 세계자본주의체제로 편입되었다.

이러한 강대국 사이의 힘의 논리는 일제로부터 해방되고 70년이 지난 오늘날까지도 지속되고 있다. 그 이유는 중첩적이다. 첫째, 아시아태평양전쟁에서 승리한 GHQ(General Headquarters of Supreme Commander for the Allied Powers)의 점령지에서 벗어난 일본정부, 남·북한정부가 일제의 식민지지배에 대한 전후배상 혹은 전후보상 문제를 제대로 처리하지 않았기 때문이다. 둘째, 미소 냉전체제하에서 한반도가 한국전쟁으로 또다시 전쟁터가 되면서, 미국이 적국 일본을 극동지역 파트너로 다시 선택하였기 때문에 빚어진 비극이다. 셋째, 최근에는 중국이 경제대국으로 급부상하면서 미국·일본·남한과 중국·소련·북한이 대치되는 국면으로 전환하고 있다. 강대국들과 집권자의 이러한 움직임은 다시 한 번 아시아와 한반도를 전쟁위기로 내몰고 있어 우리들을 긴장시키고 있는 상황이다. 이곳에 살고 있는 우리들의 생명과 재산에 대한 안전보장 문제가 심각하게 제기되고 있는 실정이다.

이러한 국제정세의 흐름 속에서, 한·미·일 군사합동훈련, 북한의 핵실험, 일본의 독도영유권 주장, 제주도 강정해군기지 설치, 중·일의 명동 제주도 등의 토지매수, 한일 정보통신 협정논의, 일본의 특정비밀보안법실시, 안보법개정논의, 중일의 다오위다오(센가쿠)분쟁, 러·일의 사할린 분쟁 등 마치 110년 전 러·일전쟁 전야를 보는 듯하다.

다시 한반도에 전쟁이 일어날지 모른다는 위기감이 우리 역사의 뼈아픈 경험 속에서 느껴져 온다. 이렇게 되면 위험에 처하는 사람은 민족을 불문하고 그 지역에 살고 있는 주민들이다. 아시아태평양전쟁과 한국전쟁, 미소냉전체제의 대립으로 수많은 사람이 죽고 도시의 인프라는 궤멸되었다.

본서는 이러한 강대국 논리와 체제 논리가 강하게 작동한 근대의 시작시기를 대상으로, 일본제국이 대륙침략을 위해 조선에 건설한 거류지·식민도시와 자본가의 공조체제에 대한 본질과 실태를 구체적으로 밝히기 위해 기획한 것이다. 이것은 한반도가 또다시 강대국 이기주의에 휘말려 격동의 국제전쟁 속으로 치닫고 있는 이 시점에서, 식민지근대화론과 시혜론에서 통계로 말하는 '식민지 조선의 근대화'에 대한 환상을 근본적으로 바로잡기 위한 시도이다.

식민지근대화론을 본질적으로 바로잡기 위해서는 일본제국이 왜 조선에 도시를 건설하였는가 하는 근본적인 문제로부터 출발해야 한다. 이를 위해서는 식민도시화의 범주에 공업화, 자본가를 포함하여 자본의 축적구조를 총체적으로 고찰해야 할 것이다.

일본제국은 왜 조선을 점령하고 도시를 건설하였는가. 그것은 말할 것도 없이 제국주의적 확대를 위하여 대륙을 침략하기 위한 거점, 대륙병참기지를 확보하기 위한 것이었다. 그 과정에서 추진된 시가지계획이나 공업화 등은 근대화를 가장한 식민지수탈체제가 강화된 것이라고 할 수 있다. 즉 일본내각과 군부, 그리고 재계가 원하는 것을 손에 넣기 위해 독식하는 구조를 만드는 것이 바로 그들이 말하는 근대화인 것이다. 그들은 자신들의 세력권에서 이러한 군부독점체제와 정경유착구조를 만들고, 물자와 인력을 총동원하여 중일전쟁도 아시아태평양전쟁도 수행하였다. 이 과정에서 근대화의 바로미터라고 하는 도로, 철도, 항만시설 등 인프라의 수치와 경제성장 수치가 증가하였다. 그것을 '개발'이라고 말하고 '근대화'라고 호도하고 있는 것이다.

그렇지만 그 질적인 내부구조를 보면 실상은 다르다는 것을 알 수 있다, 일제강점기 도시의 자본주의 시스템은 정경유착 구조 속에서 신도시를 개발하여, 자본주의적 잉여가치를 권력자와 그들과 밀착한 자본가들이 차지하는 자본축적 시스템이었다. 또한 도시개발의 주도권을 빼앗겨 전통적인 질서는 무시되고 지역의 고유성은 파괴되고 말았다. 일부 권력자와 자본가들의 부의 축적은 중층적인 약육강식의 자본주의 구조와 민족적 억압 속에 수많은 사람들의 상대적 박탈감, 팍팍한 도시생활과 맞바꾼 것이다.

최근 중국의 대국화에 맞서, 미국은 일본을 극동지역 경제파트너에서 다시 군사적 파트너로 선택했다. 그리고 북한과는 대치상황이 고조되고 있다. 이러한 정치적 군사적 대치 상황 속에서 중국, 미국, 일본의 대자본이 대한민국의 주식시장과 토지시장을 잠식하고 있다. 식민지시기 치욕적인 역사적 경험을 헛되이 하지 않기 위해서, 종속적 독재 지배시스템 작동구조의 연속성과 단절성을 명확하게 규명하여 현실을 직시하고 미래를 대비해야 할 것이다.

## 3.

이 책은 2003년도 '일제하 조선에서 도시건설과 자본가집단망의 형성'이라는 부산대학교 일반대학원 박사학위논문을 기본으로 하여, 그동안 진전되어온 연구 성과를 반영하여 수정, 보완하였다. 특히 일제의 대륙침략 의도가 거류지, 신도시 중심 개발정책으로 관철되면서 군사적 요새개발과 밀접하게 연관되어 있는 구조를 밝히고자 하였다. 이를 통해 도시개발과 근대화를 보는 시각을 제고하고자 하였다. 또한 일제의 정치권력과 새로운 재계가 손잡고 만들어내는 정경유착구조의 식민지적 본질을 파악하고자 하였다. 즉, 일본의 제국주의 전쟁이 확대되면 될수록, 식민지 조선에서 도시개발은 군수물자조달과 관련하여 더욱 촉발되었고, 상층자본가들은 권력과 밀착되어 막대한 초과이윤을 획득하였다. 반대로 권력에 저항하는 자들은 자본가든 노동자든 파산하고 마는 시스템이 만들어진 것이다. 이러한 시스템은 대상만 다를 뿐 오늘날에도 계속되고 있다. 도시는 유기체이다. 어떠한 권력이 어떠한 도시를 건설하고 운영하는가에 따라 흥망성쇠를 거듭하기 때문이다.

이 책이 나오기까지 너무나 많은 분들의 은혜를 입었다. 지도교수 윤용출, 최원규 선생님께 음으로 양으로 입은 은혜는 말로 다 표현하지 못할 정도이다. 故김석희, 김동철, 김호범, 김인호 선생님께서는 이론적 틀과 구체적인 접근방식 등에 대해 지도해주셨다. 주보돈 선생님께서는 사회활동을 하다가 학문하겠다고 결심한 필자에게 학문하는 기본 원리를 깨우쳐주셨다. 교토대학 미즈노 나오키(水野直樹) 선생님께서는 일본에서 연구와 관련된 자료와 관점을 가르쳐주시고 유학생활을 편안하게 할 수 있도록 배려해주셨다. 가고타니 나오토(籠谷直人) 선생님께는 경제학적으로 자본가를 분석하는 연구방법을 배웠고, 허수열 선생님은 부산·경남지역 공업 자료를 제공해주셨다. 우쓰미 아이코(内海愛子), 故무라이 요시노리(村井吉敬) 선생님은 시민들과 함께하는 학문을 몸소 가르쳐주셨다. 손정목, 사카모토 유이치(坂本悠一), 기무라 겐지(木村健二), 하시야 히로시(橋

谷弘), 다카사키 소지(高崎宗司) 선생님께서는 식민지도시에 대한 자료를 제공해주시고 전체적인 상을 잡는데 도움을 주셨다. 히로세 요시히로(廣瀨順晧) 선생님은 근대사 연구에 기초가 되는 일본초서를 가르쳐주셨다. 그리고 현재열, 이귀원, 오미일 선배님을 비롯하여 대학원 동료들은 한국근현대사의 문제점에 대하여 심도 있는 토론을 전개하였다.

이러한 많은 분들에게 도움을 받고 식민도시축적론에 대한 전체적인 상을 어렴풋이 만들 수 있었다. 이 자리를 빌려 마음깊이 감사 말씀을 올린다. 어머니와 가족들, 필자와 인연이 되어 도와주신 모든 분들에게 감사드린다. 그리고 무엇보다도 출판사정이 어려운 가운데 이 책을 간행해주신 선인출판사 윤관백 사장님을 비롯하여 직원 분들께 삼가 깊은 감사의 말씀을 올린다.

김 경 남

# 목차

# 【본문 수록 표 및 그림 목차】

## ▌표▌

**▌그림▐**

## ▌일러두기▐

1. 일본 천황의 표기에 대해서는 일왕으로 표기하였으나, 고유명사일 경우 그대로 천황으로 표기하였다.

2. 일본인의 인명 읽기는 당시 사료에서 확인되지 않을 경우 현재의 일본성명 표기를 사용하였다.

3. 일본내각과 조선총독부 등이 작성한 공문서의 페이지 표기는 보존기관에서 부여한 페이지를 기재한 경우도 있다.

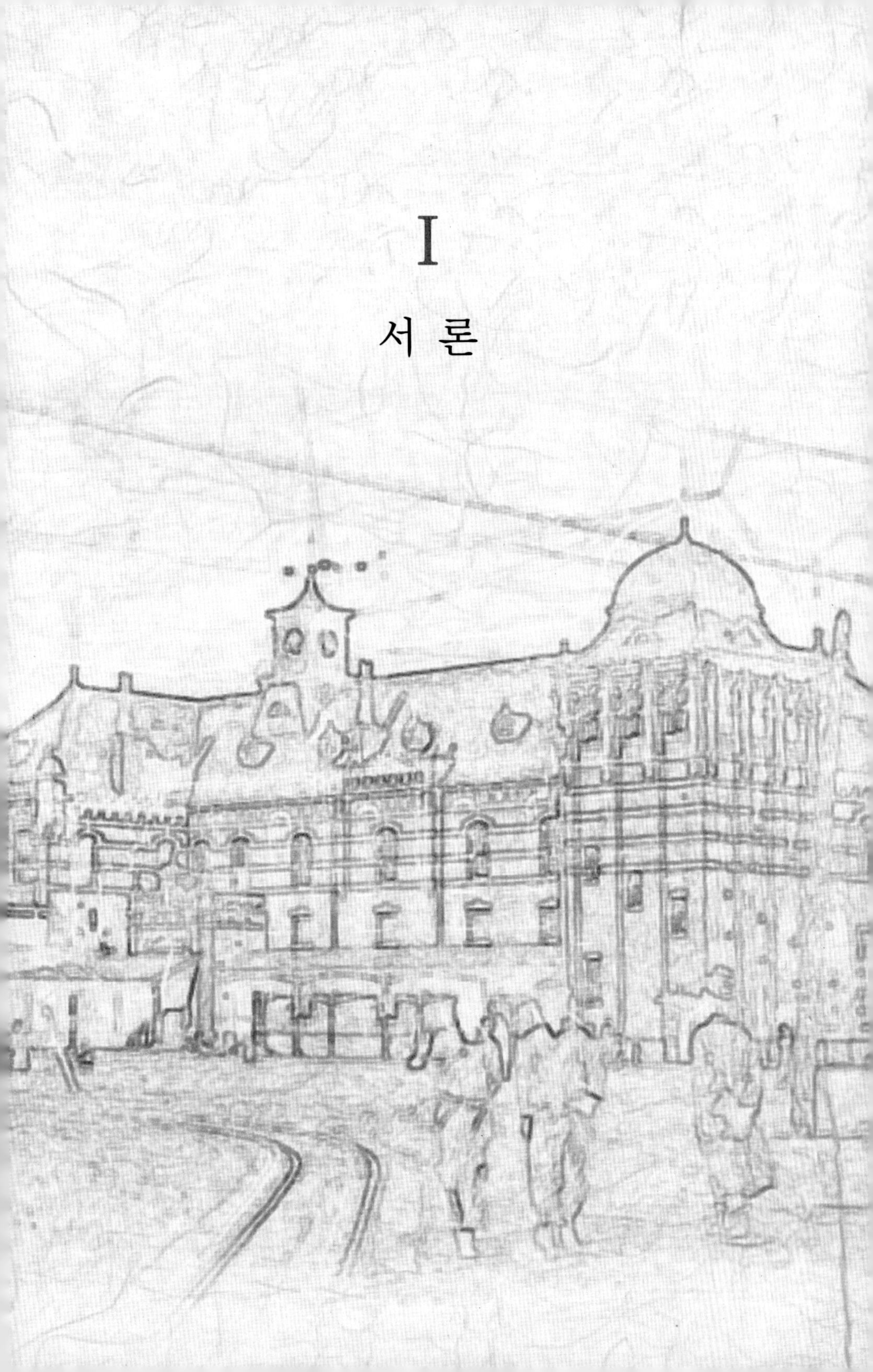

# I
# 서 론

## 1. 연구동향

### 서구의 근대도시와 식민도시 연구

근대도시는 시장경제와 자본주의 관계와 같이 형성된다. 도시는 근대성의 산실이다. 서구에서 근대도시 연구는 일반적으로 시카고학파의 생태학적 접근, 피터 손더스, 데이비드 하비, 앤서니 킹 등 사회학적, 정치경제학적, 지리학적 접근에 의한 다양한 도시이론이 있다. 현대 영국의 지배적 경관을 구성하는 건축 유형 및 도시 형태의 대표적인 예는 방갈로주택, 전원도시, 그린벨트이다. 이것은 제국 시기의 식민지 경험의 소산이라고 밝히고 있다.[1)]

식민도시(Colonial urban)에 대한 연구는 1945년부터 서구에서 미국의 식민지, 대영제국의 식민지 인도를 중심으로 진행되었다. 대체로 최근의 접근 방법으로는 근대화론적 접근, 세계체제론적 접근, 탈근대적 접근 방법이 있다. 근대화론적 접근은 제3세계 도시의 일탈적 유형으로 간주하여 역사적으로 시간이 흐름에 따라 특이성이 사라진다고 본다. 세계체제론적 접근은 제3세계 도시의 일탈성이 소멸되는 일시적 예외적 속성을 띤 것이 아니라, 세계자본주의체제 서열화의 필연적인 구조적 결과물이므로 영속적 체계화된 특성을 띤다. 주변부 도시의 '비정상성'은 중심부 도시의 '정상성'과의 공시적인 지리적 네트워크 관계를 통해서만 설명할 수 있다고 본다. 탈근대적 접근은 '식민주의'라는 프리즘을 통해, '규율 권력'으로서의 근대사의 어두운 이면을 보다 선명하게 포착하여 비판하고자 하는 문제의식의 산물이다. 여기서 식민도시는 근대도시의 예외적, 일탈적 형태라기보다는 오히려

1) 앤서니 킹, 이무용 옮김, 『도시문화와 세계체제』, 시각과 언어, 1999, 34쪽(원본은 다음을 참조. A, King, *The Bangalou: The Producition of a Global Culture*. London/New York: Boufedge and Kegan Paul, 1984).

그것이 노골화되고 단순화된 본질적 형태에 가까운 것으로 개념화하였다.[2)]

### 한국의 근대 식민도시 연구

그러면 한국의 근대 식민도시에 대한 연구 실태는 어떠한가. 한국의 식민도시 연구는 일본과 한국의 연구자들에 의해 활발하게 진행되고 있으나, 국제적 레벨에서 일제강점기 조선을 대상으로 하는 식민도시 연구는 충분하게 진행되지 못하고 있는 실정이다.

종래 한국의 도시화에 대한 연구는 손정목의 방대한 연구가 있다. 그는 개항기부터 일제강점기까지 도시 형성과정과 사회경제상에 대해 실증적인 연구를 진행하였다.[3)] 이에 따라 서울 · 부산 · 인천을 비롯한 한국 대부분의 주요 도시들이 1876년부터 1910년까지 35년간 외국인 거주 · 통상을 위하여 개방된 개항장 · 개시장에서 성장했다. 이 개항도시들의 도시계획에 의해 일제강점기 각 지역 도시의 중심부로 형성되었던 것이 밝혀졌다.[4)]

그의 연구는 한국 근대 도시 연구의 통사적 접근으로 도시사 연구의 단초를 열었다는 점에서 평가할 만하다. 그러나 도시 현상을 평면적으로 서술하고 있어 제국과 식민지 도시에 대한 구조적인 분석으로 나아가지 못하고 있다. 또한 하나의 지역이 시계열적으로 어떻게 구조적으로 변화되어 가는가에 대해서도 알 수가 없다. 거류지에서 대도시로 성장한 부산지역도 개항과 식민지기 변화 양상에 대해서 구체적으로 검토되지 않았다.

---

2) 여기에 대한 자세한 것은 민유기, 『도시이론과 프랑스 도시사 연구』, 심산출판사, 2007 참조.

3) 손정목, 『한국개항기 도시사회경제사연구』, 일지사, 1982 ; 『한국 개항기 도시변화과정 연구』, 일지사, 1982 ; 『일제강점기 도시계획연구』, 일지사, 1990 ; 『일제강점기 도시사회상연구』, 1996.

4) 손정목, 『한국 개항기 도시변화과정 연구』, 12쪽.

하시야 히로시(橋谷弘)는 식민지 도시를 세 가지 유형으로 분석하였다. 그 유형은 완전히 새로운 도시를 탄생시킨 경우(부산, 만주), 재래 사회의 기존 도시에 병행하여 일본인 시가지가 형성된 경우(경성, 평양), 기존의 대도시 근교에 신시가지가 건설된 경우이다. 그리고 일본 식민지 도시의 특징은 일본인과 조선인 거주지가 분리되어 지배－피지배관계를 나타냈다는 것과 신사와 유곽이 식민지 상징으로 자리 잡았다는 것이다.[5]

이러한 연구에 따라 식민지 도시의 제 유형과 식민지 도시가 일본의 식민지 지배와 함께 급성장하였다는 것이 밝혀졌다. 그러나 부산을 완전히 새로운 지역에 형성된 도시로 파악하고 있는 것은 사실과 다르다. 그는 부산이 완전 식민지 되기 130여 년 이상 일본인들이 조선과의 무역을 위해 정착하여 살았던 곳이라는 점을 간과하고 있다.[6] 최초의 거류지는 왜관이 위치하던 곳으로 그 면적도 동일하다.

김경남은 일제대륙침략의 전초기지이자 최초의 개항도시 부산을 사례로, 거류지 설치를 둘러싼 일본인의 거점 건설, 재조일본인 상층 자본가의 독점적 토지소유, 거류지의 지역 중심화전략, 전시체제기 조선 시가지계획령과 군사적 목적 등에 대해 제국과 식민지의 구조적 본질에 대해 검토하였다.[7] 그러나 대구, 전주 등 전통도시의 식민도시화 등에 대해서는 여전히 많은 연구가 이루어져야 한다. 염복규는 전통도시이자 개시도시인 수도 경성을 대상으로, 통사적으로 도시계획의 실태에 대하여 실증적으로 밝혔다. 또한 도시개조 과정에서 나타난 파괴와 모순을 주민들이 어떻게

---

5) 橋谷弘, 「植民地都市の形成」, 淺田喬二編, 『「帝國」日本とアジア』, 吉川弘文館, 1994, 222~223쪽.

6) 쓰시마(対馬)와 부산왜관에 대해서는 田代 和生, 『新・倭館—鎖国時代の日本人町』(ゆまに書房, 2011, 쓰시마와 부산의 관계에 대해서는 金慶南, 「境界地域におけるローカリティ交流－対馬と釜山を中心に」, 『法政大学大原社会問題研究所雑誌』 No.679, 2015, 2~20쪽 참조.

7) 김경남, 「일제하 조선에서 도시건설과 자본가집단망」, 부산대학교 박사학위논문, 2003.

경험하고 대처해 나갔는가라는 실태를 파악하였다. 그러나 도시형성에 대한 식민지적 축적구조와 군사적 관계 등에 대한 구조적 인식에는 미치지 못하고 있다.

일제의 식민정책으로 인해 식민도시의 유형은 다양하게 나타난다는 점에 주목해야 한다. 부산 · 경성과 같이 개항장 개시장에서 성장한 경우, 서울 · 전주 · 대구와 같이 '전통도시'가 재편된 경우,[8] 나진 · 이리와 같이 식민도시로 처음부터 건설된 경우 등 모두 식민지적 특질이 다르게 나타난다. 그러므로 도시사 연구는 식민도시 유형에 대한 더욱 많은 사례 연구를 통해 일반화시켜야하는 과제를 가지고 있다.

다음으로 1934년 조선시가지계획령(이하 '계획령'으로 약칭)에 대한 인식의 문제이다. 손정목은 '계획령'이 기성시가지 개발보다 새로운 시가지 창출에 중점을 두고 있다 하고,[9] 하시야는 지역제 수법에 기초해 기성 시가지 재개발 특히 토지구획정리사업이 중심이 되었다고 보고 있다.[10]

그런데 필자는 '계획령'이 '신시가지 창출과 기존 도시 개량' 모두에 중점을 두고 있다고 판단된다.[11] '계획령'의 주 목적은 나진과 부산과 같이 전략적 도시에 신시가지를 창출하는 것으로, 나진에 인프라를 건설하여 신

---

8) 본고에서 사용하는 '전통도시'는 조선시대 이래 각 지역의 중심도시로서 개항장도시와 구별하기 위하여 임의로 사용하였다. 대체로 경성, 평양, 대구, 전주, 공주, 원주, 의주, 해주, 청주, 충주, 상주, 경주, 진주 등이 이에 해당될 수 있을 것이다. 일제시기 도시사 연구는 개항장에서 성장한 도시와 전통적으로 지역의 중심지를 형성하고 있던 이 지역들에 대한 연구로 그 지평을 확대해 갈 필요성이 있다.

9) 시가지계획령을 입안하고 실시했던 총독부 당무자들은 처음부터 기성 시가지를 개량할 생각은 거의 없었다. 그들이 목표로 한 것은 나진이나 홍남과 같은 신도시 조성만을 생각했었고, 기성 구시가지는 그들의 선배들이 해놓은 시구개정 내용을 거의 그대로 답습하는 것으로 그쳤다고 주장하고 있다(손정목, 『일제강점기 도시계획연구』, 일지사, 1990, 188쪽).

10) 이것은 일본본국의 도시계획 수법과도 일맥상통한 것이고, 조선총독부에 많은 내무관료가 진출한 것과 무관하지 않다(橋谷弘, 앞의 논문, 1994, 222~223쪽).

11) 총독부는 계획령의 목적을 시가지 창출과 기성 시가지 개량에 있다고 밝히고 있다. 조선시가지계획령 제1조(목적).

도시를 만들고 부산에 부도심을 만들었다. 하지만 개항기부터 형성되어 온 개항장 도시나 기존의 시가지를 개조할 수밖에 없었던 역사적인 제 조건들에도 주목해야 할 것이다. 더욱이 아시아태평양전쟁 확전으로 일제의 국방국토계획에 의한 계획령 개정작업은 군사적 전략도시를 중심으로 추진되었다. 이 점은 조선시가지계획령의 식민지적 특질을 극명하게 나타내주는 점이다.

그리고 도시의 공간구조에 대한 검토가 필요하다. 개항도시의 공간구조를 가장 특징적으로 보여주는 것은 번드(Bund)이다. 번드는 해변을 따라 선형적으로 발달한 공간구조를 말한다.[12] 기본적으로 개항도시는 선형적으로 발달하지만, 내부 도심의 시가지계획은 방사선형, 십자형, 나선형 등 여러 가지 형태로 개발된다. 전통도시에서도 이러한 공간구조는 다양한 형태로 나타난다. 그러므로 개항도시와 전통도시의 공간구조에 대하여 각 지역별 형태에 대하여 향후 구체적으로 검토되어야 할 것이다.

본고에서 초점을 맞추고 있는 부산의 도시형성과정에 대해서는 김의환을 비롯한 많은 연구자들에 의해 구체적인 실태가 밝혀졌다.[13] 이 연구를

12) 김주관, 「공간구조의 비교를 통해 본 한국 개항도시의 식민지적 성격－한국과 중국의 개항도시 비교를 중심으로」, 『한국독립운동사 연구』 42집, 2012.

13) 부산지역 도시화에 관한 연구는 다음을 참조. 金義煥, 『釜山近代都市形成史研究－日人居留地가 미친 影響을 中心으로』, 研文出版社, 1973 ; 木村健二, 『在朝日本人の社會史』, 未來社 1989 ; 釜山經濟史編纂委員會, 『釜山經濟史』, 釜山商工會議所, 1989 ; 橋谷弘, 「釜山・仁川の形成」, 『近代日本と植民地』 3, 岩波書店, 1993 ; 손정목, 『일제강점기 도시사회상연구』, 일지사, 1996 ; 崔元奎, 「근대식민지 도시 부산의 발전」, 『부산의 역사와 문화』, 부산대 한국민족문화연구소, 1998 ; 김동철, 「근대 식민지 도시 부산의 형성과 발전」, 세계역사학대회, 2002 ; 김경남, 「일제하 조선에서 도시건설과 자본가집단망」, 부산대학교 박사학위논문, 2003 ; 坂本悠一・木村健二, 『近代植民地都市釜山』, 桜井書店, 2007 ; 홍순권 외, 『부산의 도시형성과 일본인들』, 선인, 2008 ; 홍순권, 『근대도시와 지방권력－한말・일제하 부산의 도시발전과 지방세력의 형성』, 선인, 2010 ; 金慶南, 「戦時体制期における近代都市釜山開発の植民地的特性」, 『経営経済論集』 18(1), 九州国際大学, 2011 ; 김경남, 「한말 일제의 진해만요새 건설과 식민도시 개발의 변형」, 『港都釜山』 第28号, 부산광역시사편찬위원회, 2011 ; 坂本悠一編, 『(地域の中の軍隊7) 植民地 帝国支配の最前線』, 吉川弘文館, 2015. 부산지역 도시화에 대한 연구성과는 차철욱, 「일제강점기 부산도시사 연구의 회고와 전망」, 『항도부산』 제23호, 2007 참조.

통해 일제의 거류지 침투 과정, 시가지계획의 제한성 등이 밝혀졌다. 하지만 이 연구들에서도 식민지 지배하 도시화와 공업지구의 형성, 자본가의 형성문제를 유기적으로 고찰하지는 못했다.

하시야는 부산의 도시유형에 대해서 일제 지배정책에 의해 새롭게 형성된 도시유형이라고 보았으며, 인구의 증가, 건축과 심벌, 민족간 거주지 분리 등에 대해서 밝혔다.[14] 그리고 부산의 시가지계획을 새롭게 형성된 만주와 같은 유형으로 보고 있다.

하지만 새롭게 형성된 도시유형이라 하더라도 세부적으로 보면 부산은 만주와는 다른 유형을 나타낸다고 보인다. 즉, 부산에는 일제 침략 이전부터 이미 조선·일본 간 무역을 할 수 있는 초량왜관이 있었고, 이 왜관의 쓰시마 종가를 메이지정부가 구축한 후 거류지로 바꾸어 일본인들을 이주시킨 후 시가지를 형성하였다. 따라서 만주와 같이 완전히 새로운 지역에 도시계획을 집행하는 것과 왜관이라는 형식으로 130년 동안 일본인들이 사용한 부산의 도시계획은 차별성이 있을 수밖에 없을 것이다.

최근 역사학에서는 각 지역별로 도시화에 대한 많은 연구 성과물이 나오고 있다. 2000년도부터 개항장·개시장을 중심으로 연구가 많이 축적되고 있다. 경성, 부산을 비롯하여, 인천, 목포, 군산, 마산 등에 대한 연구를 대상으로, 각 지역의 주요 연구소를 중심으로 역사연구가 활발하게 진행되고 있다.[15] 더욱이 도시사학회가 발족되어 한국은 물론 영국, 독일, 미국,

---

14) 橋谷弘, 위의 논문, 1993, 222쪽과 『帝国日本と植民地都市』, 吉川弘文館, 2004 참조.

15) 서울지역 도시화에 대한 연구성과는 각주 16), 부산지역 연구성과는 각주 13)을 참조. 인천지역은 다음을 참조. 이규수, 「개항장 인천, 1883~1910 : 재조일본인과 도시의 식민지화」, 『인천학연구』 제6호, 인천학연구원, 2007 ; 염복규, 「1930-40년대 인천지역의 행정구역 확장과 시가지계획의 전개」, 『인천학연구』 6, 인천대학교 인천학연구원, 2007 ; 문영주, 「20세기 전반기 인천 지역경제와 식민지 근대성: 인천상업회의소(1916~1929)와 재조일본인」, 『인천학연구』 제10호, 인천학연구원, 2009. 목포지역은 고석규, 『근대도시 목포의 역사 공간 문화』, 서울대 출판부, 2004. 군산과 전북지역은 김영정·소순열·이정택·이성호, 『근대 항구도시 군산의 형성과 변화』, 한울아카데미, 2006 ; 홍성찬·최원규·이준식·우대형·이경란, 『일

일본, 중국 등 도시들과 비교분석을 시도되고 있다. 특히 경성과 부산지역에 대해서는 많은 연구가 진척되었다.[16] 한편 최근 전통도시 대구나 전주, 당시 신흥도시 대전, 울산, 이리(현재 익산) 등에 대한 연구도 진행되고 있다.[17] 일본에서는 북한의 도시 평양, 나진, 웅기, 청진, 함흥, 흥남 등을 중

---

제하 만경강 유역의 사회사』, 혜안, 2006 ; 이성호, 「식민지 근대도시의 형성과 공간 분화－군산시의 사례」, 『쌀·삶·문명 연구』 창간호, 전북대학교 인문한국 쌀·삶·문명 연구원, 2008 ; 정승진, 「복합적 위계도시로서의 이리」, 『쌀·삶·문명 연구』 창간호, 2008 ; 김종수·김민영 외, 『해륙의 도시 군산의 과거와 미래』, 선인, 2009 ; 김태웅, 「일제하 군산부에서 주민의 이동사정과 계층분화의 양상」, 『한국민족문화』 35, 부산대 한국민족문화연구소, 2009. 마산지역은 다음과 같다. 허정도, 『전통도시의 식민지적 근대화－일제강점기의 마산』, 신서원, 2005 ; 허정도, 「전통적 도시구조의 근대적 변화－개항부터 해방까지 原마산을 중심으로」, 『2002년 Seoul International Conference for History－역사 속의 한국과 세계』, 2002 ; 유장근·허정도·조호연, 「大韓帝國 시기 馬山浦 지역의 러시아 租借地 성립 과정과 各國共同租界 지역의 都市化」, 『人文論叢』 16, 경남대 인문과학연구소, 2003.

16) 서울의 도시계획에 대해서는 실증적 연구는 물론 이론적으로도 많은 연구가 진전되고 있다. 김광우, 「대한제국 시대의 도시계획－한성부 도시개정사업」, 『향토서울』 제50호, 서울시사편찬위원회, 1990 ; 이태진, 「한국 근대도시 구성의 시발 : 1896년 서울도시개조사업」, 『한국 근대도시의 재성찰』, 한국도시연구소, 1995 ; 전우용, 「대한제국기－일제초기 서울 공간의 변화와 권력의 지향」, 『전농사론』 5, 1999 ; 한철호, 「대한제국 초기 한성부 도시개조사업과 그 의의」, 『향토서울』 59, 1999 ; 박세훈, 「1920년대 경성도시계획의 성격」, 『서울학연구』 15, 2000 ; 염복규, 「1933~43년 日帝의 '京城市街地計劃」, 『한국사론』 46, 2001 ; 염복규, 「일제말 京城지역의 빈민주거문제와 '시가지계획'」, 『역사문제연구』 8, 2002 ; 염복규, 「식민지근대의 공간형성－근대 서울의 도시계획과 도시공간의 형성, 변용, 확장」, 『문화과학』 39호, 2003 ; 김백영, 「왕조 수도로부터 식민도시로－경성과 도쿄의 市區 개정에 대한 비교 연구」, 『韓國學報』 112, 2003 ; 염복규, 「일제말기 지방·국토계획론과 경인시가지계획」, 『서울학연구』 32, 2008 ; 염복규, 「日帝下 京城도시계획의 구상과 시행」, 서울대학교 박사학위논문, 2009 ; 김백영, 『지배와 공간 : 식민지도시 경성과 제국 일본』, 문학과 지성사, 2009 ; 인천대학교 일본문화연구소·박진한, 『제국 일본과 식민지 조선의 근대도시 형성－1920/30년대 도쿄·오사카·경성·인천의 도시계획론과 기념 공간을 중심으로』, 심산, 2013 ; 도시인문학연구소, 『1930~40년대 경성의 도시체험과 도시문제』, 라움, 2014. 부산의 도시화에 대한 연구에 대해서는 서론 각주 13) 참조.

17) 전주지역 연구는 다음을 참조. 張明洙, 『城郭発達과 都市計画研究－全州府城을 중심으로』, 學研文化社, 1994 ; 柳興校·洪俊豹, 「전주 도시구조의 변화 -일제시대」, 『도시 및 환경연구』 제5집, 1990 ; 박선희, 「일제강점기 도시공간의 식민지 근대성; 전주를 중심으로」, 『문화역사지리』 제19권 제2호, 2007 ; 김경남, 「일제의 식민지 도시개발과 '전통도시' 전주의 사회경제구조 변용」, 『한일관계사연구』 No.51, 한일관계사학회, 2015. 대구지역 연구는 다음을 참조. 柳濟憲, 「大邱圈地域에 있어서 空間構造의 近代化 過程」, 『지리학』 27권 2호, 대한지리학회, 1992 ; 김일수, 「일제강점 전후 대구의 도시화과정과 그 성격」, 『역사문제연구』 10, 역사문제연구소, 2003 ; 계명대 개교50주년준비위원회·계명사학·계명대사학과, 『대구 근대의 도시 발달과정과 민족운동의 전개』, 계명대 개교50주년 준비위원회, 2004 ; 김일수, 「'한일병합' 이

심으로 연구가 진행되고 있다.[18)]

이러한 역사학 분야의 흐름과 함께 사회학분야에서 김백영은 서양의 식민도시이론에 대한 연구사를 검토하고 일제하 식민도시의 특성을 경성을 중심으로 역사사회학적으로 이론화하는 작업을 시도하고 있어 주목된다.[19)] 또한 건축학, 문화인류학, 민속학 등에서도 도시에 대한 관심이 증대되어 연구가 활발히 진행되고 있다. 이제 한국 근대도시사 연구는 자료에 대한 체계적인 정리와 이론적 검토라는 과제가 남아있지만, 국제적으로 한층 깊이 있게 연구할 수 있는 기반이 만들어졌다.

하지만 일제가 강점한 시기 한국의 식민도시를 어떻게 볼 것인가에 대한 문제는 여전히 많은 논의가 필요한 실정이다. 해방 후 식민도시는 세계자본주의체제에서 제국이 미국과 소련으로 바뀌어 남북이 각각 분단되는 상황에 직면하였다. 이것은 세계자본주의체제의 수직적 분업구조 속에서 지배국만 바뀌었을 뿐 콜로니얼 도시가 종속을 탈피하기 어렵다는 것을 반증하는 것이다. 이처럼 종속적이거나 식민지적인 특성을 띠는 콜로니얼 도시는 근대 이후 콜로니얼 도시로서의 기능을 발휘한다는 점에서는 다름

---

전 대구의 일본인거류민단과 식민도시화」, 『한국학논집』 59, 계명대학교 한국학연구원, 2015. 대구지역 연구사 정리는 이창언, 「대구지역 都市史 연구의 동향과 과제」, 『민족문화논총』 44, 영남대학교 민족문화연구소, 2013 참조.

18) 북한지역 도시연구는 주로 일본 학계에서 진행되고 있다. 나진, 청진, 웅기지역은 加藤圭木의 다음 연구가 참조된다. 「植民地期朝鮮における「市街地計画」－咸鏡北道羅津の事例を中心に」, 『朝鮮学報』 通巻217号, 朝鮮学会, 2010, 39~70쪽 ; 「植民地期朝鮮における港湾「開発」と漁村──九三〇年代の咸北羅津─」, 『人民の歴史学』 190号, 東京歴史科学研究会, 2011 ; 「一九三〇年代朝鮮における港湾都市羅津の「開発」と地域有力者」, 『朝鮮史研究会論文集』 49号, 朝鮮史研究会, 2011 ; 「日露戦争以降の朝鮮における軍事基地建設と地域─永興湾を対象として」, 『一橋社会科学』 第5巻, 一橋大学大学院社会学研究科, 2013 ; 「朝鮮東北部・咸鏡北道の社会変容─植民地期の港湾「開発」問題を中心に」, 一橋大学大学院社会学研究科博士論文, 2014 ; 「朝鮮東北部の社会変容と植民地支配─清津港の建設をめぐって」, 『日韓相互認識』 6号, 日韓相互認識研究会, 2015. 한편 평양, 함흥, 흥남지역도 시도되고 있다. 水野直樹, 谷川竜一, 板垣竜太, ヤンスンキ, 「北朝鮮フンナムの歴史都市空間ワークショップ」, 2014.

19) 김백영, 『지배와 공간 : 식민지도시 경성과 제국 일본』, 문학과 지성사, 2009.

이 없다. 식민도시에 대한 이론화는 많은 실증적 연구를 거쳐 일반화되는 것이므로 아직도 한국 근대 식민도시에 대한 많은 실증적인 역사학적 연구가 구체화되어야 하는 실정이다.

### 한국의 식민지 공업화 연구

한국의 식민지 공업화연구는 도시 연구의 한 축을 형성한다. 공업화를 위해 가장 필수불가결한 사업은 도시화이다. 즉 인프라 정비 사업과 공업지대의 형성이라고 볼 수 있다. 도시 인프라 정비사업은 데이비드 하비가 도시축적이론에서 밝히는 건조 환경을 말한다. 이 건조 환경은 공업화를 위한 기본적인 토대가 된다.

도시화의 한축을 형성하는 공업화에 대한 문제는 한국 자본주의가 성장하게 된 역사적인 유래를 일제하 '조선공업화'로부터 찾으려고 하면서 본격적으로 전개되었다. 이 연구경향은 식민지근대화론의 주류를 형성하였다. 일본의 경제사학자 나카무라 사토루(中村哲)의 '중진자본주의론'에 바탕을 두었으며, 국내에서는 안병직 교수를 중심으로 많은 연구가 축적되었다.[20]

그러나 이러한 연구는 처음에는 '80년대 말 소련을 비롯한 구 사회주의권이 해체되기 시작하면서 한국의 민족민주운동 세력을 반대하는 정치적 이데올로기적인 성격을 가지고 진행된 것이라고 비판받기도 하였다.[21]

---

20) 이러한 인식을 대표하는 저술로는 中村哲 外, 『朝鮮近代の歷史像』, 日本評論社, 1988 ; C. J. Eckert, *Offspring of Empire-The Koch'ang and the Colonial Origions of Korean Capitalism, 1876-1945*. Univ. of Washington, 1991 ; 安秉直 · 中村哲 共編著, 『近代朝鮮工業化의 硏究-1930~1945年』, 일조각, 1993 ; 堀和生, 『朝鮮工業化の史的分析』, 有悲閣, 1995 참조.

21) 당시 채만수는 근대화론이 국가의 성장발전 논리를 정당화하기 위한 정치 이데올로기로 역할하였기 때문에 한국의 민족민주운동 세력에 반대하는 이론이라고 비판하였다(채만수, 「중진자본주의론 비판」, 『사상문예운동』 3, 1990, 풀빛, 272쪽). '80년대 말에는 현대 한국사회에 대한 해석의 일환으로 일제강점기를 '식민지반봉건사회'와 '식민지자본주의사회'로 보는 시각들 사이의 논쟁이 전개되었다. '식민지반봉건론'은 안병직, 장시원의 경우가 대표적이었

이후 나카무라 이론을 따르는 여러 연구자들은 미국 주도의 세계 경제 체제하에서 개발도상국의 경제성장－이른바 NIEs화 경향을 주목하고, 일제하 '조선공업화'를 적극적으로 평가하였다. 이 연구에 따르면 일제의 식민지 지배의 유산으로서 철도 · 도로 등 사회간접자본, 조선인 경영 노하우, 조선인 노동자 숙련 등을 들고 있다.[22]

이것은 종래 일제강점기를 수탈론적 시각으로만 보아서는 안된다는 문제제기에서 비롯된 것이지만, 일제강점기 개발이 무엇을 위한 것이었나라는 본질적인 질문을 함으로써 다양한 비판이 제기되고 있다. 제국주의 미화론, 주체가 배제된 근대화, 개발에 대한 과대 평가, 일제의 투자보다 유출이 많았다는 비판으로 이어졌다.[23]

최근 연구는 수탈과 개발은 마치 동전의 양면과 같은 것이라 비판하면서 제국주의 경제권에서 구조적인 접근을 시도하고 있다. 또한 자본과 노동력에 대한 재생산 구조에서 '정치'와 '경제'를 결합하여 분석하는 방향으로 진행되었다.[24] 나아가 공업화를 통계로 보는 것은 한계가 있기 때문에 사회사적인 접근을 통해 일제강점기를 총체적으로 파악하는 역사방법론이 필요하다는 생각이 제기되고 있다.[25]

---

다. 신식민지 국가독점자본주의론에 입각하여 일제강점기를 '식민지자본주의'로 기술한 연구서는 서울사회과학연구소 경제분과, 『한국에서 자본주의 발전』, 새길, 1991 참조.

22) 安秉直 · 中村哲 共編著, 『近代 朝鮮工業化의 硏究』, 일조각, 1993 참조.

23) 정재정, 「식민지공업화와 한국의 경제발전」, 『일본의 본질을 다시 묻는다』, 한길사, 1996 ; 권태억, 「식민지기 '조선 근대화론'에 대한 단상」, 『한국민족운동사연구』, 나남출판, 1997 ; 정연태, 「'식민지근대화론' 논쟁의 비판과 신근대사론의 모색」, 『창작과 비평』, 1999년 봄호, 354~356쪽 ; 김인호, 『식민지 조선경제의 종말』, 신서원, 2000.

24) 이러한 연구성과는 배성준, 「1930년대 일제 섬유자본의 침투와 조선 직물업의 재편」, 『한국사론』 29, 서울대 국사학과, 1993 ; 이승렬, 「1930년대 전반기 일본군부의 대륙침략관과 '조선공업화'정책」, 『국사관논총』 67, 1996 ; 허수열, 『개발없는 개발』, 은행나무, 2005.

25) 배성준, 「1930년대 일제의 '조선공업화론' 비판」, 『역사비평』, 1995 봄호 ; 유재건, 「식민지 · 근대와 세계사적 시야의 모색」, 『창작과비평』 98호, 1997 ; 김경남, 「한말 · 일제하 부산지역의 도시형성과 공업구조의 특성」, 『지역과역사』 5호, 1999 ; 김경남, 「일제하 조선에서 도시건설과 자본가집단망」, 부산대학교 박사학위논문, 2003 참조.

그런데 '조선공업화' 문제를 단순히 1930년대라는 특정시기에 전개된 산업화라고 보는 것은 매우 협소한 시각이다. 공업화 문제는 근대 자본주의 생산양식의 범주 속에 들어있는 문제로서, 그것은 도시화와 그를 통한 자본가의 자본축적과 함께 하나의 축을 형성하고 있는 개념이기 때문이다.[26] 최근까지 이 문제는 공업화에 한정되어 검토되어 왔으며, 공업지대를 전제로 한 도시화를 다루었다고 하더라도[27] 도시화·공업화를 통한 자본가의 축적구조를 연결하여 파악하지는 못하였다.[28] 도시화, 공업화, 자본가의 문제는 각각 독립적으로 연구할만한 주제이다. 그러나 이 주제들은 서로 유기적인 관련을 가지고 있다. 왜냐하면 도시화를 통한 공업화, 공업화를 통한 도시화, 도시화·공업화를 통한 자본의 축적과 자본가의 성장은 서로 유기적인 연관을 가지고 성장과 퇴보를 거듭하기 때문이다. 따라서 본고는 '조선공업화'의 문제를 일제가 식민도시를 건설 해 가는 과정 속에서 진행된 산업화 과정으로 보며, 이 과정은 자본축적과 유기적으로 관련구조를 맺고 진행되었다는 점을 염두에 두고 고찰할 것이다.[29]

---

26) 자본주의 생산양식하의 도시화에 대한 연구는 맑스로 거슬러 올라간다. 이에 대해 데이비드 하비는 맑스의 화폐, 상품, 노동력(및 노동력의 재생산)의 서로 다른 계기를 검토하고, 자본순환 내에서 생산 계기와 계기의 이행 등을 분석함으로써 자본의 도시화에 대한 이론 틀을 이끌어냈다. 자본의 도시화에 대해서는 데이비드 하비 著, 초의수 역, 『도시의 정치경제학』, 한울, 1996, 37~56쪽 참조.

27) 공업지대에 관한 연구는 다음을 참조. 河合和男·尹明憲著, 『植民地期の朝鮮工業』, 未來社, 1991 ; 橋谷弘, 「植民地都市」, 成田龍一編, 『都市と民衆』, 吉川弘文館, 1993 ; 堀和生, 「植民地期 京城府の都市構造」, 『經濟論叢』 第154卷 6號, 京都大學 經濟學會, 1994 ; 배성준, 「日帝下 京城地域 工業 硏究」, 서울대학교 박사학위논문, 1998 ; 김경남, 앞의 박사학위논문, 2003.

28) 자본주의하 도시과정을 이해하기 위해서는 자본주의 기본틀 내에서 도시과정이 축적과 계급투쟁의 양면이라는 것을 인식해야 한다. 자본주의 사회의 계급 성격은 자본에 의한 노동의 지배를 의미한다. 구체적으로 자본가계급은 작업과정을 지배하고 이윤창출을 위한 과정을 조직한다. 그러나 노동자계급은 시장에서 상품으로 판매되어야만 하는 자신의 노동력만 지배한다. 지배는 노동자가 생계임금을 위한 대가로 자본가에게 이윤(잉여가치)을 양보해야 하기 때문에 발생한다. 축적은 자본가계급이 그 자신을 재생산하고 또 자신의 노동에 대한 지배를 재생산하기 위한 수단인 것이다(D. 하비, 초의수 옮김, 앞의 책, 1996, 86~88쪽. 원문은 David Harvey, *THE URBAN EXPERIENCE*(Basil blackwell, 1989 참조).

### 한국의 식민지 자본가 연구

다음으로 식민도시 축적론적 관점에서 연구할 때 가장 필요한 분야 중의 하나는 자본에 대한 검토이다. 재조일본인과 상층 조선인들의 토지자본 축적은 산업자본으로 전환하는 기폭제가 됨과 동시에 도시계획을 통한 건조환경을 만들어 자본을 재생산하는 구조를 만든다는 점에서 가장 필수적인 연구대상이다. 종래 일제 시기 자본에 대한 연구는 주로 조선인 자본에 집중되었다. 특히 조선후기의 내재적 발전에 따라 성장한 조선인 자본이 일제의 민족자본 억압정책과 일본자본의 침투로 위축되고 몰락해갔음을 밝히는 연구들이 진행되었다.[30]

내재적 발전론에서 접근한 '민족자본론'에 대한 연구는 민족해방운동의 물적 토대를 밝히기 위해 제국주의 경제권 내에서 조선인 자본이 어떻게 운동하는지에 대해 해명하고 나아가 민족부르주아층 또는 민족자본의 개념규정을 시도하였다.[31] 그러나 이 연구는 전체 조선 경제가 전개되는 과정 속에서 조선인 자본에 대한 실체를 밝히는 데는 미흡하였다.[32]

반면 식민지근대화론자들은 1930년대 일본 독점자본의 견인에 의해 조선인 중소자본이 공업화에 동참하였다고 밝히고 있다. 그러나 이 견해는 조선에서 축적한 자본(재조일본인 · 조선인 포함)의 역동성에 대해 간과하

29) 일제하의 조선 연구를 진행할 때 기본적으로 염두에 두어야 할 것은 주권을 빼앗긴 식민지 민중이 가지는 두려움이나 좌절감 등 피해의식 들일 것이다.

30) 권태억, 『한국근대면업사연구』, 일조각, 1989 ; 이영학, 「한국 근대 연초업에 대한 연구」, 서울대학교 박사학위논문, 1990 ; 정태헌, 「일제하 주세제도의 시행 및 주조업의 집적집중과정에 대한 연구」, 『국사관논총』 40, 1992 ; 전우용, 「1930년대 '조선공업화'와 중소공업」, 『한국사론』 23, 1990 ; 정재정, 「일제의 한국철도침략과 한국인의 대응(1892~1945)」, 서울대학교 박사학위논문, 1992.

31) 梶村秀樹, 「民族資本と隷屬資本」, 『朝鮮における資本主義の形成と展開』, 龍溪書舍, 1977 ; 민족자본론에 대한 연구사 정리는 이승렬, 「일제시기 민족자본가논쟁」, 『역사비평』 9호, 1990년 여름호 ; 정재정, 「1980년대 일제시기 경제사연구의 성과와 과제」, 『한국의 '근대'와 '근대성' 비판』, 역사비평사, 1996, 106~110쪽 참조.

32) 연구성과 정리에 대해서는 오미일, 『한국근대자본가연구』, 한울, 2002, 14~19쪽 참조.

고 있다. 자본의 측면에서 보면 식민지에서 성장한 일본인 자본과 내재적 발전에 따라 성장한 조선인 자본은 그 축적배경이 다르다. 또한 일정 시기마다 조선에 침투하는 일본 대자본과도 자본의 축적조건이 일정하게 차별성을 지닌다고 보인다. 즉 일찍이 대토지를 확보하였던 재조일본인들은 거류지를 개발하면서 상대적으로 많은 부가가치를 누릴 수 있었던 점에 주목해야 할 것이다. 나아가 재조일본인 자본가들과 조선인 상층 자본가들은 상호출자와 중역을 겸임하는 그룹을 형성하여 일본의 대자본에 대응하는 구조를 만들었다고 보인다.

자본의 대척점에 있는 노동력의 측면에서도 식민지 조선의 노동자들이 총독부와 기업의 장시간 노동·저임금 정책을 통해 부당한 대우를 받고 있었다는 것은 주지하는 바이다. 그렇지만 이 노동자들이 사는 지구는 도시 개발 과정에서도 소외되고 있었다는 점은 특히 통계만 가지고 공업화를 논할 수 없다는 것을 말해준다.[33]

한편으로 식민지에서 조선인 자본의 실체를 밝히는 연구가 진행되고 있어 기존의 실증적 분석의 한계를 보완하고 있다. 이 연구들은 조선인 공장이 1910년대 중·후반 혹은 1920년대에 급증하여 조선인 자본이 성장하였다는 점을 포착하고 있다.[34] 그러나 이 연구들도 조선인 자본의 자립성과

---

33) 식민지 도시에서 노동자의 공장 내·외부 생활상태에 대한 연구는 대단히 중요한 주제이다. 더구나 공업화 연구는 도시화와 함께 고찰되어야 할 것이며, 공업화가 자본가와 노동자에게 미치는 영향과 조선 사회 전반에 미치는 영향을 총체적으로 고려할 때 비로소 공업화의 역사적 의미를 밝힐 수 있을 것이다. 향후 별도의 논고에서 다룰 예정이다.

34) 다음의 연구들은 내재적 발전론적 관점에서 조선인 자본의 성장을 연구하고 있어 중진자본주의론과 일정하게 차별성을 가진다. 김용섭, 「고부 김씨가의 지주경영과 자본전환」, 『한국근현대사농업사연구』, 일조각, 1992 ; 주익종, 「일제하 평양의 메리야스공업에 관한 일 연구」, 서울대학교 박사학위논문, 1994 ; 허수열, 「일제하 조선인공장의 동향」, 『근대조선 공업화의 연구』, 일조각, 1993 ; 정태헌, 『일제의 경제정책과 조선사회』, 역사비평사, 1996 ; 김인호, 「일제초기 조선공업의 '과도기 자본주의'적 특징」, 『한국근현대사연구』 10호, 한울, 1999 ; 오미일, 앞의 책, 2002 ; 허수열, 『개발 없는 개발(개정증보판)－일제하 조선경제 개발의 현상과 본질－』, 은행나무, 2011 ; 오미일, 『근대한국의 자본가들』, 푸른역사, 2014.

종속성에 대해서는 구분을 명확하게 하고 있지 못하다.[35] 최근 조선인 자본에 대한 자본가의 축적형태, 지역형 · 권력형 자본가에 대한 구체적인 사례 연구가 활발하게 진행되고 있다. 이렇듯 조선인 자본에 대해서는 연구가 활발한 반면 일제의 침략 초기부터 조선에 정착한 일본인 자본에 대한 연구는 그리 활발하지 못한 실정이다.[36] 이들은 일제강점기 식민정책에서 주도적인 역할을 한 계층으로서 빼놓을 수 없는 인적요소이며 침략 초기부터 조선에 정착하여 각종 특혜를 받으며 자본가로서 새롭게 지배자로서 성장하였다. 이들이 바로 조선총독부의 식민정책과 궤를 같이한 자본가들이었으며 이른바 식민지 건설의 중심이었다.[37] 결국 조선의 도시건설과 공업화는 일본 독점자본이 견인하고 재조 일본인 자본가 주도하에 조선인 자본가 상층이 협력하여 자본을 담당하고, 다수의 조선인 노동자들이 노동력을 담당하여 진행된 것이라고 볼 수 있다.

지금까지 연구에서는 일본인 자본과 조선인 자본 간의 모순관계를 위주로 보았기 때문에, 자본주의 경제구조 속에서 나타나는 다양한 모순구조 즉, 일본 독점자본과 재조 일본인 자본 간의 모순, 일본 독점자본과 조선인 자본의 모순, 조선인과 조선인 자본 간의 모순, 조선인 자본가와 조선인 노동자 간의 모순구조를 보는 데는 일정하게 한계를 가지고 있다.[38]

---

35) 장시원, 「일제시대 경제사 연구의 방향정립을 위한 일시론」, 『한국사론』 30, 2000, 266쪽.

36) 재조일본인에 대한 존재형태에 대해서는 기무라겐지의 연구가 있다. 木村健二, 『在朝日本人の社會史』, 未來社, 1989 ; 高崎宗司, 『植民地朝鮮の日本人』, 岩波新書, 2002 참조.

37) 가지무라 히데키는 재조일본인에 대하여 풀뿌리 침략자라고 규정하고 있다(梶村秀樹, 「植民地と日本人」, 『日本生活文化史⑧生活の中の国家』, 河出書房新社, 1974(『梶村秀樹著作集』 1巻, 明石書店, 1992). 그러나 소수 일본인들이 상층자본가로 기능하고 대부분의 일본인들은 서민으로 생계형 축적을 하기 때문에 모두 풀뿌리 침략자로 규정할 수는 없으므로, 재조일본인도 계층적으로 분리해서 인식할 필요성이 있다.

38) 이 책에서는 자본을 구분할 때 '민족자본' 대신 '조선인 자본'을 사용하고자 한다. 또한 '토착자본'을 '조선인 자본'에 한정하지 않는다. 그것은 식민지에서 초기 정착한 일본인도 조선인도 조선에서 자본을 축적할 수 있었기 때문이며, 오히려 일제의 식민 도시 건설 과정에서 거류지를 중심으로 도시가 만들어져 선점한 일본인들이 더욱 부가가치를 누릴 수 있었기 때

## 2. 문제제기

위와 같은 연구동향과 문제의식을 바탕으로 문제 제기를 요약하면 다음과 같다. 한국 근대도시사는 최근까지 많은 분야에서 실증적 연구가 축적되고 있다. 이에 따라 일제강점기의 근대적 식민지적 특징들이 속속 밝혀지고 있다. 특히 개시장에서 성장한 도시 경성을 비롯하여 개항장에서 성장한 도시 부산, 인천, 목포, 군산, 마산 등에 대한 연구가 진행되었다. 최근에는 전통적으로 지역의 중심 도시였던 대구 · 전주를 비롯하여 일제강점기에 신도시가 형성된 나진 · 대전 · 울산 등에 대한 미시적 연구가 이루어지고 있다.[39]

지금까지 연구에서 재조일본인들의 진출과 함께 변화된 도시의 다양한 모습들이 밝혀지게 되었다. 특히 도시계획의 특징, 근대적 시설의 설치, 공업단지의 조성, 주거지의 민족적 분할 현상, 시가지계획의 군사적 관련성, 계급적 민족적 차별 등이 지적되었다. 그럼에도 불구하고 한국 근대도시의 제 현상들에 대한 이론적 연구는 아직 모색단계라고 할 수 있다. 본 연구는 실증에 바탕을 둔 도시축적이론의 모색이라고 할 수 있을 것이다. 이를 위해 몇 가지 중요하게 검토되어야 할 문제점을 제시하고자 한다.

첫째, 한국 근대도시, 식민도시에 대한 개념문제이다.[40] 한국 근대도시

---

문이다. 이것은 식민지 자본의 원축이라 해도 좋을 것이다.

39) 한국 근대 도시사에 대한 개괄적인 연구성과는 배영수, 「도시사의 최근 동향」, 『서양사연구』 17, 1995 ; 민유기, 「한국 도시사 연구에 대한 비평과 전망」, 『사총』 64, 2007 ; 김백영, 「식민지 시기 한국 도시사 연구의 흐름과 전망」, 『역사와 현실』 81, 2011 참조.

40) 식민지도시와 식민도시에 대한 기본적인 개념은 김백영, 『지배와 공간: 식민지도시 경성과 제국 일본』, 문학과지성사, 2009 ; 현재열, 김나영, 「도시계획적 측면에서 본 16세기 해항도시 르아브르의 건설: 근대 도시계획의 기원」, 『역사와 경계』 90호, 2014 참조.

는 일반적인 도시의 자본주의적 속성을 가지면서도 동시에 제국의 거점 혹은 식민지로 기능하여 식민성을 가지고 있다. 이 때문에 제국의 목적을 수행하기 위해 건설된 '식민도시'로 규정할 수 있다. 식민도시는 식민지도시를 포괄하는 개념이다. 식민지도시는 제국의 완전한 식민지가 되어 주권 영토 국가를 약탈당한 상태에서 식민지 법령에 의해 컨트롤되는 도시를 지칭한다고 할 수 있다. 식민도시는 완전한 식민지가 아니라 하더라도 거류지와 같이 점령상태에서 주요 거점이 제국의 법령하에서 컨트롤되는 도시를 지칭한다. 이러한 관점에서 본다면 1876년 강제 개항으로 점령된 거류지 시기부터 1945년까지 일본이 점령한 도시는 식민도시라고 할 수 있을 것이다.

그러므로 한국근대도시를 세분하면 크게 개항도시, 개시도시(수도를 포함), 전통도시로 구분할 수 있으며, 이 도시들의 식민도시화에 대한 연구가 필요하다.

둘째, 식민도시의 연구방법에 대한 문제이다. 본고는 식민도시를 연구하는 방법으로 데이비드 하비의 도시축적론과 앤서니 킹의 세계체제론적 식민도시론을 토대로 연구하고자 한다. 데이비드는 자본주의적 도시화 과정은 축적과 계급투쟁의 양면이라고 인식하고 있고, 도시의 건조환경(bulit environment)을 중요시하고 있다. 앤서니 킹은 식민지 도시 델리에 대한 사례 연구를 통해, 세계체제론적 관점에서 필요한 정치, 경제, 사회, 문화적 틀을 제시하고 있다. 그러나 데이비드의 도시축적론은 종속적 혹은 식민지적 도시축적에 대해서는 알 수 없고, 앤서니는 식민도시의 축적 구조에 대한 인식까지 나아가지 못했다. 따라서 필자는 데이비드의 도시축적론과 앤서니의 세계체제론을 바탕으로, 식민지 조선의 도시화·공업화를 통한 자본가의 축적구조를 연관시켜 파악하고자 한다. 향후 개항도시만 아니라 다양한 식민도시 연구가 지속되어 '식민도시축적론'으로 정리되어야 할 것이다.

셋째, '조선공업화'와 도시화를 보는 인식의 문제이다. 종래 '조선공업화' 논쟁은 '한강의 기적'을 일으킨 기원을 일제시기 공업화에 두면서 본격적으로 진행되었다. 나카무라 사토루(中村哲)는 중진자본주의론을 세우고 안병직을 중심으로 한 근대화론자들은 뉴라이트 계열로 돌아섰다. 식민지 근대화론의 요지는 기술의 숙련, 교육에 의한 학습, 통계로 본 경제성장 등을 내세워 조선에 근대화가 진행되었다는 것이다. 이에 대해 허수열, 정태헌, 김인호 등은 구체적인 사실을 내세워 반론을 제기하였다. 이 문제에 대한 공방은 현재도 계속 진행 중이다.

그런데 공업화문제를 그 자체로만 접근하는 것은 협소한 시각이라고 할 수 있다. 즉 공업화는 기본적으로 도시화를 기반으로 추진되기 때문에 도시 인프라 구축, 공업화, 자본가의 자본 축적, 노동자의 재생산조건 등에 대한 요소가 함께 총체적으로 고찰되어야만 할 것이다. 식민지하의 공업화와 도시화는 근대성을 가짐과 동시에 식민성이 내재되어 있기 때문이다. 따라서 도시화 공업화를 통한 자본축적구조의 근대적 특징은 물론 반드시 식민지적 특징을 도출해야만 할 것이다.

넷째, 일제강점하 자본가 형성과 자본의 본원적 축적에 대한 문제이다. 일제는 서구의 식민지 정책과 달리 일본인을 대거 이주 정착시켜 식민지 지배를 공고히 하는 정책을 취하였다. 이 때문에 일제는 재조일본인들을 주로 신도시에 정착시켰고, 전통도시의 중심거점을 새로 만들어 침투하는 수법으로 기존의 전통도시를 식민도시화하였다. 이에 따라 조선에는 일본의 거대 독점자본과 구별되는 재조일본인 자본가 계층이 형성되었다. 재조일본인 자본가 계층은 도시 혹은 시가지 형성 과정에서 발생한 토지의 가치상승을 통한 불로소득으로 자본의 본원적 축적과정을 거쳤다. 이때 소수 대토지를 확보한 조선인들도 자본을 축적하여 일제강점기 지역의 주요 자본가층을 형성하였다. 따라서 일제의 신도시 건설과정에서 재조일본인과 조선인 상층자본가들의 정치경제적 연합시스템이 구축되었다. 이러한 현상은 개항장 개시장 전통도시에 각각 다른 유형을 나타내기 때문에 자본의 본원적 축적과정의 식민지적 특징을 밝혀내야 할 것이다.

## 3. 연구목적과 대상

이상과 같은 연구성과와 문제의식을 바탕으로 본고의 목적은 다음과 같다. 본서는 일제가 강점한 1876년부터 1945년까지 일제가 조선에서 식민도시를 건설하는 과정과 공업화 과정을 통해, 재조일본인과 상층조선인 자본가들이 자본을 축적해 가는 모습을 밝히고자 한다. 즉, 신도시의 건조환경 구축과정이 식민지 자본의 본원축적 과정이라는 것을 밝히고자 한다. 이를 바탕으로 자본가들이 상호출자와 중역겸임을 통해 자본가 네트워크를 형성하고 정치경제적 연합 시스템을 만드는 실태를 검출함으로써 식민지 자본주의 전개의 특수성을 밝히는 것을 목적으로 한다.

이 작업을 통해 도시화와 공업화를 기반으로 성장한 식민지 일본인과 조선인 자본가의 존재실태를 밝힐 수 있을 것이며, 식민지 자본축적 구조 가운데 하나의 특질을 밝혀낼 수 있을 것이다. 아울러 일제강점기 조선인 상층 자본가들이 해방 이후 자본축적 구조와 어떠한 단절과 연속성이 있는지[41]에 대해서 생각해 보도록 하는데 의의가 있다.

41) 일제강점기는 조선에 대한 외세의 영향력이 절대적이었다는 것은 주지의 사실이다. 해방 이후의 세계 경제의 흐름에 대해서는 다음을 참조(필립 암스트롱, 『1945년 이후의 자본주의』, 동아출판사, 1996. 이 외 金泳鎬, 『東アジア工業化と世界資本主義－第4世代工業化論』, 東洋經濟新報社, 1988 ; 通井秀行, 『アジアの工場化と韓國資本主義』, 文眞堂, 1989 ; 현대자본주의연구모임, 『20세기 자본주의』, 한울, 1995).

본서는 일제하 자본주의 발전과정에서 중심이 되는 '도시'를 단위로 설정하여 검토하고자 하며, 특히 부산을 중심으로 분석하고자 한다. 그 이유는 첫째, 부산은 최초의 일제 침략의 거점이었던 거류지가 도시화된 곳이다. 둘째 일본이 동아시아 관문으로 군사상·경제상 중요한 무역항으로 인식하고 전략적으로 개발한 곳이다. 셋째 도시에서 자본축적의 전형적인 단계 즉 토지·상업자본, 산업자본, 독점자본 단계에 해당하는 자본가 그룹들 모습이 나타나기 때문이다. 따라서 식민도시의 건조환경과 자본축적이 진행되는 전형적인 모습을 보기에 적합하다.

## 4. 연구방법

본고의 목적을 수행하기 위해 몇 가지 연구시각과 방법을 제시하면 다음과 같다. 연구시각에서 전제가 되어야 할 점은 첫째, 조선에서 형성·발전되는 자본주의는 세계자본주의와 일본자본주의 구조의 변화와 밀접하게 연관되어 자본이 운동한다는 점이다. 둘째, 조선이 일본의 식민지라 하더라도 법적·행정적·문화적으로 다른 메커니즘 속에서 작동하고 있기 때문에 식민지 조선 자체의 자본운동 논리가 무엇인지에 대해 염두에 두고 파악해야 할 것이다. 셋째, 자본주의는 농촌에 비해 도시를 중심으로 불균등하게 발전하였으며, 도시화를 위해서는 공업화가 필수적인 요건이 되고 이를 기반으로 하여 자본가가 탄생하기 때문에 반드시 유기적으로 고찰되어야 한다는 점이다.

본고는 식민지적 상황하에서 도시화와 공업화를 통해 자본축적의 하나의 형태를 밝혀내는 것이다. 이것은 식민도시축적론에 입각하여 식민지 자본주의를 검토하고자 하는 것이다.

그러면 먼저 도시화란 무엇인가. 일반적으로 도시화(Urbannization)는 도시의 발전과 그 발전에 따라 주변의 취락 내지 지역이 변화하는 과정을 말한다.[42] 먼저 도시내부에서는 도심지역이 형성되고, 대도시에는 부도심이 형성·변화하며, 시가지 내부가 주택·공업·상업지역 등으로 분화하는 현상이 나타난다. 또한 도시 주변부에서는 시가지의 외연부가 더욱 바깥쪽으로 확대되는 한편, 근교지대가 형성되어 발전한다.[43]

이러한 현상의 내부에 근저한 질적인 자본주의하 도시화 과정에 대한 이해를 위해서는 그것을 축적이론과 관련지어 살펴봄으로써 가능하다. 도시화는 생산, 유통, 교환, 소비를 위한 물리적 하부시설 창출을 포함한다. 자본주의 도시화를 이해하는데 생산, 소비의 건조환경(bilt environment)으로 자본이 이동하는 것과 노동력재생산을 위한 사회적 지출 등에 대한 이해가 필요하다.[44]

따라서 자본주의하 근대 도시란 사회간접자본 시설 설치를 위해 자본이 집적·집중되는 곳이며 노동력재생산을 위해 사회적 지출이 이루어지는

---

42) 구미에서 도시화 연구는 1920년 당시에는 인구, 산업, 건축 등을 지표로 이루어졌다. 그것과 더불어 도시지역이 시가지로 되는 경향도 도시화를 뒷받침하는 유력한 지표였다. 그런데 최근에는 도시화의 척도로서 산업분류와 도시적 생활양식 등 다양한 견해가 제시되고 있다(마이크 새비지·알랜와드 저, 김왕배·박세훈 역, 『자본주의 도시와 근대성』, 한울, 2012).

43) 김철은 한국의 도시화는 인구 증가에 의해 새로운 도시가 탄생하는 경우와 도시로의 인구이동에 의해 도시화가 확대되는 두 가지 경우로 파악하고 있다. 전자의 경우 인구 증가는 인구의 이동에 의해 일어나는 것이고 또한 그것에는 인구가 집중할만한 산업적, 정치적 또는 문화적 조건의 발생이 필요하다. 즉 도시적 조건의 성숙에 의해서, 인구의 증가가 행해져 도시가 형성되는 것으로 파악하고 있다(金哲, 『韓國の人口と經濟』, 岩波書店, 1966, 232쪽).

44) 데이비드 하비 저, 초의수 역, 앞의 책, 1996, 100쪽. 도시화에 대한 맑스주의의 본질적 시각은 다음과 같다. 즉 이윤이 자본에 의한 노동의 지배로부터 나오고 또 계급으로서 자본가들은 자신들을 재생산하려면 계속 이윤의 기반을 확산시켜야만 한다는 것이다. 축적은 자본가 계급이 그 자신을 재생산하고 또 그 자신의 노동에 대한 지배를 재생산하기 위한 수단이다. 그러므로 축적은 계급투쟁과 분리될 수 없다. 도시화는 항상 경제적 잉여의 동원, 생산, 전유, 흡수에 관한 것이다. 도시화를 통해 잉여가 동원, 생산, 흡수, 전유되고 도시의 부패와 사회적인 타락을 통해 그 잉여들이 가치 저하되고 파괴된다(데이비드 하비 저, 초의수 역, 같은 책, 80~87쪽).

곳이다. 도시화의 현상 형태로는 도시에 많은 사회간접자본이 투하되고 농촌 인구가 유입되어 도시공업화를 더욱 촉진시킨다.[45] 또한 공업화는 도시의 발달을 촉진시키는 기제이다. 자본주의의 잉여가치 생산과 축적은 자본주의 도시의 생산과 더불어 진행되는데, 여기서 잉여가치가 집중되는 중심으로서 도시가 형성되는 것이다.[46]

자본가들은 완전히 새로운 도시에서 생산을 위한 새로운 출처를 개발하고 사회기술적 조건을 추구하고자 하였다. 산업도시는 축적의 새로운 중심부였으며, 생산과정에서 싼 노동력의 직접적 착취로 잉여를 생산하는 특징을 지니고 있다. 이것은 노동력과 생산력의 지리적 집중(공장체계에 축약된)과 세계 시장으로 개방된 것을 뜻하였다. 자본가들 간 경쟁과 계급투쟁은 도시화의 전체적인 역동성을 자본축적을 위한 합리적인 물리적 · 사회적 기반의 조성 쪽으로 휘몰아갔다.[47] 이에 따라 자본축적과 도시화는 병행하여 진행된다.[48]

그런데 이와 같은 근대 도시가 식민지 조선에서는 어떻게 형성되었는가.[49] 조선에서는 일제의 목적의식적 정책에 따라 도시가 개발되어 근대적인 요소와 더불어 식민성을 내포하고 있다는 것에 주목해야 한다. 그러므로 일제강점하 한국에서 개발된 도시는 근대성을 띠고 있지만 식민지적

45) 서구에서 도시 연구의 제반 경향은 다음을 참조. K. 맑스와 F. 엥겔스, 「공산주의당선언」; 데이비드 하비, 「자본주의 하의 도시과정 : 분석틀」, 최병두 · 한지연 편역, 『자본주의 도시화와 도시계획』, 한울, 1989, 80~92쪽 ; D. 하비, 초의수 옮김, 위의 책 ; M. 세비지, A. 워드, 김왕배 · 박세훈 옮김, 『자본주의 도시와 근대성』, 한울, 1993 ; 피터 손더스, 김찬호 · 이경춘 · 이소영 옮김, 『도시와 사회이론』, 한울, 1998.

46) *David Harvey, Urban Experence (Basil Blackwell, 1989).* 데이비드 하비 저, 초의수 역, 위의 책.

47) 데이비드 하비 저, 초의수 역, 위의 책, 1996, 50~51쪽.

48) 자본주의 생산양식하에서 도시화의 생산에 대한 이론은 데이비드 하비 저, 초의수 역, 38~44쪽 참조.

49) 한국에서 도시이론에 대한 연구는 주로 정치경제학이나 도시공학에서 다루고 있으며, 한국 근현대사에서 도시이론을 적용하여 연구한 예는 거의 없는 실정이다.

성격을 가진 '근대식민도시'로서 규정할 수 있을 것이다.

자본주의하 신도시의 형성은 지리적 집중을 통해 많은 자본의 축적을 위해 필요한 것이었으며, 한국에서도 식민지화 과정에서 많은 도시가 새롭게 만들어졌다. 이 과정에서 식민도시의 형성은 일본제국주의 본국의 거점도시화와 공업화가 함께 진행되었으며, 이 과정에서 자본가들은 그들의 정보력을 발휘하여 자본을 축적하고자 하였다. 자본가들은 식민지적 조건을 이용하여 노동력재생산에 드는 비용을 절감하였기 때문에 식민지 초과이윤을 획득할 수 있었다.

이와 같은 식민도시축적론에 근거하여 본고는 대체로 세 가지의 연구방법으로 접근하고자 한다.

첫째, 지역사적 접근방법으로서, 각 지역을 하나의 단위로 설정하여 도시가 형성 발전되어 가는 과정을 통해 지역적인 특질을 살펴보는 방법이다. 여기서 지역은 조선 내 뿐만 아니라 일본 및 국제적인 관계에서 생각해볼 수 있는 단위로서의 지역이다. 이러한 접근에 따라 종래 전국적인 통계를 가지고 조선공업화를 단정하는 단순 성장론의 문제점을 해소하고자 한다. 본서에서는 부산지역을 중심으로 논의를 전개하고자 한다.

둘째, 도시발달사적 접근방법이다. 근대 자본주의의 발생과정에서 근대도시의 형성은 중요한 근거가 된다. 왜냐하면 도시의 사회간접자본 설치 등으로 인해 공업이 발달하게 되고, 인구가 증가하면서 도시에는 자본주의의 기본적인 집단인 자본가와 노동자 집단이 형성되기 때문이다. 또한 식민지에서 도시 건설 과정은 일제의 식민지 지배정책 일환으로 전개되었으며, 그렇기 때문에 애초에 형성되어왔던 전통적인 상품화폐경제의 흐름을 완전히 재편시키고자 한 것이었다. 그리하여 조선에서 근대도시는 거류지를 중심으로 이루어져 식민도시로서의 성격을 가지고 있다. 도시 형성과정은 이주한 일본인들에게 유리하게 적용되어 조선에서 토지자본을 형성하게 되었다. 이 점은 종래 연구에서 주로 토착자본을 조선인 자본이라고 인식해 온 것을 재고하도록 한다.

초기 정착 일본인들은 거류지의 토지소유를 바탕으로 조선에서 토지자본을 축적하였고, 그것을 바탕으로 대자본가로 성장했기 때문에 종래의 토착자본=조선인 자본이라는 등식은 재고해야 할 것이다. 조선에서 축적한 자본 가운데 조선인 자본과 일본인 자본으로 구별해야 할 것이며, 같은 일본인 자본이라 하더라도 매시기마다 신규로 진출한 일본 독점자본과는 일정하게 경쟁관계에 있다고 보인다.[50]

또한 본고에서 대상으로 하는 부산의 식민도시화는 처음에는 일본전관거류지를 중심으로 이루어졌고, '병합'이 된 후에는 점차 전통적인 중심지이었던 동래 지역을 포섭·확대하면서 진행되었다. 이 과정을 통해 식민도시의 전형적인 개발 모습을 볼 수 있을 것이다. 이렇듯 근대도시의 전체 형성과정을 통해 고찰해 보면 종래 1910~20년대 조선에서 축적된 토지자본 상업자본이 산업자본으로 전환하고 공장이 설립된 현상에 대해 역사적 의미를 둘 수 있을 것이다.

셋째, 노동력재생산적 접근방법이다. 노동력재생산은 자본의 재생산 과정에서 생산과정과 함께 중요한 일부분을 차지하는 것으로서, 노동자가

---

50) 1920년대에는 조선방직과 오노다(小野田)시멘트 등 면방직·시멘트공업이 조선에 들어왔고, 1930년대에는 면방직공업·화학공업 분야에 독점자본이 진출하였다. 면방직분야를 보면, 1920년대 조선방직과 경성방직이 면방직업에서 경쟁하면서 기업을 확대해 가고 있던 중, 1933·34년경에 일본의 면방대기업 동양방직과 종연방적이 조선에 분공장을 설치하게 되었다. 이때 조방과 경방은 그들에 대응하기 위해 자신들의 공장에 일관생산체계를 갖추고 경쟁할 수 있는 기반을 갖추어나갔다. 이에 따라 두 기업이 독점 생산하고 있던 면방직공업은 4기업의 독점체제로 변동되었다(김경남, 「1920·30년대 면방대기업의 발전과 노동조건의 변화－4대 면방대기업을 중심으로」, 『부산사학』 25·6합집, 부산사학회, 1994). 따라서 기존에 조선에서 축적하고 있던 자본과 일본에서 새롭게 진출한 대기업은 경쟁관계였다는 것을 알 수 있다. 물론 새로 진출한 기업들이 자본금을 본사로 이출하는지 식민지에서 확대재생산하는데 투하하는지에 대한 여부가 구체적으로 분석될 때 더욱 명확한 대항관계를 말할 수 있을 것이다.

노동현장에서 노동력을 사용할 수 있도록 재생산되는 정신적·물질적 생활 제 조건을 말한다. 이것은 산술적으로 나타나는 것이 아니기 때문에 그 연구방법이 다양하게 이루어져야 하겠지만, 노동자들이 생활하는 도시 공간 문제 속에서 그 양상을 살펴 볼 수 있을 것이다.

본서에서는 노동자의 물질적 생활조건에 대해서 부산지역 도시화 과정에서 전개된 사회간접자본의 설치 양상과 기계제대공업하 노동자 조건의 변화를 통해 살펴볼 것이다. 이를 통해 도시화와 공업화가 무엇을 위한 것이었는지, 그 과정에서 노동자들은 어떤 상태에 있었는지에 대한 고찰이 가능하게 될 것이다. 다만 정신적 생활조건에 대한 연구는 대항이데올로기 문제와 관련하여 노동자 파업과 노동자 문화 등 여러 가지 문제를 내포하고 있기 때문에 본격적으로 다루지 않았다.[51] 후고에서 다룰 예정이다.

마지막으로 네트워크를 통한 접근방식이다. 네트워크 접근방식은 최근 경제사 연구의 주요한 경향 중의 하나이다.[52] 네트워크는 자본의 흐름과 자본가 활동, 상품 유통, 경제단체 활동 등을 밝히는데 적절하다. 본서에서는 이 네트워크라는 방식을 활용하여 중역겸임에 의한 기업가들의 정치, 경제, 사회적 연관관계를 추출하고자 한다.

중역겸임제는 중역이라는 개인이 만든 인적관계로 회사 간 관계의 일종이다. 따라서 그 관계를 분석하는 시각은 중역 개인의 사회적 제 관계를 포함하여 다양하다. 중역겸임제의 가장 큰 강점은 사람 그 자체가 미디어가 됨으로써, 강력한 지배력 표현, 회사전략에 대한 영향력 행사, 비즈니스

---

51) 도시 노동자들의 총독부 도시정책을 보는 시각과 도시정책 참여 정도, 그리고 노동자 상태, 문화수준 등에 대해서는 별도의 연구가 필요하다.

52) 최근에 일본에서는 유통네트워크에 대한 연구가 진행되었다. 그 가운데에는 일제하에 조선에 진출한 일본인의 영업 네트워크에 관한 연구도 있다(木村健二, 「朝鮮進出日本人の營業ネットワーク－龜谷愛介商店を事例として」, 杉山伸也 リンダ・グローブ, 『近代アジアの流通ネットワーク』, 創文社, 1999, 45~67쪽).

상 신뢰관계 등 고도의 경영정보 네트워크로서 기능하는 회사 간 관계를 구축할 수 있다는 점이다.

이렇듯 중역겸임을 통한 경제적 네트워크의 본질과 그 사회적 의미를 보다 명확하게 하기 위해서는 중역겸임자들이 구축한 회사 간 네트워크(Inner corporate networks)를 기반으로 지역사회에서 어떠한 사회적, 정치적 조직활동을 모색하고 있는지를 밝히는 것이 중요하다. 이것은 경쟁과 협조의 복잡한 교착관계에 있는 근대적 기업가들의 경영행동을 설명해주는 키워드가 된다. 다만 각국의 톱 매니지먼트의 구조와 기능이 다르기 때문에 이에 대한 분석이 전제되어야 할 것이다.

필자는 지금까지 재조일본인과 조선인 자본가 중에서 공동출자, 중역겸임을 통해 정형화되지 않은 네트워크형 자본가집단망을 추출하는 분석방법을 제시하였다. 본서에서는 제국과 식민지라는 종속 관계 속에서 형성된 한국자본주의의 식민지적 특질을 추출하고자 한다. 주로 중역겸임제를 통해 성장한 경인그룹과 부산그룹을 대상으로 검토하였다. 이를 통해 일제하 중역겸임 자본가들의 경제적 네트워크의 특징을 추출하고 정치적 사회적 내부구조의 중층적 시스템을 파악하는 데 일조할 수 있을 것이다.

## 5. 연구 구성과 자료 활용

이러한 연구시각과 방법에 근거하여 검토해야 할 본고의 구성은 다음과 같다. 첫째, 개항장 거류지에 대한 도시화 과정에 대한 검토가 필요할 것이다.[53] 한국에서 근대적 도시화는 언제부터 시작되었으며 그 특질은 무

53) 도시화에 대한 연구는 일본에서는 成田一龍과 橋谷弘 등이 대표적이고(成田一龍 編, 『都市

엇인가.[54] 이것을 밝히기 위해 최초 개항장 부산에서 일본전관거류지가 형성되는 과정과 일본인들이 토지소유권을 확보해 가는 과정을 검토할 것이다. 그리고 거류지 일본인 출신과 인구 구성, 거류지형성에 대한 식민지적 특질은 무엇인지에 대해 살펴볼 것이다.

이러한 거류지 확대 과정에서 공업구조가 어떻게 형성되어 거류지발달에 기여하였는지에 대해서 검토한다. 부산지역 공업형성 과정과 주민들 직업구성을 통해 공업구조에 대한 실태를 밝히고자 한다.

그 실태를 밝히기 위해 다음과 같은 가설을 검증하고자 한다. 개항기부터 1910년 합병 전까지 조선의 각 도읍에서는 상업적 면업을 통해 공장제적 수공업으로 나아갈 수 있는 기반을 닦고 있는 상태이었지만 조선 정부의 권력 약화로 인해 상공업활동이 여의치 못하였다. 반면 거류지에서는 일본과 미면교환체제하에서 정미업이 발달하였고 또한 일본인과 외국인의 소비에 충당하기 위한 식민지 공업이 형성되었을 것이다. 이러한 인식에 기반하여 부산거류지의 공업구조를 밝힐 것이다.

그리고 거류지의 확보와 공업의 형성에 따라, 자본주의를 일찍 경험하여 경제 정보에 빠른 일본인들은 토지를 미리 선점하고 기업도 만들었을 것이다. 이들은 일제의 이주민 보호정책에 따라 토지를 독점적으로 확보하고 공장도 주력부문에서 독점적으로 운영하였을 것이다. 이러한 가설을 입증하기 위해, 일제가 '일본제국신민'에게 영대차지(永代借地)하여 소유권을 인정해주고 토지를 독점적으로 축적해 가는 과정을 밝힐 것이다. 특

---

と民衆』, 吉川弘文館, 1993), 한국에서는 손정목의 방대한 연구가 있다(『한국개항기 도시사회경제사연구』, 일지사, 1982 ; 『한국개항기 도시사회변화과정연구』, 일지사, 1982 ; 『일제강점기 도시사회상연구』, 일지사, 1996 ; 『일제강점기 도시계획 연구』, 일지사, 1990).

[54] 한국 근대도시계획사의 시기구분을 대한제국기의 한성부 도시개조시기－일제시대 초반 시구개정 시기－일제 후기 조선시가지계획령 시기로 구분하는 것은 집행된 도시계획사업과 법제를 기준으로 한 형식상의 구분일 뿐이라고 이미 지적된 바 있다(박세훈, 앞의 논문, 2000, 168쪽).

히 토지 축적과정이 러일전쟁 준비와 관련하여 진해만요새지대 설치와 부산 마산 등 도시개발이 어떻게 연관되어있는지에 대하여 검토하고자 한다.

둘째, 1914년 부제(府制) 실시 이후 도시화와 공업구조 양상에 대해 고찰한다. 외국거류지가 폐지됨에 따라 부제가 실시되었고, 토지불하 과정에서 일본인들이 토지를 독점하는 사례에 대해 검토할 것이다. 그리고 부제 실시 이후 도시화는 서울이나 평양 정도를 제외하고는 전통적으로 발달되어 오던 도시가 아니라 '만들어진 도시'를 중심으로 진행되었다.[55] 부산·마산·목포·진남포·신의주 등이 그 대표적인 경우이다. 총독부는 전통적 상품화폐경제 유통구조 속에서 만들어져 있던 시장을 부정하고 전통도시 개발은 유보한 채, 그들이 '만든 도시'를 중심으로 개발하고자 하였다.

이에 따라 이미 일제 침략 초기부터 개발되었던 거류지에 농촌으로부터 많은 조선인들이 몰려들었고, 총독부의 적극적인 일본인 이주정책을 수행하여 도시의 인구는 급격하게 증가되었다. 따라서 많은 잉여 노동력이 생겨나게 되었으며, 주택문제, 물문제 등 도시문제가 생겨났고 슬럼가 형성이 불가피하게 되었던 것이다.[56] 일제강점기 도시공간은 민족이 다른 일

---

55) 서구에서는 자본의 축적속도와 기술의 혁신이 도시 중심지마다 매우 다양하게 나타났으며, 도시 내 경쟁력이 없이는 생산에 자본가들이 침투하는 속도는 훨씬 느렸을 것이고 심지어는 서로를 방해할 수도 있었다. 이러한 이유 때문에 자본주의 산업화는 독점적 통제의 정치와 중상주의 전술이 덜 확립된 완전히 새로운 도시중심지에서 발생하는 것이 훨씬 용이하다는 것이 판명되었다(David Harvey, *Urban Experence* (Basil Blackwell, 1989), 초의수 역, 앞의 책, 1996, 48쪽). 조선에서도 이러한 자본주의 도시화의 일반성이 적용되었는데, 문제는 도시화를 조선인이 주도가 아니라 일본인이 주도하여, 소유와 분배 문제가 발생함으로써 민족모순이 파생되었다는 점이다.

56) 도시로 많은 인구가 집중하게 되자, 조선총독부에서는 이를 방지하기 위해 '농촌창정계획'으로 농민 대책을 세우기도 하지만 계속되는 도시의 인구 집중 추세를 막을 수는 없었다(朝鮮總督府, 『人口ノ都市集中防止ニ關スル件』, 1936).

본인과 조선인이 이주하여 생활공간을 만들어냈다. 따라서 도시구조는 도시를 구성하는 제 요소에서 배태되는 일반적인 모순과 민족 간 모순이 중첩되어, 도시에서 생활하는 주민 간 갈등구조가 증폭되었다. 그러므로 도시개발 과정에서 그 정책에 전혀 참가할 수 없었던 노동자나 도시빈민층 등 도시민들의 사회적 조건에 대해 살펴볼 것이다.

그리고 거류지 공업구조가 1910년 한일병합에 의해 식민지 지배에서 법적인 근거를 마련하면서 어떻게 변화되어갔는지에 대해 검토해야 할 것이다. 1914년 부제의 전면적 실시와 함께 거류지가 근대도시로 확정되면서 공업발달구조는 어떻게 변화되어갔는지에 대해 살펴볼 것이다.

이때 거류지에서 축적한 일본인 자본가들의 네트워크는 어떻게 형성되었는가. 그들은 개항장을 중심으로 자본을 축적하였고 그 지역을 중심으로 자본가 네트워크를 형성하였다. 자본가 네트워크의 실체와 성격을 밝히기 위해 1920년을 분석하고자 한다. 1920년은 개항 이후 조선에 진출한 일본인들이 확보한 토지가 토지조사사업으로 소유권이 확정되고, 회사령이 철폐되어 산업발달이 시작한 시점이고 그 동안의 자본축적이 일단락되는 시점이기 때문이다. 그리고 일본인 자본가들의 상공단체의 배타적 구조와 그들의 주도권 장악에 대해서 고찰해보고자 한다.

셋째, 1930년대 조선총독부에서는 기존의 식민도시들은 본격적으로 정비하고 북부지역에는 새로운 도시를 만들어, 일본 독점자본 유치문제, 농촌에서 유리된 인구문제, 기존 도시의 재편 문제 등을 해결하고자 하였다. 그것은 '조선시가지계획령'을 통해 구체화되었는데, 그 구체적인 실태에 대해 고찰하고자 한다.

그리고 이 시기의 '조선공업화' 정책은 일제가 대륙병참기지로서 조선을 개발하기 위해 취한 정책이었다.[57] 식민지 공업화는 거류지 시기부터 전개된 도시인프라의 조성과 공업의 형성이 토대가 되어 발전되었을 것이다. 따라서 공업화는 언제부터 시작되었으며 그 특질은 무엇인가를 살펴보고자 한다. 이 문제에 대해서는 1930년대를 중심으로 '조선공업화'가 이루어졌다는 설과[58] 1910년대에 '조선공업화'가 진행되었다는 설이 있다.[59] 이를 통해 적어도 1910년부터 조선에 공업화가 진행되었다는 것은 대체로 인식되게 되었다.

그런데 공업화는 도시 인프라의 구축에 의해 보장되는 것이다. 조선에서 도시인프라 구축은 일제의 식민도시 건설과 함께 진행되었기 때문에 도시화와 공업지구의 형성과 관련시켜서 파악해야 할 것이다.

개항도시의 경우 일본인들의 생활을 하기 위해 기본적으로 낮은 단계의 공업화가 진행되었다. 그런데 도시의 공업화를 위한 정지작업이 조선에서 본격적으로 전개된 것은 1934년 '시가지계획령'에 의한 것이라고 생각된다. '시가지계획령' 발효는 조선에서 자본을 축적한 재조일본인과 조선인 자본의 활성화는 물론 1930년대에 신규로 일본 독점자본을 유치하기 위한 도시 인프라 구축 정책이었다. 공황 발생이나 사양산업 이전 등 경제적 목적을 가지고 식민지에 진출하는 일본 본토 자본은 식민지에서 성장한 자본을 압박하며, 그 때문에 식민 모국 자본과 식민지 자본은 갈등과 모순이 내포하게 될 것이다. 따라서 본서에서는 시기별로 초기 정주 일본인 자본

57) 1930년대 식민지공업화에 대해서는 여러 연구성과가 있다. 대표적인 것으로는 許粹烈, 「日帝下 韓國에 있어서 植民地的 工業의 性格에 관한 一研究」, 서울대학교 박사학위논문, 1988 ; 전우용, 「1930年代 '朝鮮工業化'와 中小工業」, 서울대학교 석사학위논문, 1989 ; 安秉直 · 中村哲 共編著, 『近代朝鮮工業化의 研究－1930~1945年』, 일조각, 1993 ; 堀和生, 『朝鮮工業化の史的分析』, 有閔閣, 1995 ; 김인호, 『식민지 조선경제의 종말』, 신서원, 2000.

58) 전우용, 위의 학위논문.

59) 허수열은 1916~20년 제1차 기업발흥기로 보고 있으며(「일제하 조선인공장의 동향」), 橋谷弘과 김인호는 1920년대를 자본주의적 생산이 본격화되는 시기라고 주장하였다(橋谷弘, 「1930~40年代の朝鮮社會の性格をめぐって」, 『朝鮮史研究會論文集』 27号, 1990 ; 김인호, 「일제초기 조선공업의 '과도기 자본주의'적 특징(1910~1919)」, 『한국근현대사연구』 10호, 한울, 1999 참조).

과 신규 진출하는 일본 독점자본에 대한 차별성을 검토할 것이다. 이를 통해 식민지와 식민 본국 사이에서 전개된 자본 이동에 대한 이해가 가능할 것이다.

넷째, 초기 자본가 네트워크를 통한 기업그룹이 본격적인 도시화와 공업화를 거치면서 어떻게 변동되었는지에 대해 고찰할 것이다. 1937년은 만주사변 이래 대중국 침략이 본격화되고 조선이 대륙병참기지로 전환되어 산업경제상 구조적 변화를 겪기 시작한 시점이다. 따라서 침략초기 자본가 네트워크를 통한 기업그룹 형성과 식민지 지배구조가 어느 정도 정착된 시점에서 자본가 네트워크를 통한 기업그룹에 대한 변동구조를 밝히는 데 적합하다고 생각된다.

대상은 조선에 본점을 둔 기업을 대상으로 하고자 한다.[60] 왜냐하면 일본에 본점을 둔 기업과 조선에 본점을 둔 기업은 자금이나 노동력 확보, 사회기반조성환경이 다르기 때문에 자본을 축적하는 조건이 다르기 때문이다.

자본 축적 조건이라 함은 일차적으로는 축적을 할 때 제1근원이 되는 노동력재생산 조건이 다르다는 것이다. 자본가들은 생산과정에서 값싼 노동력을 노동자로부터 제공받고자 하며, 노동력재생산 과정에서 질 낮은 노동자 생활조건을 담보로 최대한 식민지적 초과이윤을 확보하고자 한다.

이차적으로는 일본 본토에 영향을 받고 있지만 차별성을 갖는 다른 자

60) 조기준의 연구에 의하면 조선산업에서 일본재적, 조선재적 자본이 차지하는 비율은 각각 39.3%, 60.7%라고 한다. 1941년 현재 일본재적 대재벌계가 조선 내 산업에 대한 지배율은 약 40%이며, 미쓰이(三井) · 미쓰비시(三菱) · 스미토모(住友) 등 3대 재벌의 조선산업 지배율은 겨우 8.9%에 불과하다. 그것도 제철업 등 고정자본이 많이 투여되는 대규모공업을 설립하고 있었기 때문이었다. 그리고 조선재적 자본계는 60.7%를 차지한다. 이 가운데 노구치(野口) · 동척(東拓) · 식산은행계가 42.2%, 그중 최대의 자본은 노구치계로서 26.6%이다. 이들은 조선총독부가 특별한 행정적 보호와 자금지원에 의하여 비대해진 재벌들로서 식민지행정 속에서 형성된 식민지계 재벌로 분류하고 있다(趙璣濬, 『韓國資本主義成立史論』, 大旺社, 1973, 424~449쪽 참조).

본주의적 메커니즘 속에서 운영되고 있다는 것이다. 즉 조선에서는 관세를 비롯하여 대외적인 경제 장벽을 가지고 있었으며, 발권은행이 설치되었고, 법제를 달리하는 영역으로 각각 독자적으로 행정기관이 다른 메커니즘에 의해 운영된 것이다.[61] 특히 공장법이 실시되지 않아 장시간노동 저임금구조를 유지할 수 있었던 것은 자본가들에게는 식민지적 이윤을 창출할 수 있는 최적의 조건이었던 것이다.

따라서 조선에 본점을 둔 기업을 대상으로 중역겸임을 통해 조선에서 자체적으로 형성된 자본가집단과 그 변동 실태에 대해서 밝혀보고자 한다.

본서에서는 자본가 네트워크에 대한 실체를 밝히기 위하여, 조선에 본점이 있는 4개 이상 기업(1920년은 3사)에서 대주주(株主)로 자본을 출자하고 중역(重役)을 겸임하고 있는 자본가를 대상으로 검토하였다. 4개 기업 이상 중역겸임 자본가를 분석했기 때문에 자본금 규모가 크지만 중역겸임이 3사(1920년은 2사)일 경우에는 삭제됨으로써 자본금 규모에 따라 자본가 존재를 살펴보는 데는 한계가 있다. 그럼에도 자본가가 상호출자와 중역겸임을 통한 네트워크를 이루어 기업그룹을 형성한 실체를 검출하는 데는 별 무리가 없을 것이다.[62]

이상의 연구를 위하여 이용한 주요 참고 자료는 제국과 식민지 간의 이중적 결재구조를 염두에 두면서 일본내각과 군부, 조선총독부가 작성한 정책기안문을 주로 활용하였다. 그리고 조선총독부 발행 단행본, 각종 관보·통계연보, 당시 쓰여 졌던 신문자료 및 잡지 등을 참고하였다. 특히

61) 堀和生, 「植民地帝國日本の經濟構造－1930年代を中心に－」, 『日本史研究』 462号, 2001.

62) 대체로 그룹, 재벌의 개념에 대해서 살펴보면, 재벌은 자본에 대한 배타적 동족(同族) 소유를 말하지만, 학술적 개념이 아니라 통상적 파악방법이라고 할 수 있다. 현재 한국과 일본에서 그룹이라는 용어는 산업 내적인 연관성이 있는 기업이 다각적 경영을 할 때 사용한다. 이 책에서는 식민지시기 조선에서 자본가그룹이 존재하였는지, 그 형태는 어떤지에 대해 검토하는 것에 초점을 맞추고 있다.

조선총독부 관리들이 직접 작성한 정책 기안문을 이용하여 거류지 구획과 정이나 토지분할분쟁 그리고 시가지계획에 대한 구체적인 전말을 밝힐 수 있었다.

그리고 중역겸임을 통한 자본가 네트워크 형성 실태에 대한 자료는 『조선은행회사조합요록』(中村資郎編, 『朝鮮銀行會社組合要錄』, 東亞經濟時報社, 이하 『요록』)을 이용하였다. 『요록』은 1920년부터 1942년까지 조선에서 일반 경제계에 대한 실상을 조사한 자료로서 회사조직에 대해 총괄적인 상황을 모은 것이다.[63] 대만과 만주에도 이 자료와 비슷한 기업관련 자료가 있기 때문에 이 자료는 일본의 각 식민지를 비교검토하기에도 적절한 것이다.[64] 또한 『事業と郷人』을 활용하였다. 미나미 지로(南次郎)가 대륙병참기지를 만들기 위해 조선에서 유력한 정재계 인사들에 대하여 수록한 명사록이다. 이 책을 통해 당시 도시화와 공업화의 목적, 자본가들의 인적상황, 연관구조를 구체적으로 파악할 수 있었다. 일본내각, 군부, 총독부와 자본가의 정경유착구조에 대해서는 위의 자료는 물론 반민족행위특별법 위반으로 기소되었을 때 피소된 자본가들의 자술서와 증언 조서를 참조하였다.

63) 中村資郎編, 『朝鮮銀行會社要錄』, 東亞經濟時報社, 각년판.

64) 대만에 대한 연구는 京都大 人文科學研究所 水野直樹 주도 "日本의 植民地 支配－朝鮮과 臺灣" 班에서 발표된 河原林, 「植民地時期 臺灣財界の研究」, 2002 참조.

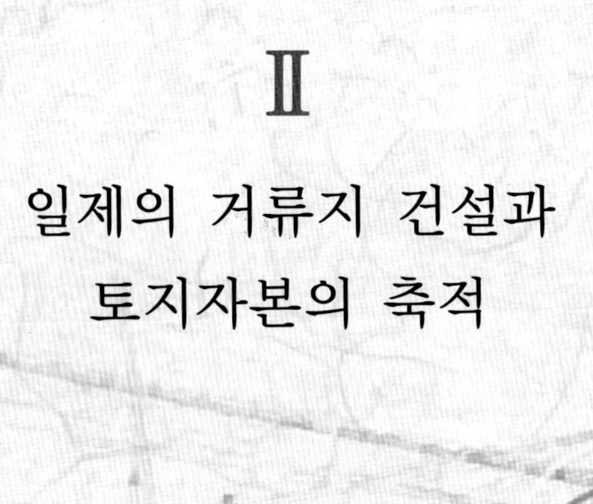

# Ⅱ

# 일제의 거류지 건설과 토지자본의 축적

# 1. 개항장 거류지 확보와 시가지 형성

## 1) 19세기 중반 제국주의 전쟁과 개항장 거류지 확보

### 19세기 중반 제국주의 전쟁과 일본전관거류지 설치

일본이 조선에 침투하기 전, 조선의 도읍에서는 수도 한성(漢城)을 중심으로 상품화폐경제가 발달하게 되었다. 각 지역의 경제 중심지는 장시가 선 도읍을 중심으로 형성되었으며, 장시에는 각 지역 토양에 적합한 물산의 생산과 판매 흐름에 따라 상권이 자발적으로 형성되었다. 대표적인 곳으로는 한성 · 평양 · 개성 · 대구 · 해주 · 전주 · 안동 · 진주 · 상주 등지였다. 장시에 거래되는 상품 중 수공업은 금속가공업과 철공업, 제지업, 견직업, 요업 등 제 업종에서 자본주의적 경영이 전개되었다.[1)]

그런데 19세기 중반부터 영국, 프랑스, 독일 등 산업혁명에 성공한 서구열강이 아시아에서 제국주의적인 식민지 획득전쟁에 나서면서 상황은 일변하였다. 제국은 식민지에서 거의 헐값으로 자원을 가져가서 상품을 만들어 식민지에 되팔아 식민지적 초과이윤을 획득하는 수법을 취하였다. 이때 일본도 구미 열강과 불평등 조약을 맺고 반식민지 상태로 전락하기도 하였다. 제국주의 전쟁은 사회진화론에 힘입어 약육강식 논리를 정당화하였다.

일본에서 죠슈군벌(長州軍閥) 출신들은 봉건적인 막부체제를 무너뜨리고 천황제 입헌국가를 수립하고자 하였다. 그들은 메이지유신(明治維新)을 단행하여 서양의 근대 문명을 적극적으로 수용하였다.[2)] 그 결과 일본

1) 최윤규, 『근현대 조선경제사』, 갈무지, 1988, 74~89쪽.
2) 小峰和夫, 「開國期における海外植民論」, 淺田喬二, 『'帝國'日本とアジア』, 吉川弘文館, 1994, 34~53쪽.

은 반식민지 상태에서 벗어날 수 있었으며, 영국·미국 등과의 외교 관계를 이용하여 제국의 길로 나섰다. 일본은 가장 먼저 류큐왕국(琉球王国)·홋카이도(北海道)를 흡수하고, 조선, 대만, 만주, 가라후토(樺太, 현재 사할린), 남양군도 등을 식민화하면서 후발 제국주의가 되었다.[3)]

이러한 일본의 급격한 정세변화는 조선을 비롯한 주변국들을 바짝 긴장하게 만들었다. 나가사키(長崎), 규슈(九州)지역을 주요 기반으로 세력을 형성하고 있던 죠슈군벌이 전국 행정구역을 컨트롤하기 위해 가장 먼저 취한 정책은 폐번치현(廃藩置県)이다. 기존 행정구역에 세력을 가지고 있던 번을 폐지하고 현 체제로 바꾸어 지방 세력을 약화시키는 것이었다. 이때 조선과 독점적인 무역권을 가지고 있던 쓰시마도 폐번 대상이 되어 나가사키 쓰시마도(長崎 対馬島)로 재편되었고 전통적인 세력가 종가(宗家)도 세력을 잃었다.

죠슈벌은 일본내각을 장악하면서 한반도를 일본의 '생명선'으로 인식하였다. 그들은 식민지 확보를 통해 자국의 인구문제, 식량문제, 생산력문제 등 내부 모순을 해소하고자 하였다. 이 때문에 지리적 특성을 활용하여 여타 유럽 제국주의와는 달리 적극적인 식민지 이주정책을 취하였다.[4)]

조선정부는 메이지정부의 이 같은 점령행위를 인정하지 않았다. 이에 메이지정부는 운요호사건을 빌미로 조일수호조규(강화도조약)를 맺어 개항장을 요구하고 공식 외교 라인을 강제로 만들었다. 1877년에는 부산의 초량왜관을 일본전관거류지로 전환시키고, 자신들을 지지하는 새로운 일본인 이주자들의 생활기반을 만들었다. 이에 따라 조선에는 많은 일본인들

---

3) 강창일, 「일제의 조선지배정책－식민지유산문제와 관련하여－」, 『역사와현실』 12호, 한국역사연구회, 1994.

4) 일제의 식민지 지배에 관해서는 다음을 참조. 岩波講座, 『近代日本と植民地』, 岩波書店, 1993 ; 淺田喬二, 『「帝國」日本とアジア』, 吉川弘文館, 1994 ; 朝鮮史研究會, 『植民地朝鮮と日本の帝國支配』, 綠蔭書房, 2000.

이 이주 정착하기 시작했으며, 조선인들의 주권은 차츰 잃어갔으며 일제의 식민지배 정책에 따라 재편성되어갔다.

메이지정부와 일본 군부가 대륙으로 진출하기 위해 취한 가장 중요한 정책은 침략을 위한 자신들의 거점을 확보하는 것이었다. 이 때문에 가장 먼저 취한 것이 1872년에 조선과 300년 이상 독점적 무역권을 가지고 있던 쓰시마번(對馬藩)을 없애고 부산왜관을 접수하는 것이었다. 하나부사 요시모토(花房義質)는 군사를 이끌고 쓰시마와 부산왜관을 점령하여 종래 독점적 무역권을 가지고 있었던 종가의 기득권을 박탈하였다.[5] 메이지정부는 쓰시마 종가가 관리하던 부산의 초량왜관도 불법으로 점령하였다. 이때부터 임진왜란 이후 300년간 평화·선린관계를 유지하던 조선해협의 쓰시마와 부산을 매개로 하는 한일관계는 제국주의 전쟁에 말려들어갔다.[6]

메이지정부는 불법으로 왜관을 점령한 후 쓰시마 종가가 가지고 있던 부채를 대신 조선정부에 갚고 자신들이 대표성을 가지려 하였다. 그러나 조선정부는 인정하지 않고 4년간 버텼다. 이러한 쇄국정책에 대해 일본은 운요호 피격사건을 빌미로 1876년 2월 27일 조일수호조규(朝日修好條規, 일명 강화도조약)를 체결하여 부산포 개항을 강요하였다. 같은 해 8월 「조일수호조규부록(朝日修好條規附錄)」과 「조일무역장정규칙(朝日貿易章程規則)」을 체결하면서,[7] 개항장을 중심으로 조선 경제체제가 서서히 재편되어 갔다. 이를 계기로 조선에서 자본주의는 서양과 일본제국주의의 압력

5) 메이지정부의 쓰시마 폐번치현과 부산왜관 점령에 대해서는 김흥수, 『한일관계의 근대적 개편 과정』, 서울대학교출판문화원, 2009 참조.

6) 300년간 부산왜관을 통해 유지해 온 쓰시마와 동래지역 사람들의 평화적인 지역로칼리티는 메이지 정부의 침공으로 이 시기에 무너지고 말았다. 이에 대한 자세한 것은 金慶南, 「境界地域におけるローカリティ交流-対馬と釜山を中心に」, 『法政大学大原社会問題研究所雑誌』 No.679, 2015. 2~20쪽 참조.

7) 朝鮮總督府 總督官房 外事局, 『各國居留地關係取極書』, 1910, 1021~1024쪽.

과 강요로 조선의 전통적인 상품화폐경제체제는 자주적인 발달을 기대하기 어렵게 되었다.[8)]

개항장은 처음에 영국, 프랑스, 독일, 미국, 중국, 일본 등 외국인들이 무역과 상품을 매매하는 장소로서 치외법권 지역이었다. 그러나 당시 일본내각과 군부는 제국주의 전쟁과정에서 조선을 생명선으로 생각하였다. 그래서 일본내각은 쓰시마에 요새지대법을 적용시켜 쓰시마요새를 만들고, 왜관에 남아있던 종가 세력들은 모두 강제 귀환시켰다.

쓰시마와 부산왜관을 점령한 일본내각은 전국적으로 조선이민정책을 수립하여 적극적인 이주정책을 실시하였다. 이것은 지리적으로 가까운 이점을 살려 조선에 자신들의 근거지를 확보하기 위한 것이었다. 일제는 국제적인 정치환경을 활용하여 거류지를 확보하였고, 해마다 많은 일본인들이 조선해협을 넘어 조선으로 이주 정착하였다.[9)] 한편 일본내각과 군부는 전략적으로 1894년 청일전쟁 직전에 쓰시마에 있는 주민 2,000명을 부산으로 이주시켰다. 어업생활권에 제한을 주었기 때문에 이민 형식을 띤 강제이주라고 볼 수 있다. 그리고 1904년 러일전쟁 기간에 쓰시마 어업종사자들은 염장 도미를 만들어 대련요새와 한국주차 일본군에게 상납하였다. 쓰시마와 조선정부의 평화로운 무역은 전쟁을 대비한 것으로 급격하게 바뀌었으며, 쓰시마주민들은 일본군 허가를 받아야했고 생활은 더욱 어려워져 전국에서 가장 가난한 곳으로 전락하였다.[10)]

---

8) 金慶南, 「朝鮮海峡への要塞・軍港建設と国際関係」, 坂本悠一編, 『地域の中の軍隊 帝国の最前線』 7巻, 吉川弘文館, 2015, 214~221쪽.

9) 天野誠齋, 『朝鮮渡航案內』, 新橋堂, 1904. 이 책은 조선의 지세와 풍속 등 생활환경과 도항하기 전 준비사항, 농업자, 상업자, 광업자, 어업자, 노동자 직업별 도항에 대한 상세한 사항을 다루고 있다. 조선에 정착한 일본인의 성공과 실패 사례를 구체적으로 제시하여 조선 도항을 적극 장려하고 있다.

10) 쓰시마요새와 쓰시마인의 부산이주에 대한 것은 金慶南, 「境界地域におけるローカリティ交流-対馬と釜山を中心に」, 2015 참조.

### 일본인 생활근거지와 토지 확보

다음으로 개항기부터 한일병합까지 메이지정부는 자신들의 침략거점을 만들기 위해 어떻게 생활근거지를 정비해갔는가. 최초의 개항장 부산을 중심으로 구체적으로 살펴보자.

먼저 메이지정부는 부산을 강제로 개항시킨 후 점령지 정책을 수행하기 위해 '초량왜관'을 폐지하고[11] 외교기관으로 '초량공관(草梁公館)'을 설치하였다.[12] 1876년 10월에는 의사출신 관리관 곤도 마스키(近藤眞鋤)가 부임하였다. 종래 일본인 자치체로서 정대관(町代官)이 소속하고 있었던 상회소(商會所)를 '거류지회의소(居留地會議所)'로 바꾸어 관리관의 지배·감독을 받게 하였다. 이 거류지회의소는 일제가 조선에서 거점도시를 만드는 과정에서 처음으로 설치한 것이다.[13]

현해탄을 넘어 조선으로 건너온 일본인들은 부산에서 그들이 사용할 건물과 토지를 확보하여 경제적 동맥을 확보하고자 하였다. 그래서 우선적으로 1876년 5월 19일 「관사임대규칙(官舍貸渡規則)」에 의해, 왜관 중 관리청 소유건물 일부를 조선정부에게 차용·불하받았다. 11월 22일에는 일본 관리청 내에 우편국을 설치하여, 본국과 연락망을 확보하였다.

개항 전 부산포는 동래부(東萊府)에 속해 있었다.[14] 그러나 1877년 1월

---

11) 부산의 일본전관거류지는 초량왜관이 있던 곳에 설치되었는데, 초량왜관은 쓰시마사람들이 조일무역을 하고 있던 곳이었다. 초량왜관에 대해서는 金容旭, 「釜山倭館考」, 『한일문화』 1집 2권, 부산대 한일문화연구소, 1962 ; 李完永, 「東萊府 및 倭館의 行政 小考」, 『항도부산』 2호, 부산시사편찬위원회, 1963 ; 河宇鳳, 「壬辰倭亂 以後의 釜山과 日本關係」, 『항도부산』 9호, 부산직할시사편찬위원회, 1992 참조.

12) 쓰시마외교권 접수과정에 대해서는 外務省, 「花房大丞朝鮮行日渉」, 『日韓尋交ノ為花房大丞森山茂一行渡韓関係』 第1冊 참조(外務省開港資料館 소장, アジア歴史資料センター이용).

13) 개항 3년 전 1873년에 이미 부산 거류민단이 설치되어 일본 외무성과 거주 일본인간 연락사무를 취급해 왔다. 1888년 거류지 제도 법률 공포와 동시에 거류지회 의원을 두고 총대(總代)가 대표로서 단체사무를 관장하였다. 그 후 명칭을 여러 번 바꾸다가 1906년에 거류민단으로 고치고 그 구역을 확정하면서 자치단체로 발족. 부산의 모든 행정기구는 일본인 손에 좌우되었다(朴元杓, 『開港九十年 釜山의 古今(상)』, 太和出版社, 1966, 22쪽).

[그림 2-1] 19세기 말 초량왜관도

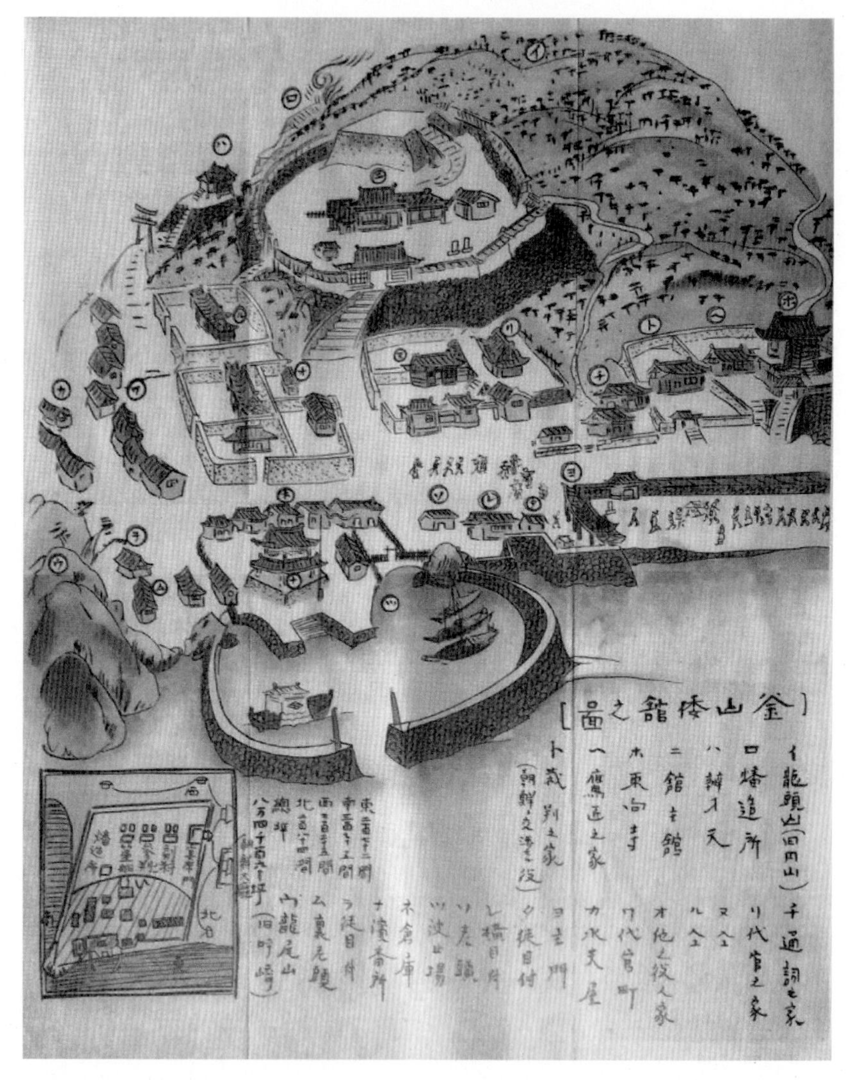

출전: 초량왜관도 · 부산포 지도 19세기 말 채색필사본. 개인소장(부산대관 재인용)

14) 동래부(東萊府)는 邑內面 · 東面 · 西面 · 南村面 · 東坪面 · 釜山面 · 沙上面 · 沙下面 등 8개 면이었다. 부산포가 속한 부산면은 凡一里 · 凡二里 · 佐一里 · 佐二里 · 城內里 등으로 구성되

[그림 2-2] 부산항 조계조약으로 규정된 거류지 경계

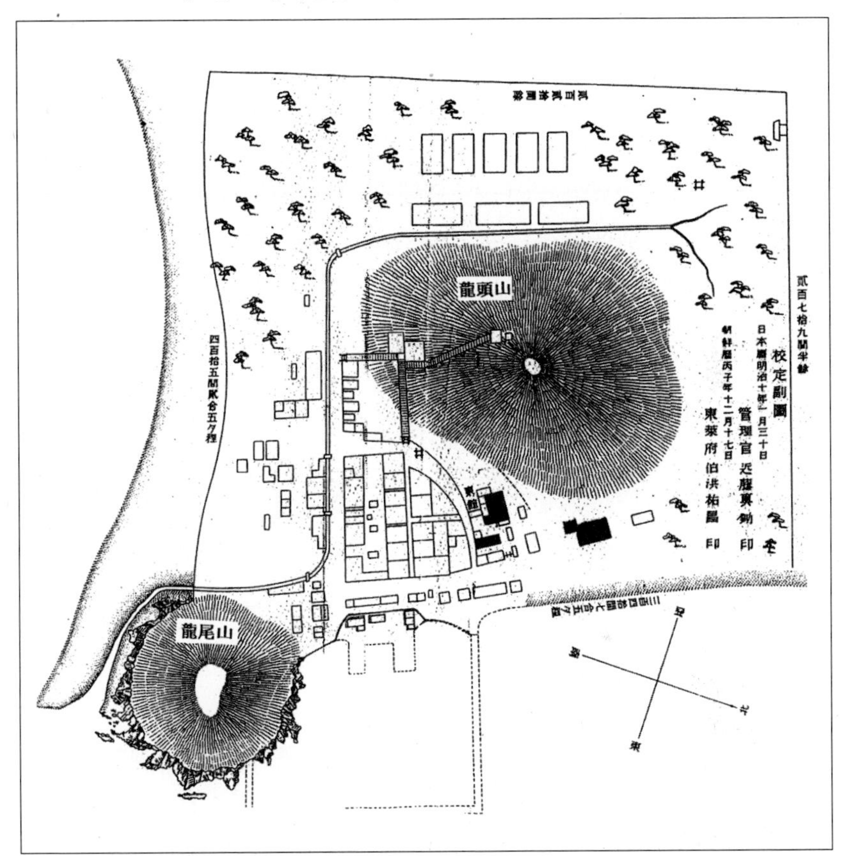


출전: 朝鮮總督府 總督官房 外事局, 『各國居留地關係取極書』, 1910, 1023쪽.

30일 「부산구조계조약(釜山口租界條約)」에 의해 초량(草梁) 왜관지역(倭館地域)이 일본전관거류지(日本專管居留地)로 설정되면서, 조선정부 통치권이 미치지 않는 일본인들이 사는 거주지로 변화되었다.[15)]

었다(釜山市史編纂委員會, 『釜山市史』, 1991).

15) 「부산구조계조약(釜山口租界條約)」은 일본문서로는 「부산항거류지차입약서(釜山港居留地借入約書)」라고 작성되었다(朝鮮總督府 總督官房 外事局, 『各國居留地關係取極書』, 1910,

일본국은 부산항 거류지를 『조일수호조규부록』 제3항 후속조치로 체결된 「부산구조계조약(釜山口租界條約)」에 따라 차입하였다. 이 조약은 1877년 1월 30일(양력)에 동래부사 홍우창(洪祐昌)과 일본국 관리관 곤도가 부산 초량항 일대를 일본전관거류지로 확정하고 세금, 가옥, 선박소, 창고, 도로 등의 사용에 대해서 규정하였다.[16] 이때 규정된 거류지는 [그림 2-1]과 같이 부산포 왜관 배치도를 참고하였으며, 그 거류지 경계는 [그림 2-2]와 같다.

이때 결정된 내용은 다음과 같다. 먼저 거류지 즉 조계 면적은 약 10만 평으로 정했는데 원래 부산포에 있던 왜관 면적과 같으며 토지는 영구적으로 빌릴 수 있다고 정하였다.

지조(地租)는 일화 50엔으로 매년 말일에 선납하도록 하였다. 그리고 조계 내에서 조선정부가 소유할 수 있는 토지와 가옥을 한정하고, 마지막으로 부지, 도로, 구거(溝渠), 부두 등에 드는 유지 및 수리 책임은 일본 정부에 있다고 정하였다. 이것은 조선에서 일본 특별거류지로서 조계의 효시이다. 그 후 일본은 1881년에 원산, 1883년에는 인천 등에 전관거류지를 설정하였다.[17]

개항 1년 뒤인 1878년 1월 21일, 거류지내 일본인들에게 경제활동을 보장하고 지원하기 위한 금융적 조치로 일본 제일국립은행 부산지점을 설치하였다. 이후 각 개항장과 그 주요 지역에 지점과 출장소를 배치하였고 모두 27개 금융기관을 설치하였다.[18] 은행에서는 주로 거류민을 상대로 예

M/F번호 1021~1024쪽).

16) 朝鮮總督府 總督官房 外事局, 『各國居留地關係取極書』, 1910, 1021~1024쪽.

17) 이때 결정된 부산의 일본전관거류지 면적은 종래 초량왜관 면적과 같다. 왜관의 일본 조계화 과정에 대한 자세한 것은 장순순, 「왜관의 일본조계화 과정」, 『한일관계사연구』 15집, 2001 참조.

18) 병합 이전에 나가사키(長崎)의 제18은행과 오사카(大阪)의 제58은행 부산지점이 설치되었다. 제일은행 경성지점이 1905년에, 1908년 7월에는 스호(周防)은행 부산지점이 설치되었다(水田直昌, 『統監府時代の財政』, 友邦協會, 1916, 275~277쪽).

금과 대출업무를 담당하였다. 예금과 대출금은 계속 늘어났다.[19]

개항 4년 후인 1880년 2월 일본은 '대일본제국 부산영사관'(大日本帝國釜山領事館)을 개설하였고, 영사관에서는 '지소임도규칙'(地所賃渡規則)을 만들어 거류지 일본인이 토지를 거래하는 것을 사실상 인정하였다.[20] 이렇게 되자 일본인들은 정책적으로 대거 한국에 진출하였고, 그들이 한국에 진출하면 할수록 조선인들은 토지소유에서 점차 배제되어 갔다.

일본이 한반도 남부에 지배권을 확대해 간 터닝 포인트는 1900년경부터 추진된 일본인의 개항장 주변 토지의 침탈이다. 특히 일본참모본부가 진해만요새지대 설치를 위해 불법으로 토지를 잠매하자, 토지침탈 양상은 더욱 가속화되었다.

1900년경에 들어오면 일본인은 전국을 대상으로 본격적으로 토지침탈을 자행하였다. 그중에서 전북과 경남 일대가 심했지만, 특히 다른 어느 지역보다 부산에서 극심하게 전개되었다. 부산의 절영도가 속한 사중면의 토지분해 현상을 보면 일본인들 토지확보와 조선인들 토지상실이 극명하게 대비된다. 사중면은 조선인 상층을 시작으로 하층에 이르기까지 전 계층이 토지소유에서 탈락해갔다. 그중 특징적인 현상은 부농계층이라고 추정되는 자들까지 일본인들이 진출함에 따라 전면적으로 몰락하고 있었다는 점이다.[21]

또한 부산에 정착한 일본인 중 부동산에 관심이 많은 투자자들은 암매와 저당을 통해 공공연하게 토지를 사들였다. 서쪽으로는 대청동 · 보수동

---

19) 1906년 현재 예금 13,939,161엔 대출 10,288,019엔이었고, 1907년에는 예금 15,228,000엔 대출금 14,519,902엔으로 증가하였다(「居留帝國民ニ對スル施設」, 『施政年報』, 1908, 419~420쪽).

20) 1880년 達제15호, 「地所貸渡規則」 제1조에 "부산 일본제국 전관거류지 내 지소(地所)는 일본제국신민에 양도하고 차용할 수 있다."고 되어 있다(釜山領事館, 『釜山領事館制定諸規則』, 29~30쪽).

21) 사중면의 토지분해 현상에 대해서는 최원규, 「19세기후반 · 20세기초 경남지역 일본인 지주의 형성과정과 투자사례」, 『한국민족문화』 14집, 1999, 112~120쪽 참조.

으로, 동쪽으로는 영주 · 수정 · 좌천 · 범일동 등 법의 테두리를 넘어서 광범위하게 소유하여갔다. 이리하여 1905년경에는 일본인들이 소유한 토지가 전관거류지 내 11만 평, 거류지 외에는 무려 530만 평에 이르는 지역을 확보하였다.[22]

특히 일본인이 토지를 확보하는 과정에서 주목되는 것은 러일전쟁과의 연관성이다. 1899년부터 일본해군은 육군에게 마산포 율구미 일대에 군사요새기지를 만들도록 요청하였고, 참모본부에서는 국제법을 어기면서까지 마산과 부산에 군용지를 확보하였던 것이다. 당시 대한제국은 외국인 토지소유를 금지하였고, 영국 · 러시아와 맺은 조약에서도 거류지로터 10리 이내에서만 사용하도록 규정하였다. 일본내각과 군부는 정상적인 방법으로는 조선에서 토지를 확보할 수 없었기 때문에 편법을 썼다. 우선 농상공부 장관 민영기에게 2만 엔을 주고, 부산의 대표적 부동산업자 하자마 후사타로(迫間房太郎)에게 특별수고비를 주는 형태로 한국인 명의를 차용하여 군용지를 확보하였다.

일본내각과 군부는 대한제국을 자신들의 '생명선'으로 인식하였기 때문에 국제법을 어기고 진해만요새를 설치하였고, 러시아와 일대 전쟁을 일으켰다. 러시아와 일본이 전쟁을 하는데, 한국의 마산과 부산 일대가 전쟁터로 바뀌었고, 일본이 승리함으로써 한국은 보호국화 되어 버렸다. 마산포 월영리, 신월리, 율구미 등과 부산포 절영도 초량 등에 토지 100만 평 이상이 일본참모본부 소유로 바뀌었고 거기에는 각각 군사요새기지가 설치되었다.[23] 부산거류지가 11만 평이라는 것을 고려하면 비밀리에 확보한

---

22) 그 가운데 공용지 1,000,000평, 민유지 4,350,000평, 매립지 31,714평이었다(『釜山市史』 제1권, 814~818쪽). 개항 초기 부산의 일본전관거류지 면적은 약 10만 평에 불과했다.

23) 진해만에서 일제의 군용 토지 잠매 작전과 도시개발의 변용에 대해서는 김경남, 「한말 일제초 진해만요새지대의 건설과 도시개발의 변용」, 『항도부산』 제29호, 2012 참조.

군용지가 훨씬 광활하다는 것을 알 수 있다.

### 일본영사관의 시가지 조성과 군사 요새 설치

다음으로 일제는 확보된 토지를 기반으로 일본인 전관거류지 중심 식민도시로 변용시켜갈 토대로 만들고자 하였다. 특히 주목되는 점은 청일전쟁과 러일전쟁 과정에서 마산포와 부산포에 군사요새가 만들어졌다는 점이고, 군수물자공급을 위해 철도, 도로, 통신망 등 도시 인프라 기반이 긴급하게 구축되었다는 점이다. 이러한 특성은 일반적으로 말하는 근대도시의 성격과는 명확하게 차별성을 가지는 식민성이다.

개항 직후에는 거류지 시가지계획을 일본영사관이 담당하였다. 거류지 11만 평은 오늘날 광복동 용두산 일대, 국제시장을 아우르는 소규모 면적에 해당된다. 여기에 우선적으로 구획을 지어 동명(洞名)을 획정하거나, 자연지형을 따라 시가를 구분하고 도로를 만드는 것이었다.[24] 도로를 확장할 경우에는 일본인들에게 대여한 토지를 회수하기도 하였다. 1879년에는 거류지 동명을 정하였다. 즉 용두산과 용미산(당시 용미산은 착평공사를 하여 산이 없어졌고 후에 부산부청, 현재 롯데백화점) 사이를 동관(東館)이라 칭하고 이 토지를 둘로 구분하여 제1구를 혼마치(本町)·도키와쵸(常盤町)·벤텐쵸(辨天町), 제2구를 이리에쵸(入江町)·사이와이쵸(幸町)라고 정하였다. 서관(西館)은 니시쵸(西町)로 1구 1동으로 정하였다. 1880년 7월에는 거류지 주변 일부 땅을 편입시켜 기타하마쵸(北濱町)라고 이름 붙이기도 하였다.

1888년 6월 13일에는 혼마치(本町), 벤텐쵸(弁天町)쪽 도로를 확장하였고, 1890년에는 니시쵸(西町) 쪽 도로를 정비하였다. 1892년에는 복병산 묘지

---

24) 최원규, 앞의 논문, 1999, 145~147쪽.

를 확보했으며, 1901년 4월에는 거류지 내 토지를 다섯 종류로 구분하고 일본인 민유지를 4등급으로 설정하였다.

이 시기까지 일본인들은 시가지 계획에 대해 소극적이었다고 할 수 있다. 그 원인은 여러 가지가 있겠지만, 거류지에 사회간접자본을 설치할 때 드는 비용은 주로 거류민 세금으로 충당했기 때문에 초기 정착 일본인 자본의 취약성이 주요한 원인이라고 볼 수 있다. 또한 1883년 동래민란의 봉기, 1894년 동학농민전쟁 등 조선 전체에서 일본인들의 생명을 위협하는 사건들이 많이 일어났기 때문에 그들이 적극적으로 시가지정책을 취할 수는 없었을 것이다.[25]

이러한 거류지 시가에 대한 행정적 조치와 함께 일본내각과 참모본부는 조선의 거류지를 거점으로 하여 청국, 러시아와 일대결전을 전략적으로 모색하고 있었다. 종래 청국은 조선과 조공관계를 통해 기득권을 가지고 있었기 때문에 일본으로서는 동아시아 맹주가 되기 위해서 청국과 결전이 불가피하다고 판단하였다. 또한 당시 조선해협을 둘러싸고 영국은 거문도를 점령하였고(1885~1886년), 러시아도 만주를 점령하고 계속 남하정책을 펼치고 있었다. 이러한 국제정세 변화에 대해 일본내각과 참모본부는 일촉즉발 전시상태로 인식하고 어떠한 형태로라도 조선에 군사적 거점을 마련하고자 하였다. 대한제국은 갑오개혁을 통해 국정을 쇄신하고자 하였으나, 강대국간 비밀리에 진행되는 국제 정세에 적극적으로 대비하는 것은 역부족이었다.

먼저 일본내각과 군부는 조선 침략을 위해 가장 중요한 군사시설을 갖추기 위해 부산 절영도를 조차하였다. 1886년 1월 31일에 조인된 「조차 절영도 기지 약단(租借絶影島基地約單)」에 따라,[26] 일본은 해군용 석탄 저장창고

25) 실제로 1894년 농민전쟁이 일어난 뒤 많은 일본인들이 일본으로 귀향하였다(『駐韓日本公使館記錄』 2, 機密 第26號, 「崔 · 金兩人에 關한 別紙 調査報告」 65~71쪽).

를 건립할 목적으로 4,900평을 조차하고 그 지조(地租)로서 매년 은화 20원을 일본 공사관에서 조선 정부 통리아문에 지불하기로 하였다.[27] 또한 청일전쟁 이후 일본 육군성은 1898년에 절영도(絕影島)에 하자마 후사타로(迫間房太郎)가 관리하고 있던 토지 75만 평을 일본 육군성 요새지용으로 회수하였다.[28] 이리하여 일본은 부산 절영도에 군사기지를 마련하였다.

거류지 시가지계획은 러일전쟁 준비를 위해 마산요새와 부산요새를 구축하는 과정에서 쓰시마만과 진해만을 비롯하여 남부 지역 일대 정치적 지형은 크게 변화하였다. 일본육군은 군수품과 군사를 이동하기 위하여 일본의 시모노세키 모지(門司)항과 부산항을 연결하기 위해 축항공사를 계속하였다. 또한 거류지와 군사요새기지를 연결하기 위해 부산-마산 간 도로, 마산-삼랑진 간 철도, 조선해협 해저 통신망 등 각종 도시 인프라를 긴급하게 구축하였다. 이것은 대한제국법과 국제법 모두 불법적인 것이었다. 마산요새와 부산요새는 발틱함대를 격파하는데 가장 중요한 역할을 하게 되었다. 결국 일본은 러일전쟁에서 승리하고 동아시아에서 주도권을 쥐게 되었다.

### 통감부 설치와 거류지 시가지계획

러일전쟁 후 대한제국은 외교권, 사법권이 박탈당하였으며, 일제는 한국

---

26) 『旧韓末條約彙纂』 中卷, 14쪽.

27) 후발 제국인 일본의 식민지 경영 특징은 청일전쟁·러일전쟁을 거치면서 어느 정도 경제가 발전한 주변지역을 식민지화하였다. 그 후 제1차 세계대전, 만주사변 등 세 번의 전쟁을 계기로 주변부에 식민지 지역을 확대한 것이다(岩波講座, 『近代日本と植民地』, 岩波書店, 1993, 7쪽). 동학농민전쟁을 빌미로 청일전쟁을 일으킨 일본이 전쟁에서 승리한 후, 종래 중국 중심의 중화체제는 근본적으로 붕괴되었다(浜下武志, 「東アジアのなかの日清戰爭」, 東近代史學會 編, 『日清戰爭と東アジア世界の變容』 上卷, ゆまに書房 1997, 39~66쪽).

28) 오늘날의 태종대 공원 일대 토지로서, 하자마(迫間)는 1898년 영도 동삼동 일대 1백35만 평의 산야를 조림 명목으로 구한국정부로부터 대부받았으며, 그 뒤 육군성에 헌납하였다(釜山日報社, 『開港百年』, 1976, 169쪽).

에 통감부와 이사청을 설치하여 거류지 시가지계획을 본격적으로 추진하였다. 일제는 1905년 11월 제1차 한일협약(을사조약 乙巳條約) 이후 더욱 조직적이고 적극적인 거점화 정책을 취하였다. 통감부는 점차 조선 각 지역 중심지인 전통도시에도 행정권을 장악하기 시작하였다. 하지만 시가지계획은 개항장 도시를 중심으로 추진되었다. 이렇게 한국의 시가지계획에 대해 일제가 영향력을 미치는 과정을 살펴보면 다음과 같다.

1905년 11월, 메이지천황(明治天皇)은 대한제국에 「통감부와 이사청을 두는 건」을 최종적으로 결재하였다. 이 결정에 따라 1906년 2월 1일부터 일본공사관을 폐쇄하고 통감부가 설치되어 임시 통감 하세가와 요시미치(長谷川好道) 육군대장이 취임하였다.

[그림 2-3] 통감부 및 이사청 설치에 관한 최종결재문(御署名原本)

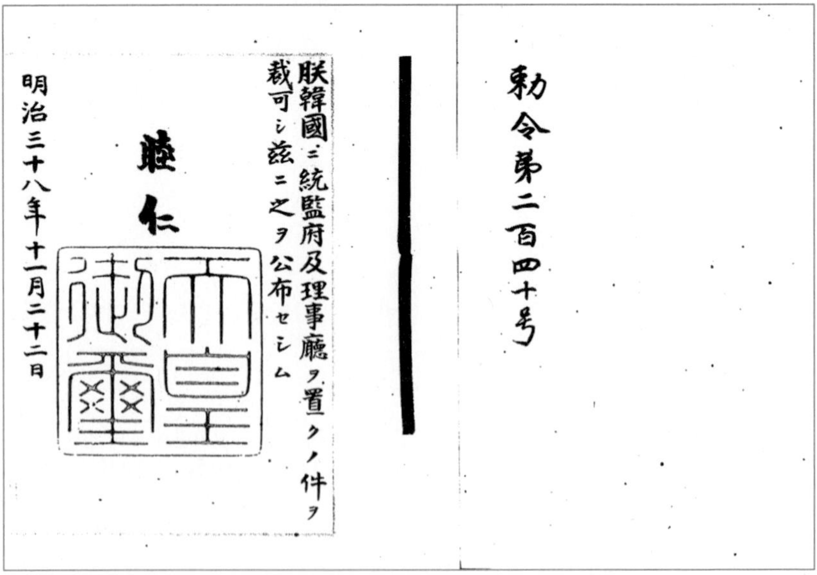

勅令第二百四十号

朕韓國ニ統監府及理事廳ヲ置クノ件ヲ裁可シ茲ニ之ヲ公布セシム

睦仁

天皇御璽

明治三十八年十一月二十二日

출전: 御署名原本・明治三十八年・勅令第二百四十号・韓国ニ統監府及理事庁ヲ置ク
(国立公文書館 소장)

이와 함께 전국 12개 지방에는 조선의 지방관청을 감독하는 이사청(理事廳)을 11개 지방에는 지청을 설치하였다. 이사청과 거류민 안전을 보장하기 위해 일제의 경찰도 전국적으로 배치하였으며, 3월 2일에는 초대통감 이토 히로부미(伊藤博文)가 정식 취임하여 조선을 경략하기 위한 통감부 정치가 본격적으로 시작되었다.[29)]

통감부는 조선에 자신들이 지배할 수 있는 거점을 개발하기 위해 거류지를 정비하고 중점적으로 개발하기 시작하였다. 그것은 먼저 대한제국을 움직여 행정구역을 개편하는 것으로 나타났다. 한국정부는 1906년 전국을 한성부 및 13도로 나누고 다시 각 도를 1목 3부 341군으로 나누었다. 관리는 도에 관찰사, 목에 목사(牧使), 부에 부윤(府尹), 군에 군수를 두었으며 개항지에는 별도로 감리(監理)를 두었다. 1909년에는 비로소 지방비법과 민적법을 제정하였고, 행정구획도 수시로 개정하였는데 병합 당시에는 13도 12부 317군으로 변경하였다.[30)]

통감부 설치 이후 대한제국에서도 한성 도시계획을 추진하여 성곽을 철폐하고 도로를 개설하거나 개수하였다.[31)] 그러나 통감부는 '시가정리'라는 이름으로 대한제국 사업과 별개의 도시개조를 추진하였다. 이는 1912년부터 시작된 경성시구개수로 계승되었다.[32)] 그런데 통감부는 개항장 거류지를 보다 적극적으로 개발하고자 하였다. 한국 정부는 처음에 외교권과 사법권을 잃었으나, 점차 메이지천황과 일본내각이 정책을 결정하면 따라

29) 통감부 설치와 인프라 설치에 관한 일본과 한국의 결재구조는 김경남, 「1894-1910년 한국과 일본 근대기록구조의 중층성과 종속성－전북지역 전략적 인프라구축기록을 중심으로」, 『한국기록관리학회지』 15(3), 2015 참조.

30) 田內竹葉, 淸野秋光 編, 『朝鮮成業銘鑑』, 朝鮮硏究會藏版, 1917, 13~14쪽.

31) 한성의 도시계획에 대해서는 전우용, 「대한제국기－일제초기 서울 공간의 변화와 권력의 지향」, 『전농사론』 5, 1999 ; 염복규, 「식민지 근대의 공간형성－근대 서울의 도시계획과 도시공간의 형성 변용 확장」, 『문화과학』 39호, 2004.

32) 염복규, 위의 논문, 200쪽.

야 하는 종속적 상황으로 치달았다.

통감부는 가장 먼저 자신들의 세력을 지지할 수 있는 개항장 거류지를 중심으로 시가 계획을 세우고 도로를 만들고 시가지 확장 계획을 세웠다.[33) ] '전통도시'에도 소수이기는 하지만 일본인들이 시가지 상권을 형성하기 시작하였다. 전북지역의 거점 전주의 경우도 강제 병합 이전에 약 1천 명이 철폐된 성곽 일대에 들어가 상공업을 형성하기 시작하였다.[34)] 경상도의 중심지 대구의 경우도 러일전쟁 직후를 기점으로 박중양에 의해 성곽이 철폐되고 일본인들이 대구역을 중심으로 신시가지를 만들어 장악해갔다.[35)]

그러면 통감부가 거류지 시가지계획의 표본으로 삼은 부산의 공간구조 변화에 대하여 살펴보자.[36)] 초창기 부산 거류지가 도시화되어가는 과정은 부산거류민단이 추진한 시가지 조성 공사 예산을 보면 잘 알 수 있다. 민단은 먼저 한국 정부와 계약하여 정부 보증하에 부산－초량 간 영선산(營繕山)과 영국영사관을 착평하여 부산－초량 간 해면을 매립하였다. 그리고 초량의 호안(護岸)에 석단(石垣)과 방파제를 축조하여 시가지를 조성하고자 하였다.[37)] 총 경비 1,075,000원을 기채(起債)하여 자금을 확보하였는데 이는 당시 일본인 거류민단 1년 총 예산과 맞먹는 것이었다.[38)] 이 시기

33) 이 시기 일본에서도 아직 도시계획이 본격적으로 이루어지지 않았다. 일본의 도시계획에 대해서는 다음을 참조(渡辺俊一, 『都市計劃と誕生－国際比較からみた日本』, 柏書房, 1993 ; 佐藤誠, Antony. J. Fielding, 『移動と定住』, 同文舘, 1998 ; 中村良平 · 田渕隆俊, 『都市と地域の經濟學』, 有斐閣, 1996).

34) 김경남, 「전통도시 전주의 도시개발과 사회경제적 변형」, 『한일관계사연구』, 2015 참조.

35) 古川, 大邱の日本人, 한말 대구의 재조일본인에 대한 연구는 김일수, 「'한일병합' 이전 대구의 일본인거류민단과 식민도시화」, 『한국학논집』 59, 2015.6 참조.

36) 부산이사청에서는 1907년 이래 5개년 계획으로 구역개정사업을 추진하였다. 특히 부산거류민단은 장래 부산의 발전을 예상하고 신시가지를 건설할 계획과 신유곽부지를 경영할 만큼 치밀하게 장기계획을 수립하여 조선지배에 부산을 거점으로 활용하고자 하였다(강창석, 「釜山理事廳을 통해 본 日帝의 對韓政策」, 『港都釜山』 제12호, 1995, 42쪽).

37) 「民團經營の事業」, 『施政年報』, 1907, 259~260쪽(부산이사청 활동에 대해서는 강창석, 위의 논문을 참조하였다).

38) 1909년도 조선거주 일본인 거류민단의 총 예산은 1,102,992원이었다(朝鮮總督府, 『市政年報』,

부산지역 시가지계획 주체는 통감부 부산이사청과 부산거류민단이다.[39]

또한 거류지와 육·해군 기지를 확보한 일제는 향후 중국대륙으로 이동하는 물류가 증가할 것을 대비하여 부산에 항구도시 기능을 강화하기 위해 항만시설을 서둘러 정비하였다. 1906년부터 시행된 부산세관공사와 제1기 부산축항공사가 그것이다. 그리고 경부선 철도와 해운 시설을 갖추어 해륙 연대 수송을 원활하게 하고자 하였다.[40] 이와 함께 1908년 10월에는 거류지 내 도로를 정비하였다. 1909년 5월 12일에는 동명(洞名)을 변경하기도 하고 행정구역을 신설하였다. 절영도 시가 구획도 이때 실시되었다.[41]

거류지에는 근대적인 시설을 갖추어 조선인 마을과 구별되게 하였으며,[42] 병원·학교·유곽(遊廓)·신사(神社) 등을 만들어 이주한 일본인들이 정착하고 살 수 있도록 조성하였다.[43] 한국이 병합되기 이전인 1908년 현재 조선에 거주하는 일본인은 모두 126,168명이었고, 이들은 상업에 47,398명, 공업에 11,763명, 관리로 14,445명이 종사하였다.[44]

대한제국은 근대적 토지제도를 마련하여 외국인의 토지침탈을 막으려 했으나 이미 통감부가 한국정부의 행정을 컨트롤하고 있었고, 불법 편법으로 치고 들어오기 때문에 대세를 막을 수 없었다.[45] 상공업 정책에서도

---

1908, 260~261쪽).

39) 이사청의 역할과 기능에 대한 자세한 것은 강창석, 앞의 논문, 1995, 2~42쪽 참조.

40) 間城香陽, 『釜山の使命』, 釜山日報社印刷部, 1926.

41) 1905년 11월에 부산 일본영사관이 폐지되고 「부산이사청」이 설치되었다. 이에 앞서 같은 7월에는 일본인 자치체가 부산거류민단으로 개명되었고, 단장은 통감이 임면하였다(朴元杓, 『開港九十年 釜山의 古今(상)』, 太和出版社, 1966, 22~26쪽).

42) 식민지 도시에서 주요한 건축은 일본식이 아니라 제국의 위용을 드러내기 위해 서구 양식을 그대로 따랐다. 일본의 식민도시에 대한 제 유형에 대해서는 橋谷弘, 「植民地都市」, 215~235쪽(成田龍一, 『都市と民衆』, 吉川弘文館, 1993) 참조.

43) 일본이 위생문제에 많은 관심을 기울여 거류지 설치 이후 조례에서 가장 먼저 규정하였던 것이 위생이다. 1907년경에는 보통병원 1개소와 전염병원 1개소를 운영하였다(『施政年報』, 1909, 257~258쪽).

44) 이 당시 거류민 인구 규모도 중요하지만, 조선본토보다 더욱 발전된 형태로 이식된 자본제하 거류지 경영방식에 초점을 맞추어야 할 것이다.

도고상업체제(都賣商業體制)나 특권회사를 해체하고 산업공장을 설립하는 등 공업진흥정책을 취했지만, 외국 상인자본의 침투에 능동적으로 대응하지 못했다.[46]

그런데 이처럼 거류지에 인프라 환경이 구축되고 새로운 도시가 형성되는 과정에서 가장 혜택을 받은 계층은 바로 개항 이후 부산과 인근지역 토지에 자본을 투자한 일본인 자본가들이었다.

이상에서 살펴본 바와 같이, 일본은 먼저 「부산구조계조약」에 의해 왜관을 거류지로 만들었으며, 이후 계속되는 법적 조치를 통해 이주 일본인들이 토지나 가옥을 임차·조영할 수 있도록 하였고 영대차지권을 보장해 주었다.[47] 이에 따라 각 개항장 거류지는 점차 확대되었고, 이 과정은 강제병합 이후 거류지가 식민도시로 형성해가는 과정이었다.[48] 이 거류지

---

45) 대한제국의 토지조사사업에 대한 연구성과 및 자세한 연구는 다음을 참조. 김용섭, 「고종조 왕실의 균전수도문제」 및 「광무연간의 양전지계사업」, 『한국근대농업사연구(하)』, 일조각, 1988 ; 김홍식 외, 『대한제국의 토지제도』, 민음사, 1990 ; 최원규, 「한말·일제초기 토지조사와 토지법연구」, 연세대학교 박사학위논문, 1994 ; 이영학, 「대한제국기 토지조사사업의 의의」, 한국역사연구회 토지대장반, 『대한제국의 토지조사사업』, 민음사, 1995 ; 최원규, 「대한제국기 양전과 관계발급사업」, 『대한제국의 토지조사사업』, 1995.

46) 개항기와 대한제국기 상공업에 대해서는 姜萬吉, 「大韓帝國時期의 商工業問題」, 『亞細亞研究』 제16권 제2호, 아세아문제연구소, 1973 ; 김호범, 「開港期 商業構造와 植民地 商業體制의 形成에 관한 研究」, 『經濟學論叢』 제2권 제1호, 韓國東南經濟學會, 1993 참조. 개항기의 경제구조에 대한 연구성과는 하원호, 「개항기 경제구조연구의 성과와 과제」, 『韓國史論』 25, 國史編纂委員會, 1995 ; 허영란, 「일제시기의 장시 변동과 지역주민」, 서울대학교 대학원 박사학위논문, 2005: 이승렬, 『제국과 상인』,역사비평사, 2007 참조.

47) 거류지제도의 기원은 세계 최초의 공업국이면서 최대 해군력을 가진 영국의 동아시아 진출과 관계가 있다. 19세기 초중기 서양제국주의의 동아시아 진출 동기는 해상무역 및 상업적인 것으로서 중국에서 이권을 확보하기 위해 사용되었던 것이고 그 제도적 구조 또한 영국이 창안한 것이다(W.G.Beasley 著, 杉山伸也 譯, 『日本帝國主義 1894-1945 居留地制度と東アジア』, 岩波書店, 1990).

48) 개항장의 거류지가 발달하기 시작한 시기, 조선본토 각 지역 도읍지는 상품화폐경제 발달에 따라 장시를 중심으로 발달했다. 그러나 일제의 대륙침략과 관련된 거류지 거점 정책에 의해 도읍으로서는 정상적인 발달을 하지 못하였다. 식민지시기 도시 형성에 대한 연구는 한국에서는 손정목, 『한국개항기 도시변화과정연구』, 1982 ; 『한국개항기 도시사회경제사연구』, 1982 ; 『일제강점기 도시계획연구』, 1990 ; 『일제강점기 도시사회상연구』, 일지사, 1996, 일본에서는 橋谷弘(「NIEs都市ソウルの形成」, 『朝鮮史研究會論文集』 제30집, 1992 ; 「植民地都市」,

성장과 함께, 조선후기 이래 상품화폐경제 발달 과정에서 장시를 중심으로 형성되어왔던 전통적인 도시들에게 주어진 역할과 위치는 재편되기 시작하였다. 거류지에서 성장한 최초의 개항장 부산을 비롯하여, 인천, 원산, 목포, 신의주 등은 모두 일제하에 식민도시로 바뀐 것이었다.

### 2) 거류지 일본인의 출신과 인구구성

도시형성에 필수적인 조건은 인구의 증가이다. 식민도시 형성에서 중요한 포인트는 이민족 일본인의 증가이다. 개항장·개시장 거류지의 경우는 처음부터 일본인들을 위해 시가지가 만들어졌고, '전통도시'에는 일본인들이 성곽 안으로 들어와 구도심 주변으로 시가지를 형성하였다. 각각 시가지가 형성되는 시점은 다르지만, 두 경우 모두 도시 중심에 모여든 사람들은 일본인들로서 이들이 주류를 형성하기 시작하였다.

이것은 일제의 대륙침략정책과 연동되어 조선이민정책이 적극적으로 취해졌기 때문에 가능한 것이었다. 특히 일본내각과 군부는 청일전쟁이 진행되던 시기, 쓰시마에서 살기가 어려워진 주민 2천 명을 대거 부산으로 이민을 보냈다. 그리고 러일전쟁기에는 마산포 율구미에 치바사람들을 이주시켜 치바무라가 만들어졌고, 부산 용당포에도 오카야마 무라(岡山村)가 만들어졌다. 또한 쓰시마에는 어민조합을 만들어 대련요새와 한국주차군에게 군용 식품을 조달하도록 조치하였다.[49]

이러한 전략적 이민과 별도로 개항과 함께 일본전관거류지에는 많은 일본인이 이주·정착하였고, 거류지민을 위하여 시가도로를 구획하고 가옥을 임차할 수 있도록 하였다. 그리고 부동산증명시행령을 통해 토지소유

成田龍一,『都市と民衆』, 1993), 坂本悠一·木村健二,『近代植民地都市 釜山』이 대표적이다.
49) 対馬知事官房,『対馬国政治革全』明治25年(長崎歴史文化博物館 소장).

권도 인정되도록 조치하였다. 이에 따라 거류지에는 일본인들이 무일푼으로 혹은 상점 지배인으로 혹은 어부로 새로운 살 길을 모색하기 위해 정든 고향을 버리고 현해탄을 건너와 정착하였다.

이러한 현상은 일본에서 전국적인 것으로서, [표 2-1]은 1906년 10월 말 현재 조선 전체에서 일제의 조선침략 거점이 거류지를 중심으로 마련되어 갔다는 것을 보여주는 자료이다. 통감부 총무부 내사과에서 1906년도에 재한 일본인 호구 및 관청에 대해 조사한 것이다. 1906년 1월 현재 재한 일본인은 모두 21,275호, 82,061명이었는데, 경성에는 3,041호, 11,484명이었고, 부산에는 4,129호, 15,875명이었다. 이처럼 1906년 당시 부산에는 전국에서 가장 많은 비율의 일본인이 정착하였다. 부산은 대륙의 첫 관문으로서 일본식 도시가 형성되어 있어 살기 편안하였기 때문이다. 부산 이외에도 인천·군산·목포·원산·진남포 등은 모두 개항 이후에, 일본이 군사적·경제적 거점을 확보하기 위하여 만든 도시였다.

그리고 부산에 거류지가 만들어지자 일본과 조선 각지에서 많은 사람들이 모여들었고, 특히 부산의 경우는 일본인 비율이 훨씬 더 높았다.

[표 2-1] 재한 일본인의 호구와 관공서

| 관할 이사청 | 지명 | 호수 | 인구(명) | 이사청 | 지청 | 거류지 | 거류민단 | 상업회의소 | 은행 | 회사조합 | 정차장 |
|---|---|---|---|---|---|---|---|---|---|---|---|
| 경성 | 경성 | 3,041 | 11,484 | 1 | | 잡거지 | 1 | 1 | 제일, 십팔, 오십팔 각 지점 1, 흥업출장 | 상업8 기타3 | 2 |
| 인천 | 인천 | 3,222 | 12,991 | 1 | | 일본전관 청국전관 각국거류 | 1 | 1 | 제일, 십팔, 오십팔 각 지점1 | 농업3 상업10 공업1 수산3 기타2 | 1 |
| 군산 | 군사거류지내 | 431 | 1,553 | 1 | | 각국거류 | 1 | | 제일 출장 | 농업3 상업5 수산2 기타3 | |
| 목포 | 목포 | 553 | 2,290 | 1 | | 각국거류 | 1 | 1 | 제일 출장 | 농업1 공업1 상업4 수산1 기타1 | |

| | | | | | | | | | | | |
|---|---|---|---|---|---|---|---|---|---|---|---|
| 군산 | 마산각국 거류지 | 349 | 1,349 | 1 | | 일본전관 각국거류 | 1 | | 제일 출장 | 상업1 수산2 | 1 |
| 마산 | 구마산 | 214 | 697 | | | | | | 제일 출장 | 상업1 수산2 | 1 |
| 마산 | 진주 | 58 | 179 | | | | | | | | |
| 부산 | 부산 | 4,129 | 15,875 | 1 | | 일본전관 | 1 | 1 | 제일, 십팔, 오십팔 각 지점1 흥업출장 | 공업1 상업4 수산3 기타2 | 2 |
| 부산 | 동래 | 33 | 99 | | | | | | | | |
| 대구 | 대구 | 691 | 2,072 | 1 | | | 1 | | | | |
| 원산 | 원산 거류지 | 875 | 4,820 | 1 | | 일본전관 청국전관 | 1 | 1 | 제일지점 제십팔지점 | 공업1 상업7 수산1 기타3 | |
| 원산 | 함흥 | 235 | 904 | | 1 | | | | 제일 출장 | | |
| 성진 | 성진 거류지 | 126 | 478 | 1 | | 각국거류 | | | 제일 출장 | | |
| 평양 | 평양 | 1,494 | 4,549 | 1 | | 잡거지 | 1 | | 제일지점 오십팔출장 | | |
| 진남포 | 진남포 | 768 | 3,093 | 1 | | 각국거류 | 1 | | 제일, 십팔, 오십팔, 각지점1 | 상업2 수산2 | |
| 신의주 | 신의주 | 233 | 1,457 | 1 | | | | | | | |
| 기타 | | 4,823 | 18,171 | | 7 | | | | | | |
| 합계 | | 21,275 | 82,061 | 12 | 8 | 12 | 10 | 5 | 22 | 83 | 56 |

출전: 統監府總務部內事課, 「在韓本邦人戶口及官署一覽表」, 1907(1906년 10월 말 조사).

[표 2-2] 부산 일본전관거류지 일본인 · 조선인 호구

| 연 도 | 일본인 | | | | 조선인 | | | |
|---|---|---|---|---|---|---|---|---|
| | 호수(호) | 인 구(명) | | | 호수(호) | 인 구(명) | | |
| | | 남 | 여 | 계 | | 남 | 여 | 계 |
| 1909년 | 4,284 | 12,293 | 9,404 | 21,697 | 4317 | 10,503 | 10,065 | 20,568 |
| 1910년 | 4,508 | 12,194 | 9,734 | 21,928 | 4276 | 10,800 | 10,190 | 20,990 |
| 1911년 | 5,583 | 13,983 | 11,269 | 25,252 | 4639 | 11,400 | 11,210 | 22,610 |

출전: 釜山商業會議所, 『釜山要覽』, 1912, 8~9 · 14쪽.

[표 2-2]에서 보는 바와 같이, 강제 병합 직후인 1911년 현재 부산 인구는 총호수 10,222호(기타 외국인 제외), 인구 47,862명으로 증가되었다. 그 가

운데 일본인 호수 5,583호, 인구 25,252(남 13,983, 여 11,269)명, 조선인 호수 4,639호, 인구 22,610명이었다.[50] 이를 통해 일본인 호수와 인구가 조선인보다 각각 944호, 2,642명이 더 많았다. 이렇듯 일본인 비율이 조선인보다 높았기 때문에 부산은 '일본인 도시', 일제의 식민도시로서 기능하는 주요한 배경이 되었다.

산업별로 회사 조직을 보면 상업 42, 수산 16, 농업 7, 공업 4 기타 14개로서 상업과 수산업에 가장 많다는 것을 알 수 있으며, 그 외는 미미한 실정이다.

개항 직후 거류지에는 일본인이 대부분 살고 있었지만, 일본인이 토지를 탈점함에 따라 거류지가 점차 확대되면서 조선인들도 거류지 주변으로 모여들게 되었다. 특히 조선이 완전한 식민지가 되면서부터 거류지 주변으로 조선인들 이주가 본격화되었다.[51] 이에 따라 일본인 중심 시가지에 조선인이 주변부를 형성하는 형태로 변화하였다.[52] 결국 부산·동래지역은 조선인이 주도하여 동래 중심으로 형성되었던 도시와 일본인이 주도하여 부산항과 일본전관거류지를 중심으로 형성된 도시라는 양대 축으로 변화하였다.

그러면 부산에 이주한 일본인들은 어느 지역에서 이주했으며, 그들이 이주한 원인과 목적은 무엇인가. 1876년 부산 거류지에는 일본인 54명이 드문드문 흩어져 살고 있어 장정 400명이 살던 왜관시기보다 더 황량하였다. 시가지에 있는 동본원사(東本願寺)에 호랑이가 들어오기도 하고, 일본인들이 조선인 여성을 매춘하도록 주선하여 사형당하는 등 사회적 분위기

50) 釜山商業會議所, 『釜山要覽』, 1912, 8~9·14쪽 참조.

51) 統監府總務部內事課, 『在韓本邦人戶口及諸官署一覽表』(1906年10月末 調査), 1907. 이 자료에 의하면 1906년 10월말 현재 부산의 호수는 4,129호이고, 인구는 15,875명이었다.

52) 최창환, 「부산의 도시개발 변천에 관한 연구」, 『항도부산』 11, 부산직할시편찬위원회, 1994, 3쪽.

가 살벌하였다. 이후 시가지가 정비되면서 나가사키(長崎), 히로시마(広島), 오사카(大阪) 등에서 일본인들이 상업과 어업 관련 일자리를 찾아 몰려들어 점차 일본인 인구가 증가하였다. 그리고 청일전쟁 준비과정에서 정책적으로 쓰시마주민 2천 명을 대거 이주시켰고, 러일전쟁기에는 치바(千葉) 지사가 치바무라 사람들 200여 호를 마산포 율구미로 이주시켜 전쟁터로 내몰았다. 그 외에도 남해안 일대에는 일본정부가 보조금정책을 써서 일본인 이주어촌을 광범위하게 형성하였기 때문에 일본인 인구가 증가하였다.

[표 2-3]은 1912년 말 현재 부산의 일본전관거류지 내 일본인 본적지별·남녀별 분포를 나타낸 것이다. 표에서 알 수 있듯이, 부산의 일본인은 일본 전국 47현으로부터 이주해 왔으며, 그중 큐슈(九州)와 야마구치(山口)·나가사키(長崎)·후쿠오카(福岡)·히로시마(廣島) 등에 살던 일본인들이 가장 많은 것을 알 수 있다. 그것은 이 지역이 부산과 거리가 가까웠기 때문이며, 어업사정 악화, 경지 부족 등을 이유로 보다 나은 생활을 찾기 위해 부산으로 이주하였기 때문이다.[53] 또한 쓰시마, 치바주민들과 같이 전쟁 군수물자를 조달하기 위해 전쟁터로 내몰린 일본인도 있다. 이들을 수용하기 위해서 통감부는 절영도·용당동·다대포 등에 일본인 이주어촌을 건설하기도 하였다.[54]

53) 일본인 부산 이주의 원인은 다음과 같다. 부산항의 총영사관을 경유한 어업면허증 발행건수가 히로시마현과 야마구치현 출신이 가장 많다. 당시 일본의 세요(瀬戸) 해안지역에는 해양면적이 협소한 것에 비해 어민호수가 많았기 때문에 이들의 경쟁적 조업으로 어업자원이 고갈되어 새로운 어장을 갈구하였다. 그런데 우리나라 남해안은 거리가 가깝고, 또 자연적 제조건이 그들의 출신지와 흡사하고 어자원도 풍부했기 때문이다(부산상공회의소 부산경제연구원, 『釜山經濟史』, 1989, 362쪽).

54) 부산경제사 편집위원회, 『釜山經濟史』, 부산상공회의소 부산경제연구원, 1989, 364쪽. 일본인이주어촌에 대해서는 다음을 참조. 布野修司·韓三建·朴重信·趙聖民, 『韓国近代都市景観の形成』, 京都大学出版会, 2010.

[표 2-3] 일본전관거류지 일본인 본적별·남녀별 분포(단위 : 명)

| 지역별 | 남 | 여 | 계 | 지역별 | 남 | 여 | 계 |
|---|---|---|---|---|---|---|---|
| 山口 | 2,519 | 2,247 | 4,766 | 東京 | 264 | 223 | 487 |
| 長崎 | 1,751 | 1,478 | 3,229 | 鹿兒島 | 210 | 125 | 335 |
| 福岡 | 1,098 | 933 | 2,031 | 京都 | 196 | 136 | 332 |
| 廣島 | 1,047 | 871 | 1,918 | 三重 | 188 | 130 | 318 |
| 大分 | 770 | 671 | 1,441 | 和歌山 | 174 | 137 | 311 |
| 大阪 | 526 | 467 | 993 | 愛知 | 180 | 124 | 304 |
| 佐賀 | 550 | 413 | 963 | 德島 | 166 | 122 | 288 |
| 愛媛 | 536 | 395 | 931 | 鳥取 | 148 | 118 | 266 |
| 岡山 | 536 | 374 | 910 | 石川 | 120 | 98 | 218 |
| 熊本 | 503 | 341 | 844 | 福井 | 128 | 88 | 216 |
| 兵庫 | 437 | 379 | 816 | 滋賀 | 137 | 73 | 210 |
| 香川 | 386 | 305 | 691 | 기타 23현 | 1,276 | 892 | 2,168 |
| 島根 | 389 | 266 | 655 | 합계 | 14,235 | 11,406 | 25,641 |

출전 : 釜山商業會議所, 『釜山要覽』, 1912, 10쪽에서 순위별로 작성.

### 3) 진해만 보조이주어촌의 건설과 목적

현해탄을 건너 조선으로 이주해 온 일본인들은 상업을 하기 위해 들어온 사람들과 관리로 파견된 사람들이 압도적으로 많다. 그러나 중요한 요인 중 하나는 진해만요새를 건설하기 위한 것이었다. 편법을 써서 진해만 일대에 광대한 토지를 확보한 일본 육해군은 진해만요새를 건설하기 위해 가장 먼저 한·일 간 항로와 인적자원이 필요하였다. 그리고 철도, 도로, 통신, 항만건설 등을 통해 일본과 대륙을 이을 수 있는 도시의 인프라 환경조성이 필요하였다. 군사요새와 도시인프라를 형성하는데 보조이주어촌과 토목공사, 생활에 필요한 의식주문제를 해결하기 위해서는 일본인 기술자들과 상업자들이 필요하였다.

한국이 강제로 병합되기 이전에도 진해만 일대에 이주어촌을 건설하는 것은 일본정부, 도도부현(都道府県), 통감부 소관이었으며, 주로 일본내각과 도도부현에서 결정하고 통감부가 이러한 제 정책을 추진하였다. 이 정책을 수행할 때는 반드시 일본정부나 지방자치체가 보조금을 지불하였다. 그러면 진해만요새지대에 형성된 보조이주어촌 실태와 그 이주사례에 대해 살펴보자.

[표 2-4] 진해만요새지대의 보조이주어촌

| 도군면 동리 | 이주년도 | 종별 | 별칭 | 주요내용 |
|---|---|---|---|---|
| 남해군 삼동면 미륵리 | 1909 | 自→補 | 佐賀村 | 고등어에서 멸치로 |
| 사천군 삼천포면 선구리 | 1911 | 補 | 愛媛村, 山口村 | 소멸 |
| 고성군 동해면 장사리 | 1898 | 補 | 広島村 | 권현업자의 근거지 |
| 통영군 통영면 길야정 | 1900 | 自→補 | 島根村, 長崎村 | 굴지의 상업/수산도시 |
| 통영군 욕지도 동항동 | 1899 | 自→補 | 山口村 | 고등어 어업의 근거지 |
| 거제군 이운면 장승포 | 1904 | 自→補 | 入佐村 | 고등어 최대근거지 |
| 사등면 창호리 | 1910 | 自→補 | 城浦 | 멸치망어업 |
| 창원군 진해면 경화동 | 1912 | 補 | 鎮海漁港 | 소멸 |
| 창원군 마산포 율구미 | 1904 | 補 | 千葉村 | 소멸 |
| 동래군 사하면 다대포 | 1906 | 自→補 | なし | 소멸 |

출전: 布野修司・韓三建・朴重信・趙聖民, 『韓国近代都市景観の形成』, 京都大学出版会, 2010, 236쪽에서 재작성. 마산포 율구미 치바무라千葉村에 대해서는 石垣幸子, 『朝鮮の千葉村物語』, ふるさと文庫, 2010에서 작성.

한국에 일본어민들이 정착하기 쉬워진 것은, 러일전쟁 이후 1908년 10월 '한일어업협정'이 맺어지고, 11월에 '한국통어법'과 '어업법시행세칙'이 제정 발포되게 되면서부터이다. 그러나 진해만요새지대에는 이전 1899년부터 통영군 요시노마치(吉野町), 욕지도 동항동, 거제도 장승포, 마산포 율구미[55] 등에 일본인 보조이주어촌이 만들어진다.[56] 이것은 일본정부의 특

55) 율구미는 현재의 가포동(架浦洞).

56) 일본인의 조선 이주 어촌에 대해서는 다음을 참조. 石垣幸子, 『朝鮮の千葉村物語－房総から渡った明治の漁民たち－』, ふるさと文庫, 2010.

별대책으로서, 러시아군과 대결하기 위한 군용식량으로 어류 통조림 확보가 긴급과제였기 때문이다. 이러한 문제를 해결하기 위해 일본정부와 각 부현 지사는 한국으로 어민 이주를 계획하고 추진하였다.

이주어촌은 지방자치단체나 수산단체가 계획하여, 자금보조를 받거나 자력으로 이주하였지만, 다음에 열거하는 진해만요새지대로 이주한 어촌은 모두 보조금을 받은 보조이주어촌이 되었다.

기존 연구에서 한반도에 보조이주어촌을 만든 이유는 일본 정부의 대륙 정책상, 자본주의적 경영상 필요에 따라 만들어졌다고 되어 있다. 또한 경영주체는 각 부현, 수산조합, 동양척식회사이다. 그중 각 부현이 가장 적극적으로 조직하고 움직였다는 것이다. 그리고 이주어촌 대부분은 한반도 남해안에 입지하고, 촌락당 이주민수는 20~30호로 영세한 것이 특징이다.[57]

그런데 여기서 주목해야 되는 것은 당시 보조이주어촌이 건설된 목적이다. 러일전쟁기를 전후하여 형성된 보조이주어촌은 거의 남해안에 만들어졌다. 이것은 진해만요새지대 및 인근 군사들에게 제공할 어류 통조림을 만들거나 식료품을 제공할 목적으로 만들었다는 것을 의미한다. 마산 율구미의 치바무라(千葉村), 통영의 요시노마치(吉野町), 욕지도 동항동(東港町), 진해의 경화동(慶和洞), 거제도의 장승포(長承浦) 등은 모두 진해만요새지대의 핵심적 위치에 자리 잡고 있었다.

그 목적에 대하여 실제로 마산포 율구미의 치바무라를 사례로 살펴보면, 당시 치바무라에 간 사람들은 군인들에게 식량을 조달하기 위한 것이라고 되어 있다. 마산포의 월영동에 만들어진 공장지대도 군인들에게 식량을 조달하기 위한 통조림 공장이었다. 아울러 신선도가 생명인 어류를 일본까지 바로 운반하는 것은 어려웠으므로, 어획물을 처리할 근거지가

57) 布野修司 · 韓三建 · 朴重信 · 趙聖民, 앞의 책, 2010, 231쪽.

필요했던 것이다.[58)]

치바무라는 1905년 2월 율구미 남쪽 해변에 일본 치바현(千葉県) 수산연합회 어민 20명이 어업이민으로 정착하여 거주하면서 만들어졌다.[59)] 치바무라가 생기게 된 것은 치바현 지사인 이시하라 겐조(石原健三)가 자신의 정치라인인 내각수상 가쓰라 타로의 정책을 돕기 위한 방책으로 추진된 것이다. 치바현은 원래 멸치잡이가 번성하여 생계를 유지하였으나 이 당시 멸치가 그다지 잡히지 않아 어민들 생활고는 점차 어려워지게 되었다. 또한 정부 측에서는 러시아군과 대결하기 위해 군용식량으로서 어류 통조림 확보가 긴급과제이었다. 이러한 문제를 해결하기 위해, 정부와 치바현 지사는 마산 율구미로 주민을 이주할 것을 계획하고 추진하였다.

하지만 치바무라가 만들어진 율구미는 러시아 해군기지가 만들어지던 전쟁의 화약고로서, 여차할 경우 주민들 생명이 위험한 곳이었다. 정부가 그러한 사정을 이주민들에게 알리지 않음으로서 치바의 이주 어민들도 정부에 의해 결과적으로 농락당하였다고 한다.[60)]

## 2. 개항장 거류지의 공업구조

### 1) 거류지 공업의 형성

도시화의 바로미터는 공업화이다. 조선의 전통 도시에서는 면방직 · 철공업 부문에서 공장제 수공업이 시작되기도 하였다. 하지만 개항장 거류

58) 한국 마산의 치바무라에 대한 자세한 것은 石垣幸子, 앞의 책, 2010 참조.
59) 마산상공회의소, 『마산상공회의소백년사』, 2000, 129~130쪽.
60) 石垣幸子, 앞의 책, 2010, 30~35쪽.

지에서 도시화 공업화 현상과 함께 일본식 근대 공업이 이식되기 시작하면서 다른 공업분야로 변모하던지 차츰 사라져갔다. 대륙침략의 거점으로 확보한 거류지에서 어떻게 공업 부문이 형성되었는가.

자본주의하에서 도시 계획과 공업지구 형성은 불가분의 관계를 가진다. 자본주의적 공업구조가 형성되기 위해서는, 상하수도 설치, 공장부지 위치, 저렴한 지가, 견고한 지반, 교통 및 운반의 편리함 등이 갖추어져야 한다. 공업 지역은 입지 조건이 유리하면 할수록 자본투자에 대한 이윤을 극대화할 수 있다. 따라서 일제는 최대한 수이출·수이입을 원활하게 할 수 있는 지역을 가장 선호하였으며 이에 따라 부산항은 각광을 받게 되었다.

전술했듯이 부산은 최초로 거류지에 시가지가 형성된 곳이고 거류지 공업이 시작된 곳이기 때문에 일제가 중점을 두어 사회간접시설을 설치해 왔고 일본인 시가지를 형성해왔다.[61]

일제가 부산을 공업지로서 주목한 조건은 다음과 같다. 첫째, 일본과 대륙을 연결하여 수륙 양면으로 판로를 개척할 수 있는 이점이었다. 둘째, 개항 초부터 지속적으로 해륙 연락 설비를 갖추어왔기 때문에 값싼 선박 운임으로 해운시장을 장악할 수 있는 점이었다. 셋째, 연료탄을 일본에서 값싸게 빨리 구입할 수 있기 때문이었다.[62]

그러면 식민도시로 발달한 부산을 중심으로 거류지 공업이 형성되어 가는 과정과 그 특성에 대해 살펴보자.

부산에는 일본전관거류지를 중심으로 시가지가 형성되고 인구가 증가함에 따라, 이 지역에 사는 소비자를 대상으로 식료품공업 등이 생겨나게 되었다. 식료품공업은 주로 정미업과 장유업이 발달하였는데, 정미업은

61) 인천이나 원산 등에 설치된 거류지의 구체적인 양상과 특성들이 밝혀지면 일제의 거류지 정책과 성격 등에 대해 보다 본질적으로 파악할 수 있을 것이다.

62) 上田耕一郎, 『釜山の商工案内』, 釜山商工會議所, 1937, 17~18쪽.

조선쌀을 일본으로 반출할 때 편리하였다.[63]

시가지 형성과 함께 제조업 공장도 거류지를 중심으로 발달했다. 다음은 개항기·한말 부산 제조업체가 분포된 실태를 각 동별로 나타낸 것이다.

[표 2-5] 개항기·한말 부산 제조업체의 각 洞別 분포

| 〈신창동(新昌洞)〉 | | | 〈부평동(富平洞)〉 | | |
|---|---|---|---|---|---|
| 창립년월 | 공장명 | 업종 | 창립년월 | 공장명 | 업종 |
| 1883 | 今西酒造場 | 清酒 | 1894 | 岡村酒造場 | 清酒 燒酒 |
| 1886 | 山本醬油釀造場 | 醬油製造 | 1897 | 大池第一精米所 | 精米 |
| 1889 | 福田醬釀造場 | 醬油製造 | 1900 | 山內酒造場 | 清酒 燒酒 甘酒 |
| 1891 | 伊藤醬油釀造場 | 醬油製造 | 1903 | 釜山製蠟社 | 西洋蠟燭製造 |
| 1892 | 松前醬油釀造場 | 醬油製造 | 1904 | 峯石酒造場 | 清酒 燒酒 |
| 1892 | 中村醬油釀造場 | 醬油製造 | 1904 | 山西酒造場 | 清酒 |
| 1894 | 野口鐵工場 | 鐵器機械製造 | 1904 | 酒造場 | 清酒 燒酒 |
| 1896 | 五島醬油釀造場 | 醬油製造 | 1906 | 山內醬油釀造場 | 醬油製造 |
| 1900 | 福田酒造場 | 清酒 | 1906 | 西條鐵工場 | 鐵器機械製造 |
| 1905 | 阿部製函所 | 떡속고물製造 | 1906 | 橫江川鐵工場 | 鐵器機械製造 |
| 1906 | 竹清비누製造所 | 비누製造 | 1908 | 日韓精米所 | 精米 |
| 1907 | 大丘醬油釀造場 | 醬油製造 | | | |
| 1907 | 田代製粉所 | 製粉業 | | | |
| 1908 | 小野染工場 | 染色 | | | |
| 1908 | 上田精米所 | 精米 | | | |

63) 개항기 쌀 수출과 면포 수입을 위주로 이루어진 무역구조를 이른바 '미면교환체제(米綿交換體制)'라고 한다. 미면교환체제에 대해서는 『釜山經濟史』, 1989, 368~377쪽 참조.

| 〈영선정(瀛仙町)〉 | | | 〈보수정(寶水洞)〉 | | |
|---|---|---|---|---|---|
| 창립 년월 | 공장명 | 업종 | 창립 년월 | 공장명 | 업종 |
| 1890 | 田中造船工場 | 日本在來船建造修理 | 1891 | 山根醬油釀造場 | 醬油製造 |
| 1892 | 中村造船所 | 日本在來船建造修理 | 1906 | 國松醬油釀造場 | 醬油製造 |
| 1903 | 桐岡煉瓦製造場 | 벽돌제조 | 1906 | 竹鶴酒造場 | 淸酒 燒酒 |
| 1905 | 相醬油釀造場 | 醬油製造 | 1907 | 釜山煙草(株) | 煙草製造所 |
| 1905 | 立花煉瓦工場 | 벽돌제조 | 1908 | 廣川酒造場 | 淸酒 燒酒 |
| 1908 | 大池第二精米所 | 精米 | | | |
| 1906 | 韓國大鹽販賣合資會社 | 大鹽製造所 | | | |
| 1907 | 釜山製粉株式會社 | 製粉業 | | | |

| 〈기 타〉 | | | | | |
|---|---|---|---|---|---|
| 창립 년월 | 공장명 | 업종 | 창립 년월 | 공장명 | 업종 |
| 1894 | 光復洞 加納罐詰製造所 | 통조림제조 | 1908 | 大新洞 釜山製紙所 | 製紙業 |
| 1892 | 昌善洞 釜山精米所 | 精米 | 1908 | 大廳洞 吉田罐詰製造所 | 통조림제조 |
| 1898 | 草場洞 堀 酒造場 | 淸酒 燒酒 | 1908 | 中央洞 那須精米所 | 精米 |
| 1909 | 昌善洞 木寺醬油釀造場 | 醬油製造 | 1908 | 大廳洞 磯谷精米所 | 精米 |
| 1906 | 南浦洞 俵醬油釀造場 | 醬油製造 | 1906 | 釜山鎭 原田酒造場 | 淸酒 燒酒 甘酒 |
| 1907 | 草梁 河野醬油釀造場 | 醬油製造 | 1901 | 東光洞 釜山電燈株式會社 | 電氣 |
| 1906 | 草梁 松岡酒造場 | 淸酒 燒酒 | 1909 | 釜山鎭 熊野酒造場 | 淸酒 燒酒 |

출전: 『釜山商業會議所年報』, 1909, 270~272쪽 ; 朝鮮總督府, 『工場名簿』, 1932.

[표 2-5]에서 보는 바와 같이, 부산지역에는 1883년부터 1910년 이전까지 53개 공장이 세워졌으며, 그 가운데 32개는 1904년 러일전쟁 이후 설치된 것이다. 공장은 일본전관거류지를 중심으로 분포되었다. 그것을 동별로 보면, 서정(新昌洞) 15개 · 부평정(富平町) 11개 · 보수정(寶水町) 5개 등 일본인이 밀집된 곳을 중심으로 건설되었다는 것을 알 수 있다. 또한 절영도에 있던 영선정(瀛仙町)에는 일본재래선 수리공장과 벽돌제조 등 모두 8개

공장이 분포되어 있다. 당시 일본인이 거의 살지 않았던 부산진에는 하라다 주조장(原田酒造場), 구마노 주조장(熊野酒造場) 등 2개 공장에 불과하였다.

[표 2-6] 개항기 · 한말 업종별 공장수(단위 : 개)

| 業種 / 時期 | 食料品 | 紡績業 | 製紙業 | 機械器具 | 化學 | 造船 | 其他 | 合計 |
|---|---|---|---|---|---|---|---|---|
| 개항기 | 10 | - | - | 1 | - | 2 | - | 13 |
| 한말 | 30 | 1 | 1 | 3 | 1 | - | 4 | 40 |
| 個 數 | 40 | 1 | 1 | 4 | 1 | 2 | 4 | 53 |

출전: 『釜山商業會議所年報』, 1909, 270~272쪽 ; 朝鮮總督府, 『工場名簿』, 1932.

[표 2-6]에서 업종별로 보면, 개항기 · 한말 설립된 총 53개 공장 가운데 40개 공장은 모두 식료품을 생산하는 공장이었고 이 가운데 7개는 정미업이었다. 주목되는 것은 개항기에는 식료품 공업 10개, 기계기구 1개, 조선(造船) 2개였으며, 한말 15년 동안 식료품 30개, 기계기구 3개 공장이 집중적으로 설치되었다는 것이다. 전술했듯이 청일전쟁, 러일전쟁에서 군수품 조달과 관련된 것이다. 그리고 주로 소비재 생산이 중심이 되었으며, 원료를 조달하기가 쉽고 소규모 자본으로 가능한 업종에 집중되었다. 그 원인은 전관거류지에 이주한 일본인들이 일본과 조선의 정치적 상황에 따라 부산에서 완전히 정착할 수 있을 지 없을 지에 대해 불안하였기 때문이다. 이 때문에 기계기구제작과 같은 장시간을 요하는 생산재 부문에 대규모 자본을 투자하지 않았다. 이것은 조선의 공업이 자립할 수 없는 원천적 한계로 규정되었다.

따라서 오이케(大池) 제1정미소, 제2정미소로 대표되는 정미업을 제외하고, 장유 · 주조 · 소비재 철공업 · 담배 제조 · 인쇄 등은 모두 소규모 개인 경영이었다.[64] 따라서 이 시기 부산지역 공업 특징은 부산에 정착한 일본인 소비자와 육군 군수품을 대상으로 생활필수품이 생산되었고 생산자는 거의 일본인이었다. 정미공장에서는 동력을 사용하였으며, 전등이나 통조림 제조공장은 근대적 공장이었다. 그 외 생활필수품은 영세 가내공업이었다.

또한 부산은 바다를 끼고 도시가 형성되었기 때문에 소형 선박을 건조하기 위한 공장도 만들어졌다. 이 시기 선박 공장은 주로 일본재래선 건조수리(建造修理)를 위한 것이었으며 1890년 다나카 조선공장(田中造船工場)과 1892년 나카무라 조선소(中村造船所)가 영선정(瀛仙町)에 세워졌다.[65] 그렇지만 대부분은 선박수리나 간단한 도구를 만드는 정도에 그치고 있을 뿐, 생산재 제조업은 거의 전무하였다. 조선 전체를 보더라도 제조업은 거의 소비재 중심으로 변화하였고, 철공업을 비롯한 중공업이라 하더라도 수리나 보수 수준에 불과하였다.[66] 전형적인 식민지적 공업구조를 나타낸다고 할 수 있다.

이러한 부산지역 공업은 1909년 말 현재 조선 전체에서 차지하는 비중이 공장수를 기준으로 43.2%, 생산액을 기준으로 47.2%에 이른다. 특히 청주와 장유(醬油) 생산은 90% 이상이었으며, 정미업은 쓰시마 출신 오이케 츄스케(大池忠助)의 제1 · 2 정미소 비율이 조선 전체의 50% 이상을 차지하였다. 이 시기는 일본인들이 전관거류지를 중심으로 조선에 이주해서 생활하고 있기 때문에 생활필수품 가운데 거의 절반에 가까운 공산품을 부

64) 부산의 일본인 공장 설립 기원에 대해 살펴보면 다음과 같다. 양조업은 1883년 이마니시(今西峯三郎)의 今西酒造場, 간장양조는 1886년 山本純一의 山本醬油釀造場, 정미업은 1892년 釜山精米所, 제염업은 1896년 賀田金三郎의 韓國大鹽販賣合資會社, 전기 및 가스업은 1902년 5월 釜山電燈株式會社, 담배제조업은 1907년에 釜山煙草㈜가 부산에서 일본인에 의해 시작된 가장 오래된 공업이었다(朝鮮總督府, 『工場名簿』, 1932 참조).

65) [표 2-5] 참조.

66) 이 시기부터 오랜 기간 한국에서 「생산재 공업」이 없는 역사를 가지게 된 것은 이후에도 외국의존성이 심화되는 결정적인 요인이 되었다고 할 수 있다.

산에서 생산하고 있었던 것이다.[67]

그 원인은 부산이 개항과 더불어 가장 먼저 일본인이 정착해서 시가지도 형성하고 이주 생활에 적응이 되었기 때문이며, 조선 전체 일본인의 4분의 1이 이곳에서 살고 있었기 때문이다.[68]

그리고 이 시기 공업은 정미업 등 주로 식민지에서 쌀을 반출하거나 거류지민을 위한 생필품을 생산하고 전쟁수행을 위해 군사들에게 제공할 식료품을 생산하는 것에 머물던 상태였다. 이 시기까지 공업생산의 촉진을 위해서는 사회간접자본의 투자가 필요한데, 전쟁을 위한 인프라 환경 구축이 중심이었기 때문에 공업발달을 촉진할 만큼 인프라가 설비되지 못하였다.

### 2) 직업구성

다음으로 도시화 형성 요소 중에 중요한 축을 이루는 도시주민의 산업별 · 지역별 분포에 대하여 살펴보자. 개항기 · 한말 부산 공업이 조선 전체에서 차지하는 비중은 크다. 그러나 공업은 상업이나 서비스업 등 다른 직업에 비하면 상대적으로 매우 낮았다. 그 비율은 정확히 알 수 없지만, 1906년 현재 상업과 서비스업 비율이 76% 이상이라는 것과, 거류지 일본인과 조선인에 대한 직업종류를 보면 대체적인 것은 알 수 있다. [표 2-7]과 [표 2-8]은 1911년 현재 일본전관거류지에 살고 있던 일본인과 조선인의 직업별 인구수이다.

---

67) 『부산경제사』, 453~454쪽. 거류지 공업이 차지하는 비중이 큰 원인은 당시 거류지 밖 조선 전체에서 공업 발달이 차지하는 비중이 미비했기 때문일 것이다.

68) 당시 재한(在韓) 일본인은 총 호수 21,275호, 인구 82,061명이었다. 그 가운데 부산은 4,129호, 15,875명으로서 전체의 4분의 1을 차지하였다(「在韓本邦人戶口及諸官署一覽表」, 統監府總務府內事課, 1907).

[표 2-7] 일본인의 주요직업(단위 : 명)

| 직업별 | 인구 | 직업별 | 인구 | 직업별 | 인구 | 직업별 | 인구 |
|---|---|---|---|---|---|---|---|
| 관공리 | 467 | 연초상 | 34 | 잡화상 | 274 | 사진업 | 8 |
| 의사 | 38 | 문방구상 | 9 | 해산업 | 22 | 농구상 | 2 |
| 변호사 · 변호인 | 9 | 종이상(紙商) | 9 | 금물상 | 25 | 사탕상 | 3 |
| 신문기자 · 통신원 | 13 | 서적상 | 3 | 도기상 | 10 | 차상(茶商) | 4 |
| 신관(神官) | 8 | 석탄상 | 5 | 주양조업 | 22 | 양복재봉업 | 8 |
| 승려 · 선교사 | 13 | 신탄상(薪炭商) | 39 | 주양조판매상 | 59 | 인쇄업 | 4 |
| 산파 | 25 | 유리 · 램프상 | 6 | 장유양조업 | 16 | 여관 | 27 |
| 대서업(代書業) | 15 | 과자상 | 27 | 장유양조판매상 | 12 | 하숙업 | 77 |
| 무역상 | 39 | 선구상(船具商) | 6 | 목재상 | 13 | 목욕탕업 | 31 |
| 정미업 | 10 | 통조림제조업 | 8 | 약종상(藥種商) | 23 | 이발점 | 72 |
| 백미소매상 | 115 | 청과물상 | 32 | 질상(質商) | 47 | 요리점 | 39 |
| 회조(回漕)운송업 | 20 | 신발상(履物商) | 13 | 고물상(古物商) | 129 | 음식점 | 115 |
| 오복상(吳服商) | 29 | 가구 · 다다미 건구상 | 20 | 시계상 | 8 | 합계 | 1,851 |

출전: 釜山商業會議所, 『釜山要覽』, 1912, 12~13쪽.
비고: 자료에는 '본 표는 민단징세부(民團徵稅簿), 경찰서조사 및 동업조합 규약(同業組合 規約) 등에 의해 작성. 일본인 주요 직업은 다양하지만 본 표는 그 가운데 주요한 것만을 들었으며 기타는 제외. 인원수에서 겸업은 양쪽 다 기재'라고 되어 있다.

표에서 보듯이 이 시기 일본인 직업은 종류가 다양하다.[69] 특히 주민 생활과 밀접한 관련이 있는 상업과 서비스업은 더욱 다양하였다. 그렇지만, 공업으로 분류되는 제조업자는 정미업 10명, 통조림제조업 8명, 주양조업 22명, 장유양조업 16명, 인쇄업 4명 등 모두 60명에 불과하였다.

그리고 관공서 공무원이 467명으로 가장 많다. 통감부와 이사청, 헌병, 경찰로 월급을 받고 파견된 일본인 관리가 압도적으로 많다. 모두 일본내각과 메이지천황이 결재하여 파견한 공무원들이었다. 이외에도 신중간층

69) 이외에 1907년 자료에 따르면, 1906년 현재 전체 직업종사자 7,576명 가운데 상가점원과 노비(僕婢) · 작부(酌婦) · 예창기(藝娼妓) · 인력거 · 견인부 등 서비스업과 상업에 종사하는 사람이 전체의 76.3%를 차지하였다(釜山日本人商業會議所, 『釜山日本人商業會議所年報』, 1907).

즉 샐러리맨의 비율이 높은 것이 주목된다. 즉 이들은 모두 567명으로 전체에서 약 30%를 차지할 정도로 높다. 이 분야에 종사하는 일본인들은 조선인에 비해 행정적 실무경험이 많고, 근대적 의료기술이나 법률지식 등을 빠르게 받아들여 자본주의적 교육을 많이 받았기 때문에 가능한 일이었다.[70]

이렇게 직업이 상업과 서비스업에 편중되고 샐러리맨이 상대적으로 많았던 원인은 통감부와 이사청, 헌병 경찰 확대와 관련이 깊다. 그리고 부산지역 지가(地價)가 높았을 뿐만 아니라,[71] 일본에서 농업이나 어업에 종사하던 일본인이라 하더라도, 조선으로 이주하여서는 돈벌이가 되거나 생활이 편안한 직업을 가지고 싶어 했기 때문이었을 것이다. 따라서 거류지 일본인들은 주로 관공서에서 샐러리맨을 하거나 상업 · 공업에 종사하면서 낯선 곳에서의 이주생활이 편안할 수 있도록 조건을 만들어 나갔다.

일본인들을 중심으로 형성된 거류지가 개발되면서, 조선인들이 몰려들어와 주변부를 형성하였다. 거류지에 사는 조선인은 어떤 직업에 종사하고 있었는가. [표 2-8]은 부산 거류지에 사는 조선인 직업별 양상이다. 1909년 현재 부산의 조선인은 상업이 가장 많고, 그 다음이 농업과 일용노동자이었다. 그리고 공업은 91명으로서 조선인 직업 종사자 전체의 2.1%에 불과하였다. 1911년 현재에는 농업종사자 수가 가장 많아졌으며, 그 다음이 상업이었다.

---

70) 도시에서 신중간층 등장은 자본주의적 발달에서 특징적인 요소이다. 식민지 조선의 거류지에서 신중간층 존재가 확인되는 것은 거류지 성격이 자본주의적 도시의 성격으로 변화되었다는 것을 나타내준다.

71) 부산 부근은 풍토와 기후가 농업에 매우 적합하지만, 농지도 충분하지 않고 당시 시가지 발달로 인해 지가가 앙등하여 영농지로서는 부적당하였다(森田福太郎, 『釜山要覽』, 釜山商業會議所, 1912, 321쪽).

[표 2-8] 부산 거류지 조선인 직업별 인구(단위 : 명)

| 직업별 | 1909년 | 1910년 | 1911년 | 직업별 | 1909년 | 1910년 | 1911년 |
|---|---|---|---|---|---|---|---|
| 관공리 | 49 | 48 | 23 | 공업 | 91 | 91 | 130 |
| 양반 | 16 | 16 | 6 | 광업 | 17 | 4 | 4 |
| 유생 | - | - | 2 | 일고(日雇) | 842 | 861 | 871 |
| 상업 | 1,367 | 1,442 | 1,166 | 기타 | 352 | 204 | 189 |
| 농업 | 1,088 | 1,059 | 1,424 | 무직 | 95 | 69 | 54 |
| 어업 | 400 | 482 | 770 | 합계 | 4,317 | 4,276 | 4,639 |

출전: 森田福太郎, 『釜山要覽』, 釜山商業會議所, 1912, 14쪽.

주목되는 것은 어업에 종사한 사람 수가 482명에서 770명으로 급증한 것이다. 이때에도 조선인 공업종사자는 전체의 2.8%에 불과하였다.[72] 조선인들은 상업과 농업에 종사하는 사람들이 많았으며, 각종 토목공사에서 일고노동자로 일하였다. 이들이 산비탈 고지대에서 생활하게 되었다.

이와 같이 개항기 · 한말 거류지에는 주요한 소비자가 전쟁특수와 이주 일본인을 대상으로 하였기 때문에 공업구조와 생산은 한정된 것일 수밖에 없었다. 일본인의 공업에 대한 투자는 조선이 일본의 식민지가 되면서부터 본격화하였다.

## 3. 일본인의 토지자본 축적과 배타적 상공단체 조직

### 1) 거류지 일본인의 토지침탈과 소유권확보

일본제국주의가 서양제국들과 식민지전쟁을 치르기 위해서는 반드시 조

72) 그러나 일본인과 조선인은 같은 직업을 갖고 있다고 하더라도 임금 등 격차가 많이 있으므로 여기에 대한 것은 별도로 자세한 검토가 요구된다.

선에 거점도시와 토지를 확보하는 것이 관건이었다. 일본내각은 500년 왕조 동안 조선인들의 지역 지배질서가 확고한 도시보다는 상대적으로 관심이 적고 교역을 담당하던 항구를 중심으로 토지를 침탈해가기 시작하였다. 가장 먼저 국제법적으로 조계 조약을 통해 거류지를 확보하였고 그 주변지역을 매수해갔다. 또한 러시아와 대항하기 위한 군사적 거점을 마련하기 위해서, 국제법을 어기면서까지 군용지를 확보하였다. 일본내각과 군부는 대한제국 고관과 재조일본인들을 매수하여 한국인명의를 빌리는 수법을 썼으며 불법으로 확보한 토지가 훨씬 광대하였다.

그러면 거류지 토지는 어떠한 방식으로 불하되었으며, 어떻게 하여 일본인들 소유지로 변화되었는가. 일본인들에게 무상·유상으로 토지를 불하한 방식은 종래 전통도시에서는 볼 수 없는 특수한 유형으로 재조일본인들이 토지자본을 형성하는 근거가 되었다. 일본제국주의가 한국에서 토지를 점령하여 자국민에게 불하하고 그것을 소유권으로 이전시켰다는 측면에서 식민성을 가진다고 할 수 있다. 다음에서 그 구체적인 사례를 검토해보자.

첫째, 일제는 거류지 토지를 빌려주어 차지(借地)라는 형태로 조선에 이주한 일본인들에게 불하하였다. 정착 초기 일본 거류민단에서는 불하한 토지를 대상으로 차지료와 이자라는 형태로 세금을 책정하였다. 거류지에서 차지, 무상교부, 기증, 건물매각 등은 모두 일본과 각국 거류지에 거주하던 식민자들의 권리이었다.[73]

이렇듯 일본인 정착민들은 토지를 빌려 조선에서 생활을 영위하였지만, 이미 병합 이전에 영대차지가 되어 임대와 양도가 가능하였기 때문에 실질적으로 소유지로서 인정되었다. 그것을 검증하는 것은 다음 사료이다.

---

73) 朝鮮總督府 總督官房 外事局, 『各國居留地關係取極書』, 1910, 1021~1024쪽.

1908년 6월에 부산이사청에서 고시 제10호로 발표한 「부산일본제국전관거류지 영대차지에 관한 건」이다.[74] 이에 따르면 "부산 일본제국 전관거류지 내 지소임도규칙(地所貸渡規則)에 따라 이미 임대 불하했거나 또는 새로 임대 불하할 지구는 현행 거류지제도가 존속하는 한 영대차지로 한다는 것"이며, 다만 거류지 구내 시가의 도로 부지에 해당되는 것은 제한하였다. 이 고시에서 가장 주목되는 사항은 영대차지자를 거류지제도가 존속하는 한 소유자와 동일하게 취급하는 것이었다.

그리고 부산 일본전관거류지에서 토지소유자는 '일본제국신민'으로 제한하였다. 그것은 같은 해 6월 발표된 지소임도규칙을 보면 알 수 있다. 규칙 제1 · 2조에는 "부산일본전관거류지 지구는 '일본제국신민'에 한해 차용할 수 있고, 차용자는 그 권리를 '일본제국신민'에 한해 양도 또는 대여할 수 있다"고 규정하고 있다.[75]

또한 부산항 부속지 복병산(伏兵山) 일본인 공동묘지를 거류지 부속지로 하고, 1908년 6월 19일 청령(廳令) 제3호 지소임도규칙을 준용하도록 하

---

74) 朝鮮總督府 總督官房 外事局, 「釜山日本帝國專管居留地 永代借地ニ關スル件」, 『各國居留地關係取極書』, 1910, 1026쪽.

75) 1908년 6월 釜山理事廳令 제3호 「地所貸渡規則」(外事局, 『各國居留地關係取極書』, 1027~1028쪽). 그 내용은 다음과 같다.
제1조 부산일본제국전관거류지내 지구는 일본제국신민에 한해 차용할 수 있음
제2조 지구차용자는 그 권리를 일본제국신민에 한해 양도 또는 대여할 수 있음
제3조 지구를 차용하려는 자는 정명(町名), 번지, 평수를 기재한 서면에 거류민단역소(役所)에서 실측한 도면을 첨부하여 이사관에 출원하여 허가받을 것
제4조 새로운 지구 차용을 허가받은 자는 그날부터 10일 이내에 지권(地券)의 하부(下付)를 이사관에게 출원하여야 함
前項의 원서(願書)는 제3조 규정에 준거하고 다만 구 지권 기타 필요 서류를 첨부할 것
제6조 지권을 분실한 자는 그 사유를 갖추고 또 권리를 증명하는 서류를 첨부하여 재교부를 이사관에 출원해야 함
제7조 제4조, 제5조의 수속을 태만히 한 자는 그 권리를 상실함
제8조 이사관으로부터 교부하는 지권은 별지양식에 의함
(부칙)
제9조 본칙은 발포한 날로부터 이를 시행함
제10조 명치13년 達제15호 地所貸渡規則은 本則 시행한 날로부터 이를 폐지함

였다. 그리고 이미 허가를 얻은 지구라 하더라도 같은 해 12월 31일까지 새로 차용수속을 해야 한다고 규정하였다.

이러한 거류지 토지확보 상황은 총독부 총독관방 외사국에서 이관한『거류지관계철(居留地關係綴)』(1908~1910년)을 통해 볼 때 더욱 명확하게 알 수 있다. 이 문서철에는 1908년 2월 10일 인천 이사청 이사관 시노부 쥰페이(信夫淳平)가 통감대리 부통감 소네 아라스케(曾禰荒助)에게 '인천 거류지제에 관한 상황 및 장래'라는 이사관회의 구술내용을 발송한 것이 있다.[76)]

그 내용을 보면 다음과 같다. 인천의 경우, 일본 거류지는 1883년 9월 30일『거류지 차입약서(居留地借入約書)』에 따라 설정된 것으로서 그 경계는 당초 약 4만 5천㎡이었다. 그 후 1907년 11월 18일 사신회의(使臣會議)에서 해면 약 1만 4천8백㎡를 매립하기로 의결하고 일본거류지에 편입시켜 1908년 현재 인천 일본거류지 면적은 약 6만㎡로 되었다. 매립지는 창고 또는 공공 용도로 제공하고 건물 외 상점 주택 부지로 사용한다는 것이었다.[77)]

그렇다면 거류지에서 공공부문인 도로나 교량 등을 설치할 경우 비용은 어떻게 충당하였는가. 그것은 기본적으로 일본인들에게 차지한 차지료와 이자 등을 통해 확보한 거류지 적금으로써 충당하고자 하였다. 거류지 약서(約書)에서 인정한 조항을 살펴보면 다음과 같다.[78)]

1. 거류지내 경찰(巡捕) 비용은 한국 지방관과 일본영사가 상의하여, 차지주에게 받을 것(제3조)

---

76) 「仁川ニ於ケル居留地制ノ狀況及將來」. 이 문건은 기밀 제7호로 부통감 비서관, 외무부장이 부통감에게 상신하는 형태로 보고하였다(朝鮮總督府 總督官房 外事局,『外國居留地關係綴』, 1908~1910).

77) 朝鮮總督府 總督官房 外事局, 위의 문서철, 1908~1910, 561~562쪽.

78) 朝鮮總督府 總督官房 外事局,『各國居留地關係取極書』, 1910, 1021~1024쪽.

1. 총 지세(地稅)중 3분의 1은 한국정부로 들어가고 3분의 2는 거류지적금으로 함. 이 적금으로 도로, 소규모 수로(溝渠), 교량, 가로등(街燈) 등 수선, 기타 거류지에 관한 사업에 충당할 것(제4조)
1. 택지 대출금 원가 4분의 1은 한국정부에게 거류지적립금으로 지급하고, 대출 원가에서 계상한 대가(代價)의 반액도 역시 적립금으로 지급할 것(제5조)
1. 도로, 소규모 수로, 교량, 가로등 기타 거류지에 관한 사업으로서 비상천재 때문에 파손된 것에 대해서는 한국 정부에서 관계할 것(제6조)

이를 통해 볼 때 병합 이전에는 일본 영사관이 거류민에게 지세를 받아 3분의 1은 한국정부에 지불하고 3분의 2는 거류민단 적금으로 충당했다는 것을 알 수 있다. 이 적금을 사용하여 도로나 교량 등을 만들었는데, 천재지변이 발생했을 경우 파손된 것에 대해서는 한국 정부가 담당했다는 것을 알 수 있다.

일본인들은 법망을 피해 불법적인 토지거래를 통해 조선인 토지를 침탈하였다. 1880년 「지소임도규칙」에 의해 거류지에서 일본인들 토지거래가 사실상 인정되었으나, 대한제국은 법률적으로 외국인의 토지소유를 금지하고 있었다. 그리고 한영조약에서도 거류지 10리 이내로 토지소유를 제한하고 있고, 한러조약에서는 진해만 일대 토지를 외국인들이 소유할 수 없다고 명기하고 있다. 그러나 재조일본인들은 강제병합 10년 전인 1900년경 이미 전국적으로 본격적인 토지침탈을 자행하였다. 그 양상은 전북과 경남일대가 가장 심했는데 그것은 청일전쟁, 러일전쟁과 밀접한 연관을 가지고 있다.

특히 일제가 진해만에 군사요새기지를 설치하는 것과 관련하여 부산과 마산일대 토지침탈이 다른 어느 지역보다 극심하게 진행되었다. 일례로 부산 절영도가 속한 사중면 토지분해 현상을 보면 일본인들 토지확보와 조선인들 토지상실이 극명하게 대비된다. 사중면은 조선인 상층을 시작으로 하층에 이르기까지 전 계층이 토지소유에서 탈락해갔다. 그중 특징적인 현상은 부농계층이라고 추정되는 자들까지 일본인들이 진출함에 따라 전면적으로 몰락하고 있었다는 점이다.[79)]

또한 재조일본인은 국가 간 분쟁을 통해 정치적으로 결탁하여 토지를 확보하였다. 개항장에는 거류민단 시기부터 일본인 중심으로 지역유지들이 형성되어 왔다.[80)] 지역유지들은 상공업에 종사하는 자본가를 중심으로 형성되었으며, 이들은 각종 이권과 관련하여 자본을 축적하였다. 예를 들어 하자마 후사타로(迫間房太郎)는[81)] 마산의 러시아 조차지 문제에서 땅을 확보할 수 있었고,[82)] 부산의 절영도 동삼동에도 토지 및 산야 135만 평

79) 사중면의 토지분해 현상에 대해서는 최원규, 「19세기후반 · 20세기초 경남지역 일본인 지주의 형성과정과 투자사례」, 『한국민족문화』 14집, 1999, 112~120쪽 참조.

80) 유지집단의 범주에 대해서 지수걸은 일제하 '지방유지'란 일제가 강제와 동의에 기초한 국가 헤게모니를 지방사회 내부에 관철시키기 위하여 의도적으로 형성한 '총독정치의 매개집단'으로서, '재산(재력)'과 '사회활동 능력(학력)', '당국 신용'과 '사회 인망'을 고루 갖춘 지방사회의 유력자집단(조선인, 일본인 포함)이라고 정의하고 있다. 즉 유지집단은 단순한 의미의 '집합'이 아니라 '결사'로서의 의미조차도 포함하는 일종의 사회적 지위집단(social status group)이었다. 유지집단과 비유지집단의 사회적 경계는 재산(토지자산)과 사회활동능력(근대 학교 교육), 당국신용(공직 서열)과 사회인망(민원해결, 자선과 봉사를 통해 축적된 인망)의 유무에 의해 결정되었다고 한다(池秀傑, 『한국의 근대와 공주사람들(한말 일제시기 공주의 근대도시발달사)』, 공주문화원, 1999, 206~207쪽). 개항기부터 시작된 일본인들의 조선이주생활을 통해 거류지에는 새로운 세력이 성장하게 되었다. 부산의 유지에 대한 개념에 대해서는 홍순권, 『근대도시와 지방권력: 한말 · 일제하 부산의 도시 발전과 지방세력의 형성』, 선인, 2010 참조.

81) 하자마(迫間)는 1880년 오사카 이오이(五百井) 상점의 부산지배인으로 부산에 도착하였다. 그는 1905년 독립하여 부동산경영을 하면서 무역상을 겸영하여 막대한 재산을 모았다. 그는 훈 6등에 서훈, 부산상공회의소 특별의원, 부산상업은행 취체역, 조선저축은행 취체역을 역임하였다(長田睦治, 『釜山名士錄』, 釜山名士錄刊行會, 1935, 16쪽). 그는 특히 거류지로부터 토지불하와 함께 전국적으로 하자마농장을 중심으로 각지의 토지를 사들여, 1931년 현재 전국 총 4,435정보 토지를 소유하였다(淺田喬二, 『日本帝國主義と旧植民地地主制』, 東京: 御茶の水書房, 1968, 284~285쪽).

82) 하자마 후사타로(迫間房太郎)의 토지확보에 대해서는 최원규, 「19세기후반 · 20세기초 경남지역 일본인 지주의 형성과정과 투자사례」, 『韓國民族文化』 제14집, 부산대 한국민족문화연구소, 1999, 64~68쪽 참조.

을 확보하였다. 그 외 일찍부터 부산진 해면매립지의 정보를 얻어 막대한 토지를 확보할 수 있었다.[83]

부산에 정착한 일본인 중 부동산에 관심이 많은 투자자들은 암매와 저당을 통해 공공연하게 토지를 사들여, 서쪽으로는 대청동·보수동으로, 동쪽으로는 영주·수정·좌천·범일동 등 법의 테두리를 넘어서 광범위하게 소유하여갔다.

이처럼 일본내각과 거류지의 일본인 자본가들은 조선 정부가 외국인의 토지소유를 원칙적으로 금지했지만, 기간시설을 건설한다는 명목으로, 또는 불법적인 방법으로 토지를 탈점하였다.[84] 대표적인 자본가는 하자마 후사타로, 오이케 츄스케(大池忠助),[85] 다카세 세이타로(高瀨政太郎)[86]로서 이들은 '부산의 3대 지주'가 되었다.[87] 일본인 대지주들은 개항도시 부산에 정착하여, 조약과 불법적 방법으로 막대한 토지자본을 축적하게 되었다. 이민족의 침투로 인해 거류지에서의 토지자본 축적방식은 독립국가

83) 자세한 것은 본서 123~130쪽 참조.

84) 본서 1장 3절 참조.

85) 오이케 츄스케(大池忠助)는 일본 쓰시마(對馬島) 이즈하라(嚴原) 출생. 1875년 20세에 무일푼으로 부산에 건너와 조선인을 대상으로 고리대금업으로 축재한 후 무역업으로 전업했다. 그는 부산 거류민단 의원을 만 30년 동안 재임했고 부산상공회의소 회두를 세 번이나 역임하였으며, 일본 중의원 의원까지 되었다. 대규모 정미공장을 경영하였고, 기타 각 은행과 회사의 중역을 거침으로써 권력과 재력을 과시하였다(『釜山經濟史』, 337쪽 참조).

86) 다카세 세이타로(高賴政太郎)의 토지소유 추이

| 年度 | 所有地面積 | | | | 土地所在地 |
|---|---|---|---|---|---|
| | 沓 | 田 | 其他 | 合計 | |
| 1922 | 430.0 | 264.9 | 675.8 | 1,370.7 | (全南)麗水, (慶南)東萊, (京畿)始興郡 |
| 1925 | 862.0 | 668.6 | 600.9 | 2,131.5 | (京畿)始興·金浦·富川郡, (忠南)天安郡, (全南)光陽·麗水郡, (慶北)尙州·金泉郡, (慶南)東萊郡 |
| 1929 | 569.4 | 352.5 | 100.5 | 1,022.4 | (京畿)始興郡, (全南)光陽郡, (慶南)東萊郡 |
| 1931 | 331.0 | 375.0 | 176.0 | 882.0 | (京畿)始興郡, (全南)麗水·光陽郡·順川郡 (慶北)金泉郡, (慶南)東萊·金海郡 |

출전 : 淺田喬二, 『日本帝國主義の旧植民地地主制』, 284~285쪽(『釜山經濟史』, 485쪽 再引用).

87) 부산의 자본가 성장에 대한 자세한 내용은 본서 Ⅲ장 190~200쪽 참조.

에서 진행되는 축적방식과 다르게 식민성을 가지고 진행되었다.

### 2) 일본정부의 군용지 침탈

토지침탈은 식민도시 형성의 가장 큰 특징이다. 특히 제국주의 전쟁을 치르면서 전개되었기 때문에 국가적 차원에서 불법적 토지 침탈이 자행되었다. 다음으로는 이러한 사례에 대해 살펴보도록 하자.

부산, 인천, 원산 등 개항장 거류지를 안정적으로 확보한 일제는 청일전쟁을 치르고 다시 한번 러일전쟁을 준비하면서 조선해협과 그 주변을 확보하는 것을 무엇보다도 중요한 군사적 전략 중 하나로 삼았다. 당시 외국인이 토지를 소유하는 것은 대한제국과 영국, 러시아 간 국제적 조약에 의해 금지되어 있었다. 이에 거류지 이외에서 군용지를 확보할 수 없다고 판단한 일본내각과 참모본부는 불법으로 한국인 명의를 차명하는 형태로 토지를 잠매하기로 결정하였다. 이것은 일본 대본영 참모본부와 육군성, 해군성, 외무성이 작성한 당시 공문서를 분석해보면 잘 알 수 있다.

1880년대부터 1903년까지 추진된 부산포와 마산포의 토지 잠매는, 일본 야마가타 아리모토(山縣有本) 내각이 러시아로부터 한국이라는 이익선을 지키기 위해 사활을 걸고 추진한 전략적 방책이었다. 주무기관은 일본 대본영 참모본부와 육군성이었다.

일본제국육군은 진해만 일대 즉, 부산의 절영도, 부민동, 초량을 비롯하여, '마산포사건'으로 알려져 있는 율구미(栗九味)뿐만 아니라, 자복리(滋福里), 월영리(月影里), 신월리(新月里), 완월리(阮月里), 정산리(正山里), 서성리(西城里) 등 광대한 토지를 잠매하였다. 이때, 재조일본인 상인 하자마(迫間)를 대리로 한국인 명의를 빌거나 한국 농상공부 대신 민영기 대리인 김영균 종자(從者) 오씨의 명의를 빌어 잠매를 추진하였다. 특히 장관

민영기에게는 2만 엔을 주어 매수하였다.[88] 러시아와 토지문제를 해결 한 이후에는 명의를 변경하였다. 이처럼 일본 참모본부와 육군성은 수단과 방법을 가리지 않고 명의를 차용하여 군용지를 확보하였다. 이러한 일본 참모본부의 토지잠매행위는 대한제국을 속이고 국제법을 위반한 행위였다. 진해만요새지대는 부산, 진해, 마산, 가덕도, 지심도, 저도, 거제도 일대의 육지와 섬에 건설되었다.

1899년부터 마산일대 토지를 잠매하여 일본정부로 명의변경까지 하였고, 1904년 2월에는 대본영 육해군이 마산포를 점령하였다. 그리고 동년 8월부터 진해만요새를 건설하기 시작하였다. 대본영은 연합함대의 근거지로 진해만을 탈취하여 육군이 소관하는 진해만요새사령부와 진해만요새 중포병 대대를 설치하고, 해군이 소관하는 진해요항부를 설치하였다.[89] 동년 8월에는 결국 한국과 '한일의정서'를 체결하고 이른바 '보호국' 체제로 들어갔다.[90]

메이지천황은 1905년 2월 6일 러시아와 국교를 단절하고 전쟁을 선포하고 한국주차군을 신설하였다. 일본군 대본영은 진해만요새 이외에도 동년 8월에 의주, 진남포 해안, 원산 송전만에 요새를 두고, 육군 요새포병대를 배치하였다.[91] 이와 같은 진해만요새 포병대 설치 및 잔류에 대한 결정과 운용은 일본 본토의 요새사령부 조례와 요새지대법에 따른 것이었다.[92]

---

88) 陸軍省大日記, 『明治33年分 韓國馬山地所 第2の編册木機密』「林全權公使 韓国農商工省大臣と商議の結果李泳均なるものを馬山浦に派遣して買收せしめたる地所の議に付林公使具報の件」 明治33年2月23日~3月10日, 陸軍省-雑-M33-18-96(防衛省防衛研究所 소장).

89) 編輯委員會, 『朝鮮所在重砲兵聯隊史』, 1999, 68~70쪽.

90) 『창원잡첩5』, 보고서7호(유장근 · 허정도 · 조호연, 「대한민국시기 마산포 지역의 러시아조차지 성립과정과 각국공동조계 지역의 도시화」, 『인문논총』 제16집, 2003, 82쪽 재인용).

91) 編輯委員會, 앞의 책, 1999, 27쪽.

92) 일본정부는 청일전쟁기간인 1895년 3월 30일자 칙령 제39호로 요새사령부조례를 제정하여,

[그림 2-4] 러일전쟁기 진해만요새 구축지 및 포대 건설지(1904.8월 현재)

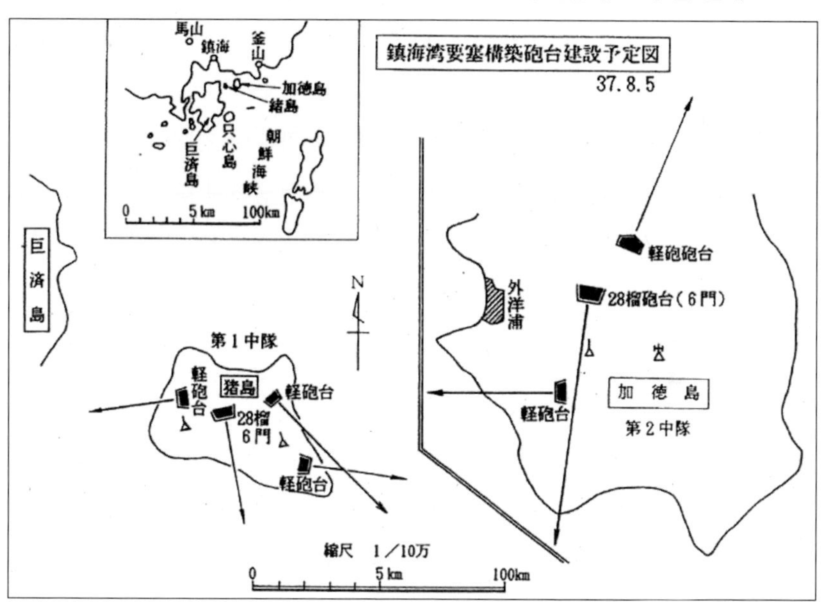


출전: 編輯委員會, 『朝鮮所在重砲兵聯隊史』, 1999, 70쪽.

이로써 한국은 일본의 제국주의 전쟁을 위한 전쟁터로 이용되었고 그들의 군사적 전략적 목적을 위해 불법으로 토지가 침탈되었다. 이 목적을 달성하기 위해 상공부장관 민영기와 일본인 부동산업자 하자마에게 막대한 자금을 주어 토지 소유자를 한국인에게 차명하는데 성공하였다.

진해만요새를 설치한 당면 목적은, 당시 일본 육군이 대본영 연합함대의 근거지로 사용함으로써 육해군 합동으로 러시아의 발틱함대를 격파하

요새의 대소 크기에 따라 1~3등 요새로 구분했다. 다시 1899년 7월 15일에는 법률 제105호로 요새지대법을 제정하였다. 요새지대는 국토 방위를 위해 건설한 제반 방어 건축물 주위를 포괄하는 구역이고 제3구로 나누었다. 제1구역은 기선(基線, 방어 영조물의 각 돌출부를 연결하는 선)으로부터 250間 이내, 제2구역은 기선으로부터 750間 이내, 제3구역은 기선으로부터 2250間 이내로 일본 육군대신이 경계를 정해서 고시하였다(編輯委員會, 앞의 책, 1999, 2·28쪽).

여 전쟁에서 승기를 잡기 위함이었다. 영흥만 요새는 북한에 있는 일본군을 배후에서 엄호하기 위해 만들어졌다.[93] 일본 대본영은 국제법을 위반하면서 만든 진해만요새 덕분에 러일전쟁에서 승기를 잡았다. 진해만요새는 일본 해군 연합함대가 러시아 발틱함대를 격파하는데 지대한 공헌을 하게 된다. 이로 인해 일본은 청일전쟁에 이어 러일전쟁까지 승리함으로써, 동아시아에서 패권을 거머쥐게 되었다. 1905년 12월 한일신협약에 의해 대한제국에는 일본의 이른바 보호정치가 실시되었다.

이상에서 살펴본 바와 같이 거류지를 확보한 일제는 조선에 이주한 일본인들에게 토지를 빌려주었고, 그것을 영대차지로 만들어 실질적인 소유자로 인정해주었다. 또한 부산의 일본전관거류지 토지소유자는 오직 "일본제국신민"에 제한되는 것이었으며, 토지를 확보하기 위해 정치권력과 유착관계를 맺기도 하였다. 이 토지를 기반으로 정주한 일본인들은 자신들의 생활안정과 계층상승을 꾀했는데, 한낱 상점 점원이나 지배인에 불과하던 사람들이 훗날 대자본가로 성장하기도 하였다.

일제는 이 시기에 한반도를 자신들의 생명선이라고 인식하고, 표면적으로는 국제관계 속에서 조약을 통해 거류지를 확보하였다. 그러나 이후 청일전쟁, 러일전쟁 등 식민지 쟁탈전이 계속되면서 토지를 불법, 편법을 써서 근거지를 확대해나가는 수법을 통해 도시를 만들고 식민통치의 발판으로 삼았다. 군용지를 확대하는 과정에는 대한제국 농상공부 장관과 금권결탁을 맺기도 하고, 발 빠른 부동산 투자 혹은 투기자들과 결탁하기도 하였다. 결국 이러한 개발 정보를 빠르게 얻을 수 있는 권력 측권자들에게 토지가 집중되었다. 이와 같은 형태는 불법적인 일제의 토지자본 축적방식은 조약을 통한 정상적인 루트가 아니라 전쟁을 불사한 불법적인 수법

---

93) 編輯委員會, 앞의 책, 1999, 16~17쪽.

으로서, 토지자본 축적의 식민지적 속성을 명확하게 드러낸다.

진해만 일대에 광대한 토지를 확보한 일본 육해군은 진해만요새를 건설하기 위해 가장 먼저 한·일 간 항로와 보조이주어촌을 만들었다. 그리고 철도, 도로, 통신, 항만건설 등을 통해 일본과 대륙을 이을 수 있는 도시 인프라를 설치하였다.[94]

### 3) 일본인의 배타적 상공단체 조직

도시의 발달과정에서 중요한 축의 하나를 형성하는 것은 자본가들의 상공단체 조직이다. 개항기·한말 개항장·개시장에서 성장한 일본인 자본가들이 조직한 상업회의소는 전통적인 조선인 객주단체 등이 조직한 상업회의소와 경쟁하였다. 하지만 일제가 대한제국의 권력을 탈취함으로서 조선인의 상업회의소는 폐쇄되었고, 일본인의 상업회의소 속에 조선인들이 포섭되는 방향으로 정리되었다. 그러면 일본인이 배타적 상공단체를 조직하는 실태에 대하여 살펴보자.

상업, 어업, 무사 등 다양한 계층의 일본인이 조선에 이주하여, 국제적인 경제체제의 변화와 거류지 상공업 발달, 이주 일본인에 대한 특혜에 힙 입어 자본을 축적하는 계기가 되었다. 일본인들에게 거류지는 새로운 투자지로서 '개척지'로서 자신들의 계층변동이 가능하도록 하는 계기가 되었다.[95]

이 과정에서 조선후기 이래 특권 어용상인이었던 객주들과 전혀 다른 새로운 차원에서 성장한 일본인 상공인들은 어떠한 변화와 갈등을 겪게

---

94) 자세한 것에 대해서는 김경남, 앞의 논문, 2012 참조.

95) 高岡熊雄, 「投資地としての植民地の價値」, 1931.8.27 原稿(北海道帝大農學部), 高岡教授는 이 연구에서 식민지가 본국의 투자지로서 어떠한 가치를 가지고 있는가를 알기 위해 먼저 50여 개 식민지를 가진 영국에 대해 검토하였고, 일본의 식민지에 투자한 결과로서 본국에서 자금의 이율 등귀여부와 관련하여 검토하였다.

되었는가. 본래 자본가 단체는 자본가들이 사업상 정보를 교환하고, 필요한 공동사업을 하면서 자본가로서 동질성을 획득하는 단체이며, 나아가 자신들의 이익을 옹호하기 위한 정치적 압력을 행사하는 조직이다. 그런 의미에서 이는 경제적 조직일 뿐 아니라 정치적 이익 단체이기도 하다.

일본이 침략하기 전 조선인들은 특권 어용단체로서 상인단체를 조직하고 있었다. 조선전기 이래 상인, 수공업자는 국가 통제하에 있었고, 그 통제는 관제조직을 통해 이루어졌다. 상인은 상인대로, 수공업자는 수공업자대로 도중(都中) 등의 조직에 의무적으로 가입해야 했으며, 국가는 이들 조직을 장악함으로써 상인, 수공업자 일반을 지배할 수 있었다.[96]

그런데 일본제국주의의 대륙침략과 함께, 조선의 개항장・개시장에 일본인들이 이주하여 상공단체를 만들면서, 조선의 통치권이 미치지 않는 상공단체가 출현하였던 것이다.[97] 그들은 자신들의 이익을 관철하기 위해 상공단체를 결성하였는데, 최초로 1879년 부산상법회의소(釜山商法會議所)를 설립하였다.

다음 [표 2-9]는 당시 조선에서 활동하던 일본인 상업회의소의 창립년도, 의원수, 유권자수, 예산액을 알 수 있는 것이다.

[표 2-9]에서 알 수 있는 바와 같이 최초로 일본인이 만든 상업회의소는 부산상업회의소이다. 이것은 일본 본토 회의소의 효시인 도쿄(東京)나 오사카(大阪)의 두 상업회의소보다 1년 늦게 설립된 것으로서[98] 개항 이전에 이미 부산의 초량왜관에서 상행위를 하고 있던 일본인들이 중추가 되어

---

96) 全遇容, 「開港期 韓人資本家의 形成과 性格」, 『國史館論叢』 41, 1993, 29쪽.

97) 전우용은 개항기 자본가단체는 당시 경제적 발전단계에 규정되어 모두가 상인단체의 형태를 취했다고 주장하고 있지만(전우용, 위의 논문, 29쪽), 일본인의 경제적 이익단체는 상공단체라고 봐야 옳을 것 같다. 왜냐하면 개항장 일본인들은 처음부터 상업뿐만 아니라 공업에 종사한 자본가들도 상공단체에 참가하고 있기 때문이다(『釜山商業會議所年報』, 1909, 270~272쪽). 조선에 조직된 상공단체에 대한 자세한 것은 전우용, 앞의 책, 2007 참조.

98) 森田福太郎, 『釜山要覽』, 釜山商業會議所, 1912, 256쪽.

[표 2-9] 조선에서 조직된 일본인 상업회의소

| 회의소명 | 개시(開市), 개항연도 | 회의소 창립연도 | 의원수 | 유권자수 | 예산액(엔) |
|---|---|---|---|---|---|
| 부산 상업회의소 | 1876 | 1879 | 20 | 249 | 8,599 |
| 원산 상업회의소 | 1880 | 1881 | 20 | 324 | 6,917 |
| 인천 상업회의소 | 1883 | 1886 | 24 | 432 | 6,749 |
| 한성 상업회의소 | 1882 | 1887 | 30 | 407 | 12,890 |
| 목포 상업회의소 | 1897 | 1900 | 12 | 153 | 6,480 |
| 진남포 상업회의소 | 1897 | 1907 | 18 | 157 | 2,765 |
| 군산 상업회의소 | 1899 | 1907 | 12 | 92 | 4,171 |
| 마산 상업회의소 | 1899 | 1908 | 20 | - | - |
| 대구 상업회의소 | 1907 | 1907 | 12 | 202 | 2,743 |
| 청진 상업회의소 | 1909 | 1909 | 12 | 202 | 3,230 |

출전: 木村健二, 『在朝日本人の社會史』, 未來社, 1989.
비고: 1911년 6월말 현재 작성. 1911년에는 한성이 경성으로 변경.

만든 것이었다.[99] 회원은 일본인만으로 이루어졌으며, 무역업, 은행업, 해운업, 도매업(問屋業) 등 4부문 영업자들이었다. 경비는 수출입무역품에 대해 통과세를 징수하여 이에 충당하였다.[100]

이후 일본인 상공인은 1881년 원산 일본인 상업회의소, 1886년 인천 상업회의소 등 개항장에 상업회의소를 설립하였다. 이후 1887년에는 한성상업회의소를 조직함으로써, 개항 이후 10년 만에 조선의 500년 도읍지까지 상공단체를 결성하게 되었던 것이다.

개항기 일본인 자본가단체는 주로 무역업과 금융업에 종사하던 자본가

---

99) 부산 거주 일본인은 개항되기 전 1873년 중에 이미 단체를 조직하고 관민간의 중계기관으로서 보장두취(保長頭取)를 선임하여 사실상 지방자치 사무를 취급했다. 이어 1881년에는 거류민제도를 발포하면서 거류지회 의원을 두고 보장두취를 거류지 총대로 고치고 총대역소(總代役所)를 설치하였다(勝田伊助, 『釜山を擔ぐ者 晋州大觀』, 晋州大觀社, 1940, 8쪽).

100) 1893년에 이르러 일본의 상업회의소 조례에 준거하여 정관(定款)을 개정하고, 동시에 '부산항일본인상업회의소'라고 명칭을 고치고, 조직상 일대혁신을 단행하였다. 이 조직은 일본인만으로 구성되었으며, 1915년에 가서는 조선상업회의소령 발포와 함께 일본인·조선인 공동 조직으로 갱신하였다(上田耕一郎, 앞의 책, 1937, 24~26쪽).

들이 주도하여 결성하였다. 점차 이주 일본인들을 중심으로 개항장 거류지에 소비재공업이 발달하게 되면서 산업자본가들 단체도 등장하게 되었다.

대표적인 케이스로는 '일본인 도시' 부산의 "부산번영회"를 들 수 있다. 부산번영회는 1906년 12월 부산항 유지들에 의해 설립된 것으로서, 목적은 '본항(本港) 번영에 관한 사항을 기획하고 실행함'에 있다. 매월 25일 월례회를 열어 각종 문제를 토의하고 평의원회를 열어 심의 평결하는 것이다.

이 번영회는 본래 사설 사교 단체임에도 불구하고 부산항 일본인 관민 각 계층은 물론 민단, 상업회의소, 부청(府廳) 등 공사(公私) 기관의 각종 공공사업을 실행할 것을 촉구하기도 하였다. 이 번영회에서 부산항 제반 시책을 제창하면 문제가 해결되고 실현될 정도로 실력이 있었다. 제1기 회장은 부산세관장 야마오카 요시고로(山岡義五郎)였으며, 이후 오이케 츄스케가 회장이 되었다. 이래 20여 년 동안 계속 임시회, 평의원회를 개최하고 많은 공적인 문제를 논의하고 지도하는 역할을 담당하였다.[101)]

부산의 대표적인 자본가 오이케 츄스케, 하자마 후사타로, 가시이 겐타로(香椎源太郎) 등은 부산번영회를 통해 부산 경제의 주도권을 잡아나갔다. 부산번영회 회원 가운데 조선인은 한 명도 없었다.[102)]

101) 부산번영회 회원의 자격은 제한이 없고, 새로 입회할 때 회원 2명의 소개를 받았다. 이에 따라 거류민 시기 회원은 민단의원, 상업회의소 의원은 물론 당시 부협의회원, 학교조합회원, 관리, 실업가, 변호사, 의사, 신문기자, 교육가, 공직자 등 각 계층에 있었다. 그리고 그 활동도 민단시절에는 당국자에게 민단시설 방침에 대해 양해를 구했고, 이사청시기에는 이사관으로부터 여러 가지 행정 강목을 설명하였다. 부제 실시 후는 부윤과 부산부 계획사항을 말해 승인받았다. 또한 각 관서 장관이 질문하면 자세하게 설명해 주었으며, 실업계 관습, 거래물가, 물자집산 등을 개선하였다(釜山繁榮會, 『釜山繁榮論策』, 1927, 1~8쪽).

102) 병합 이전 거류민단 시기에는 일본인들만 활동할 수 있었다. 1927년 현재에도 부산번영회원 83명 가운데 조선인은 문상우(文尙宇, 부산상업회의소 부회두), 김동준(金東準, 경남산업과장) 2명뿐이었다. 한편 당시 오이케 츄스케는 부산번영회장이었다. 부산번영회에서 주최한 부산번영책에 대한 현상논문 모집시, 심사위원장은 경상남도지사 와다(和田純), 심사위원으로 부산부윤 미즈자키(泉崎三郎), 부산세관장 미야자키(宮崎又治郎)를 비롯하여 가시이(香椎源太郎), 하자마(迫間房太郎)가 위촉되고 있다. 이러한 것은 당시 오이케·가시이·하자마가 부산지역에서 차지하는 위치를 알 수 있다(부산번영회, 위의 책, 1~8쪽).

부산번영회를 설립한 후 곧바로 부산의 3대 주요 자본가인 하자마, 오이케, 가시이는 자본을 공동으로 투자하여 새로운 기업을 설립하였다. 1907년 5월 자본금 7십만 원(불입 35만 원)으로 부산부 하마쵸 1정목에 부산수산주식회사를 수산업과 대금업을 목적으로 설립하였다. 오이케는 사장, 하자마, 가시이, 사카다 분기치(坂田文吉)는 이사직(당시 취체역)을 맡고 경영을 해나갔다. 1907년 이들의 자본금 소유상황에 대해서는 확실히 알 수 없지만, 1920년 현재 그들이 보유한 주식은 총 주식수의 40%를 차지할 정도였다.[103)]

거류지에서 일본인들은 식료품공장을 세움으로써 공장공업이 처음으로 시작되었다.[104)] 1883년 청주양조공장, 1886년 장유(醬油) 양조공장, 1908년 정미공장이 설립되어 이른바 공장공업이 시작된 것이다.[105)]

그러나 이 시기는 주로 개항장에서 일본인 토지·상업자본가들이 자본가단체의 중심 역할을 수행하였다. 산업자본가들이 본격적으로 상공단체의 주역이 되었던 것은 식민지화 이후의 일이었다.

그러면 이러한 변화에 조선인 상업단체는 어떻게 대응하고 있었는가. 식민지가 되기 전까지 조선인 자본가들은 일본인과 거래지정 객주가 되어 활동하면서 근대적 상인단체를 만들었다. 조선인은 경성, 원산, 북청, 동래, 대구 등 전통도시를 중심으로 단체를 만들어 활동하였다.

그들은 1882년 원산상업회의소를 결성한 것을 비롯하여, 1884년에는 서

103) 1920년 현재 총 주식 14,000주(주주수 106명) 중에 迫間房太郎 3,158주(22.5%), 大池忠助 1,349주(9.6%), 香椎源太郎 1,039주(7.4%)를 소유하고 있다. 이들 3인이 전체 주식수의 약 40%를 차지하고 있어 이 회사에 대한 이들의 지배력을 대변해준다(『要錄』, 1921년판).

104) 上田耕一郎, 앞의 책, 1937, 18~19쪽.

105) 이들 기업에 대한 자세한 내용은 다음과 같다. 1883년 今西주조장(청주제조, 1200석, 연료는 석탄사용, 종업원수 일본인 7명), 1886년 山本장유양조장(장유 300석, 갈탄사용), 1892년 부산정미소(정미 46,480석, 1주야 생산력 약 230석, 종업인원 일본인 延 9,650명, 마력 60대, 석탄 1백22만 석)(釜山日本人商業會議所, 『釜山日本人商業會議所年報』, 1907, 189~190쪽).

울에 한성상업회의소를 설립하였다. 이어 1889년에 부산객주 상법회의소, 1897년에 인천신상협회(仁川紳商協會)를 차례로 결성하였다. 이들 단체는 대개 개항장 객주들이 자발적으로 설립한 것이었지만, 설립 당초에는 특허 객주제로 통제되었으나 일본이 항의하여 철폐당하였다.[106]

[표 2-10]은 1900년부터 1911년까지 설치된 조선인 상업회의소이다. 경성을 비롯하여 모두 18개가 설치되었으며, 의원수 756명, 특별의원수 138명이 참가하였다. 평양과 강화에 의원수가 각각 257명, 126명으로서 각지 회의소 중 가장 많은 자본가가 참여하고 있다. 동래상업회의소에는 38명이 참가하고 있었고, 부산에는 조선인 상업회의소가 설치되어 있지 않았다. 이들은 정부 보조 없이 독자적으로 사업을 전개하였다.

[표 2-10]에서 살펴볼 수 있듯이, 한말 조선인 자본가단체는 1900년에 원산상업회의소가 결성되었으며, 이후 1905년에 경성과 북청에, 1906년에 서면과 김천에 상업회의소가 만들어졌다. 회의소 의원은 모두 756명이었다. 조선인 상업회의소의 특징은 전국적으로 전통도시를 중심으로 상권이 형성된 지역에 분포되어 있으며, 상업회의소 의원수도 많았다.

또한 조선인 객주들은 1895년에 공포된 「상무회의소규례(商務會議所規例)」에 따라 자발적으로 상업회의소, 상회사, 상법회사 등 상인단체를 설립하였으며, 농상공부의 강력한 일원적인 통제 아래에서 영업세 납부 주체로 자리 잡았다.[107] 대체로 1900년 이후부터 각지에서 객주회 · 상법회사들이 점차 상업회의소로 개칭하면서 근대적 자본가단체로서 면모를 갖추게 되었다.

조선인 상공단체에게 가장 큰 위기는 1904년 메가타 다네타로(目賀田種

---

106) 전우용, 앞의 논문, 1993, 29쪽 참조.

107) 객주회는 어용특권단체로서 정부의 특권아래 강력한 체제를 유지하였다(趙璣濬, 『韓國企業家史』, 博英社, 1973, 226쪽).

[표 2-10] 한말 설립된 조선인 상업회의소

| 명 칭 | 의원수(명) | 특별위원수(명) | 설립년도 |
| --- | --- | --- | --- |
| 원산상업회의소 | 40 | | 1900 |
| 경성상업회의소 | 50 | 10 | 1905 |
| 북청상업회의소 | 40 | 8 | 1905 |
| 서면상업회의소 | | | 1906 |
| 김천상업회의소 | 14 | 43 | 1906 |
| 개성상업회의소 | 40 | 6 | 1907 |
| 함흥상업회의소 | 30 | | 1907 |
| 수원상업회의소 | 10 | 5 | 1908 |
| 대구상무소 | 18 | 2 | 1908 |
| 동래상업회의소 | 30 | 8 | 1908 |
| 용남군상업회의소 | 43 | 9 | 1908 |
| 평양상업회의소 | 235 | 22 | 1908 |
| 삼화상업회의소 | 30 | 7 | 1908 |
| 차호면상업회의소 | | | 1908 |
| 안주상업회의소 | 30 | | 1909 |
| 인천조선인상업회의소 | 7 | 2 | 1910 |
| 강화군상업회의소 | 115 | 11 | 1910 |
| 평양실업협회 | 24 | 5 | 1911 |
| 계 | 756 | 138 | |

출전: 朝鮮總督府, 『朝鮮總督府 統計年報』, 1911.

太郎)의 화폐개혁에 따른 조치였다. 그들은 이른바 금융공황 구제책을 정부에 마련해주도록 호소하기도 하였고, 화폐정리 사업에 따른 백동화 교환기간을 연기해줄 것을 요청하기도 하였다. 또한 이 과정에서 자구책의 일환으로 한일은행을 설립하였다.[108]

이 시기에는 대한제국 정부가 일본의 압력과 내부분열에 의해 정치·군사권을 상실해 갔기 때문에 경성상업회의소도 정책 보조 기관적 성격을

108) 大韓商工會議所, 『商工會議所九十年史』, 1976, 48쪽.

탈피하여 적극적으로 정치적 압력을 행사하는 단계로 발전해 갔던 것이다. 이들은 정부 보조 없이 상업회의소를 건축하고 잡지를 창간하는 등 독자적인 사업을 펼쳤다.[109]

이처럼 조선인 자본가들과 일본인 자본가들은 각각의 이익을 위해, 전통도시와 새롭게 부상하고 있던 도시에서 각각 세력을 형성해 갔지만, 일제가 한국을 강제 병합하면서 조선인들의 이익을 대변하던 상업회의소는 독자적인 활동이 어려워졌다. 결국 1914년에는 일괄적으로 일본인 상업회의소와 통합되어버렸고, 이후 상공단체는 일본인들 주도로 재편성되어갔다.[110] 대한제국이 멸망하게 됨에 따라, 종래 기득권을 가지고 있던 한국인 자본가들도 이등 국민이 되었고, 그들이 부르주아적 근대성과 존엄성을 거지고 대자본가로 성장하기는 무척 어려운 체제가 형성되었다.

109) 전우용, 앞의 논문, 1993, 48~49쪽 ; 전성현, 『일제시기 조선 상업회의소 연구』, 선인, 2011 참조.

110) 전우용은 토착 자본가에 대해 다음과 같이 규정하고 있다. 토착 자본가는 일본 금융기관의 원조와 지원, 지주자본의 광범위한 동원을 통해 존립을 유지하는 관료 · 대상인 · 지주 출신 대부자본가 집단과 일본 자본과는 별 관계를 맺지 않는다. 이 상태에서 1905년 이후 봉건적 수탈 감소로 인해 적으나마 자본축적의 여지를 찾은 소상인 · 수공업자 출신의 초기 산업자본가와 개항 이후 대일무역에 종사하면서 일본자본에 끊임없이 예속되어 온 개항장 객주 출신 상업자본가 집단으로 나뉘게 되었다. 이에 따라 일본 자본과의 관계를 기준으로 한 자본가 집단의 분단, 자본규모의 전면적 저위성, 산업자본의 미형성이라고 하는 식민지 조선 토착자본의 특성이 확정되었다고 하였다(전우용, 위의 논문, 50쪽).

# Ⅲ

# 거류지 도시화와 자본가그룹의 형성

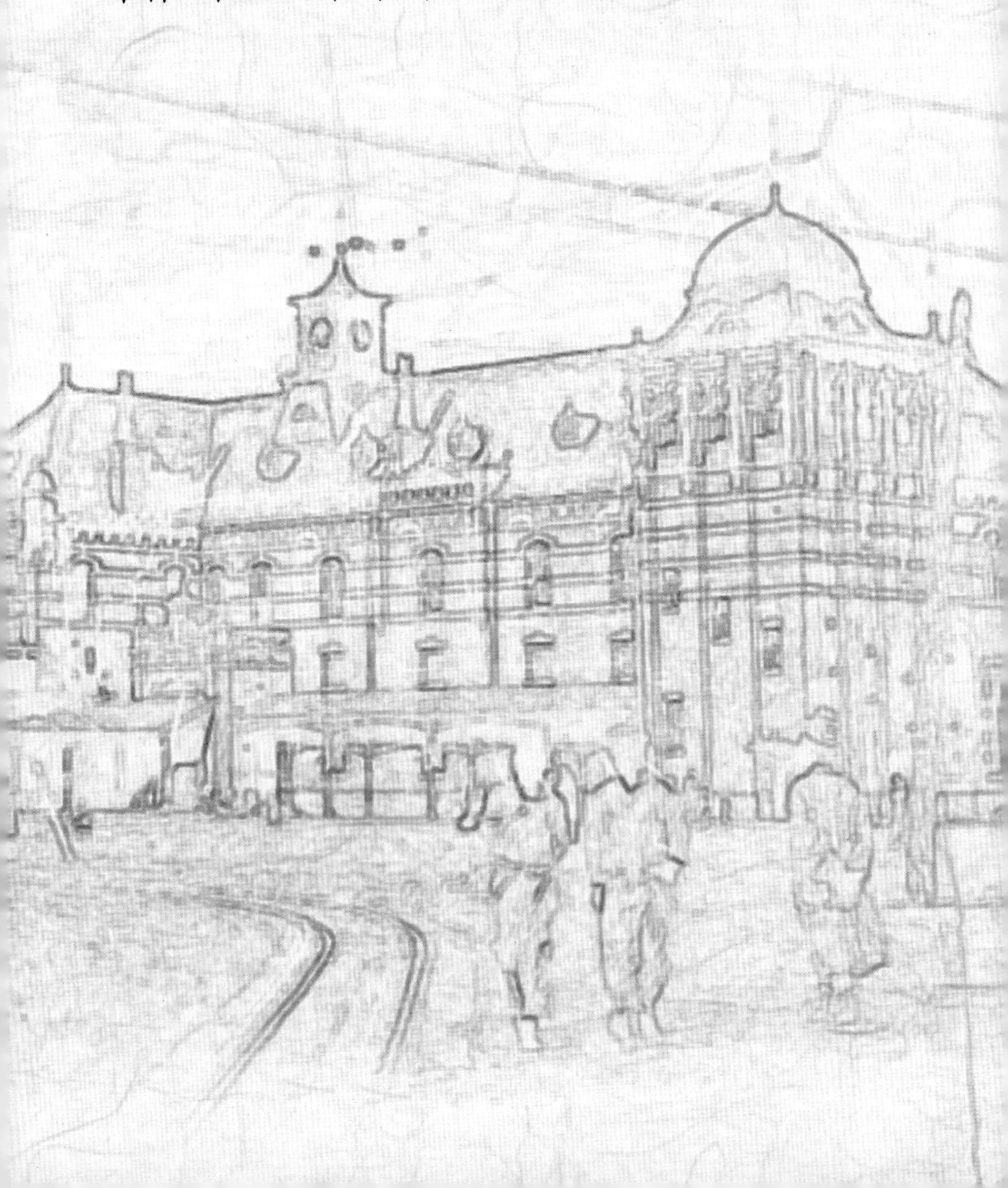

## 1. 거류지 폐지와 거점도시 확정

### 1) 각국 거류지 폐지와 토지불하

일제는 한국을 강제병합한 후 1876년부터 공들여왔던 개항장 · 개시장을 중심으로 도시를 재편하고자 하였다. 도시 인프라 환경을 구축하기 위해서는 토지를 확보하는 것이 가장 우선적이다. 총독부는 먼저 군면 통폐합 정책을 통해 종래의 세력을 교란시켰다. 그리고 거류지 폐지를 통해 각국으로부터 거류지 토지권을 몰수하고 토지불하, 경매, 무상교부 등을 통해 도시를 건설하기 위한 토지를 확보하였다.

통감부 정책을 계승한 조선총독부가 가장 먼저 취한 정책은 1914년 부 · 군 · 면(府 · 郡 · 面) 통폐합 정책이다. 이 정책은 마치 메이지정부가 막부의 지방세력을 약화시키기 위해 폐번치현(廃藩置県) 정책을 시행한 것과 같이, 전통적으로 유력한 지방세력을 재편하기 위한 궁극적인 조치였다. 총독부는 행정상 교통이 불편하다는 이유를 표면에 내세웠다.

조선총독부는 각국 거류지 정리가 거의 끝난 1914년 3월 1일 부군을 통폐합하고, 같은 해 4월 1일에 이를 실행하였다. 317군 중 97군을 줄여서 220군으로 만들었다. 1915년 4월과 8월에는 제주 · 울릉 2군을 폐지하고 이도청(二島廳)을 두어 218군이 되었으며, 4,322면 중 1,801면을 줄여 2,520면으로 만들었다.[1] 1915년 당시 도별 도청소재지와 군의 분포수를 살펴보면 다음 [표 3-1]과 같다.

---

1) 田内竹葉, 淸野秋光 編,『朝鮮成業銘鑑』, 朝鮮研究会, 1917, 13쪽. 지방제도에 대해서는 염인호,「日帝下 地方統治에 관한 研究 : 朝鮮面制의 형성과 운영을 중심으로」, 연세대학교 석사학위논문, 1983 ; 이상찬,「1906~1910년의 지방행정제도의 변화와 지방자치 논의」,『韓國學報』 42, 1986 참조.

[표 3-1] 병합 초기 도청소재지와 군의 분포수

| 도별 | 도청소재지 | 군의 분포수 |
|---|---|---|
| 경기도 | 경 성 | 경성부, 인천부 이하 20군 |
| 충청북도 | 청 주 | 10군 |
| 충청남도 | 공 주 | 14군 |
| 전라북도 | 전 주 | 군산부 이하 14군 |
| 전라남도 | 광 주 | 목포부 이하 21군 1도(島) |
| 경상북도 | 대 구 | 대구부 이하 22군 1도(島) |
| 경상남도 | 진 주 | 부산부, 마산부 이하 19군 |
| 황해도 | 해 주 | 17군 |
| 평안남도 | 평 양 | 평양부, 진남포부 이하 14군 |
| 평안북도 | 의 주 | 신의주부 이하 19군 |
| 강원도 | 춘 천 | 21군 |
| 함경남도 | 함 흥 | 원산부 이하 16군 |
| 함경북도 | 나 남 | 청진부 이하 11군 |

출전: 田內竹葉, 淸野秋光 編,『朝鮮成業銘鑑』, 朝鮮硏究會藏版, 1917, 13~14쪽.

[표 3-1]에서 보는 바와 같이 조선의 지방제도는 전면 재편되었다. 지방제도를 개편하여 각 지역 중심도시를 총독부가 원하는 방향으로 완전히 바꾸는 것이 궁극적인 정치적 목적이었다. 충청도, 경기도, 강원도, 평안남도를 제외하고, 모든 도의 전통 중심도시가 개항장에서 성장한 신설 도시에 행정적으로 밀려 면(面) 단위로 전락하였다. 특히 전북과 전남에는 군산부와 목포부가 새로 신설되었고, 전통도시 전주부와 광주부는 각각 전주군 전주면, 광주군 광주면으로 강등되었다. 또한 경상도에는 부산부와 마산부가 신설되면서, 중심도시 진주부가 진주군 진주면으로 강등되었다. 평안도 중심도시 의주는 신설 신의주부에, 함경남도는 함흥이 원산부에, 함경북도는 나남이 청진부에 행정적으로 밀려 지역 중심지가 새롭게 바뀌는 계기가 되었다.

일본내각과 조선총독부가 지지하는 신설도시는 모두 개항장 · 개시장에서 성장한 일본인 중심도시이다. 초대 총독 테라우치 마사다케(寺內正毅, 1910.10.1. 부임)가 4년간 조사 검토기간을 거쳐 발표한 정책 기조는 각 개항장 거류지들을 부(府)로 승격시키고, 거류민단을 폐지하여 지방단체를 두고 부제(府制)를 만들어 식민지 통치체제를 구축하는 것이었다. 당시 조선총독부가 극비로 만든 "부제의 요령(府制ノ要領)"이라는 공문서를 보면 거류지를 거점도시로 만들기 위해 그들이 어떠한 지방제도를 추진하였는지에 대한 실상을 확인할 수 있다.[2)]

먼저 부제를 시행하고자 한 곳은 경성 · 인천 · 부산 · 마산 · 진남포 · 평양 · 군산 · 목포 · 원산 · 대구 · 신의주 · 청진 등 12곳이었다. 그 구역은 당시 시가지를 형성한 지구와 장래 시가지로 될 예정 지구를 포함하였다. 그러므로 성진 이외 각국 거류지와 청국 전관거류지는 모두 부의 구역으로 편입시키려고 하였다.

그런데 대한제국이 패망함에 따라, 거류지에 체제하고 있던 당시 열강들은 외교기관을 제외하고는 모두 축출 당하였다. 거류지에서 한국과 교역하고 있었던 제 국가들은 이제 일제의 총독부 권력과 교역관계를 새로 형성할 수밖에 없었다. 정리 대상 거류지에 관계하고 있는 국가는 독일 · 러시아 · 중국 · 영국 · 미국 · 이탈리아 · 오스트리아 등이었다. 각국 거류지 총 면적은 모두 4백여만 평이었는데 다음 [표 3-2]와 같다.

즉, 조선에 분포되어 있던 각국 거류지는 모두 4백여만 평이었는데, 그 중 인천, 진남포, 군산, 목포, 마산, 성진 등에 분포되어 있던 차지(借地)는 2백5십여만 평, 미경매지가 4십7만여 평, 기타 1백여만 평이었다.

대한제국기에 외국과 맺었던 국제조약은 '한일병합'에 의해 재규정되었으나,[3)] 강제 병합 이후 곧바로 외국인 거류지가 철폐된 것은 아니다. 외국

2) 外事局, 『外國居留地整理ニ關スル件』, 1913, 921쪽.

[표 3-2] 각국 거류지 총면적표(단위 : 평방미터)

| 거류지 | 차지 | 미경매지 | 기타 | 계(평방미터) |
|---|---|---|---|---|
| 인천 | 388,924 | 57,795 | 200,388 | 647,107 |
| 진남포 | 606,885 | 1,190 | 168,385 | 776,460 |
| 군산 | 404,596 | 7,262 | 160,142 | 572,000 |
| 목포 | 769,379 | 6,225 | 190,472 | 966,076 |
| 마산 | 278,697 | 85,598 | 176,557 | 540,852 |
| 성진 | 89,458 | 318,627 | 171,915 | 580,000 |
| 합계 | 2,537,939 | 476,697 | 1,067,859 | 4,082,495 |

출전: 朝鮮總督府 外事局, 『外國居留地整理ニ關スル件』, 1913, 933쪽.

거류지 철폐에 대한 논의는 병합 직후부터 시작되어 1913년 4월 14일에 이를 위한 각국 영사단과 조선총독부 간 '의정서'가 조인되었다. 그러나 각국의 입장 차이로 1년 이상 정리기간이 필요하였다.[4]

1913년 2월에 각국 거류지 정리 방침에 관해 외무대신은 조선 주재 관계국 대사 · 공사에게 협의 기초안을 비밀문서로 송부하였다.[5] 그 가운데 중요한 것을 살펴보면 다음과 같다.

조선에 있는 각국 거류지 인천, 진남포, 군산, 목포, 마산포 및 성진 각국 거류지를 철폐하고 새로운 행정구역인 부(府)로 편입할 것을 정한다.[6] 편입한 뒤에는 해당 지방 관리가 공유자금과 재산을 포함한 지방 시정상 모든 책임과 의무를 부담한다. 무엇보다도 토지소유권 문제에서 가장 주목되는 것은 거류지에서 영대차지권을 가진 자는 자신의 선택에 의해 그 권

3) 일제는 1910년 8월 29일 칙령 제324호로 '한국을 일본제국에 병합'하고 '朝鮮'이라 칭하였다(朝鮮總督府, 『官報』 第1號, 1910年 8月 29日).

4) 外事局, 『在鮮外國居留地整理ニ關スル下協議會議事概要(參考書類 別綴)』, 1913, 148쪽.

5) 『各國居留地整理に關する書類』, 朝鮮總督府 總督官房 外事局, 1913, M/F번호 13~65쪽(각국 거류지 정리에 관한 지침 및 외국인거류지 호구 등 각종 통계가 영문으로 첨부되었다).

6) 부산은 각국 거류지 정리에 관한 방침에서 제외되어 있다. 그 이유는 부산에는 각국 거류지가 아니라 일본전관거류지이었기 때문이다.

리를 소유권으로 변경하게 할 수 있다는 조항이다.

실제로 각국 영사관은 1913년 2월 21일 재조선 외국거류지 정리에 관한 제1회 협의회를 개최하였다. 이 회의에서 미국·영국·독일을 비롯한 각국 영사관은 수정안을 제출하였다. 예컨대 미국 영사가 각국 거류지 정리 방침 제1조에 "다만 외국인이 가진 기득 이익은 적당하게 보호할 것"이라는 단서 조항을 추가하도록 요구하여 단순하게 외국인 '기득 이익'이 아니라 '기득 권리'로 바꾸었다.

이렇듯 각국 거류지 정리가 어려웠던 까닭은 토지 소유권 문제 때문이었다. 일본이 아닌 거류지에 살고 있던 각국 지주가 소유하고 있던 토지문제를 정리하는 것은 그리 간단한 문제가 아니었다. 다음 [표 3-3]은 1910년 당시 인천거류지 각국별 지주수, 년세액을 나타낸 것이다.

[표 3-3] 인천거류지 각국별 지주수 및 년세액

| 국가별 지주 | 지주수(명) | 년세액(엔) | 각국 지주의 년세액에 대한 백분비(%) |
|---|---|---|---|
| 일본 | 31 | 1776.47 | 23 |
| 청국(淸國) | 3 | 296.92 | 4 |
| 영국 | 8 | 672.24 | 9 |
| 미국 | 1 | 182.70 | 2 |
| 독일 | 11 | 3225.92 | 42 |
| 프랑스 | 1 | 134.00 | 2 |
| 러시아 | 2 | 201.90 | 3 |
| 한국세관 | 1 | 953.78 | 12 |
| 각국 거류지회 | 1 | 269.70 | 3 |
| 합 계 | 59 | 7,713.63 | 100 |

출전: 朝鮮總督府 總督官房 外事局, 『居留地關係綴』, 1908~1910, 569쪽.
비고: 년세액합계는 원문에 7714.63으로 표기되어 있으나, 계산착오이므로 정정.

이 표를 보면 1910년 당시 인천거류지에는 8개국 지주 총 59명이 있었으며, 총세액은 약 7,714엔이었다. 그런데 지주수는 일본인이 31명으로 가장 많았으나 년세액은 독일이 전체의 42%로서 가장 많았다. 그것은 독일인이 일본인에 비하여 1인 지주당 토지면적이 많다는 것을 나타내주는 것이다. 이에 따라 거류지 독일인 지주에 대한 토지정리가 제대로 되지 않아 정리 기간이 많이 소요되었다. 이렇듯 일본과 각국은 거류지에 대한 청산문제를 둘러싸고, 그들 간 이해관계와 외교적인 입장차이로 인해 상당한 진통을 겪었다. 이 때문에 종래 거류지를 특별행정구역인 부(府)로 승격시키는 것이 지연되었던 것이다.

각국 거류지는 병합 이후 4년이라는 기간이 경과한 1914년에 공식적으로 폐지되었다.[7] 각국 거류지가 공식적으로 철폐되기 전에 작성된 부제요강(府制要綱)에는 "부(府)의 신설지는 경성, 인천, 부산, 마산, 진남포, 평양, 군산, 목포, 원산, 대구, 신의주, 청진으로 정하였다. 각국 거류지가 폐지되자마자, 조선총독부는 1914년 4월 1일자로 각국 거류지를 부(府)로 승격시키고 군면동리를 재편하였다.[8] 형식적으로는 종래 군면동리제 골격을 유지하는 것처럼 보이나, 실질적으로는 군면을 통폐합하여 행정체제를 전면 새로 구축하는 작업이었다. 이는 지방행정조직을 동리단위에서 면단위로 재편하는 작업이기도 하였다.[9]

1910년 10월 1일 총독부는 이미 '동래군'을 동래면으로 강등시키고, 부산 일본제국전관거류지를 '부산부'로 전격 승격시켰다. 이러한 조치를 통해 종래 거류지에서 토지를 중심으로 부(富)를 축적해오던 소수 대토지 자본가들은 새로운 중심지로 부상한 부산부의 토지가격이 상승함에 따라 부가가치 효과를 누릴 수 있게 되었다. 그리고 각국 거류지에서 일본인들에게

---

7) 朝鮮總督府 總督官房 外事局, 「外國居留地撤廢に關する件」, 『外國居留地整理關係書類』, 1914, 12~14쪽.

8) 外事局, 『外國居留地整理關係書類』, 1912, 971쪽.

9) 최원규, 「19세기 후반 · 20세기 초 경남지역 일본인 지주의 형성과정과 투자사례」, 『한국민족문화』 14, 1999.

영대차지하였던 토지나 가옥이 그대로 일본인들 몫으로 돌아가게 되면서, 거류지 도시화정책은 새로운 일대 전기를 맞이하게 되었다.

### 각국 거류지 토지불하

개항기 이래 일제는 거류지에서 영대차지를 통해 토지를 불하하였지만 강제병합 후 토지정책은 급격하게 변화되었다. 병합 이전 이미 일본인이 소유하고 있었던 토지는 그대로 등기되어 인정되었으며, 각국 거류지가 소유하고 있던 토지는 각국 토지소유권자가 희망하는 대로 처리되었다. 이 시기 일본거류민단은 여러 가지 면에서 가장 유리한 위치에 있었다. 토지 관련에서도 마찬가지였다. 총독부는 각국 거류지를 폐지하기 전에 각국 토지소유권자와 관계를 정리해야 했다.

그러면 각국 거류지에서 전개된 총독부의 토지불하에 대해서 살펴보자. 토지불하 방식은 주로 무상교부나 경매를 통하여 진행되었다. 먼저 무상교부 실례를 들면 다음과 같다. 조선총독부는 완전 식민지화로 인해 자국으로 돌아간 각국 거류지회가 소유한 토지를 일본거류민단 희망에 따라 그들에게 무상으로 교부하였다. 1911년에 조선총독부 총독관방 외사국(外事局)에서 생산된 『거류지관계서류(居留地關係書類)』에 남아있는 진남포 사례를 보면 그 사실이 입증된다.[10)]

1911년 10월 4일 평안남도 장관이 결재한 「진남포 각국거류지회 회의 결의안 보고(鎭南浦各國居留地會會議 決議案 報告)」 문서에는 '토지무상교부의 건'이 수록되어 있다. 거기에는

---

10) 1911년 10월 4일 문서번호 鎭南 地收 제1435호, 「鎭南浦 各國居留地會 會議 決議案 報告」(外事局, 『居留地關係書類－民團關係調查ノ分』, 1911년 1월~7월, 359쪽).

◀ 토지무상교부의 건 ▶

당 진남포 각국 거류지회가 소유한 이등지 42호1-1, 3140.5m, 이등지 43호 3,960m, 이등지 50호 가운데 687m 6, 합계 7,788m 8을 진남포 거류민단의 원출(願出)에 따라 무상으로 교부함.

이라고 되어 있다. 이를 통해 볼 때, 진남포 각국 거류지회가 소유한 총 7,788평방미터 토지를 "진남포 거류민단의 원출에 따라 무상으로 교부한다"(밑줄은 필자)는 것을 평안남도 장관 결재로 인정되었다는 것을 알 수 있다.

그리고 이 문서에는 "기부수령의 건(寄附受領ノ件)"이 함께 처리되고 있다. "진남포 각국 거류지회 토지를 장래 피병원(避病院, 전염병전문병원)으로 이전할 후보지로 진남포 거류민단이 소유하고 있던 마산리(麻山里) 소재 약 3,500평 토지를 기부할 뜻을 민단이 신청함에 따라 이를 수용할 것"이라고 되어 있다. 즉 진남포 거류민단은 자신들이 소유하고 있던 토지를 사람들이 꺼려하던 전염병 전문병원을 세우는 데 기부하고 그 대신 무상으로 각국 거류지 토지를 불하받았던 것이다.

또한 각국 거류지회가 소유한 가옥도 거류민단에 매각하였으며, 시가지계획상 필요할 경우 도로를 폐쇄하기도 하였다.[11] 진남포 각국거류지회가 소유한 이등지 42호 1-1, 이등지 43호 토지 위에 현존하고 있던 건물은 다음과 같이 처분하였다. 첫째, 제4호 주택은 건평 1평에 金 12엔으로서 진남포 거류민단에 매각하였다. 둘째, 제1호 · 제2호 · 제3호 · 제5호 주택은 건평 1평에 12엔 비율로 진남포 거류민단으로부터 이전료를 지불받아 다른

11) 위의 문서철 「道路廢止ノ件」, 360쪽에는 "당 진남포 각국거류지 도로 강원정 全線 및 충청정 북단으로부터 연장 81미터를 폐지함"이라고 되어 있다.

곳으로 이전하였다.[12]

병합 이후 외국거류지 무상교부는 모든 일본인들에게 초미의 관심거리였지만, 그 몫은 대부분 거류민단에서 활발하게 활동하고 있던 소수 유력 일본인들에게 돌아갔다. 그것은 각국 거류지 체납 차지료 조사표를 통해 추정할 수 있다. 성진(城津)에서는 하자마 후사타로,[13] 진남포에서는 사이토 히사타로(齋藤久太郎)와 도미타 기사쿠(富田儀作) 등이 대표적이다.[14] 이들은 침략 초기부터 거류지에서 차지와 대량 토지 매입으로 대토지 자본가로 성장한 자들로서, 부산뿐만 아니라 각 개항장 거류지에도 부산과 같은 방식으로 토지를 확보한 식민지형 대자본가가 된 자들로서 주목된다.

다음으로 부동산의 '경매'를 통한 방법이다. 경매는 자본주의사회 부동산 매매 방법의 하나로서, 조선에서 경매방식이 전형적으로 나타난 것은 1912년 목포, 군산, 성진, 진남포 사례이다. 1912년 8월 5일에는 목포, 8월 22일에는 군산에서 각국 거류지의 토지를 경매하였다.[15]

그런데 각국 거류지회 토지소유권 정리과정은 순조롭게 진행되었던 것만은 아니다. 특히 독일 거류지회는 토지를 다량 소유하고 있었기 때문에

12) 「가옥매각 및 이전의 건」, 위의 문서철, 360쪽.

13) 1911년 9월 16일 문서번호 성진군 제2361호, 성진 군수 이원경이 외사국장 고마쓰로쿠(小松綠)에게 「외국거류지 체납차지료에 관한 건」에서 1911년 6월 말 현재 성진 각국 거류지 체납차지료를 조사하였다. 하자마(迫間房太郎)는 1등지 760평방미터에 체납차지료 및 체납이자가 45,600엔에 달하였다(外事局, 위의 문서철, 361~364쪽).

14) 1911년 8월 9일, 진남포 부윤 혼다(本田常吉)는 총독부 외사국장 고마쓰(小松綠)에게 「거류지체납차지료에 관한 건」에서 특별체납자에 대해 조사보고하였다. 사이토(齋藤久太郎) 1등지 1,000 2등지 3,800 3등지 11,535평방미터에 체납차지료 및 체납이자가 828,10엔, 도미타(富田儀作)는 1등지 375, 2등지 10,580평방미터에 체납차지료 및 체납이자가 23410엔이었다(外事局, 위의 문서철, 364쪽).

15) 1912년 8월 5일자 목포부윤의 「토지경매의 건 보고」, 8월 22일자 군산부윤의 「토지 경매에 관한 건」. 이 공문서에는 목포・군산・성진・진남포의 각국 거류지 내에 있는 토지 경매에 대해 조선총독, 정무총감, 외사국장에게 신청 또는 보고, 인가내용이 수록되어 있고 도면, 원가조(原價調)와 경매명세표 등도 첨부되어 있다(朝鮮總督府 總督官房 外事局, 『外國居留地整理關係書類』, 1912, M/F번호 88-682).

가장 갈등이 심했다. 1912년 8월 30일에 독일 거류지회와 조선총독부는 토지 지권을 둘러싸고 서로의 이권을 주장하였다. 즉 인천부윤이 총독부 외사국장에게 보낸 인천부 거류지 공원 내 4등지 제83호 지구와 제10호 지구의 지권(地券)에 대해 그 결정을 둘러싸고 독일과 인천 거류지회는 이권 쟁탈전을 벌였다. 이곳은 1896년 이래 인천 각국 거류지회가 점유 사용하여 왔는데, 부제(府制) 실시를 앞두고 거류지회 회두(會頭)인 재경성 독일 총영사 크뤼거(F. Kruger)가 거류지회 결의에 따라 지권 발급을 요청하였던 것이다.

크뤼거 요청에 대해 인천부는 외사국에 조회하였다. 외사국은 회답에서 거류지 회두(會頭)의 요청을 인정하는 한편, 10호 지구 대신 15호 지구 절반을 14호 지구로 기부하는 것이 어떤지 제안하고, 지권 발행은 외국인 묘지 사례에 따를 것을 지시하고 있다. 결국 인천부는 외사국 의견에 따라 독일인 토지소유자에게 지권을 발급하는 것으로 결정하였다.

이러한 예는 영국, 독일, 러시아 등 개항지에 거류지를 가지고 있었던 각국 거류지회 사이에 상당히 많은 진통을 겪으며 진행되었다. 한국병합 이후 각국 거류지는 무상교부, 경매 방식 등을 통해 일본인들에게 불하하였다. 이에 따라 거류지 토지는 완전히 초기에 정착한 재조 일본인들 소유로 돌아갔다.

그런데 개항기 거류지 약서(約書)에는 '일본제국신민'들만 거류지 토지를 소유·매매할 수 있었던 것에 비해, 이 시기 거류지 경매에는 드물기는 하지만 조선인도 참가하였다.[16)]

16) 朝鮮總督府 總督官房 外事局, 위의 문서철.

### 일본인의 독점적 토지자본 축적

'한국병합' 이후 정치권력을 조선총독부가 장악하게 되면서, 거류지 일본인의 토지자본 축적 양상은 더욱 체계적으로 바뀌었다. 식민지 조선의 법체계는 일본법에 따르되 조선의 상황에 적절하게 바꾸어 변용하였다. 총독부는 조선 통치의 기본적인 대책으로 조선민사령과 조선형사령을 제정하였고, 경제정책의 근간으로 전국적인 토지조사사업을 전개하였다. 그리고 근대적 토지증명제도로서 '조선부동산증명령', '조선부동산등기령'을 시행하였다. '조선부동산증명령' 제도는 전 국토를 대상으로 한 부동산의 상품화를 총독부가 제도적으로 보장해 주는 장치이며, 일본인 지주 자본가들의 투자에 안정적 기반을 제공해 주는 제1단계 작업이었다. 이후 제2단계로 토지조사 후 토지대장과 지적도를 마련하면서 등기제도가 완성되었다.

이러한 일련의 과정은 일제가 식민지 지배체제 구축을 목적으로 한 법체계를 마련하고 이에 기초하여 토지조사를 실시하며, 종래의 제도를 일본적인 근대적 부동산권 관리제도로 변용·완성시켜 가는 작업과정이었다.[17] 이것은 식민도시를 만들어 자본축적 시스템을 구축하기 위한 일본제국의 식민지 조선에 대한 제도적 강권적 장치라고 할 수 있을 것이다.

토지조사사업과 토지소유 증명에 대한 실태는 그동안 여러 가지 형태로 밝혀졌다. 여기서는 거류지가 부(府)로 승격된 이후 식민도시로 만들어지는 과정에서 기존에 토지를 소유한 지주들의 토지집중 사례와 해면분할 분쟁에서 토지소유권자임을 입증받는 과정에 대해 검토해보기로 하자.

당시 거류지에서 성장한 도시의 토지 집중에 대하여 부산을 사례로 살

---

17) 조선부동산증명령의 시행에 대한 구체적인 것은 최원규, 「일제초기 조선부동산증명령의 시행과 역사성」, 『하현강교수정년기념논총 한국사의 구조와 전개』, 2000, 789~838쪽 참조.

펴보면 다음 그림과 같다. 부산 시가지는 동래군 부산진 쪽으로 확대해갔다. 그것은 해면매립과정을 통해 추진되었다. 부산 시가지 확대정책의 특징은 바로 해면을 매립하여 토지를 만들면서 시가를 확대해 갔다는 것이다. 주목되는 것은 특정 대상 인물이 많은 토지를 집중적으로 소유하고 있다는 사실이다. 부산지역 해면매립은 절영도와 부산진지구가 대표적이다.

그러면 당시 부산진 지구의 해면분할 분쟁을 통해 소유권이 인정된 실태와 토지집중양상에 대해 검토해보자. [그림 3-1] [그림 3-2]는 1908년부터 전개된 부산진 해면분할 분쟁을 그림으로 나타낸 것이다.

그림에서 보는 바와 같이, 일본인들은 종래 부산진 지구에 살던 조선인들의 토지를 이미 상당부분 사들여 소유하고 있었다. 부동산 투자자들은 병합이 되기 전부터 거류지 주변 지역의 발전 가능성을 예상하고 헐값으로 사들이거나 정치권력을 이용해 불하를 받아냈던 것이었다.[18)]

해면분할 분쟁은 바로 해면에 토지를 소유하고 있던 자의 선점 권리를 인정해주느냐 마느냐 하는 과정에서 발생한 것이었다. 대표적인 것으로는 1908년부터 진행된 부산진 개발 지구의 해면분할 분쟁이었다. 이 분쟁은 기업회사와 개인 토지 소유자 간 해면분할 분쟁으로서 거의 10년이 지난 뒤에 가서야 일단락되었다. 이것은 조선총독부 토지조사사업(1911~1918년) 일환으로 1913년 부산부에서는 부산진 매축지 경계에 관해 실지조사를 하면서 조정되었다.

18) 일본인들의 토지탈점 및 소유 경로는 다양하다. 헐값을 치르고 사들이는 경우도 있으며, 정치권 권력을 이용해 불하받은 경우 등 다양하였다. 한말의 정치상황과 외세 침략으로 인해 많은 조선인들이 민생고를 해결하기 위해 토지를 팔아버리고 경작자로 전락하거나 피폐해진 농촌을 벗어나 도시로 퇴출당했다(최원규, 「日帝의 初期 韓國殖民策과 日本人 '農業移民'」, 『동방학지』 77 · 78 · 79합집, 국학연구원, 1993 ; 최원규, 「19세기후반 · 20세기초 경남지역 일본인 지주의 형성과정과 투자사례」, 『韓國民族文化』 14, 부산대 한국민족문화연구소, 1999 참조).

[그림 3-1] 부산진 해면분할 분쟁 대상지구(좌일동)

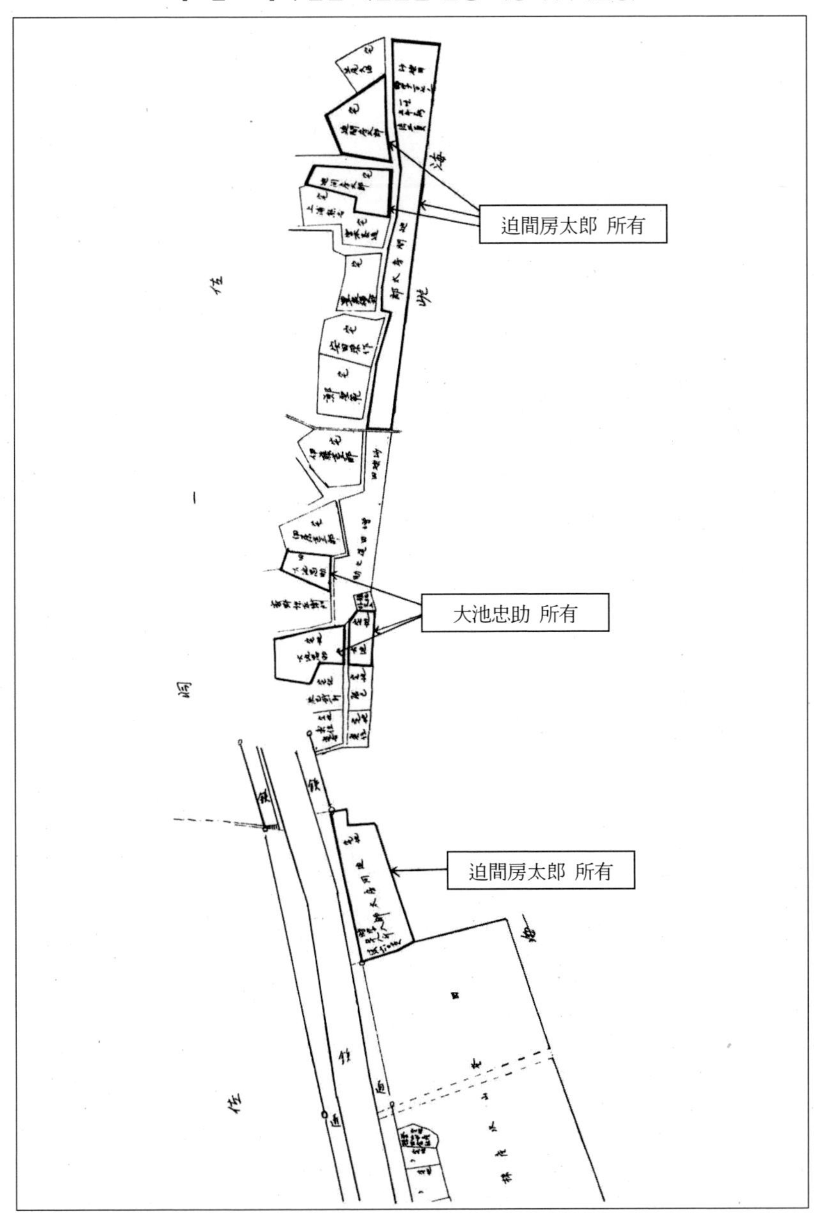


출전: 朝鮮總督府, 『釜山鎭海面埋立紛爭關係』, 1908~1929, 37~40쪽.

[그림 3-2] 부산진 해면분할 분쟁 대상지구(좌천동)

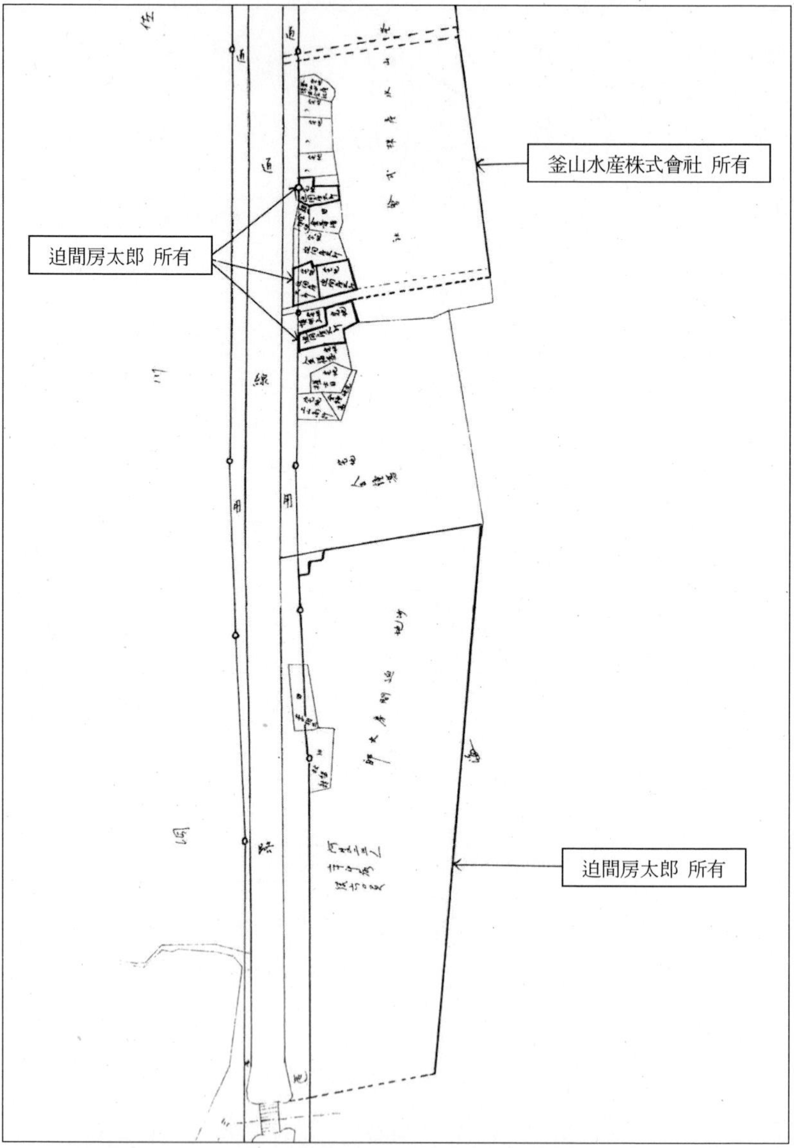

釜山水産株式會社 所有

迫間房太郎 所有

迫間房太郎 所有

출전: 朝鮮總督府, 『釜山鎭海面埋立紛爭關係』, 1908~1929, 41~44쪽.

비고: 釜山水産株式會社는 大池忠助(대표), 迫間房太郎(대주주), 香椎源太郎(대주주)이 소유, 경영하고 있던 기업이다.

당시 청원한 토지소유자는 일본인 하자마 후사타로 · 미즈노 나카조(水野仲藏) · 히가시가와 도쵸(東川洞長), 조선인 김대진 · 이경백 · 김종두이었다. 당시에 작성된 부산진 매축 경계 조사서를 보면 이들이 소유권을 주장한 토지면적은 하자마가 4,381평으로 가장 많았고, 김종두(1,286평), 미즈노(갈대밭 219평), 이경백(81평) 등이었다. 이들 주장에 대해 조선총독부소속 오다 도메요시(小田留吉)는 실지조사를 하고 1913년 12월 23일 그 결과를 조선총독부 토목국장 모치지 로쿠사부로(持地六三郎)에게 보고하였다.[19)]

(1) 김대진이 주장한 지구는 현재 해면으로서 소유권을 인정할 수 없다. 다만 호안(護岸) 때문에 현재 가공한 사석(捨石)은 별도로 제각했음으로 기업회사는 상당한 보상을 주고 수용해야함이 인정된다. 토지조사국 조사도 이 구역은 제외됨

(2) 이경백이 주장한 지구는 이미 매축한 토지로 현재 해면에 접하여 소유권을 인정할 수 없다. 토지조사국 조사는 그 당시 미완이라 하여 이를 제외하였다.

(3) 미즈노 나카조가 주장한 지구는 이미 매축한 토지로서 현재 해면에 접해 있어 소유권을 인정할 만하다. 토지조사국 조사는 그 당시 미완이라 하여 이를 제외하였다.

(4) 김종두가 주장한 지구는 현재 해면으로 소유권을 인정할 수 없다. 다만 호안(護岸)을 위해 현재 가공한 사석(捨石)은 별도로 제각하였음으로 기업회사는 상당한 보상을 주고 수용해야 한다는 것이 인정된다. 토지조사국 조사도 이 구역은 제외되었다.

(5) 하자마가 주장한 지구 제1 장소에 대해서는 토지조사국에서 조사된 구역에 한해 소유권을 인정하고 기업회사에 허가한 매축 구역을 다시 정할만하다. 이 구역은 현재 육지로서 옛기록에도 하자마 소유를 인정하고 있다. 제2 장소는 이미 육지로 되어 있는 부분 이외 해면으로서 소유권을

19) 釜山府, 「復命書」, 『釜山鎭海面紛爭』, 1913년 12월 23일, 27~32쪽.

인정할만하다. 제3 장소는 전부 해면으로서 소유권을 인정할 만하다. 토지조사국 조사도 해면 부분은 제외되었다.

(6) 히가시가와 도쵸의 주장은 이를 인정할만하다. 다만 돌제(突提)를[20] 제각하였으므로 기업회사는 상당한 보상을 주고 수용함이 가하다고 인정된다.

이상과 같이 조선총독부는 일본인 하자마 · 미즈노 · 히가시가와는 소유권을 인정해주고 있으나, 김대진 · 이경백 · 김종두 등 조선인의 토지소유권 주장에 대해서는 모두 인정하지 않았다. 다만 호안을 위해 가공한 사석을 제각한 것은 사실이므로 기업회사가 보상해 줄 것을 제기하고 있다.

이 문제는 경상남도 장관에게 통첩되었으며, 기업회사가 구역을 변경할 때에는 토지조사국이 확정한 것을 따르고, 해면 부분은 개인이 청원하여 소유권을 주장하는 것은 정당한 이유가 있기 때문에 이를 받아들일 것이 시달됨으로서 일단락되었다. 주목되는 것은 일본인 대토지 자본가의 형성에 총독부의 토지조사사업에 따른 소유권 인정이 결정적인 힘을 발휘한 것이다. 반면 김대진, 김종두와 같은 조선인들의 해면분할 토지소유권은 토지매매 문건의 불확실성을 들어 인정되지 않았다.[21]

한편 부산의 도시형성에서 중요한 한 축을 이루는 해면매립을 통한 토지확보 과정은 자본을 가지고 먼저 "경계선을 그으면" 임자라고 할 정도였다. 물론 그 경계선을 그을 수 있었던 대부분의 자본가는 일본인들이었다. 다음은 매립지구에 대한 일본인의 독점적인 토지분할 상황을 단적으로 나타내주는 것이다.

---

20) 돌제(突提)는 육지에서 바다 쪽으로 내민 제방.

21) 釜山府, 『釜山鎭海面紛爭』, 1913, 27~32쪽.

[그림 3-3] 일본인의 토지분할 계획도

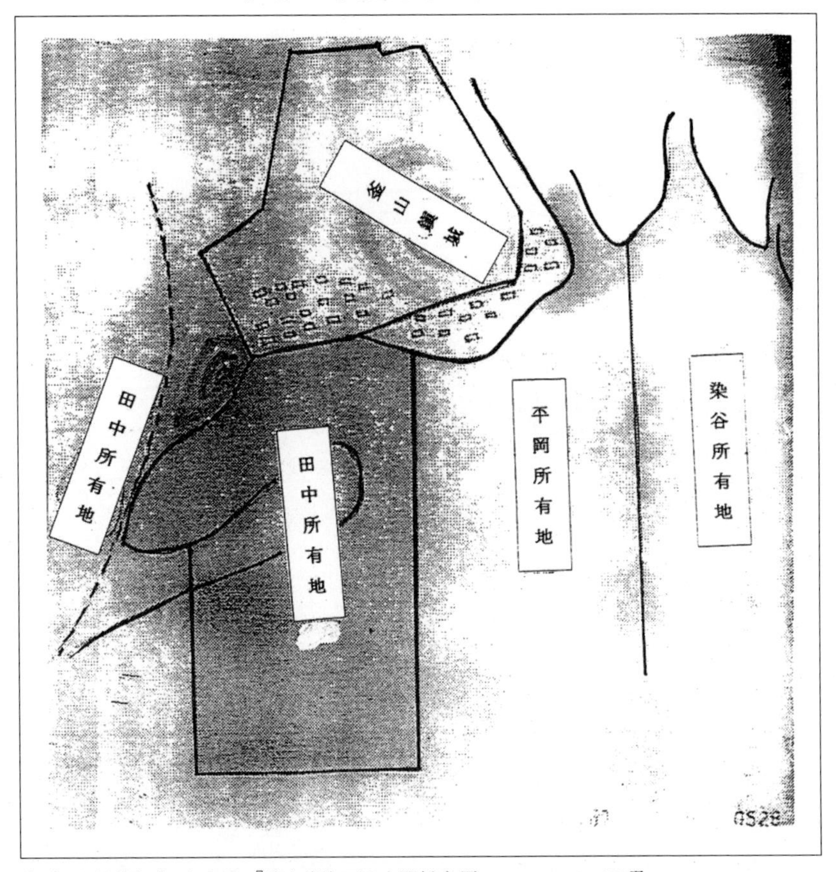


출전: 朝鮮總督府 土木課,『釜山鎭海面埋立關係書類』, 1909~1929, 528쪽.

[그림 3-4] 부산만 매축지 및 매축예정지 분포도

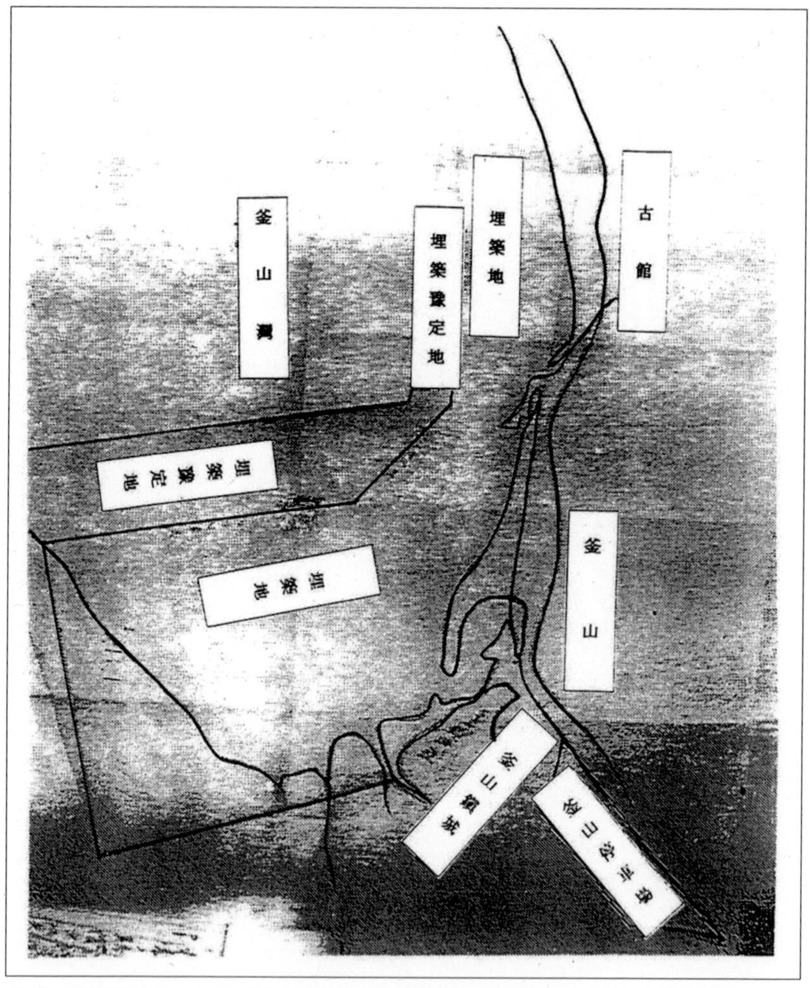


출전 : 朝鮮總督府 土木課, 『釜山鎭海面埋立關係書類』, 1909~1929, 471~472쪽.

[그림 3-3] [그림 3-4]에서 볼 수 있는 바와 같이 고관(古館)에서 부산진성(釜山鎭城)까지 부산만을 매립하였다. 부산진성 앞 매립지를 삼등분하여 다나카(田中)·히라오카(平岡)·소메타니(染谷)가 각각 소유권을 획득한

것이었다.[22] 또한 공유수면 매립령에 따라 소메타니와 하자마가 대규모 토지를 확보하였다는 것을 알 수 있다.[23]

토지의 집중은 자본의 집중으로 나타났으며, 일본인 자본가들이 부산부에 내는 세금을 보면 그들에게 자본이 얼마나 많이 집중되어 있었는지 확연히 알 수 있다. 다음 표는 1932년 현재 부산지역 갑부 8명이 내는 공과(公課)부담액과 그 세금이 일반인과 얼마나 차이가 나는지를 나타내는 것이다.

[표 3-4] 부산지역 갑부 8명의 소득액과 과세액

| 성명 | 년추정소득액(원) | 과세액(원) | 1인 과세 대비 인원(명) |
|---|---|---|---|
| 迫間房太郎 | 255,000 | 20,961 | 2,995 |
| 香椎源太郎 | 206,000 | 16,302 | 2,729 |
| 大池源二 | 98,000 | 6,660 | 951 |
| 山本利吉 | 65,000 | 4,020 | 574 |
| 福田 恒 | 65,000 | 4,020 | 574 |
| 迫間安太郎 | 52,000 | 3,040 | 435 |
| 山本賴之助 | 47,000 | 2,682 | 387 |
| 福島源次郎 | 42,000 | 2,328 | 333 |
| 합 계 | 830,000 | 60,018 | 8,977 |

출전: 勝田伊助, 『釜山を擔ぐ者 晉州大觀』, 晉州大觀社, 1940, 45~47쪽.

즉 부산지역 8부호는 총 과세액 약 3할 강에 해당하는 35분의 1을 부담하고 있으며, 1인당 평균 7원이라는 비율로 볼 때 하자마와 가시이는 각각 약 3천 명에 해당하는 세금을 내고 있다. 그것은 달리 말하면 소득이 그만큼 높다는 것이고 자본이 집중되어 있다는 것을 단적으로 나타내 주는 것이다.

---

22) 朝鮮總督府, 「釜山鎭 埋立地區 土地分割 占有」, 『釜山府關係綴』, 1915.

23) 위의 문서. 토지소유자들에 대한 출신과 매축허가 배경 등에 대해 자세하게 알 수 있다면, 이 시기 토지소유권에 대한 성격이 더욱 분명하게 드러날 것이다.

이상에서 살펴본 바와 같이, 일제는 법적으로 개항장 거류지를 먼저 확보하여 치외법권 지역으로 만든 다음, 이주특혜를 주어 일본인들을 조선으로 이주시켰다. 이주한 "일본제국신민"들에게는 거류지 토지를 차지하였으며, 그것을 영대차지로 만들면서 소유권을 인정해 주었다. 그리고 바다매립을 통해 토지를 확보할 경우는 병합 이전에 이미 발전예상지구에 있던 땅을 대규모로 소유하거나 경계선을 그어 토지를 독점적으로 분할 받을 수 있었다. 또한 거류민들은 국가 간 분쟁을 통한 정치권력과의 결탁을 통해 토지를 확보하기도 하였다.

이렇듯 일본인 토지자본가들은 일제 식민통치의 각종 특혜를 받아 구조적인 방식으로 거류지를 확보하고 토지를 침탈하였다. 그 결과 거류지에서 성장한 식민도시에서 일본인들의 토지독점과 집중현상이 심화되었다. 또한 일본인들은 자본주의적 교육과 경험을 통해 조선인들보다 먼저 자본흐름을 간파하여 재빨리 대처하여 자본을 축적할 수 있었다. 식민도시의 토지가치는 총독부의 개항장 · 개시장 중심의 거점도시 재편정책으로 더욱 확대재생산 되었다. 이것이 식민지 자본의 본원적 축적과정의 특수성이라고 할 수 있을 것이다.

## 2) 거점도시 육성과 도시 확장

일반적으로 도시화는 인구 증가에 의해 새로운 도시가 탄생하는 경우와 도시로 인구가 이동하여 도시가 확대되는 두 가지 경우가 있다. 그러나 전자의 경우도 인구 증가는 인구 이동에 의해서 일어나는 것이고, 또한 도시화를 위해서는 인구가 집중할만한 산업적 · 정치적 또는 문화적 조건이 발생하는 것이 필요하다. 즉 도시적 조건 성숙에 의해서 인구 증가가 행해져 도시가 형성되는 것이다.[24]

일제하에 도시화는 경성 · 평양과 같이 전통적인 중심지역에 인구가 증가되면서 전개되었고, 초량왜관을 기반으로 성장한 부산, 인천 · 목포 · 마산과 같이 새롭게 만들어진 도시로 인구가 증가되면서 진행되었다. 이들 도시들과는 달리 상대적으로 대구, 개성, 전주, 진주 등지에는 인구가 증가되었지만 그 인구 증가 현상은 총독부의 도시육성정책에 의해 대도시로 성장한 도시들과는 비교가 되지 않았다. 특히 부산, 인천을 비롯하여 개항장 · 개시장에는 많은 일본인들이 일본으로부터 이주하고 조선인들도 속속 몰려들어왔기 때문에 총독부가 옛 전관거류지를 확대하고 사회간접자본 시설을 계속 설치하면서 거점도시화되어갔다. 이것은 거류지가 중심행정 단위인 부(府)의 승격으로 이어졌다.

도시화정책은 총독부의 도청 이전 정책으로 더욱 박차를 가하게 되었다. 수원에 있던 경기도청을 경성으로, 진주의 경남도청을 부산으로, 충남도청을 공주에서 대전으로 이전하는 등 식민지 행정구역을 재편하여 식민정책을 보다 효율적으로 도모하고자 하였다. 구체적으로 부산을 행정의 중심지로 만들기 위해 진주에 있던 경남도청을 이전한 사례를 살펴보자.

1924년 2월 총독부는 진주에 있던 경남도청을 부산으로 옮기고자 하였다.[25] 총독부는 표면상 도청 이전 이유에 대해 총독부 행정상 진주까지 왕래하는 것이 불편하다는 것이다.[26] 그러나 실질적인 이유는 총독부가 부산항을 전략적 요충지로 만들고자, 강고하게 진주를 중심으로 형성되어 있던 행정체계와 상공업 유통체계를 전면 부정하면서까지 도청을 부산으

24) 金哲, 『韓國の人口と經濟』, 岩波書店, 1965, 232쪽.

25) 경남도청 이전에 대한 자세한 것은 다음을 참조. 김중섭, 「일제하 경남도청이전과 주민저항운동」, 『경남문화연구』 18호, 경상대 경남문화연구소, 1996.

26) 朝鮮總督府, 『官報』 1924년 12월 8일. 조선총독부는 1924년 12월 8일자 조선총독부령 제76호로 1913년 12월 29일자 조선총독부령 제111호 중 '경상남도 위치 진주'를 '경상남도 및 부산'으로 개정하고 '본령은 대정 14년 4월 1일부터 此를 시행함'이라고 발표하였다.

로 이전하려고 하였다. 부산은 주지하는 바와 같이 일본과 가장 가까운 곳에 위치해 있으면서 대륙진출의 관문일 뿐만 아니라 홍콩과 같이 천혜의 항구로 인식되었다.[27] 그리고 무엇보다도 진주에는 전통적으로 경상도의 중심지이어서 기존세력이 너무 강하였기 때문에, 궁극적으로는 총독부 정책을 원활하게 수행하기 위해 일본인중심 식민도시로 권력의 중심축을 변경시키려고 하였다.

도청 이전이 공식적으로 결정된 뒤, 진주는 물론 마산·창원·통영·고성·사천·함안·의령·합천·산청·함양·거창·하동·남해 등 1부 14개 군 주민 130만 명이 이전 반대 운동을 벌였다.[28] 여기에는 일본인이 중심이 되어 활동하고 있던 진주번영회도 강하게 반발하였다.[29] 이 사건은 지역이권과 관련하여 일본인과 조선인이 연대투쟁을 한 대표적인 경우로서, 재조일본인간 모순이 표출된 대표적 사례라고 할 수 있다.

그러나 도청 이전을 찬성하는 움직임도 만만치 않았다. 도청 이전은 부산을 비롯하여 근교의 지가상승과 도시발달에 영향을 주는 등 지역 이권과 관련되어 있는 중요한 문제이다. 당시 신문에 따르면 부산과 인근 울산·양산·동래·김해·밀양 등 1부 5개 군 주민 약 50만 명이 이전을 찬성하였다고 한다.[30]

도청 이전 반대투쟁이 벌어지고 있는 상황이었지만, 이미 총독부의 도시에 대한 기본 정책이 새로운 식민도시를 육성하고자 한 것이었기 때문

---

27) 朴元杓, 앞의 책, 1965, 91쪽.

28) 『東亞日報』 1924년 12월 8일.

29) 경남 도청 이전 반대운동에 대한 자세한 내용은 勝田伊助, 『晋州大觀』, 晋州大觀社, 35~41쪽 참조. 이 자료에는 도청 이전에 따른 진주를 비롯한 경남도민의 정신적 경제적 영향과 생활상 대격변에 대해 서술되어 있다. 또한 진주에 일찍이 정착한 일본인 이시이(石井)는 일본천황에게 도청 이전 반대를 알리려고 하다가 좌절되어 자살하였다. 후에 진주유지들은 이시이를 기리는 비석을 세우기도 하였다(손자 이시이씨 증언, 현재 가나가와 거주).

30) 『東亞日報』 1924년 12월 12일.

에 결국 경남도청은 1925년 4월 17일 부산으로 이전하게 되었다.[31]

경남도청 이전 후 부산과 인근지역은 행정 중심지로 바뀌어갔으며, 이 지역을 중심으로 인구가 증가되었다. [표 3-5]는 1909년부터 1930년까지 부산부 호수와 인구 증가를 나타낸 것이다.

[표 3-5] 부산의 호수 · 인구 10년의 비교

| 연도 | 일본인 | | 조선인 | | 외국인 | | 합계 | | 지수 |
|---|---|---|---|---|---|---|---|---|---|
| | 호수(호) | 인구(명) | 호수(호) | 인구(명) | 호수(호) | 인구(명) | 호수(호) | 인구(명) | % |
| 1909 | 4,284 | 21,697 | 4317 | 20,568 | | | 8,601 | 42,265 | |
| 1922 | 8,435 | 34,915 | 10,121 | 42,971 | 67 | 275 | 18,623 | 78,161 | 100 |
| 1923 | 8,596 | 35,360 | 10,372 | 43,886 | 75 | 306 | 19,043 | 79,552 | 102 |
| 1924 | 8,902 | 35,926 | 10,776 | 46,093 | 100 | 374 | 19,778 | 82,393 | 105 |
| 1925 | 9,364 | 39,756 | 13,772 | 63,204 | 118 | 562 | 23,254 | 103,522 | 132 |
| 1926 | 9,584 | 40,803 | 14,050 | 64,928 | 122 | 592 | 23,756 | 106,323 | 136 |
| 1927 | 9,533 | 41,144 | 15,212 | 71,343 | 133 | 605 | 24,878 | 113,092 | 143 |
| 1928 | 9,822 | 42,246 | 15,578 | 73,336 | 142 | 625 | 25,542 | 116,207 | 149 |
| 1929 | 9,931 | 42,642 | 16,066 | 76,370 | 155 | 643 | 26,152 | 119,655 | 153 |
| 1930 | 10,347 | 44,273 | 18,813 | 85,585 | 141 | 539 | 29,301 | 130,397 | 167 |

자료 : 釜山府, 『釜山商工案內』, 1932, 3쪽.

경남도청 이전 이후 인구는 부산을 중심으로 계속 증가하여 1924년에 82,392명이던 것이 1930년에 13만 명으로 증가되었다. 이것은 1909년과 비교하면 3배 이상, 1920년을 기준으로 하더라도 거의 2배로 증가한 것이다. 일본인은 1922년 8,435호, 34,915명이던 것이 1930년에는 10,349호, 44,273호로 증가되었다. 부산부역의 확대로 조선인은 1922년 현재 10,121호, 42,971명이

31) 『東亞日報』 1925년 4월 19일. 도청 이전에 대해서는 다음을 참조. 김중섭, 「일제하 경상남도 도청이전과 주민의 반대운동」, 『경남문화연구』 제18호, 경상대학교 경남문화연구소, 1996 ; 金慶南, 「境界地域におけるローカリティ交流-対馬と釜山を中心に」, 『法政大学大原社会問題研究所雜誌』 No.679, 2015, 2~20쪽.

18,813호, 85,585명으로 증가되어, 일본인보다 약 2배로 늘어나 전관거류지 시기에 비하여 조선인 비율이 더 높게 되었다. 개항 당시 부산항에는 일본인 82명이 살았다는 것을 상기하면 참으로 놀라운 변화이다.

그리고 부산부 인구 증가와 함께 주목되는 것은, 일본인 다수 주거지와 조선인 다수 주거지가 구별되어 있다는 점이다. 식민도시의 거주와 관련하여 나타나는 특징이 부산에서도 나타나고 있다.[32]

[표 3-6] 부산부 정동별(町洞別) 호구

| 町洞 | 일 본 인 | | | | 조 선 인 | | | | 중국인 | | 外人 | | 합계 | | | |
|---|---|---|---|---|---|---|---|---|---|---|---|---|---|---|---|---|
| | 세대 | 인 구(명) | | | 세대 | 인 구(명) | | | 세대 | 인구 | 세대 | 인구 | 세대 | 인 구(명) | | |
| | | 남 | 녀 | 계 | | 남 | 녀 | 계 | | | | | | 남 | 녀 | 계 |
| 南富民 | 31 | 61 | 66 | 127 | 503 | 1204 | 1235 | 2439 | - | - | - | - | 534 | 1265 | 1301 | 2566 |
| 綠町 | 129 | 227 | 513 | 740 | 38 | 166 | 183 | 349 | 2 | 6 | - | - | 169 | 399 | 696 | 1095 |
| 草場町 | 394 | 788 | 811 | 1599 | 967 | 2232 | 2004 | 4237 | 2 | 4 | - | - | 1363 | 3025 | 2815 | 5840 |
| 土城町 | 399 | 838 | 911 | 1749 | 86 | 270 | 191 | 461 | 2 | 5 | - | - | 487 | 1113 | 1102 | 2215 |
| 谷町 | 60 | 133 | 114 | 247 | 983 | 2155 | 2150 | 4302 | - | - | - | - | 1043 | 2288 | 2264 | 4552 |
| 富民町 | 180 | 410 | 371 | 781 | 138 | 347 | 277 | 624 | 1 | 1 | - | - | 319 | 758 | 648 | 1406 |
| 中島町 | 130 | 293 | 253 | 546 | 353 | 768 | 760 | 1528 | 1 | 1 | - | - | 484 | 1062 | 1013 | 2075 |
| 大新町 | 454 | 1102 | 959 | 2061 | 2404 | 5711 | 5136 | 10912 | 2 | 6 | - | - | 2860 | 6884 | 6095 | 12979 |
| 寶水町 | 890 | 1931 | 1856 | 3787 | 466 | 1167 | 1022 | 2189 | 4 | 13 | - | - | 1360 | 3107 | 2882 | 5989 |
| **富平町** | **1368** | **2852** | **2736** | **5588** | **64** | **360** | **166** | **526** | **7** | **17** | - | - | **1439** | **2229** | **2902** | **6131** |
| **大廳町** | **416** | **930** | **966** | **1896** | **19** | **144** | **53** | **197** | **1** | **5** | - | - | **436** | **1077** | **1021** | **2098** |
| **福田町** | **59** | **106** | **115** | **221** | - | **2** | **1** | **3** | - | - | - | - | **59** | **108** | **116** | **224** |
| **西町** | **599** | **1106** | **1199** | **2405** | **1** | **90** | **13** | **103** | **8** | **26** | **1** | **3** | **609** | **1324** | **1213** | **2537** |
| **幸町** | **290** | **584** | **583** | **1167** | **5** | **88** | **10** | **98** | **2** | **3** | - | - | **297** | **675** | **593** | **1268** |
| **南濱町** | **334** | **638** | **779** | **1417** | **16** | **160** | **37** | **197** | **1** | **7** | - | - | **341** | **805** | **816** | **1621** |
| **辨天町** | **223** | **612** | **574** | **1186** | **2** | **127** | **8** | **135** | **1** | **2** | **2** | **7** | **228** | **745** | **585** | **1330** |

[32] 1927년 12월 20일 현재 부산경찰서 각 파출소원이 부산부내 영세민을 실지조사하였는 바, 모두 286호였다. 그 가운데 일본인 영세민은 17호(가족수 37명), 조선인은 287호(가족수 884명)이었다. 조선인 영세민이 가장 많은 곳은 대신정과 동산리, 마키노시마(牧ノ島, 현재 영도)였다. 일본인 영세민자는 주로 남편을 잃었거나 혹은 남편이 병으로 일가 생계가 곤란하게 된 경우였다(釜山府, 『釜山』 1월호, 1928, 35쪽). 서울과 대구의 영세민조사에 대한 자세한 것은 孫禎睦, 『日帝强占期 都市社會相硏究』, 一志社, 116~121쪽 참조.

| | | | | | | | | | | | | | | | | |
|---|---|---|---|---|---|---|---|---|---|---|---|---|---|---|---|---|
| 本町 | 433 | 1000 | 868 | 1868 | 105 | 398 | 230 | 628 | 3 | 16 | 1 | 1 | 542 | 1415 | 1098 | 2513 |
| 大倉町 | 464 | 1182 | 1035 | 2217 | 87 | 525 | 202 | 727 | 2 | 11 | 1 | 4 | 554 | 1720 | 1239 | 2959 |
| **榮町** | **178** | **438** | **377** | **815** | **14** | **142** | **38** | **180** | **5** | **38** | **-** | **-** | **197** | **615** | **418** | **1033** |
| 瀛州町 | 140 | 274 | 244 | 518 | 2076 | 4680 | 4532 | 9212 | 10 | 53 | - | - | 2227 | 5003 | 4781 | 9784 |
| 草梁町 | 859 | 2052 | 1794 | 3846 | 1975 | 4735 | 4825 | 9560 | 60 | 343 | 1 | 1 | 2895 | 7073 | 6678 | 13751 |
| 水晶町 | 478 | 982 | 965 | 1947 | 1124 | 2774 | 2568 | 5342 | 3 | 10 | - | - | 1605 | 3763 | 3536 | 7299 |
| 佐川町 | 123 | 263 | 256 | 519 | 885 | 2240 | 2266 | 4506 | 4 | 11 | 6 | 14 | 1018 | 2518 | 2532 | 5050 |
| 凡一町 | 228 | 462 | 477 | 929 | 1165 | 2843 | 3310 | 6153 | 6 | 16 | 1 | 1 | 1400 | 3320 | 3789 | 7109 |
| 瀛仙町 | 1048 | 2222 | 2114 | 4336 | 2134 | 4730 | 4585 | 9315 | 8 | 16 | - | - | 3190 | 6968 | 6699 | 13667 |
| 青鶴洞 | 15 | 30 | 23 | 53 | 175 | 502 | 424 | 926 | - | - | - | - | 190 | 532 | 447 | 979 |
| 東三洞 | 6 | 15 | 13 | 28 | 280 | 778 | 739 | 1517 | - | - | - | - | 286 | 793 | 752 | 1545 |
| 港灣 | 13 | 39 | - | 39 | 1 | 1 | - | 1 | - | - | - | - | 14 | 40 | - | 40 |
| 合計 | 9931 | 21670 | 20972 | 42642 | 16066 | 39405 | 36965 | 76370 | 135 | 610 | 14 | 33 | 26146 | 61624 | 58031 | 119655 |

출전: 釜山府, 『釜山』 2월호, 1929, 27~28쪽에서 작성.
비고: 전체적으로 행이 진한부분은 일본인이 80% 이상 거주하고 있는 지역이며, 정동(町 · 洞)란에만 진한 부분은 조선인이 80% 이상 거주하고 있는 지역.

[표 3-6]에서 1928년 12월말 현재 부산의 각 동별 인구분포를 살펴보면, 일본인들이 중심으로 개발한 거류지에 조선인들이 이주하여 민족별로 주거지가 분화되어 있었다는 것을 알 수 있다. 즉 일본인 비율이 80% 이상인 곳은 부평정 · 대청정 · 복전정 · 서정 · 행정 · 남빈정 · 변천정 · 영정이었고, 그 가운데 서정과 변천정에는 조선인이 거의 100여 명 정도 밖에 살고 있지 않았다.[33] 이곳은 거류지 시기부터 시가지계획이 추진되어 부산의 중심지로 형성되었던 곳이다.

조선인 비율이 80% 이상인 곳은 남부민정 · 곡정 · 대신정 · 영주정 · 좌천정 · 범일정 · 청학동 · 동삼동으로서 이곳은 거의 시가지 계획이 되지 않았던 곳이다.[34]

33) [표 3-6]에는 서정 1세대에 103명이라고 되어 있다. 이것은 오기(誤記)인 듯. 변천정(辯天町)도 2세대 135명이라고 쓰여있다. 그렇지만 서정과 변천정이 거의 일본인으로 구성되어 있다는 것을 알 수 있다.

34) 이러한 동별 인구분포를 보더라도, 구일본전관거류지 중심에서 점차 범일정 · 초량정 · 수정

이러한 거주지 분화현상은 전통도시의 경우는 다른 양상을 나타내고 있다. 전주를 사례로 보면 일본인이 대정정을 중심으로 집중적으로 살고는 있지만, 조선인도 거의 반 이상이 잡거하고 있는 양상을 띤다.[35)]

이상 살펴본 바와 같이, 일본전관거류지는 특별행정구역인 부로 승격하였고, 도청 이전으로 인해 거류지의 중심도시화가 본격적으로 진행되었다. 이에 따라 초기에 거류지에 정착한 일본인들은 도시 중심지의 주요 구성원으로 자리 잡았다. 이처럼 도시로 인구가 집중하게 되자 도로, 항구 등 사회간접자본시설 또한 지속적으로 설치되었다. 부산을 비롯하여 인천, 원산, 신의주 등 각 개항장 · 개시장 거류지들은 거의 부로 승격되었다. 도시기반 설비는 그 자체로서도 막대한 자본과 노동력이 투자되는 사업으로서 도시의 많은 잉여노동력을 활용할 수 있었다.

부산의 경우도 대륙의 관문도시로서 전략 요충지적 역할로 말미암아 시구개정은 물론 수많은 공사들이 추진되었다. 1912년에 부산 제1잔교가 완성되었고, 1919년에는 제2기 부산축항공사를 시작하였으며, 시가지계획도 활발하게 진행되었다.[36)] 도시 정비 이후 일본인들은 더욱 조선으로 이주하여 인구가 늘어났다. 그리고 1910년과 11년 사이 부산에는 일본인 1,000여 호, 조선인 400여 호로 증가하였다.[37)] 거류지 가까운 곳으로 점차 인구가 밀집되어 갔다.

또한 1921년부터 8년간은 제1기 부산시구개정사업을 본격적으로 시작하

---

정 등 부산진 방면으로 인구가 이동하고 있다는 것을 알 수 있다.

35) 일제강점하 전통도시 전주의 도시개발에 대한 자세한 것은 김경남, 「일제의 식민지 도시개발과 '전통도시' 전주의 사회경제구조의 변용」, 『한일관계사연구』 51호, 2015, 225~258쪽.

36) 「부산세관공사」가 계속 진행되어 1912년에 제1잔교가 완성되었고, 「제1기 부산축항공사」가 1918년에 완성되어 제2잔교가 가설되었다. 또한 부산항은 시베리아 경유 유럽통로로서 확장하기 위해 1919년에는 「제2기 부산축항공사」가 착수되었다(間城香陽, 『釜山の使命』, 釜山日報社印刷部, 1926).

37) 『釜山港經濟概覽』, 釜山稅關內 釜山經濟調査會, 1931, 434~435쪽.

였으며, 1919년부터 1927년까지 부산항 제2기축항공사, 1926년부터 1938년까지 부산진매축공사, 1916년부터 1926년까지 영도매축공사, 1925년부터 1936년까지 남항매축공사, 1928년부터 1931년까지 북항매축공사 등을 시행하였다.[38] 그리고 전차궤도를 설치하고 도로를 만들어 교통망을 정비하였고,[39] 수차례에 걸쳐 도시에 필수조건인 상하수도를 부설하였다.[40]

이러한 건설은 대규모 이권이 관계되어 있는 것이기 때문에, 일본인 대자본가들은 총독부에 계속 로비활동을 벌였다. 그러나 축항과 매축공사는 공사도 어려울 뿐만 아니라 자금도 대규모로 투자되기 때문에 하자마·가시이 등 부산의 거물들도 공사인가를 받을 수 없었다. 대표적인 것으로는 1915년부터 로비활동을 시작한 남항축조공사를 들 수 있다. 이 공사는 하자마, 가시이 등 부산지역 유지들의 계속적인 노력에도 불구하고 공사유치에 실패하고, 1928년 이케다 스케타다(池田佐忠)에 의해 비로소 공사가 실현되었다.[41]

부산은 바다를 매립하거나 산을 깎아 평지와 도로를 만들어 항구도시로서 조건은 잘 갖추었지만, 그 배후지를 만들어 나가기에 힘든 곳이다. 그럼에도 불구하고 대일 무역이나 대륙을 잇는 연결 통로로서 부산항의 전략적 중요성이 강조되어 축항과 매축을 통해 용지를 확보하였다. 그것을 기반으로 각종 사회간접자본을 설치하고 시가지 확대정책을 계속 해나갔

38) 공사에 대한 자세한 것은 金義煥, 『釜山近代都市形成史研究』, 研文出版社, 1973, 55~91쪽 ; 차철욱, 「부산 북항 매축과 시가지 형성」, 『한국민족문화』 제28집, 2006 참조.

39) 그 실태에 대한 자세한 것은 다음을 참조. 文定昌, 『軍國日本朝鮮强占三十六年史上』, 栢文堂, 1965, 145~146쪽 ; 朴慶植, 『日本帝國主義の朝鮮支配』上, 青木書店, 1973, 125~126쪽 ; 朝鮮社會科學院 編, 金曜顯 譯, 『日本帝國主義統治下の朝鮮』, 朝鮮青年社, 1978, 44쪽.

40) 間城香陽, 『釜山の使命』, 釜山日報社印刷部, 1926.

41) 1928년 2월 9일에 총독부로부터 허가를 받았다(釜山府, 雜誌 『釜山』 7월호, 1929). 이케다 사츄의 매축공사에 대해서는 배석만·한국민족문화연구소, 『일제시기 부산항매축과 池田佐忠』, 선인, 2012 참조.

던 것이다.

### 3) 도시문제의 발생

어느 사회이던지 자본주의적 도시화가 진행되면 도시문제가 필연적으로 발생한다. 특히 불균형개발, 이른바 불량지구 주민들에 대한 대책 없는 주택철거문제, 특정지역의 근대시설물 설치에 따른 차별문제 등이 이에 해당된다. 그러면 일제의 식민도시 정책은 어떠한 형태로 그 식민성이 표출되었는가. 부산의 빈민굴 슬럼문제, 상하수도 불비문제, 임대주택문제, 전차 도로포장 문제 등을 통해 살펴보자.

경남도청 이전 이후 부산에는 인구가 급증하여 20년대 말에는 거의 13만 명으로 증가하였다. 부산은 전국에서 경성을 제외하고 가장 인구가 많은 제2의 대도시가 되었다.

그런데 많은 유입 인구들 속에는 '빈민굴' 슬럼가로 흘러든 자도 많았다.[42] 이러한 슬럼으로 대표되는 과밀 · 빈곤한 도시 하층 사회는 자본주의의 발전에 의해 시가지로 자본 · 인구가 집적 · 집중되면서 더욱 확대되었다. 이 과정에서 도시 민중생활의 빈곤화가 도시문제이다. 그 내용은 주택난 · 토지문제 · 공해 · 재해 · 범죄의 발생으로부터 도로나 상하수도 불비 등 여러 가지였다. 상하수도도 없고, 비위생적으로 노후화한 토막촌에 밀집해있었던 하층민은 특히 콜레라나 결핵 등 전염병 유행으로 생활을 위협받았다. 또한 석탄으로 가동하는 공장이 노동력을 구해서 슬럼 가까이에 입지하면 석탄에 의한 매연 피해를 받는 등 그들은 극히 열악한 거주조건 아래 밑바닥 생활을 영위하고 있었다.[43]

---

42) 당시 『東亞日報』에 도시문제로서 빈민굴에 대한 기사가 자주 보인다(『東亞日報』 1921년 5월 27일 ; 1922년 4월 2일 등).

[그림 3-5] 일제시기 고지대의 토막촌

비고: 일제시기 고지대의 토막촌 전경, 아이들, 부엌, 변소
출전: 辛基秀 編著, 『映像が語る「日韓併合」史 1875~1945年』, 労働経済社, 1987, 129~130쪽.

43) 일본의 수도 도쿄에도 인구집중과 도시문제는 심각하였다. 동경의 도시문제에 대해서는 石塚裕道, 『日本近代都市論－東京 : 1868-1923』, 東京大學出版會, 1991, 14쪽 참조.

부산의 경우 주택난의 원인은 일본인 대지주가 토지와 가옥을 독점하고 있었기 때문에 빈민들은 철거를 당해도 가옥을 빌릴 수 있는 형편이 아니었다. 따라서 주거 문제가 상시적으로 누적해 있었다. 당시 부산부 내 조선인 9,600여 호 중 타인이 가옥 또는 대지를 차지하는 호수가 7,300여 호에 달했다. 노동자들은 주택난을 해결하기 위해 노동야학과 차가인조합 등을 부산청년회를 비롯한 부산지역 민족 부르주아지와 연대하여 설립하고 문제를 해결하고자 하였다.[44] 또한 신작로를 만들 때 총독부는 부역으로 주민들의 노동력을 동원하였는데, 징집 당하는 측에서는 정말 견딜 수 없는 고역이었다[45]고 한다.

그리고 부산의 상수도는 엄광산과 성지곡을 수원지로 하여 수도가 설비되었다.[46] 하지만 부산의 물부족 현상은 고질적인 병폐 가운데 하나로서 중심 시가를 제외하고 고지대에는 상수도가 들어가지 않았기 때문에 산리를 오르내리는 빈민들의 고충은 말이 아니었다. 이 용수부족 문제는 대규모 공장들이 부산을 기피하게 되어 공업 발전에도 저해 요소가 되었다.[47]

당시 부산 도시의 모습은 도로변을 중심으로 하여 근대식 일본 건물이 들어서 있었으며, 산 위로는 조선인이 사는 토막촌이 형성되어 있었다.[48] 따라서 1920년대에 상수도 시설을 확충하여 30% 이상 보급하게 되지만, 해발 45~50m를 넘지 못해 그 이상의 고지대에 사는 도시민들은 급수 혜택을

---

44) 『東亞日報』 1922년 4월 2일.

45) 손정목, 『일제강점기 도시화과정 연구』, 일지사, 1996, 324쪽.

46) 구수도에는 저수지 · 여과지 · 배수지가, 신수도에는 저수지 · 침전지 · 여과지 · 수원배수지 · 부산배수지가 설치되어 있었다(부산 상수도 발달에 대한 자세한 것은 부산광역시, 『부산상수도발달사』, 부산광역시, 1997 참조).

47) 공업용수가 부족문제도 대규모 공장들이 부산을 기피하는 원인이 되었다. 1930년대 조선방직 제2공장, 「東洋紡績」 「鐘淵紡績」이 모두 다른 곳에 공장을 건설하였다(『釜山日報』 1929년 7월 9일 ; 1929년 7월 30일 ; 1932년 3월 15일).

48) 辛基秀, 『韓國併合と獨立運動』, 勞動經濟史, 1995 ; 『日本地理風俗大系』 16. 17 朝鮮(上, 下) 新光社, 1930.

받지 못하였다. 조선인들은 대부분 고지대의 빈민 주거지에 살고 있었기 때문에 이들에게 상하수도 시설은 역시 상대적 박탈감을 느끼게 하는 근대적인 시설일 뿐이었다.

특히 조선인들이 많이 사는 영주정·대신정·초장정·곡정·수정정·초량정 등에는 도로와 상하수도 시설이 갖추어있지 않아 여름철 분뇨 문제는 부산부 당국에서도 큰 골치거리였다.[49] 이 분뇨문제는 비가 내리면 더욱 심각하였는데, 비에 분뇨가 섞여 도로에 흘러내리기 때문에 전염병이 발생하는 직접적인 원인이 되었다. 이것은 부민의 위생을 직접적으로 위협하는 것이었다.

도시개발을 위해 설치한 사회간접자본 시설들, 즉 도로 정비나 전차, 전등 가설 등에서도 조선인들이 집단적으로 거주하는 곳까지는 설치되지 않았다.[50] 1934년 현재에도 부산의 거주가능 면적에 대한 도로면적은 약 8.3%에 불과하였으며,[51] 그것도 조선인들이 많이 사는 대신정(大新町)이나 영주정(瀛州町) 등에는 도로가 정비되지 않았다.

이렇듯 1920년대 기반시설들은 조선총독부는 물론 일부 대자본을 가진 재부일본인(在釜日本人)들이 거대 자금을 들여 설치한 것들이다. 그러나 그것은 소수 일본인 자본가들에게 독점적 이익을 가져다주는 것이었을 뿐, 그곳에 살던 대다수 조선인들은 물론, 하층 일본인들 의사가 전적으로 무시된 차별적인 것이었다. 특히 소수 일본인들이 소유한 주택을 임대하고 있었던 하층 일본인과 조선인의 주택문제는 심각한 것이었다.[52]

---

49) 『東亞日報』 1927년 9월 2일 ; 1928년 4월 2일 ; 1928년 7월 22일.

50) 자세한 것은 이귀원, 「1920년대 전반기 부산지역 민족해방운동의 전개와 노동자계급의 항쟁」, 부산대학교 석사학위논문, 1991, 17쪽 참조.

51) 일본의 전관거류지에는 1910년 이전 도로망이 정비되어 오늘날까지도 부산의 중심 시가도로를 이루고 있다. 그러나 그 외곽지역은 1920년대 초에 비로소 시구개정 공사에 들어갔다. 이후 부산간선도로, 도진교(渡津橋, 영도대교)공사 등이 진행되어 1934년까지 총 46,688m의 시가도로가 시공되었다(釜山直轄市史編纂委員會, 『釜山市史』 3권, 1991, 5~9쪽).

이렇듯 도시문제가 발생한 원인은 부산으로 도청이 이전되고 기반시설이 확대되어 부산이 급격하게 대도시로 성장하였기 때문이다. 이에 따라 부산으로 인구가 급증하게 되었으며, 또한 자연 출생 증가와 함께 인구가 격증하게 되었다. 다음은 그 상황을 보여주는 당시 자료이다.[53]

> 주민의 주거 상태는 문화생활 정도를 아는 바로메타이다. 부산부 인구는 매년 도시집중과 출생증가에 따라 현저히 격증하였다. 특히 1918~19년 재계 호황 이후와 1925년 도청 이전에 따라 한층 증대한 것이다. 그 결과 부내에 주택난이 생겼고 일부는 비참한 주거생활을 양생하기에 이르렀다.

이처럼 부산부의 인구 증가로 도시하층민들은 심각한 주택난을 겪게 되었고, 그 결과 상당수 조선인들이 빈민굴에서 비참한 주거생활을 강요당하였다.

한편 도시가 확대됨에 따라 직업별 변화도 현저하였다. 그것은 [표 3-7] 부산지역의 1931년 말 현재 직업별 호구 변화를 통해서 알 수 있다.

일본인의 경우 상업에 종사하는 사람이 여전히 가장 많고, 그 다음으로는 공무 및 자유업과 공업에 종사하였다. 공업에 종사하는 비율이 1912년에 제조업자만 대략 3%에 불과하던 것이 1931년 현재에는 공장노동자를 포함하여 20%를 차지하게 된 것은 공장의 증가에 따른 것이라고 할 수 있다. 그리고 조선인의 경우에는 기타 유업자가 가장 많은 비율을 차지하고 있다. 이것은 매축공사와 도로공사를 위해 많은 노동력이 필요하였기 때문

52) 부민의 주거상태는 문화생활 정도를 알 수 있는 바로메타의 하나로서 주택문제에 대한 것은 별도의 검토가 요구된다. 예를 들면 일본경질도기회사는 일본인 직공을 위해 마키노시마에 일경촌(日硬村)을 건설하였다(『釜山日報』 1928년 12월 15일). 부산지역 주택문제에 대해서는 하명화, 「일제하(1920~30년대 초) 도시 주거문제와 주거권 확보운동」, 부산대학교 석사학위논문, 2000 참조.

53) 釜山府, 『釜山府社會施設槪要』, 1927, 10쪽.

[표 3-7] 부산지역 직업별 호구 변화

| 직업별 | 일본인 | | | 조선인 | | | 외국인 | | | 합계 | | |
|---|---|---|---|---|---|---|---|---|---|---|---|---|
| | 호수(호) | 인구(명) | 비율(%) | 호수(호) | 인구(명) | 비율(%) | 호수 | 인구 | 비율 | 호수(호) | 인구(명) | 비율(%) |
| 농림목축업 | 223 | 1,038 | 2 | 977 | 5,406 | 6 | - | - | - | 1,200 | 6,444 | 5 |
| 어업및제염업 | 469 | 1,937 | 4 | 630 | 3,096 | 3 | - | - | - | 1,099 | 5,033 | 4 |
| 공업 | 2081 | 8,811 | 20 | 2,193 | 10,632 | 11 | 26 | 129 | 36 | 4,300 | 19,622 | 13 |
| 상업및 교통업 | 3,847 | 16,922 | 37 | 5,162 | 24,836 | 27 | 80 | 185 | 51 | 9,089 | 41,943 | 30 |
| 공무및자유업 | 2,944 | 12,077 | 27 | 1,887 | 8,743 | 9 | 13 | 38 | 10 | 4,844 | 20,858 | 15 |
| 기타유업자 | 754 | 2,857 | 6 | 8,259 | 34,668 | 37 | 3 | 10 | 3 | 9,016 | 37,535 | 27 |
| 무직자 | 518 | 1,860 | 4 | 1,367 | 6,243 | 7 | - | - | - | 1,885 | 8,103 | 6 |
| 합계 | 10,836 | 45,502 | 100 | 20,475 | 93,674 | 100 | 122 | 362 | 100 | 31,433 | 139,538 | 100 |

출전 : 釜山府, 『釜山商工案內』, 1932, 20쪽.

에 나타난 것이었다. 그러나 그것은 일자리가 안정되어 있지 않고 날품을 파는 사람들이 많이 늘어났다는 것을 의미한다.[54] 그 다음은 상업이었으며, 농업에 종사하는 비율은 20%에서 6%까지 줄어들었다.

도시의 발달에서 주목되는 것은 도시 계층이 분할되어 제 계층이 형성된 것이며, 그리하여 '공장노동자'와 함께 '신중간층'이 등장하는 것이다. 자본주의하 '신중간층'은 공무 및 자유업자 등 샐러리맨들로서, 이들은 도시에 새로운 라이프 스타일이나 행동 양식을 현재화시키고 이 시기의 도시공간을 특징짓는 새로운 존재이다. 부산의 경우 신중간층이라고 할 수 있는 것은 [표 3-7]에서 보면 공무 및 자유업자 총 4,844명 15%와 기타 유업자 9,016명 27%, 상업 및 교통업 종사자 9,089명 30% 등 약 72% 가운데 일부가 해당된다. 이외에도 통계로 파악하지 못한 사람들도 많다. 부산항에는 일본으로 밀항하려다 눌러앉은 사람이나 일자리가 불안정한 날품 파는

54) 부산과 진남포에는 기타 유업자 수가 가장 많았다. 조선인 직업에 대한 자세한 것은 손정목, 앞의 책, 1996, 44~65쪽 참조.

사람들도 많아 일상적 범죄도 많고 사회불안요소도 많았다.

이처럼 1920년대까지 부산에서는 도시화가 진행되었지만, 일본인 옛 거류지를 중심으로 인프라가 구축되었고, 조선인 밀집지역에는 인프라가 설치되지 않았다. 이것은 도시화 진행과정에서 계급적인 것은 물론 민족적 차별구조가 정착하였다는 것을 알 수 있다. 또한 부산과 그 일대는 강제병합 이전부터 일본의 군사적 작전지역이었다. 그러므로 주민생활은 제한되었고, 토지가 국가적인 차원에서 불법적으로 침탈되어 주택문제, 도로문제 등은 보다 심각하였다. 결국 부산의 도시화는 근대적인 형태를 갖추고 있지만, 민족적 차별 · 군사적인 목적 등으로 그 시행과정에서 조선인 밀집지구에는 가축과 같은 생활을 강요하는 이러한 불평등구조를 도시개발의 식민성이라 할 수 있을 것이다.

## 2. 공업구조의 변동과 공장노동자의 증가

### 1) 부제 실시 이후 공업구조의 변동

그러면 부제로 도시가 재편된 이후 공업구조는 어떻게 변동되었는가. 부제 실시로 도시가 재편되고 새로운 부도심을 개발하여 조선에서 자본을 축적해온 일본인과 조선인의 기업활동이 활발하게 되었다. 이에 총독부는 1920년 4월 회사령을 철폐하였고, 조선본점 기업은 계속 증가하였고 그 규모도 확대되었다. 이른바 '기업설립 붐'이 조성되었다. 그 실태는 조선에 본점을 둔 기업수 및 불입자본금을 보면 알 수 있다.

[표 3-8] 조선에 본점을 둔 기업수 및 불입자본금

| 연도 | 총수 | | 일본인설립 | | 조선인설립 | | 조일합동설립 | | 외국인설립 | |
|---|---|---|---|---|---|---|---|---|---|---|
| | 기업수 | 불입액 | 기업수 | 불입액 | 기업수 | 불입액 | 기업수 | 불입액 | 기업수 | 불입액 |
| 1911 | 152 | 15,909,825 | 109 | 5,063,020 | 27 | 2,742,355 | 16 | 8,104,450 | - | - |
| 1920 | 544 | 182,830,410 | 414 | 151,893,301 | 106 | 21,353,760 | 22 | 9,583,350 | 2 | 2,150,000 |
| 1929 | 1,768 | 310,620,787 | 1,237 | 193,736,669 | 366 | 21,099,020 | 165 | 95,785,106 | - | - |

출전 : 조선총독부, 『조선총독부통계년보』, 각년판

[표 3-8]을 통해 보면, 한일병합 이후 1912년 현재, 조선에 본점을 가진 기업 총수는 152개로 불입자본액도 겨우 1천5백만 원에 불과하였는데, 1929년에는 기업수 1,768개, 불입자본액은 3억 162만 원으로 크게 증가했다. 즉 전자는 약 12배, 후자는 20배로 되었던 것이다. 한일 병합 직후 일본인만으로 설립된 기업은 109사로, 불입자본액은 5백만 원에 불과하였다. 조선인만으로 설립된 기업은 27개사 270만 원이었다. 그 외 일본인·조선인이 합동으로 설립한 기업은 16개, 불입자본금 8백십만 원이었다.

특징적인 것은 조일(朝日)합작회사가 1929년에 165개사 9천5백만 원으로 급등한 것이다. 이것은 총독부 권력이 들어서면서 일본인 위주로 정책이 추진되면서 조선인 자본가들도 민족적인 구별보다는 실리를 쫓아 이윤을 추구하기 위해 함께 사업을 추진했다는 것을 알 수 있다.

위와 같이 조선에서 축적한 자본은 기본적으로 식민지에서 공업구조가 변동함에 따라 변화를 겪지만, 일본자본주의 공업구조 흐름과도 밀접한 관련이 있다. 식민지는 일본제국주의 재생산 구조의 일각을 담당하기 때문이다.[55]

55) 일본자본주의는 저임금과 열악한 노동조건, 지주제에 의한 농민의 착취, 국가의 재정적 기능, 외국무역과 자본수입, 식민지지배와 자본수출로 인해 자본을 축적하였다. 일제의 조선·대만 등에 대한 투자는 이미 식민지 경영이기 때문에 자본수출이라고는 말할 수 없다. 하지

다음으로 일본 기업의 조선 진출과 노동집약적 공업의 발달에 대해 살펴보자. 총독부가 회사령을 철폐하기 전, 제1차 세계대전에서 호경기를 계기로 자본투자처를 찾던 일본 독점자본계열이 조선의 공업부문으로 진출하였다. 대표적인 것은 조선방직(1917년, 이하 조방으로 약칭), 조선제분(1918년), 오노다(小野田)시멘트 주식회사(1918년) 등이었다.

이들 대기업들도 본질적으로는 원료 수출의 반(半)가공 공장에 불과한 것들이었다. 그런데 조방은 일본의 수출정책이 면방직공업품을 중심으로 추진하였기 때문에 국책의 하나로 조선에 진출하였으며, 원료에서 제품생산까지 일관생산체제(一貫生産體制)를 갖추었다.[56] 조방이 부산에 공장을 세운 것은 무엇보다 거류지의 도시화 과정에서 편리한 인프라 시스템과 생산체제를 갖출 수 있었기 때문이었다.

조방의 진출은 공장제 면제품을 식민지에서 직접 생산할 수 있게 되었다는 점에서 주목할 만하다. 즉 식민지에서 잉여 노동력을 통한 자본재생산 정책으로 전환한 것이다. 그럼에도 여전히 조선 내에 산업적 연관이 없기는 마찬가지였다. 그것은 면제품을 생산하기 위한 기계를 생산하는 공장과 그 기술이 전무하였다는 것에서도 확인된다.[57]

이렇게 일본 독점자본이 조선 공업분야에 투자했을 때, 초기에 진출하여 토지·상업자본을 축적한 하자마 후사타로·가시이 겐타로 등도 이러한 흐름에 편승하였다. 가시이는 1918년에 일본경질도기(日本硬質陶器)주

---

만 자본을 외래자본에 의존한다는 점에서 대중국 투자와 본질적으로 다르지 않다. 일본자본주의는 이들 제 요인에 의해 처음으로 급격한 경제발전을 이루게 되었던 것이다. 외자수입=금융적 종속이야말로 일본자본주의 확립기 재생산 구조의 가장 본질적인 규정이었다(山崎隆三, 『兩大戰間期の日本資本主義』 上卷, 大月書店, 1978(1쇄), 1980(3쇄), 31~40쪽).

56) 조선방직의 일관생산체계에 대해서는 김경남, 「1920·30년대 면방대기업의 발전과 노동조건의 변화」, 『부산사학』 25·26합집, 부산사학회, 1994 참조.

57) 조선방직의 기계는 모두 일본의 도요다식 내지 영국제이었다(朝鮮紡織株式會社 企劃課, 『朝紡의 槪況』, 11쪽).

식회사를 설립하였고, 조선가스전기(朝鮮瓦斯電氣)주식회사 사장이 되었다. 그리고 하자마는 토지부동산회사를 가지고 있으면서 부산 경제의 동력인 금융회사와 조선가스전기㈜ 등에 대주주 겸 중역으로 참가하였다. 이들은 조선에서 자본을 축적하여 산업자본가로 전환한 대표적인 케이스이다.

이후 일본경제는 불황임에도 불구하고 부산의 제조업 공장은 계속 늘어났다. 1929년 말 현재 제조업 공장은 총 408개로 이들 자본금 합계는 약 2,669만 엔, 연간 생산액 약 4,029만 엔으로 증가하였다.

공장수가 비약적으로 증가한 것은 그만큼 공업에 대한 관심이 증대되었음을 보여주는 것이다. 그러나 공칭자본금 100만 엔 이상 이른바 대규모 근대공업이라 할 수 있는 것은 조방 · 일본경질도기 · 마루다이(丸大)고무 · 대선양조 등 6개 회사뿐이었다. 1930년 말 현재 공칭자본과 불입자본은 각각 조방 5,000,000엔 전액불입, 일본경질도기 3,750,000엔, 937,500엔, 대선양조 1,000,000엔, 600,000엔이었다.[58] 조방 한 개 기업의 불입자본금이 한일병합 직후 109개 기업의 불입자본금과 맞먹을 정도로 어마어마한 기업이 조선에 진출하였던 것이다. 이 시기에는 소수 대기업이 부산의 공업발달을 주도하는 가운데 많은 영세 기업이 신설 또는 해산하는 양상을 보였다.

그러면 당시 공장노동자는 어떤 회사에 고용되어 일하고 있었는가. 1934년 현재 부산의 공장노동자수별 규모를 A~D급으로 분류해서 구체적으로 살펴보면 다음과 같다.[59]

---

58) 釜山府, 『釜山府勢要覽』, 1931, 203~221쪽.

59) 공장명부에는 규모 D급(200명 이상), C급(100~199명), B급(50~99명), A급(5~49명) 순서로 되어 있다(『공장명부』, 1932).

[표 3-9] 부산의 노동자 규모별 공장

규모 D(200명 이상)

| 번호 | 회사명 | 취체역사장 | 취급품목 | 위치 | 창립연도 |
|---|---|---|---|---|---|
| 1 | 日本硬質陶器 釜山工場 | 香推源太郎 | 경질도기 | 영선정 | 1918 |
| 2 | 朝鮮紡織(株) | 佐佐木克己 | 면사, 포 | 범일정 | 1922 |
| 3 | 丸大(三和護謨제1공장) | 米倉淸三郎 | 고무화 | 범일정 | 1923 |
| 4 | 日榮( 〃 제2공장) | 米倉淸三郎 | 고무화 | 범일정 | 1928 |
| 5 | 大鮮釀造株式會社 | 池見辰次郎 | 주류 | 범일정 | 1930 |
| 6 | 大和護謨合資會社 | 최성관 | 고무 | | 1930 |
| 7 | 加藤精米所 | 加藤平太郎 | 백미 | | 1930 |
| 8 | 福島製網撚絲工場 | 福島源次郎 | 제망 | 영선정 | 1919 |

규모 C(100~199명)

| 번호 | 회사명 | 취체역사장 | 취급품목 | 위치 | 창립연도 |
|---|---|---|---|---|---|
| 1 | 出口철공소 | 出口平右衛門 | 자동차수리 및 제조 | 수정정 | 1914 |
| 2 | 帝國製麻製布工場 | 長野直市郎 | 廣唐布,北布,麻布 | 서면가야리 | 1917 |
| 3 | 釜山織物工場 | 岩本辛一 | 면포, 인견 | 서면부전리 | 1925 |
| 4 | 渡邊(三和護謨제4공장) | 米倉淸三郎 | 고무화 | 수정정 | 1926 |
| 5 | 朝鮮製鋼株式會社 | 朝鮮製鋼(株) | 로프, 마니라 | 영선정 | 1929 |
| 6 | 三和護謨(주)제5공장 | 米倉淸三郎 | 고무화 | 좌천정 | 1930 |
| 7 | 山城麥子製造工場 | 尹錫千 | 麥子 | 구포금성리 | 1930 |

규모 B(50~99명)

| 번호 | 회사명 | 취체역사장 | 취급품목 | 동명 | 창립연도 |
|---|---|---|---|---|---|
| 1 | (주)田中造船鐵工所 | 田中淸 | 선박제조및내연기관 | 영선정 | 1887 |
| 2 | (주)釜山日報社 | 芥川浩 | 인쇄 | 대창정 | 1905 |
| 3 | 小佐硝子工場 | 小佐助一郎 | 甁類, 照明用 | 보수정 | 1916 |
| 4 | 釜山窯業株式會社 | 平野政吉(상무) | 도기 | 동래서면 | 1920 |
| 5 | 星硝子製造所 | 砂川菊次 | 硝子 | 초량정 | 1921 |
| 6 | (주)川井印刷所 | 川井亮吉 | 인쇄 | 부평정 | 1921 |
| 7 | 倉橋商店木工場 | 倉橋定藏 | 건구 | 대신정 | 1922 |
| 8 | 東拓釜山支店釜山鎭精米場 | 東拓 | 현미, 백미 | 수정정 | 1922 |
| 9 | 吉田鑄物工場 | 吉田久吉 | 釜類 | 영선정 | 1923 |
| 10 | (주)大二商會製材工場 | 生越伊助 | 제재 | 범일정 | 1923 |

| 11 | 若狹제재소 榮町工場 | 若狹榮市 | 제재 | 영정 | 1925 |
|---|---|---|---|---|---|
| 12 | 西條鐵工所 | 西條利八 | 기선수리 | 영선정 | 1928 |
| 13 | 喜聲商會고무工場 | 金聲五 | 고무 | 좌천정 | 1929 |
| 14 | 富田製材所 | 富田士 | 포장목상 | 영선정 | 1930 |

출전: 釜山府, 『釜山の産業』, 1930 ; 朝鮮總督府, 『工場名簿』, 1935년판.

위의 표에서 보면, 부산에서 가장 많은 노동자가 일하고 있었던 곳은 조선방직(1978명)이었으며, 그 다음이 철도국 부산공장(323명), 일본경질도기(315명), 복도제망(317명), 마루다이고무(240명) 등으로서, 면방직공장 · 도기공장 · 고무공장에 집중되어 있다는 것을 알 수 있다. 그 외는 정미소나 철공소 등이었다. 따라서 이 시기 부산에 건설된 공장은 자립의 기반이 되는 기계 기구 제작 공장은 거의 없고, 소비재를 생산하는 공장만 가동되고 있었다는 특징을 가지고 있다.

## 2) 조선인공장과 공장노동자의 증가

1920년대 조선회사령 철폐 후 조선인 자본가들도 적극적으로 제조업 부문에 진출하였다. 그러나 당시 조선인 자본가들은 자본력 열세로 인하여 극소수 몇몇 대기업을 제외하고는 대부분 극히 영세한 규모를 면치 못했다. 그리고 1930년 현재 공장수 총계는 2,093개였지만, 5~49명의 소규모 공장이 모두 97%를 차지할 정도로 영세하였다. 또한 금융업에 19사, 농림수산업에 23사, 운수창고업에 38사 등으로 기업체의 31%이다.[60]

60) 이한구, 『일제하 한국기업설립운동사』, 청사, 1989, 148~149쪽.

[표 3-10] 규모별 조선인 공장통계

| 노동자수(명) | 공장수(개) | 구성비(%) |
|---|---|---|
| 5~49 | 2,031 | 97.0 |
| 50~99 | 42 | 2.0 |
| 100~199 | 12 | 0.6 |
| 200명 이상 | 8 | 0.4 |
| 계 | 2,093 | 100.0 |

출전: 朝鮮總督府 殖産局, 『朝鮮工場名簿』, 1913년판.

이처럼 영세한 조선인 기업에서 볼 수 있듯이, 조선인 자본가들은 대부분 5~49명(A급)종사하고 있는 공장에 집중되어 있으며 97.0%이었다. 부산은 특히 초기에 정착한 일본인이 근대 산업을 강력하게 독점하고 있던 곳이어서 조선인 자본가들이 여기에 대응하기가 더욱 힘들었다. 일본인들은 요업, 전기업, 식료품공업 가운데 청주 · 소주 · 장유(醬油) · 청량음료 · 통조림, 가스전기업 등 근대적 산업부문에 주로 진출하였다. 반면 20년대 조선인 자본가들은 고무신 제조공업이나 탁주공업에 진출을 시도하였다. 다음 [표 3-11]은 1930년 말 현재 조선인이 설립한 공장이다.

[표 3-11] 부산지역 조선인 설립 업종별 공장 일람

| 공장명 | 조선인공장명 | 소재지 | 주요사업 | 설립년월 | 대표자 |
|---|---|---|---|---|---|
| 방직공업 | 南鮮染織所 | 凡一977 | 綿織物業 | 1925.5 | 李有福 |
| | 福本洋襪製造工場 | 榮2-10 | 靴下製造 | 1927.2 | 金成祐 |
| | 福本洋襪製造工場 | 左川682 | 製綿業 | 1926.12 | 金二鳳 |
| 금속공업 | 高麗鍮器鑄物工場 | 左川604 | 食器類製造 | 1923.5 | 金敬俊 |
| | 朝鮮食器製造所 | 中島2-75 | 食器類製造 | 1925.3 | 韓基善 |
| | 大新鐵工所 | 中島1-9 | 建築家具用金物 | 1926.12 | 朴元吉 |
| 기계기구공업 | 慶南鐵工所 | 榮3-12 | 自動車修理 | 1932.4 | 白永植 |
| | 草梁鐵工所 | 榮3-12 | 機械修理 | 1922.1 | 朴石福 |
| 화학공업 | 日榮고무공장 | 佐川町 | 고무화제조 | 1923 | 金珍守 |
| | 渡邊고무부산공장 | 水晶町 | 고무화제조 | 1926 | 金英俊 |
| | 喜聲商會고무공장 | 佐川町 | 고무화제조 | 1929 | 金聲五 |

| | | | | | | |
|---|---|---|---|---|---|---|
| | | 大和고무공업소 | 佐川町 | 고무화제조 | 1930 | 崔成寬 |
| 제재 · 목제품공업 | | 東明家具工場 | 左川62 | 家具製造 | 1927.9 | 姜錫鎭 |
| 인쇄업 | | 東明印刷所 | 草梁474 | 印刷業 | 1930.8 | 金丙壽 |
| | | 協同印刷合資會社 | 草梁593 | 印刷業 | 1928.11 | 지배인李秉熙 |
| | | 釜山日報印刷洋帳部 | 大倉4-48 | 印刷業 | 1931.3 | 金德國 |
| | | 金明堂印刷所 | 西2-18 | 印刷業 | 1931.8 | 金明仲 |
| 식료품공업 | 1) 조선주조 양조업 | 合資會社大東酒造場 | 大新502 | 濁酒釀造 | 1931 | 權仁壽 |
| | | 李文龍酒造場 | 瀛仙1682 | 同 | 1927 | 李文龍 |
| | | 聖岩釀造場 | 凡一633 | 同 | 1924 | 河元俊 |
| | | 合資會社水英家釀造場 | 水晶152 | 同 | 1926 | 李英伊 |
| | | 鄭順南釀造場 | 水晶264 | 同 | 1920 | 鄭順南 |
| | | 朝鮮酒釀造場 | 草梁43-3 | 同 | 1927 | 金成道 |
| | | 姜斗先酒造場 | 瀛州356 | 同 | 1927 | 姜斗先 |
| | | 趙文吾酒造場 | 瀛州587 | 同 | 1927 | 趙文吾 |
| | | 朝鮮酒類製造工場 | 瀛州609-5 | 同 | 1927 | 朴學述 |
| | | 裵慶圭酒造場 | 本5-17 | 同 | 1924 | 裵慶圭 |
| | | 李鐘甲酒造場 | 本5-29 | 同 | 1921 | 李鐘甲 |
| | | 辛泰珍酒造場 | 寶水2-44 | 同 | 1924 | 辛泰珍 |
| | | 韓晳東酒造場 | 中島2-7 | 同 | 1927 | 韓晳東 |
| | | 朴周成酒造場 | 中島2-65 | 同 | 1927 | 朴周成 |
| | | ◎朝鮮酒造場 | 谷2-54 | 同 | 1924 | 曺敬玉 |
| | | 朴根培朝鮮濁酒製造工場 | 土城1-8 | 同 | 1927 | 朴根培 |
| | | 金武弘酒造場 | 南富民38 | 同 | 1927 | 金武弘 |
| | | 邊太元酒造場 | 瀛仙235 | 同 | 1927 | 邊太元 |
| | | 金敏先製造場 | 瀛仙489 | 同 | 1927 | 金敏先 |
| | | 宋根實酒造場 | 瀛仙1458 | 同 | 1928 | 宋根實 |
| | | 曺重煥酒類製造場 | 瀛仙1624 | 同 | 1927 | 曺重煥 |
| | 2) 과자제조 | 玄風軒製菓工場 | 寶水2-94 | 菓子製造 | 1926.4 | 郭長錄 |
| | 3) 포모제조 | ○포모製造所 | 凡一132 | 포모製造 | 1918.9 | 金正善 |
| | | 山三포모製造所 | 寶水2-74 | 포모製造 | 1927.2 | 羅景守 |
| | 4) 정미업 | 釜鎭精米所 | 左川358 | 精米業 | 1921.10 | 金永僖 |
| | | 水晶精米所 | 水晶92 | 同 | 1925.12 | 金炳熙 |
| | | 大倉精米所 | 大倉4-25 | 同 | 1927.10 | 金宗海 |
| | | 丸金精米所 | 富平3-32 | 同 | 1927.11 | 金允基 |
| | | 日新精米所 | 土城1-2 | 同 | 1928.4 | 李采鳳 |
| | 1) 종이제품제조 | 丸金堂製袋所 | 土城1-2 | 同 | 1922 | 金允必 |

| 기타 | 2) 기타제조업 | 永信洋靴店 | 本4-6 | 靴製造 | 1918.5 | 朴永浩 |
|---|---|---|---|---|---|---|
| | | 地球ブラシ工場 | 瀛仙271 | 刷子製造 | 1931.10 | 金百順 |

출전: 朝鮮總督府,『工場名簿』, 각년판 ; 釜山商業會議所『釜山港經濟統計要覽』1929년 부록 부산공장일람표, 35쪽에서 작성.

[표 3-11]에서 보듯이, 1930년 말 현재 조선인이 부산지역에 설립한 공장은 49개소이었다. 그 가운데 탁주공업 21개소, 고무공업 5개소, 정미업 5개소, 인쇄업 4개소, 기타 14개소 등이었다.

이 가운데 주목되는 것은 고무공업이다. 고무공업은 조선인이 참여한 대표적 근대공업으로서 조선인 고무공장은 모두 5개였다. 1918년에 설립된 합자회사 영신화포점(永信靴鞄店)·일영고무(日榮)·와타나베고무(渡邊) 부산분공장·성진상회(聲振商會)·대화고무공업소 등이었다.[61] 고무공장이 건설됨에 따라 조선인 약 600여 명이 이 공장에서 일하게 되었다.[62] 그리고 조선인들 고무공장에서는 한때 일본인이 경영하던 마루다이고무공장보다 많은 고무신을 생산하기도 하였다.[63] 하지만 1930년대 초반 조선인 공장은 고무 원료부족 등으로 인해 거의 도산되거나 통폐합되었다. 특히 일본이 만주사변을 일으키고 중국으로 진출하고자 한 1934년에는 마루다이고무를 중심으로 한 삼화고무주식회사(三和護謨株式會社)가 조선인 고무공장을 모두 통합하였다. 조선인들은 이 회사 경영에 참여하는 형태로 정리되었고 남부지역 고무공업은 합병되고 통제되었다.[64]

부산의 노동자는 대체로 공장노동자, 일가(日稼)노동자, 자유노동자 3종

61) 영신화포점은 1918년 5월 창립되었으나 1929년 말 현재 보이지 않는다. 혼마치(本町)에 소규모로 설립되었으며 설립자는 박영호(朴永浩)였다(朝鮮總督府,『工場名簿』1930년판).

62) 釜山府,『釜山』2월호, 1930, 31쪽「50명 이상 종업자를 가진 공장 종업자수」참조.

63) 1929년 말 현재 부산의 고무신 제조 5개 공장 중 일본인 소유 공장의 연간 총생산량은 850,000켤레, 425,000엔임에 비해 조선인소유 4개 공장 합계는 생산량 1,550,000켤레, 782,500엔이었다(釜山府,『釜山府勢要覽』, 1930).

64)『釜山日報』1934년 3월 29일.

류로 나눌 수 있다. 공장노동자는 주로 공장 관계 노무에 종사하며, 일가노동자는 대부분 운반하역을 가업으로 하는 자, 자유노동자는 제 공사에 종사하고 있는 자와 기타 일급노동에 종사하는 자이다. 1927년 현재 총독부가 파악하고 있는 부산지역 노동자 총수는 약 6,800명이었다. 그러나 실제로 부산은 항구도시로서 일본으로 도항하려는 자, 해륙운반 및 설비공사 등을 위해 각지에서 많은 노동자들이 모여들고 있었다. 1927년 현재 45,000명으로 추산되고 있기 때문에 노동자수도 5만 명 이상으로 추정할 수 있다. 이에 따라 부산부 내에서 체류하는 자가 많아 노무 수급은 공급과잉상태가 되어 일반적으로 임금이 저하되는 결과를 초래하였다.[65)]

이러한 중에 부산에 노동집약적 공업이 설립되자 공장 노동자수가 증가하게 되었다. 1929년 말 현재 부산의 업종별 공장 노동자 수를 살펴보면 다음 [표 3-12]와 같다.

[표 3-12] 공장노동자수별 공장일람표(단위 : 명)

| 사업명 | 공장수 | 직공수 | 10 이하 | 11-30 | 31-50 | 51 -100 | 101 -200 | 201 -500 | 500 이상 |
|---|---|---|---|---|---|---|---|---|---|
| 방직공업 | 13 | 2,716 | 6 | 1 | 4 | - | 1 | - | 1 |
| 금속공업 | 24 | 405 | 13 | 8 | 2 | 1 | - | - | - |
| 기계기구제조 | 57 | 749 | 40 | 13 | 1 | 2 | 1 | - | - |
| 요업 | 17 | 1,282 | 6 | 2 | 3 | 3 | 1 | 1 | 1 |
| 화학공업 | 14 | 1,816 | 8 | - | - | 1 | 2 | 2 | 1 |
| 제재목제품공업 | 34 | 647 | 18 | 8 | 3 | 4 | - | - | - |
| 인쇄업 | 19 | 346 | 8 | 9 | - | 2 | - | - | - |
| 식료품공업 | 131 | 1,693 | 104 | 19 | 4 | 1 | 1 | 2 | - |
| 기타공업 | 38 | 545 | 28 | 8 | 1 | - | 1 | - | - |
| 합계 | 347 | 10,199 | 232 | 68 | 18 | 14 | 7 | 5 | 3 |

출전: 釜山府, 『釜山の産業』, 1930, 41~42쪽.

65) 小林生, 「釜山において勞働者需給の現況」, 『釜山』 1927년 9월호.

[표 3-12]에서 보듯이, 방직공업에 노동자수가 가장 많고 그 다음이 화학(대부분 고무신제조)공업 · 식료품 · 요업 순이다. 그리고 공장이 늘어나면서 공장노동자 또한 꾸준한 증가를 보여 1929년 말 현재 부산부 전체 인구 약 10만여 명 가운데 10,199명으로서 약 10%를 차지할 정도가 되었다.[66)]

이 시기에 남자노동자가 많이 늘어났는데, 조선총독부 철도국 부산공장과 일본경질도기 · 조선제강㈜ 조선분공장, 식료품 공장 등에서 남자노동자가 많이 필요하였기 때문이다.[67)]

그리고 부산에 대규모 방직공장이 최초로 들어서게 됨에 따라 여자노동자 수도 급속하게 늘어난 것은 주목할 만하다. 특히 초기 자본주의 형성과정에서 일반적으로 나타나는 여자노동자와 아동노동자에 대한 노동력 착취 문제는 영국과 일본에서도 나타났던 것이었다. 하지만 식민지 조선의 통치지배시스템에서는 노동법이 제정되지 않아 이들을 낮은 임금을 주고 장시간노동을 시켜도 가능하였기 때문에 더욱 심하게 착취 대상이 되었다.[68)] 이들은 박봉을 받았지만 자신들의 노동력으로 가족을 부양하는데 도움을 주면서 근대 여성으로서 또 근대노동자로서 자각하기 시작하였다. 그 의식은 공장 내부 조직의 생산과정에서 단련된 결과이며 파업 과정에서도 표출되었다.[69)]

---

66) 釜山府, 『釜山の産業』, 1930, 41~42쪽.

67) 釜山商業會議所, 『昭和4年 釜山港經濟統計要覽』, 附錄 釜山工場一覽表 參照. 이 시기에는 일반노동자부문에서도 조선인 증가율이 높은데, 그것은 남항수축공사, 북빈연안매립공사 착수 및 福島製鋼 · 丸大 · 渡邊 · 大和 각 고무공장이 세워져, 이 공장에서 일할 노동자가 늘어났기 때문이다(釜山府, 『釜山』 2月号, 1930, 25쪽).

68) 이 시기 일본의 국제경쟁력은 여자노동자의 극단적인 저임금에 기반한 것이었다. 영국 여자노동자 저임금의 1/10이하, 인도 남자노동자의 약 1/2이었다(細井和喜藏著, 『女工哀史(原著發行은 1925年)』, 岩波書店, 1954). 그런데 조선의 여자노동자 임금은 일본의 여자노동자임금보다 1/2도 되지 않았다(姬野 實, 『朝鮮經濟圖表』, 302쪽).

69) 『東亞日報』 1920년 1월 3일. 1930년 조방의 대파업투쟁에 대해서는 박재화, 「1930년 조선방직노동자들의 파업 연구」, 부산여자대학교 석사학위논문, 1993 ; 오미일, 「1920년대 말~1930년대 부산 · 경남지역 당재건 및 혁명적 노동운동의 전개와 파업투쟁」, 『한국근현대지역운

부산지역 공장은 점차 구전관거류지를 벗어나 부산진 쪽과 절영도 쪽으로 이전 설치되었다. 이에 따라 부산의 공장노동자들은 밀집된 공장 입지와 노동집약적 산업에 집중되어 있었기 때문에 자신들의 노동조건에 대해서 서로 의견을 주고받기가 훨씬 쉬웠다. 바로 이러한 점이 1920·30년대 초 부산에서 공장노동자가 조직화되고, 노동쟁의가 격렬하게 전개되는 하나의 원인이 되었다.[70] 그러면 근대적 기계제 대공업 회사로 부산에 설치된 조방의 설치과정과 자본의 확대과정, 공장의 내부구조 등을 통해 1930년대의 본격적인 '조선공업화' 이전 단계에서 대기업의 자본축적 양식을 살펴보고, 식민지에 설립된 근대적 기업의 노동자 내부 조건의 변화양상에 대하여 검토해보자.

### 3) 근대적 기계제대공업의 설립 사례

#### 근대적 면방직공업의 설립 배경

제1차 세계대전 이후 일본경제는 불황을 면치 못하였다. 이에 유휴자본은 식민지로 투자의 눈길을 돌렸다. 이러한 일본경제내부의 조건과 함께 총독부에서도 적극적으로 기업을 유치하려는 정책을 취하고 있었다. 일본인 자본가들은 식민지 조선에는 개항장에서 성장한 신도시에 도시기반 시설이 어느 정도 갖추어졌고, 도시로 모여든 조선인들의 값싼 노동력도 있기 때문에 사업적 타산이 있다고 판단하였다. 그래서 1917년 일본의 자본가들은 면방직 공장에 투자를 결정하였다. 그러나 공장자체를 수출하는 정책이었기 때문에 직기나 방기를 생산하는 기술개발 등과 관련된 기계공

---

동사』, 여강, 1993 참조.

70) 中尾美知子, 「1930年『朝鮮紡織』爭議研究ノート」, 『呴沫集』 2, 1980, 185쪽.

업은 수출하지 않았다. 이 때문에 면방직부문에서 산업적 연관구조는 조선이 일본의 기술에 철저하게 종속되는 구조였다. 이렇게 일본의 기계제 면방직공장이 조선에 설립된 것은 국내외적 역사적 제 조건이 변동하였기 때문이다.

근대적 면방대기업이 조선에 진출하기 시작한 것은 조선의 면포 생산과 소비구조변동 등과 밀접한 관련을 가지고 있다. 한말 면포생산은 가내수공업이나 소규모 공장제 수공업 형태로 진행되었다.[71) 1910년대에는 우리나라 직물업자들이 개량 직기 제조, 기계를 이용한 공장 설립 등 새로운 발전 형태를 모색하여[72) 활발한 생산 활동으로 급속히 성장하여 갔다. 그러나 1차대전 이후 공황을 이겨내지 못하고 대부분 도산하였다. 이에 몇몇 조선인 업자들은 자본규모를 확대하여 동양염직주식회사를 설립하였다.[73) 그러나 값싼 외국제 면포의 압박을 이겨낼 수 없었다.

이러한 사정은 방직업보다 방적업에서 더욱 심하였다. 이 시기 일본 자본주의의 산업구조는 대규모 면방직공장이 중심이었다. 그리고 대규모 방직공장 생산품의 약 절반을 면사가 점하고 있었다.[74) 그 때문에 일본에서는 값싼 방적사를 조선 시장에 대량으로 유입시켰고, 자본력과 기술력이

---

71) 이 시기 직물업 경영형태에 관한 연구는 개항 전 직물업과 일제하 그것을 연결하는 고리이기 때문에 일차적으로 실증 작업이 필요하다. 權泰檍은 韓末의 직물업의 성격을 공장제수공업(manufacture)이라고 규정하고 있다(權泰檍, 『韓國近代綿業史硏究』, 一潮閣, 1989, 60~68쪽).

72) 개항 이후 우리나라 면직물업 경영형태의 발달과정은 대개 세 시기로 나누어 볼 수 있다. 첫째는 1922년 이전까지 조선의 면포생산이 가내수공업이나 소규모 공장제수공업 형태로 진행되던 시기이고, 둘째는 1922~1930년까지 일본에서 자본침투가 시작되고, 면포생산이 대규모 공장제 기계공업 형태로 진행되기 시작하던 시기, 셋째는 1930년 이후 일본 독점자본이 본격적으로 침투하면서 공장제 기계공업이 전형으로 되었던 시기이다(박재을, 「한국 면방직업의 사적연구」, 경희대학교 박사학위논문, 1980, 209쪽 참조).

73) 이 시기 농촌과 도시의 전업적 직물업에 대해서는 權泰檍, 앞의 책, 1989 ; 趙璣濬, 『韓國資本主義 成立史論』, 大旺社, 1973 참조.

74) 西川博史, 「産業 = 貿易構造(Ⅱ)」, 石井寬治 · 海野福壽 · 中村正則 編, 『近代日本經濟史を學ぶ』(下), 有斐閣, 1977, 92~93쪽.

없는 조선의 방적업 발달은 기대할 수 없었다. 그래서 조선인 직물업자들은 일본으로부터 원료인 면사를 들여와, 이를 개량직기로 짜냄으로써 기계제 면포와 정면 대결을 피할 수 있는 직물만 생산하였다.[75)]

다음으로 외부적인 요인으로서 일본자본주의 변동과정을 살펴보면, 1차 대전 이후 공황을 거치면서, 일본 자본주의 내부에는 자본집중화 현상이 나타났으며 자본의 해외침투 욕구가 높아지게 되었다.[76)] 이때를 계기로 일본의 면제품은 면사 중심에서 면포 중심으로 전환하였다.[77)]

이러한 일본의 구조적인 변화와 함께, 조선의 개항장에서 성장한 신도시에는 사회간접시설이 확충되었다. 총독부는 약탈적인 면화 증산정책으로 원면을 쉽게 구할 수 있었으며, 저렴한 노동력을 이용한 식민지 초과이윤을 확보할 수 있었다. 무엇보다도 면포 수요시장이 충분히 형성되어 있었다.[78)]

이러한 조건에 힘입어, 1914년 시멘스 뇌물수수사건과 관련하여 미쓰이재벌 상무였던 야마모토 조타로(山本條太郎)가 퇴진하면서, 자본가들은 조선에 대규모 공장제 기계제 형태로 방직회사 설립을 모색하였다. 대표적인 것은 1917년 설립된 부산의 조선방직주식회사이며,[79)] 이후 1918년에 목포에 남북면업주식회사, 1919년 대구에 조선생사주식회사가 설립되었다. 이들 기업은 모두 미쓰이재벌의 직계, 방계 자회사이거나 관련회사였다.[80)]

75) 權泰檍, 앞의 책, 1989, 40~71쪽.

76) 釜山經濟史編纂委員會, 『釜山經濟史』, 1989, 560~562쪽.

77) 京城紡織七十年史 編纂委員會, 『京城紡織株式會社七十年史』, 1989, 85쪽.

78) 慶尙南道棉作係編, 『慶南の棉』, 1931, 138쪽(이하 『慶南綿』으로 줄임) ; 朝鮮綿絲布商聯合會, 『朝鮮綿業史』, 1929, 87~89쪽(이하 『綿業史』로 줄임).

79) 朝紡에 대한 1945년 이후 자료 중 일제시기 기록에 대해서는 다음을 참조.
朝鮮紡織株式會社 기획과, 『朝紡의 概況』, 1952 ; 慶南年鑑編纂會, 『慶南年鑑』 創刊號, 1954, 195~198쪽 ; 金義煥, 「釜山 近代工業 發達史(上)」, 『港都釜山』 第6號, 1967, 399쪽.

80) 그러나 조방은 초기에 미쓰이계와 밀접한 관계를 가지고 있었으나, 이후 중외산업(中外産業)이 하나의 신흥 콘체른으로 성장하면서 점차 독립되었다.

조선에 미쓰이계의 방직공장이 연이어 설립되고, 조선총독부도 방직공장 설립을 장려하게 되자, 조선시장을 안정된 면포 이출시장으로 계속 유지하려던 일본방적연합회(日本紡績聯合會)는 크게 반발하였다.[81] 그러나 일본 거대자본은 전후공황으로 인해 섬유공업을 시작으로 금광업, 전력업, 화학공업 등을 조선에 이전시키고자 하였다.[82] 기업이익을 창출하기 위해 노동력절감에 따른 식민지 초과이윤이 무엇보다도 필요했던 것이다.

조방과 같은 기계제 대공장이 조선에 들어섰다는 것은 단순히 공장 하나가 조선에 진출했다는 의미 이상의 것이 있다. 그것은 그동안 개항장·개시장을 중심으로 상업과 무역에 자본을 투자하던 자본가들이, 병합과 식민통치로 인해 식민지 지배구조가 어느 정도 궤도에 올랐다고 보고 공업부문에 투자하기 시작했기 때문이다.

일본인에 의한 대규모 방직공장이 설립되자, 1919년에 김연수(金季洙)를 비롯한 조선인들은 주식을 공모하여 경성방직주식회사(이하 경방)를 창립하였다.[83] 경방은 3·1운동 이후 민족의식이 고조된 상태에서 공장을 세우고자 하였다. 그러나 전문경영가 이강현이 오사카 삼품(三品)시장에서 자금을 모두 잃어, 공장을 준공하기도 전에 폐쇄해야 하는 어려움에 봉착하였다. 결국 김성수는 당시 실권자 사이토 총독에게 부탁하여 조선식산은행에서 대부받아 기사회생하였다.[84] 사무소는 남대문에 공장은 영등포

---

81) 『大日本紡績聯合會月報』 294號, 1917年 2月 1日 ; 「朝鮮の 棉花」, 『大日本紡績聯合會月報』 390號, 1925年 2月 33項(大石嘉一郎 編, 『日本帝國主義史』 1, 東京大出版會, 1985, 169쪽 재인용).

82) 당시에도 이러한 경공업 이식을 강행한 것은 조선의 아웃사이더 정책으로서 비판되었다. 그 증거로 시멘트공업을 들고 있다. 당시 위정자들은 일본산업과 일체화 방침하에 적지적업(適地適業) 경제정책을 채택하였기 때문에 조선경제는 파행적으로 발전하였다. 그것은 한편으로는 더욱 대외 공출력을 배양하였지만 다른 한편으로는 자급력이 극도로 떨어졌다고 한다(川合彰武, 『朝鮮工業の現段階』, 東洋經濟新報社京城支局, 1943, 16쪽).

83) 朝鮮工業協會, 『朝鮮に於ける工業の現在と將來』, 1933, 5쪽(이하 『現在와將來』로 줄임) ; 『京紡史』, 64쪽 ; 朝鮮總督府, 『朝鮮の物産』, 1927, 506쪽 참조.

에 건립하였다.

이후 1906년부터 조면공장을 운영하던 조선면화주식회사가[85] 1923년부터 목포에서 광폭면직물 생산에 참가하게 되었다. 그러나 이 회사들이 조업을 시작한 것은 모두 1차 대전 후 불황기였다. 1923년 9월에는 관동대진재(關東大振災) 피해를 회복하기 위해 일본에서 이른바 '수이입품의 면세에 관한 긴급칙령'을 공포하였기 때문에 많은 면제품들이 조선시장에 들어와 값싸게 팔렸다. 그 때문에 조방과 경방 등은 경영이 부실할 수밖에 없었다. 이에 총독부에서는 조선산 면화 소비 장려와 방적업 발달을 조장하기 위해 보조금을 교부하였다.[86]

1926년부터 조방은 광폭면포를 본격적으로 생산하였고, 경방에서도 서북지역으로 판로를 개척하여 조선 내 면포 생산은 늘어났다. 조선에서 조방, 경방, 조선면화가 제품을 생산하면서 일본 제품 이입은 격감하였다.[87] 특히 조방이 본격적으로 제품을 생산하기 시작한 1925년 10월 이후에는 이러한 경향이 더욱 심화되었다. 그러나 기타 일반가공품은 전부 일본에서 이입되었다.[88] 결국 조방 · 경방 · 조선면화는 1920년대부터 1930년대 중반

---

84) 이강현이 일본 오사카에서 삼품거래를 하여 많은 손실을 보았기 때문에 결국 1920년 7월 조선식산은행에서 8만 엔을 대출받아 공장을 완성하였다(경성방직70년사 출판위원회, 『京城紡織株式會社70年史』, 1989, 59~61쪽). 따라서 경방은 출발부터 조선총독에게 부탁하여 식산은행에서 자본을 대부받아 공장을 건설하였다. 이런 점에서 식민지에서 조선인 자본이 일제의 지배로부터 예속되지 않고 자유롭게 존재하는 것은 어렵다고 생각된다.

85) 조선면화의 전신은 1906년에 설립된 한국면화㈜이다. 자본금 20만 원, 본사는 오사카에 두고 지점을 목포에 설치하여 조면(繰棉)을 일본에 수출하였다. 1918년 당사는 天平綿業㈜와 木浦綿業㈜를 합병하고, 朝鮮棉花株式會社로 명칭을 바꾸었다. 조선명화가 소유한 조면공장은 목포, 부산 등 12개소로 흩어져 있었기 때문에 경영상 불리하여, 여수공장을 제외한 다른 공장을 통합, 목포에 하나의 대공장으로 설립하였다. 이후 1923년 목포에 직포공장을 설립하여 조포(粗布)생산에 참가하였다(朝鮮棉花株式會社, 『朝鮮棉花株式會社20年史』, 1943 ; 京城商工會議所, 『朝鮮經濟雜誌』, 1928, 11쪽 참조).

86) 『現在와 將來』, 5쪽.

87) 일본에서 이입된 생조포(生粗布)는 1924년 현재 수량이 66,598,700방마(方碼)였고 생산액 20,226,855엔이었던 것이, 1928년 현재에는 수량 44,041,243방마에 생산액은 9,870,045엔이 되었다(『綿業史』, 178쪽).

일본 대방적자본이 조선에 들어올 때까지 조선 면방직공업을 주도하였다.

조선방직은 근대적 기계제 대공업 체제로 전통도시 동래와 개항장 도시 부산의 외곽지역에 설립되었다. 이후 부산진 지구에는 많은 공장이 속속 신설되었고, 항구였던 부산과 전통도시인 동래의 지형은 크게 변화되었다. 경성방직은 수도 경성의 남대문과 영등포에 각각 건설되었다. 경성은 전통도시이지만 새로운 도심 영등포와 용산 방면으로 시가지가 확대되게 된다.[89] 이러한 공간 확대는 1930년대 이후 일제가 조선을 전진대륙병참기지로 만들고자 할 때 기초가 된다.

## 3. 식민도시 자본가그룹의 형성

### 1) 식민도시 자본가의 성장 배경

#### 동아시아 제국과 식민지 경제 체제의 형성

식민도시에 자본가가 성장한 배경은 국제적·국내적 계기에 의한 구조적인 것이다. 국제적인 특징은 크게 세계적 경제질서 변동 특히 동북아질서 변동을 들 수 있다. 국내적인 특징은 직물업에서 조선인 자본주의적 경영형태와 식민도시 정착 재조일본인의 특혜에 의한 자본형성을 들 수 있다. 조선인 자본가 형성은 전통도시에서 상품화폐경제 발달에 의한 상업자본가의 선대제 생산, 직물업에서 공장제 매뉴팩쳐 운영 등에서 비롯되

88) 1932년 7월부터 조선방직이 '금계룡(金鷄龍)'을 증산하여 이후 표백 제품 이입도 감소하였다(『現在와 將來』, 10쪽).

89) 전시체제기 경성 시가지계획에 대한 자세한 것은 염복규, 「1933~43년 日帝의 '京城市街地計劃'」, 『한국사론』 46, 서울대국사학과, 2001을 참조.

었다.[90] 또한 식민도시에 정착한 재조일본인들에 대한 토지소유권의 인정, 식민도시 개발에 따른 선점 토지에 대한 부가 가치의 획득, 회사령 철폐에 따른 중소자본의 속출 등이 자본가 형성을 추동하였다. 구체적으로 살펴보면 다음과 같다.

먼저 국제적 계기를 살펴보면, 세계적 경제 질서 가운데 특히 동북아질서 변동과 관련이 깊다. 19세기부터 20세기 초기에 걸쳐 청국이 쇠퇴하고 있는 가운데, 그 주변 여러 나라는 구미제국의 종속국으로 전락하였다. 그 과정에서 식민지·반식민지를 포함하고 넓은 의미에서 정치·경제·군사적 협력관계를 내포한 두 개의 지역 세력권이 동아시아에 형성되었다.[91]

이른바 동아시아 식민지체제가 형성되었는데, 그것은 영국이 주도하는 동남아시아교역체제와 일본이 주도하는 동북아시아 교역체제로 대별된다. 동남아시아 교역체제는 대영제국이 말레이반도의 고무와 주석을 축으로 타이, 프랑스령 인도, 네덜란드령 인도를 포함하여 형성되었다. 이 교역체제 특징은 대영제국이 1900년대부터 20년 걸려 인도, 말레이반도를 침략하여 고무와 주석, 쌀에 대한 물류를 중심으로 국제무역 다각적 결제체계를 만들었다.[92]

한편 동북아시아 교역체제는 일본제국주의가 조선, 만주, 중국 등 대륙침략과 함께 식민지·점령지 획득을 통하여 무력으로 만들었다. 일제는 1895년에 대만을 영유하였고, 1905년에 관동주·만철 부속지·사할린(樺太)을 영유, 1910년에는 조선을 강제 병합하였다. 이후 1915년 칭따오(青島, 다만

---

90) 권태억은 韓末 직물업의 성격을 공장제수공업(manufacture)이라고 규정하고 있다(權泰檍, 앞의 책, 1989, 60~68쪽). 당시 경영형태에 대해서는 직물업을 비롯하여 철공업 등에 대한 내부구조를 밝혀내는 실증적인 작업이 필요하다.

91) 본고에서 서술하고 있는 동아시아 경제권의 실태에 대해서는 小林英夫, 「東アジア經濟圈－戰前と前後」, 『岩波講座 近代日本と植民地 1 ; 植民地帝國日本』, 岩波書店, 1992, 33~58쪽 참조.

92) 小林英夫, 『大東亞共榮圈」の生成と崩壞』, 御茶の水書房, 1975, 第2編 第2章 참조.

1922년에 중국에 반환) 미크로네시아(1922년에 위탁통치령)를 영유하여, 「동북아시아교역권」으로 일컬어지는 하나의 경제권을 형성하기 시작하였다.

이 경제권의 특징은 각 지역 물자가 일본과 단선적인 구조로 이루어져 있는 것이다. 조선으로부터는 쌀, 대만으로부터는 쌀과 사탕 등 식량이 일본으로 이입되었고, 관동주와 만철 부속지로부터는 대두나 대두가공품 등 농산물, 농산물 가공품, 철광석이나 석탄 등 공업원료, 선철 등 공업제품이 이입되었다. 사할린에서는 목재와 펄프가, 남양군도(南洋群島)로 일컬어지는 미크로네시아로부터는 해산물, 인광석(燐鑛石), 사탕 등이 이입되었다. 그리고 섬유나 잡화를 중심으로 한 경공업제품이 일본으로부터 식민지에 이입되었다. 다만 관동주, 만주와 조선, 대만 사이의 교역은 있었지만, 대일 이출입량과 비하면 그 양은 많지 않았다.

양 교역권의 공통점은 무엇보다도 식민지에서는 공업원료를 본국이나 구미선진국에서 공급받고, 반면 본국이나 구미선진국에서 생산한 공업제품의 시장으로 되었던 것이다. 그러나 앞의 '동북아시아 교역권'은 '동남아시아 역내교역권'과 같이, 대영제국 국제무역의 다각적 결제체계 일환으로서, 자원을 상호 교류하면서 권역 내 네트워크 시스템은 만들지 못하였다.

### 조선내 자본가 성장 배경과 사회경제상황의 변동

이러한 국제적 여건 속에서 조선 내 자본가 성장의 특징은 조선인이 아니라 무엇보다도 식민지 정착 일본인에게 국가적 특혜를 부여하면서 전개되었다는 점이다.[93] 메이지정부는 조선의 거류지를 대륙진출을 위한 교두보로 삼기 위하여, 거류지를 만들고 일본인들을 대거 이주시켰다.[94] 청일

93) 이주 일본인에 대한 특혜에 대해서는 木村健二, 『在朝日本人の社會史』, 未來社, 1989 참조.
94) 재조일본인에 대한 연구는 다음을 참조. 木村健二, 위의 책 ; 高崎宗司, 『植民地朝鮮の日本人』, 岩波新書, 2002 ; 木村健二, 「朝鮮における経済統制の進行と経済団体」, 柳沢遊・木村健

전쟁, 러일전쟁에서 재조일본인들이 조선에 상륙한 일본군에게 숙사와 식량을 제공하게 되자, 일본정부는 더욱 적극적인 이민대책을 취하여, 을사늑약 후 재한일본인은 모두 82,061명(1906년 현재, 1945년에는 약 72만 명)이었다. 그 지역을 인구 순으로 보면, 부산 15,875명, 인천 12,991명, 경성 11,484명, 원산 4,820명, 평양 4,549명이었으며, 진남포 3,093명, 목포 2,290명, 군산 1,553명, 신의주 1,457 명 등의 순위이었다.[95)]

이처럼 개항장, 개시장 각지에 정착하기 시작한 일본인들은 거류지 주변으로 점차 토지를 소유하기 시작하였다. 당초 조선정부에 거류지를 영대임차하는 조건으로 들어온 일본인들은, 1883년에는 조영수호통상조약(朝英修好通商条約)의 최혜국조항을 적용하여, 거류지 외 10리 이내의 토지, 가옥을 취득, 영조(永租)할 수 있게 되었다. 실제로 그 이전에도 일본인은 거류지외의 토지를 저가로 차지(借地)하고 있었다.[96)] 개항 당초에 이주한 일본인 중에서, 부산을 중심으로 활동한 하자마 후사타로(迫間房太郎), 오이케 츄스케(大池忠助) 등은 토지집적을 기반으로 자본을 축적한 대표적

---

二編著, 『戦時下アジアの日本経済団体』, 日本経済評論社, 2004 ; 坂本悠一・木村健二著, 『近代植民地都市 釜山』, 桜井書店, 2007 ; 柳沢遊・木村健二・浅田進史 編著, 『日本帝国勢力圏の東アジア都市経済』, 慶應義塾大学東アジア研究所叢書, 2013 ; 홍순권, 「일제시기 부산지역 일본인사회의 인구와 사회계층구조」, 『역사와경계』 51, 2004 ; 홍순권편, 『일제시기 재부산일본인사회 주요인물 조사보고』, 선인, 2006 ; 홍순권 등, 『부산의 도시형성과 일본인들』, 선인, 2008.

95) 統監府総務部内事課, 『在韓本邦戸口及官署一覧』, 1907. 부산, 인천, 목포, 원산 등 거류지의 도시화 과정에 대해서는 손정목, 『韓國開港期 都市變化過程研究』, 一志社, 1982 ; 『韓國開港期 都市社會經濟史研究』, 一志社, 1982 참조. 부산의 일본인 거류지 확보와 시가지 형성에 대해서는 김경남, 「일제하 조선에서 도시건설과 자본가집단망」, 부산대학교 박사학위논문, 2003, 23~31쪽 참조.

96) 일본인들의 토지탈점 및 소유경로는 다양하였다. 헐값을 치르고 사들이는 경우도 있고, 정치권의 권력을 이용해 불하받은 경우 등 다양하였다. 한말의 정치상황과 외세의 침략으로 인해 많은 조선인들이 민생고를 해결하기 위해 토지를 팔아버리고 경작자로 전락하거나 피폐해진 농촌을 벗어나 도시로 퇴출당했다(최원규, 「일제의 초기 한국식민책과 일본인 농업이민」, 『동방학지』 77・78・79합집, 국학연구원, 1993 ; 高秉雲, 『近代朝鮮租界史の研究』, 雄山閣, 1987).

인 사례이다.

국가에서는 거류지 토지를 무상으로 교부하거나 임대해준 다음 실비로 불하하는 방식을 취하였다.[97] 토지불하 방식은 식민지에 정착한 일본인들에게는 자본을 축적할 수 있는 가장 중요한 계기가 되었다. 또 하나의 커다란 자본축적 계기는 일본인들이 개항장 시가지를 식민도시로 개발하는 과정에서, 도로공사, 토목공사 등 사회간접시설 설치를 위한 사업을 독점하였기 때문이다.[98] 개항 초기부터 이주한 일본인 가운데, 부산의 대부호 하자마 후사타로, 오이케 츄스케 등은 대표적인 케이스이다.[99]

또한 조선에서 축적한 재조일본인들은 상공업분야로 투자처를 찾게 되었고 차츰 기업을 설립하기 시작하였다. 즉 개항 이후 일본인들이 조선에 진출하여 축적한 상업 · 토지자본이 도시기반시설 확충과 함께 본격적으로 기업 경영으로 진출하였다. 1920년 당시 조선에 본점을 설립한 기업은 자본금 20만 원 이상 기업이 690사였다.[100]

한편 전통도시에 기반을 가지고 있던 조선인 지주들도 조선후기에 상업적 농사경영을 하여 지주자본을 형성하여 산업자본가로 전환하기도 하였다.[101] 그 예로 김성수, 현준호 일가 등을 들 수 있다. 또한 중소규모이기는 하지만 1916년부터 조선인 자본가들은 농외투자를 활발히 추진하였다.[102]

---

97) 총독부 총무부 장관은 평안남도 장관에게 鎭南浦 各國 居留地會가 소유한 이등지 41호 イ-1, 3,140미터 등에 대해 진남포 거류민단의 원출에 따라 무상으로 교부하였다(토지무상교부에 대해 자세한 것은 外事局, 『居留地關係書類』, 1911, 359쪽 참조).

98) 개항장 시가지 정비에 대해서는 孫禎睦, 『韓國開港期都市社會經濟史硏究』, 一志社, 1982 ; 金義煥, 『釜山近代都市形成史硏究』, 硏文出版社, 1973 ; 金慶南, 「韓末 · 日帝下 釜山地域의 都市形成과 工業構造의 特性」, 『지역과역사』 제5호, 釜山慶南歷史硏究所, 1999 참조.

99) 迫間房太郎 · 大池忠助의 資本蓄積過程에 대해서는 최원규, 「19세기후반 · 20세기초 경남지역 일본인 지주의 형성과정과 투자사례」, 『한국민족문화』 14집, 1999 참조.

100) 『要錄』, 1920년판 서문.

101) 김용섭, 「고부 김씨가의 지주경영과 자본전환」, 『한국근현대사농업사연구』, 일조각, 1992.

102) 조선인 자본가의 농외투자에 대해서는 허수열, 「일제하 조선인공장의 동향」, 『근대조선 공업화의 연구』, 일조각, 1993 참조.

이러한 추세를 반영하여 총독부는 회사령을 철폐하였고 이에 따라 기업 설립은 붐이 되었다. 기업 설립이 활발하게 진행된 또 하나의 원인은 조선에서는 공장에서 일하는 노동자들 임금이 턱없이 낮았기 때문이다. 자본주의 발달 초기 공장노동자 임금은 어느 곳이나 낮았지만, 식민지 노동자들은 더욱 저렴한 노동력을 제공하였다. 이것은 일본자본주의의 축적과정에서 기본적인 요인이 되는 것으로서, 일본제국주의가 식민지 노동자들의 처절한 희생 위에 기반하고 있다는 것을 말해준다.

조선후기 한성과 8도 체제를 중심으로 형성되어 있던 상공업체계는, 일본 메이지정부의 적극적인 거류지 거점화정책으로 인해 외래로부터의 질적인 변화를 예고하였다.[103] 그 변화는 첫째, 일본인을 소비대상으로 하는 양조공장, 철물공장, 식료공장 등이 만들어져 소비물자가 생산되기 시작하였다는 점이다. 특히 러일전쟁 준비를 위해 부산과 여수에 걸쳐있는 진해만 요새지대 일대에 일본인촌이 만들어지고 통조림공장을 만들어 군수물자도 조달되었다. 둘째, 각 거류지에 제일은행, 십팔은행(十八銀行), 오십팔은행(五十八銀行) 등 일본은행 지점이나 출장소가 만들어져 일본화폐가 유통되기 시작하였다는 점이다. 1907년 현재 15,228,000엔의 예금, 14,519,902엔의 대출금으로 증가하였다.[104] 대한제국은 자주정부를 지향하였으나, 1904년 메가타 다네타로(目賀田種太郎) 화폐개혁에 따라 상공업계는 점차 우리가 발행한 백동화를 쓰지 못하고 일본화폐가 대세가 되어갔다.

일본의 세력 확장에 따라 무역체제도 변동되었다. 본래 조선후기 대일 수출품은 소가죽이 가장 많았으나, 일본의 후발 산업혁명에 따라,[105] 일본

---

103) 개항 당시 거류지 일본인 상인의 활동에 대해서는 安秉玲,「朝鮮の経済的開化運動と日本帝国主義形成の一特質－朝鮮の官僚・商人と政商ブルジョア・居留日本商人の活動を中心に」, 龍谷大学経済・経営学会,『経済学論集』13권 3호, 1973.12 ; 이승렬,『제국과 상인』, 역사비평사, 2007 참조.

104) 「居留帝國民ニ對スル施設」,『施政年報』, 1908, 419~420쪽.

과 조선의 무역관계는 미면교환체제로 새롭게 재편되어 갔다.[106)]

이처럼 조선의 상공업계는 한성의 남촌과 상대적으로 변방이었던 각 지역 거류지를 중심으로 재편되어 갔고, 조일무역을 매개로 일본경제 속으로 급속하게 재편성되어갔다. 예를 들면, 일본 시장의 쌀 수요에 적합하도록 정미소업을 하는 이주 일본인과 조선인 업자가 개항장에 출현하였다.[107)] 또한 상업분야에서는 각국 거류지에서 새로운 기회가 발생하였다. 수입품 위탁판매, 조선 내에서 대두, 쌀 등을 매집하여, 거류지의 일본인 상인에 판매하는 '개항장 객주'도 생겨나기 시작하였다.

이러한 변화에 대응하기 위해 정부에서는 '상무회의소규례(商務會議所規例)'를 개정하기도 하고,[108)] 1900년 이후부터 각지에서 객주회 · 상법회사들이 점차 상업회의소로 개칭하면서 근대적 자본가단체로서의 면모를 갖추어갔다. 조선인 상공단체들은 금융공황에 따른 정부 구제책 호소, 백동화 교환기간 연기, 한일은행 설립 등으로 자구책을 찾았다.[109)] 하지만 조선인 상인들은 혹독한 경제적 시련을 경험했고 파산되는 경우도 많았다.

문제는 자금이었다. 개항장 객주는 거류지 일본인 상인과 자기 자본면에서 거의 동등했으나, 근대적인 금융기관으로부터 자금 지원을 전혀 받지 못하였다. 이 때문에 일본인 상인의 자금을 가불받아 사용하는 경우가 늘어나 차츰 종속적인 입장에 서게 되었다.[110)] 한편 일본인 상인들은 개항장

---

105) 일본의 산업혁명기 대아시아무역의 재편에 대해서는 村上勝彦, 「貿易の拡大と資本の輸出入」, 石井寛治 · 原朗 · 武田晴人編, 『日本経済史2 産業革命期』, 東京大学出版会, 2000 참조.

106) 姜徳相, 「李氏朝鮮開港直後における朝日貿易の展開」, 『歴史学研究』 265, 歴史学研究会, 1962, 7쪽 ; 村上勝彦, 「植民地」, 大石嘉一郎, 『日本産業革命の研究 下』, 東京大学出版会, 1975.

107) 이헌창, 「開港期 韓国人 搗精業에 관한 研究」, 『経済史学』 7호, 1984.6.

108) 객주회는 어용특권단체로서 정부의 특권 아래 강력한 체제를 유지하였다(趙璣濬, 『韓國企業家史』, 博英社, 1973, 226쪽). 須川英徳, 『李朝商業政策史研究』, 東京大学出版会, 1994.

109) 大韓商工會議所, 『商工會議所九十年史』, 1976, 48쪽.

110) 이병천, 「거류지 무역기구와 개항장 객주」, 『경제사학』 7호, 경제사학회, 1984. 일본 금융기

에서 일본 지폐의 사용, 제일은행 등의 금융기관으로부터 국가적인 지원을 받아 개항장에서 자본을 축적해갔다.

이처럼 조선인 자본가들과 일본인 자본가들은 각각의 이익을 위해, 전통도시와 새롭게 부상하고 있던 도시에서 각각의 세력을 형성해 갔다. 하지만 병합이 되면서 강력한 조선총독부의 방책과 궤를 같이하면서 조선인들의 이익을 대변하던 상업회의소는 독자적인 활동이 어려워졌고, 일본인들에게 주도권을 빼앗기게 되었다. 결국 1915년부터 경성상업회의소를 비롯하여 부산, 인천, 평양, 대구 등 지방에 설치된 상업회의소는 일본인 상업회의소와 통합되어버렸다.[111]

이렇듯 일제는 조선을 강제로 탈취한 후, 조선총독부를 식민지 통치기구로 창설하였고, 개항장거류지를 부로 승격시키고 식민도시를 확대해갔다. 거류지를 중심으로 한 신도시 개발전략은 재조일본인들의 자산가치를 크게 상승시키는 계기가 되었다. 이러한 제국의 식민지 지배정책에 힘입어, 초기정착 재조일본인 자본가들은 식민도시를 기반으로 급속하게 자본을 축적하였고, 각 지역에서 정·재계의 주도권을 잡아나갔다.[112]

이때 3·1독립운동은 정치·경제면에서도 큰 분수령이 되었다. 일제는 표면적으로나마 이른바 '문화정치'로 전환하지 않을 수 없었으며, 사이토 마코토(齊藤實)는 조선총독으로 부임 후 조선인 상층자본가를 개량시켜 포섭하려는 기만적인 정책을 취하였다. 또한 민단의 자치행정을 주장하는 재조일본인들도 당국은 자신들의 지배권 속으로 포섭하고자 하였다. 그러

관의 거류지 진출에 대해서는 高嶋雅明, 『朝鮮における植民地金融史の研究』, 大原新生社, 1978. 한국부르주아의 기원을 서울, 개성, 인천지역 자본가들을 중심으로 분석한 연구는 이승렬, 앞의 책, 2007 참조.

111) 조선상업회의소의 설립경위와 운영과정, 소멸에 대한 자세한 것은 전성현, 『일제시기 조선상업회의소 연구』, 선인, 2011, 33~121쪽 참조.

112) 손정목, 『한국개항기도시변화연구』, 일지사, 1982 ; 배종무, 『목포개항사연구』, 느티나무, 1994, 67쪽 ; 김경남, 앞의 논문, 2003 참조.

면 다음으로, 3·1운동 직후의 중역겸임을 통한 경제적 및 정치사회적인 자본가들의 네트워크 실태를 통해 그 경제적 구조와 기능에 대하여 검토해보자.

### 2) 1920년대 조선본점 기업 자본가그룹의 형성

3·1운동 직후 사이토 마코토 조선총독이 부임하고, 총독부의 주요 정책은 일본의 식량공급을 위한 산미증산과 조선인 중상층의 개량화,[113] 재조일본인의 체제 내 흡수를 통해 식민지 지배체제를 더욱 공고히 하려는 것이었다. 조선총독부는 도정과 부의회를 중심으로 지방자치제도를 만들어, 재조일본인과 조선인 중상층을 체제내로 끌어들였다. 1920년 조선회사령도 철폐되어, 일본의 유휴 자본뿐만 아니라 재조일본인 자본가들은 경제적으로 일본자본주의 초기 형성기에 사용하던 방식인 호우카쵸(奉加帳)방식(이른바 상호출자방식)을 활용하여 기업을 설립하였다. 호우카쵸 방식은 자본주의 초기에 저축이 낮은 단계에서 공모가 여의치 않을 때 대자본가들이 협력하여 만들어지는 주식회사 형태이다.[114] 조선에서도 호우카쵸 방식에 의해 만들어진 기업이 전국적으로 상당히 많다. 자본가들은 우선적으로 생산재설비보다는 소비재제조공업, 금융업, 무역업 등에 투자하였다.

1921년 현재 조선에 본점을 두고 있는 기업 중에 3개 이상의 회사에 대

113) 강동진, 『일제의 한국침략정책사』, 한길사, 1980.

114) 일본의 네트워크형 기업그룹 형성에 대한 연구는 다음을 참조. 鈴木恒夫, 小早川洋一, 「明治期におけるネットワーク型企業家グループの研究 『日本全国諸会社役員録(明治31·40年)の分析』」, 『学習院大学 経済論集』 第43巻 第2号, 2006 ; 渡邊 剛 小坂 武, 『日本における企業間関係の社会ネットワーク分析』, 東京理科大学, 1995. 미국의 회사 간 네트워크에 대해서는 호소이 미국회사 간 네트워크의 계량분석, 나고야경제대학, 『사회과학논집』 제55호, 1993 ; 일제하 기업그룹 네트워크에 대해서는 김경남, 앞의 논문, 2003 참조.

주주와 중역을 겸임하고 있는 그룹은 경인지역, 부산, 목포, 신의주, 통영 등에서 각각 나타나고 있다.[115] 각 기업과 자본가의 중역, 대주주에 대한 데이터는 1910년대 말까지 상황을 나타내는 1920년판 『조선은행회사조합요록』을 분석한 것이다.

다음 [표 3-13]은 1920년 조선에 본점을 가진 자본가별 민족별 보유회사 실태를 나타낸 것이다.[116] 『要錄』 1920년판에 있는 기업 690사 중 대주주들을 대상으로 기업 참여수를 작성하였다.[117] 그중 세 기업 이상에 동시적으로 중역을 겸임하고 있는 자본가들을 그룹으로 분류하였다. 또한 1인이 다수회사를 소유하고 있는 자본가들은 따로 표시하여 두었다.[118]

[표 3-13]에서 알 수 있듯이, 1920년 당시 3사 이상 기업에서 중복 검출된 자본가는 모두 55명으로서 그 가운데 49명이 일본인이었고, 6명이 조선인이었다. 가장 많은 기업에서 중역을 겸임하고 있던 자본가들은 모두 일본인들로서, 9개 회사에 참여한 자본가 3명, 8개 회사 참여 자본가 2명이었다. 하자마 후사타로(迫間房太郎)는 부산그룹, 요시다 히데지로(吉田秀次郎), 도미타 기사쿠(富田儀作)는 경인그룹의 중심인물들로서 모두 9개

115) 1921년도에 검출된 그룹의 이름은 네트워크를 분석하여, 지역, 인물, 법인명 순으로 특색이 확연히 드러날 경우 명명하였다. 그런데 1937년의 경우는 지역에 머물러 있는 그룹도 있으나, 인물이나 법인이름으로 명명된 경우도 있다. 그것은 재조일본인들이 이미 지역을 벗어나 전국적인 레벨에서 기업 활동을 전개하고 있기 때문이다.

116) 이 장에서 작성된 표들은 모두 1920년판, 조선은행회사조합요록에서 기업과 대주주와 중역 상황을 모두 입력하여 자본가의 존재형태를 분석하기 위한 데이터에서 작성된 것이다.

117) 1920년 8월 말 현재의 조선에 있는 본점을 가진 은행회사 650여 회사 및 일본·외국에 본점을 가지고 조선에 그 지점을 설치한 은행회사 90여 회사를 채록한 것이다. 『要錄』에는 이 회사들의 소재지, 설립년월일, 공칭자본금, 불입자본금, 제적립금, 영업목적(정관에 따른), 결산기, 누년 배당율, 대차대조표, 각 중역의 이름(사원 성명) 연혁, 주식수 및 대주주 성명, 존립기간 기타 중요사항이 수록되어있다. 그리고 공칭자본금 20만 원 이상 주식회사의 중역명부를 첨부하였다(『要錄』, 序文, 1920).

118) 이 절에서는 자본가 네트워크의 표본추출을 하면서 3개의 회사에 3사람이 중역으로 함께 겸임하고 있는 기업을 대상으로 하였기 때문에 자본금의 규모가 크면서 2개의 회사에 2사람이 중역겸임하고 있는 경우를 포착하지 못하는 한계를 가진다. 그럼에도 식민도시에 자본가집단망이 형성되는 사정을 보여주는 것에는 일정하게 의미를 가진다.

[표 3-13] 1920년 자본가별 민족별 그룹별 회사보유실태

| 연번 | 개수 | 성명 | 민족별 | 그룹별 | 연번 | 개수 | 성명 | 민족별 | 그룹별 |
|---|---|---|---|---|---|---|---|---|---|
| 1 | 9 | 迫間房太郎 | 일 | 부산 | 29 | 4 | 守田千助 | 일 | 목포 |
| 2 | 9 | 吉田秀次郎 | 일 | 경인 | 30 | 4 | 青木十三朗 | 일 | 목포 |
| 3 | 9 | 富田儀作 | 일 | 경인 | 31 | 4 | 金溶泰 | 한 | 경인 |
| 4 | 8 | 釘本藤次郎 | 일 | 경인 | 32 | 4 | 趙鎮泰 | 한 | 경인 |
| 5 | 8 | 賀田金三郎 | 일 | 경인 | 33 | 4 | 天日常次郎 | 일 | 경인 |
| 6 | 7 | 橫江重助 | 일 | 신의주 | 34 | 4 | 篠崎半助 | 일 | 경인 |
| 7 | 7 | 大池忠助 | 일 | 부산 | 35 | 4 | 山口太兵衛 | 일 | 경인 |
| 8 | 7 | 白完爀 | 한 | 경인 | 36 | 4 | 山本條太郎 | 일 | 경인 |
| 9 | 7 | 李柄學 | 한 | 경인 | 37 | 3 | 谷本寅吉 | 일 | 통영 |
| 10 | 6 | 香椎源太郎 | 일 | 부산 | 38 | 3 | 藤光卯作 | 일 | 통영 |
| 11 | 6 | 松井邑次郎 | 일 | 목포 | 39 | 3 | 萩原巖 | 일 | 통영 |
| 12 | 6 | 福田有造 | 일 | 목포 | 40 | 3 | 服部源次郎 | 일 | 통영 |
| 13 | 6 | 森田泰吉 | 일 | 목포 | 41 | 3 | 杉原左一郎 | 일 | 신의주 |
| 14 | 6 | 賀田直治 | 일 | 경인 | 42 | 3 | 藤平泰一 | 일 | 신의주 |
| 15 | 5 | 阿部國造 | 일 | 신의주 | 43 | 3 | 中村俊松 | 일 | 부산 |
| 16 | 5 | 加藤鐵治郎 | 일 | 신의주 | 44 | 3 | 井谷義三郎 | 일 | 부산 |
| 17 | 5 | 增田光平 | 일 | 신의주 | 45 | 3 | 桐岡金三 | 일 | 부산 |
| 18 | 5 | 山野瀧三 | 일 | 목포 | 46 | 3 | 武久捨吉 | 일 | 부산 |
| 19 | 5 | 李王職長官 | 한 | 경인 | 47 | 3 | 高根信禮 | 일 | 목포 |
| 20 | 5 | 小杉謹八 | 일 | 경인 | 48 | 3 | 山本萬次郎 | 일 | 목포 |
| 21 | 5 | 中村再造 | 일 | 경인 | 49 | 3 | 藤森利兵衛 | 일 | 목포 |
| 22 | 5 | 中村精七郎 | 일 | 경인 | 50 | 3 | 芮宗錫 | 한 | 경인 |
| 23 | 4 | 原田綱治 | 일 | 통영 | 51 | 3 | 末森富良 | 일 | 경인 |
| 24 | 4 | 陶山美賀藏 | 일 | 통영 | 52 | 3 | 古城梅溪 | 일 | 경인 |
| 25 | 4 | 多田榮吉 | 일 | 신의주 | 53 | 3 | 田中友吉 | 일 | 경인 |
| 26 | 4 | 松隈哲次 | 일 | 신의주 | 54 | 3 | 雙田正平 | 일 | 경인 |
| 27 | 4 | 坂田文吉 | 일 | 부산 | 55 | 3 | 東洋拓殖會社 | 일 | 경인 |
| 28 | 4 | 萩野彌左衛門 | 일 | 부산 | 총5명 | | 일본인49명<br>조선인 6명 | | |

출전: 『要錄』, 1921년판을 입력하여 3개 이상 기업에 대주주와 중역으로 동시에 겸임하고 있는 자본가만 추출하여 작성.

기업에서 중역을 겸임하고 있었다. 구기모토 후지지로(釘本藤次郎), 가다 긴자부로(賀田金三郎)는 경인그룹으로서 8개 회사의 중역겸임, 요코에 쥬스케(橫江重助), 오이케 츄스케(大池忠助)는 각각 신의주와 부산그룹으로서 7개 기업에 중역을 겸임하고 있었다. 이들은 모두 개항기부터 각 거류지에서 토지와 무역업을 기반으로 성장한 대표적 일본인 자본가였다.

이와 같은 일본인의 중역겸임 경영양상에 자극받아 조선인 가운데에도 일찍부터 중역을 겸임하면서 기업 경영에 참가한 자본가가 있었다. 7개 회사에 참가하고 있던 백완혁(白完爀), 이병학(李柄學) 등과 김용태(金溶泰 4사), 조진태(趙鎭泰 4사), 예종석(芮宗錫 3사) 등 5명이다. 이들은 모두 경인그룹에서 활동한 것이 특징이다.

백완혁은 1919년에 설립된 일인계 철도회사인 서선식산철도주식회사의 감사역으로 그리고 1918년에 공칭자본 200만 원에 한일합자로 설립된 동양축산주식회사의 취체역으로 참여했었다. 백완혁, 조진태 등은 한말 이래 우리나라 재계를 대표하는 거목들이었는데 1912년 현재 조병택은 경성조선인상업회의소의 회두로 그리고 백완혁, 조진태 등은 상의원으로 재직하였다.

예종석은 관료에서 기업가로 변신한 자본가이다. 1872년 경기도 연천 태생으로서, 그의 관직생활은 전우(電郵)학교를 졸업한 후 전우총국주사부터 시작하여 중추원의원, 궁내부전선사감당 등에 이르렀다. 그는 합병 후 일인유력자와 조선인 갑부들을 규합하여 대정친목회를 조직하여 회장을 역임하는 등 당시 대표적인 친일파 인물이었다.[119] 그는 1918년에 조선지(朝鮮紙)주식회사(자본금 30만 원)의 취체역으로 참여하기 시작하여, 1937년 현재에는 4개의 기업에 중역을 겸임하고 있었다.

---

119) 이한구, 『일제하 한국기업설립운동사』, 청사, 1989, 109쪽.

이병학은 주로 조선식산은행, 선남(鮮南)은행, 대구은행 등 은행업과 농업, 전기업 등 제조업에 적극적으로 참여했다. 경성과 대구지역에서 주로 활동하였으며, 중역참여형태는 이사와 감사로서 주로 활동하였다.[120]

[표 3-14] 이병학의 중역겸임 실태

| 참여회사명 | 대표자 | 본점 주소 | 업종 | 설립년도 | 중역참여 형태 | 주식수(株) (총수/보유수) |
|---|---|---|---|---|---|---|
| 朝鮮殖産銀行 | 有賀光豊 | 경성부 | 은행 | 1918 | 대주주 | 600000/4515 |
| 鮮南銀行 | 小倉武之助 | 대구부 | 은행 | 1912 | 이사 | 6000/262 |
| 大邱銀行 | 鄭在學 | 대구부 | 은행 | 1913 | 이사 | 40000/2050 |
| 戸田農具 | 足立丈次郎 | 경성부 | 제조업 | 1920 | 감사 | 3000/200 |
| 東洋畜産興業 | 賀田直治 | 경성부 | 농림업 | 1918 | 감사 | 40000/600 |
| 大興電氣 | 小倉武之助 | 대구부 | 전기업 | 1918 | 주주 | 10000/260 |
| 大東社 | 李宗勉 | 대구부 | 상업 | 1920 | 주주 | 14000/500 |

출전: 『朝鮮銀行會社要錄』, 각년판.

조선인 가운데 백완혁, 이병학은 1920년에는 모두 7사에 참가하였으나 이후 살펴보게 될 1937년에는 3사 빈출자 명단에도 보이지 않고 아예 그 자취를 감추어버렸다. 또한 30년대에 그룹을 형성한 김연수(金季洙)의 경우도 아직 이 시기까지는 기업활동을 활발하게 전개하지 않고 있으며, 김성수가 경성직뉴주식회사를 설립 · 경영하고 있는 정도이다.[121]

그런데 중역 겸임자를 대상으로 분석해 본 결과, 1920년까지 조선에는 각 지역별로 5개의 그룹이 존재한 사실을 확인할 수 있다. 즉, 경성 · 인천그룹(이하 경인그룹), 부산그룹, 신의주그룹, 목포그룹 등이다. 전체 분포

120) 『要錄』 각 년도 참조. 주목되는 것은 野口遵이 大興電氣에 400주의 주주로서 참가하고 있는 점이다. 이것은 이병학과도 어느 정도 교류가 있었다는 것을 알 수 있다.

121) 1923년에는 김연수가 경성방직(1919년 설립)에 전무이사로 참여하고 있으며, 주식은 2만 주 중에 500주를 소유하여 대주주이었다. 그는 1937년에 가면 사장으로 회사를 직접 경영하였다(『要錄』, 각년판).

지역을 그림으로 나타내면 [그림 3-5]와 같다.

[그림 3-6] 1920년 현재 조선재적 자본가 그룹 분포도

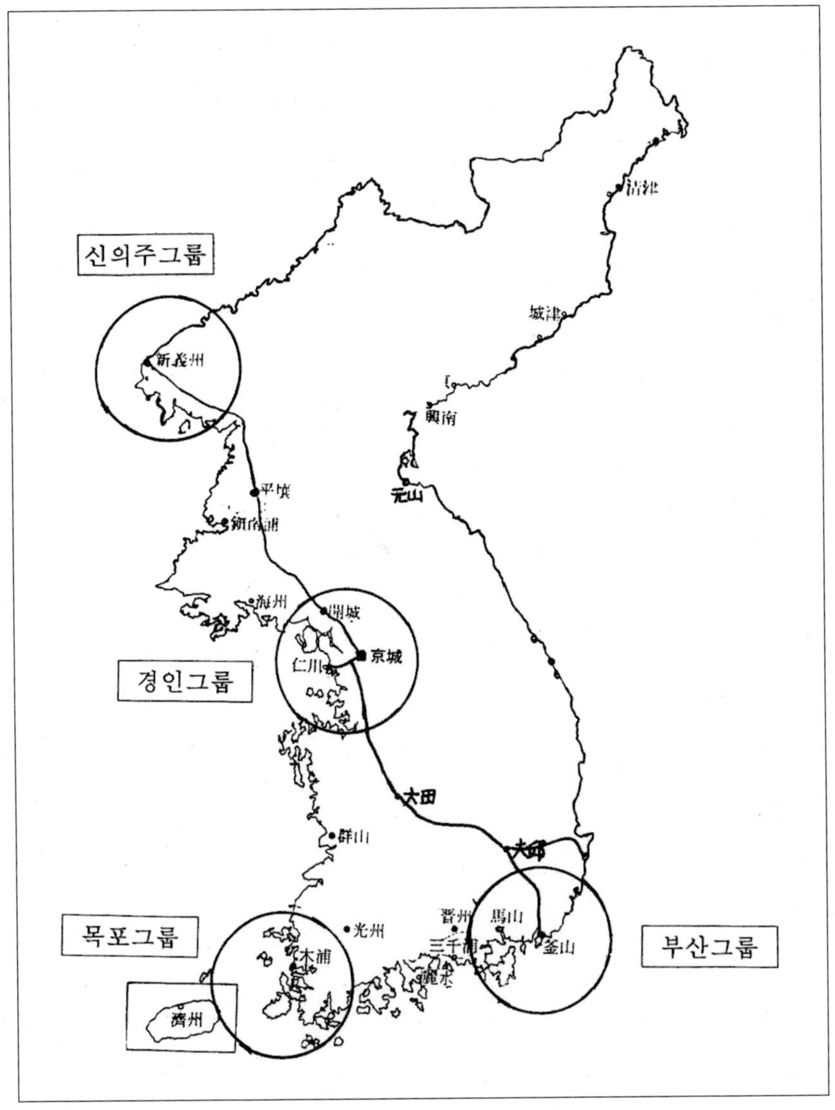


비고: 1920년 이전 개항장을 중심으로 자본가그룹의 형성실태 표시.

이 그룹들의 실태와 특징을 살펴보기 위해 회사 형태별 · 회사명 · 소재지 · 설립년 · 자본금 등을 표로 정리하면 [표 3-15]와 같다. 각 그룹들의 특징을 살펴보면 대체로 다음과 같다. 지역적으로 볼 때는 모두 개항장을 중심으로 위치해 있다.[122] 업종별로는 금융업 · 창고업 · 면업 · 요업 등에서 이루어지고 있으며, 모두 신종 업종들로서 총독부의 침략초기의 제 산업 정책과 맞물려 있다는 것이 특징이다.

[표 3-15] 1920년 조선의 자본가그룹 실태

| 연번 | 그룹명 | 회사 형태 | 회사명 | 소재지 | 설립년 | 자본금(円) | 불입금(円) |
|---|---|---|---|---|---|---|---|
| a-1 | 경인 | 주식 | 조선실업은행 | 경성부 | 1920 | 5,000,000 | 1,250,000 |
| a-2 | 경인 | 주식 | 경성증권신탁주식회사 | 경성부 | 1922 | 1,000,000 | 250,000 |
| a-3 | 경인 | 주식 | 동양축산흥업주식회사 | 경성부 | 1918 | 2,000,000 | 875,000 |
| a-4 | 경인 | 주식 | 조선제면주식회사 | 경성부 | 1914 | 150,000 | 112,500 |
| a-5 | 경인 | 주식 | 조선요업주식회사 | 시흥군 | 1919 | 500,000 | 125,000 |
| 합계 | | | | | | 8,650,000 | 2,612,500 |
| b-1 | 부산 | 주식 | 부산수산주식회사 | 부산부 | 1907 | 700,000 | 350,000 |
| b-2 | 부산 | 주식 | 부산공동창고주식회사 | 부산부 | 1913 | 500,000 | 275,000 |
| 합계 | | | | | | 1,200,000 | 625,000 |
| c-1 | 신의주 | 주식 | 신의주은행 | 신의주 | 1917 | 500,000 | 375,000 |
| c-2 | 신의주 | 주식 | 선만염료공업 | 신의주 | 1919 | 1,000,000 | 250,000 |
| c-3 | 신의주 | 주식 | 평북농잠주식회사 | 신의주 | 1920 | 200,000 | 100,000 |
| c-4 | 신의주 | 주식 | 신의주창고주식회사 | 신의주 | 1919 | 300,000 | 75,000 |
| c-5 | 신의주 | 주식 | 신의주요업주식회사 | 신의주 | 1920 | 200,000 | 50,000 |
| 합계 | | | | | | 2,200,000 | 850,000 |
| d-1 | 목포 | 주식 | 조선면화주식회사 | 목포부 | 1913 | 2,000,000 | 1,325,000 |
| d-2 | 목포 | 주식 | 목포식산주식회사 | 목포부 | 1906 | 100,000 | 60,000 |
| 합계 | | | | | | 2,100,000 | 1,385,000 |

122) 통영군에 통영어로주식회사(대정9년 설립, 공칭자본금 150,000 불입자본금 45,000원)도 3사 이상의 회사에 동일 3인의 자본가가 중역을 겸임하고 있는 것이 확인되었으나, 소자본으로서 그룹이라고 보기는 어려워 이 논고에서는 다루지 않았다. 통영지역도 일본이 어업으로 침투한 곳으로서 이 지역에서 소규모 회사를 운영하는데 상호출자 방식으로 경영하였다는 것을 알 수 있다(통영의 식민도시 형성에 대해서는 차철욱, 「전근대 군사도시에서 근대 식민도시로의 변화」, 『한일관계사연구』 48, 2014 참조).

그러면 인적 구성면으로 볼 때 각 그룹의 특징은 어떠한가. 1920년판 『要錄』에 기재되어 있는 대주주를 대상으로 하여, 검토한 결과 각 그룹별로 기업에 중역을 겸임한 자본가들은 다음과 같았다.

[표 3-16] 1920년 그룹별 자본가의 중역 겸임 참여 상황

| 경인그룹 | | 부산그룹 | 신의주그룹 | 목포그룹 |
|---|---|---|---|---|
| 吉田秀次郎(9) | 山口太兵衛(4) | 迫間房太郎(9)大 | 横江重助(7) | 松井邑次郎(6) |
| 富田儀作(9) | 山本條太郎(4) | 池忠助(7) | 阿部國造(5) | 福田有造(6) |
| 釘本藤次郎(8) | 篠崎半助(4) | 香椎源太郎(6) | 加藤鐵治郎(5) | 森田泰吉(6) |
| 賀田金三郎(8) | 趙鎭泰(4) | 坂田文吉(4) | 增田光平(5) | 山野瀧三(5) |
| 白完爀(7) | 天日常次郎(4) | 萩野彌左衛門(4) | 多田榮吉(4) | 守田千助(4) |
| 李柄學(7) | 芮宗錫(3) | 中村俊松(3) | 松隈哲次(4) | 青木十三朗(4) |
| 賀田直治(6) | 古城梅溪(3) | 井谷義三郎(3) | 杉原左一郎(3) | 山本萬次郎(3) |
| 小杉謹八(5) | 東洋拓殖會社(3) | 桐岡金三(3) | 藤平泰一(3) | 高根信禮(3) |
| 李王職長官(5) | 末森富良(3) | 武久捨吉(3) | | 藤森利兵衛(3) |
| 中村再造(5) | 雙田正平(3) | | | |
| 中村精七郎(5) | 田中友吉(3) | | | |
| 金溶泰(4) | | | | |

비고: ( )은 중역겸임수(단위 : 개).

각 그룹의 인사들은 러일 전쟁 후 일찍이 조선의 개항장에 정착한 사람들이었고, 대체로 그 지역에서 '내로라' 하는 사람들이었다. 경인그룹의 요시다 히데지로는 인천에서 정미업을 통해 성공한 사람으로서 인천지역의 유지가 된 사람이었다. 가다 나오지는 상공회의소 회장을 역임한 사람이다.

부산그룹의 경우, 하자마 후사타로(迫間房太郎)·오이케 겐지(大池源二)·가시이 겐타로(香椎源太郎)는 전국적으로 알려진 3대 갑부로서 지역경제의 대표자들이었다.[123] 그들은 거의 정치권과 일정하게 관련을 갖고

있었다. 그러나 부산그룹은 제조업이 아니라 수산업과 창고업 등에서 공동으로 대주주로서 주식을 투자하고 중역을 겸임하였다. 부산수산주식회사는 가시이 겐타로가 사장이고, 하자마와 오이케는 대주주로서 이사를 겸임하고 있으며, 부산공동창고주식회사에는 하자마가 사장을 맡고, 다른 2인은 대주주로서 이사를 겸임하고 있다.

이를 통해 볼 때, 중역을 겸임하여 네트워크를 형성한 자본가들은 대체로 경성, 인천, 부산, 신의주 등 개항장 및 개시장을 중심으로 활동하였다는 것을 알 수 있다. 또한 부산의 경우는 초기에 조선에 진출하여 자본을 축적한 자본가들이 산업자본가로서 전환하였으며, 서로 공동연대를 가지고 기업을 경영함으로써 기업그룹을 형성하게 되었던 것이다.

그런데 이렇게 중역을 겸임하는 형태로 경영에 참가한 것이 아니라, 독자적으로 자신의 기업을 경영한 자본가들의 존재도 확인된다. 일본인의 대부분은 개항기부터 조선에 도항하여 여러 가지 경로를 통해 부를 축적한 자들이었다. 조선인들도 일찍부터 경영학을 공부하여 사업수완을 발휘한 자들도 많았다. [표 3-17]은 3사 이상 소유 자본가들을 기업보유수별·민족별로 나타낸 표이다.

[표 3-17]을 보면, 3사 이상의 기업을 보유한 자본가는 모두 47명이고, 그 중 일본인이 32명, 조선인이 15명이라는 것을 알 수 있다.

일본인 가운데에는 다수기업 보유자 중에서 가장 많은 6개의 기업을 소유하였던 사이토 히사타로(齋藤久太郎)가 대표적이다. 그는 30년대에 가면 그룹을 형성하는데 1874년 8월 나가사키현(長崎縣) 출신이며 일찍부터 조선에 정착하여 무역업에 종사하였다. 그는 진남포·평양·경성을 무대로 하여, 당미(糖米)·고무·제분·제주업(製酒業) 등 다양한 사업분야에

123) 부산의 자본가의 성장에 대해서는 후고에서 자세하게 검토할 예정.

[표 3-17] 3사 이상 소유 자본가 보유수별 · 민족별

| 연번 | 개수 | 성명 | 민족별 | 연번 | 개수 | 성명 | 민족별 | 연번 | 개수 | 성명 | 민족별 |
|---|---|---|---|---|---|---|---|---|---|---|---|
| 1 | 6 | 齊藤久太郎 | 일 | 17 | 3 | 朴基順 | 한 | 33 | 3 | 松江久次郎 | 일 |
| 2 | 5 | 宋台觀 | 한 | 18 | 3 | 李慶世 | 한 | 34 | 3 | 松本권太郎 | 일 |
| 3 | 5 | 張吉相 | 한 | 19 | 3 | 尹炳準 | 한 | 35 | 3 | 森菊五郎 | 일 |
| 4 | 5 | 鄭在學 | 한 | 20 | 3 | 伊藤佐七 | 일 | 36 | 3 | 杉忖正太郎 | 일 |
| 5 | 5 | 川添種一郎 | 일 | 21 | 3 | 伊藤祐義 | 일 | 37 | 3 | 西崎鶴太郎 | 일 |
| 6 | 4 | 張稷相 | 한 | 22 | 3 | 右近福次郎 | 일 | 38 | 3 | 西島留藏 | 일 |
| 7 | 4 | 崔浚 | 한 | 23 | 3 | 家房吉 | 일 | 39 | 3 | 石垣孝治 | 일 |
| 8 | 4 | 閔裕植 | 한 | 24 | 3 | 原田金之佑 | 일 | 40 | 3 | 川島由三郎 | 일 |
| 9 | 4 | 右近權左衛門 | 일 | 25 | 3 | 五島榮藏 | 일 | 41 | 3 | 朝鮮殖産銀行 | 일 |
| 10 | 4 | 中柴萬吉 | 일 | 26 | 3 | 荒木要次郎 | 일 | 42 | 3 | 朝鮮總督 | 일 |
| 11 | 3 | 金源百 | 한 | 27 | 3 | 佐藤政次郎 | 일 | 43 | 3 | 藤井寬太郎 | 일 |
| 12 | 3 | 金弘作 | 한 | 28 | 3 | 柵瀨軍之佐 | 일 | 44 | 3 | 內田六郎 | 일 |
| 13 | 3 | 金정熙 | 한 | 29 | 3 | 山野秀一 | 일 | 45 | 3 | 平春富藏 | 일 |
| 14 | 3 | 高允默 | 한 | 30 | 3 | 小倉武之助 | 일 | 46 | 3 | 櫻井秀之助 | 일 |
| 15 | 3 | 宋秉畯 | 한 | 31 | 3 | 小創반三郎 | 일 | 47 | 3 | 龜谷愛介 | 일 |
| 16 | 3 | 孫洪駿 | 한 | 32 | 3 | 小林儀三郎 | 일 | 총47명 | | 일본인 32명<br>조선인 15명 | |

진출하였고 농업 · 상업 등으로 확대하여 일찍부터 조선에서 부를 축적한 대표적인 자본가 중의 한 사람이다.[124]

3사 이상 소유 자본가 중 조선인 대표 자본가는 송태관, 장길상, 정재학 등으로서 각각 5사를 소유하고 있었다. 이들은 각각 조선의 서민출신형 자본가들로서 식민지하 자본주의 경영의 대표 주자들이다.

그러면 앞의 [표 3-13]을 대상으로 하여 중역겸임자 보유수별 · 민족별로 분석해 보자.

---

124) 그는 경제적으로는 성공했지만 사회적으로는 곡물상조합연합회 간사장 이외의 감투는 없다(高橋三七, 『事業と鄕人』 第1輯, 實業タハムス社 · 大陸硏究社, 1939, 143쪽).

[표 3-18] 1920년 중역겸임자 보유수별 · 민족별 분석

| 보유수 | 전체 (단위:명) | 일본인 (단위:명) | 비율 (%) | 조선인 (단위:명) | 비율 (%) |
|---|---|---|---|---|---|
| 9사 | 3 | 3 | 100 | 0 | 0 |
| 8사 | 2 | 2 | 100 | 0 | 0 |
| 7사 | 4 | 2 | 50 | 2 | 50 |
| 6사 | 6 | 6 | 100 | 0 | 0 |
| 5사 | 12 | 8 | 67 | 4 | 33 |
| 4사 | 19 | 14 | 74 | 5 | 26 |
| 3사 | 56 | 46 | 82 | 10 | 18 |
| 합계 | 102 | 81 | 79 | 21 | 21 |

[표 3-18]에 의하면 1920년대까지 3개 회사 이상 소유자 전체 102명 가운데, 일본인 81명, 조선인 21명의 자본가가 그룹에 참여하고 있거나, 1인이 다수 회사를 소유하고 있는 것을 알 수 있다. 자본가 비율 면에서 보면 일본인이 79%이고, 조선인이 21%로서 조선인은 전체 5분의 1을 차지하였다. 전체 인구비율로 보면 조선인 자본가들의 기업참여 비율은 더 낮았다고 할 수 있다.

이렇듯 1920년까지는 인천 · 부산 · 신의주 등 각 개항장과 경성의 개시장을 중심으로 자본가의 네트워크가 형성되었다는 것을 알 수 있다. 그리고 각각의 그룹을 형성한 자본가들은 개항 초기부터 조선에 진출하여 토지를 탈점 · 소유하고 있었거나, 회사를 소유하고 있었던 일본인들 위주로 구성되고 있다. 경인그룹을 제외하면 모두 일본인들에 의해 상호출자와 중역을 겸임한 그룹이다. 이들은 상업회의소, 상공회의소를 만들면서 자본가의 힘을 결집시켜 갔으며, 경제조사회 등과 같은 단체를 만들어 총독부의 각종 경제정책을 결정하는데 큰 역할을 하였다.[125]

125) 조선에서 상공회의소의 발달에 관한 것은 田中麗水 編,『全鮮商工會議所發達史』, 釜山日報

이에 자극받은 조선인들도 중역겸임 경영에 참가하였다. 조선인들은 주로 경인그룹에 참가하고 있으며, 경성은 조선시대 이래 수도로서 이 시기의 경제변동에 재빨리 적응한 경우라고 볼 수 있다. 그리고 아직 이 시기까지는 그 비율로 보면 소수 자본가들만이 참가하고 있었다. 하지만 조선인들이 일본인 기업에도 중역을 겸임하는 양상을 띠는 것은 경영 효율과 기업이익 창출이라는 측면을 더욱 강조하여, 자본축적을 위해서 일본인과 손잡고 기업경영을 하였다는 것을 말해준다. 일본인이 경영권을 장악하고 있는 회사에 중역으로 참가하고 있는 조선인들의 수는 해가 거듭할수록 더욱 확대되어갔다.[126)]

조선에서 자본을 축적한 일본인들과 식민 본국의 거대자본 침투 속에 기업에서 살아남기 위해 중역을 겸임한 조선인 자본가들. 이들은 일찍이 객주나 관가에서 출발하였고 주식회사에 주주로서 출자를 하고 중역생활을 통해 초기 자본주의 경영방식을 습득해갔던 것이었다. 초기 자본주의에서 하나의 기업에 조선인들이 한 사람 정도 포함되어 있다.[127)] 이것은 일본인이 조선에서 기업 활동을 할 때 조선인과 관련하여 일어날 수 있는 제반 사항들에 대한 상담자 역할을 위해 꼭 필요한 존재였을 것이다. 그렇다 하더라도 기업에서 조선인이 감사역과 같은 활동을 위주로 한 것은 정책결정과정에서 그다지 비중 있는 역할을 했다고 볼 수는 없다. 하지만 일본인 자본가들과 접촉하여 재계에 네트워크를 만들고 점차 이사역이나 사장으로 성장해가는 기반으로 이용하였다.

초기 정착 일본인들이 지역 외 자본이나 식민 본국의 자본에 대항하기 위해서는 상호출자와 중역겸임을 통한 그룹의 형성이 반드시 필요했을 것

---

社, 1935 ; 전성현, 앞의 책, 2011 참조.

126) 이러한 실태에 대해서는 다음 장에서 구체적으로 살펴볼 것이다.

127) 『要錄』, 각년판.

이다.[128] 이렇듯 초기 자본주의의 특징은 일본인 중심으로 상호출자와 중역을 겸임함으로써 네트워크를 이루고 기업그룹을 형성하였다는 것이다. 이 시기까지 적어도 3사 이상의 기업에 중역을 겸임하고 대주주로서 활동하고 있던 기업그룹의 모습에는 조선인 자본가들은 보이지 않는다.

### 3) 경인그룹의 중역겸임 실태와 핵심자본가

#### 경인그룹 중역겸임의 실태

경인그룹은 주로 경성과 인천에서 성장한 재조일본인들과 관료로서 기업가로 변신한 조선인 자본가들이 중역겸임 네트워크를 형성한 케이스이다. 이 그룹에는 기업가 22명과 국가법인 1개, 축산, 요업, 제면 등 제조공업분야와 금융업분야에서 중역과 주주를 겸임하고 있다. 즉 1914년 10월 28일 조선제면(대표 天日常次郎), 1918년 10월 10일 동양축산흥업㈜(대표 古城管堂), 1919년 5월 12일 조선요업(대표 山口太兵衛), 1920년 6월 조선실업은행(대표 賀田直治), 1921년 4월 10일 경성증권신탁(대표 釘本藤次郎) 등 5사 이상에서 대주주와 중역을 겸임하고 있었다. 이 중 고죠 간토(古城管堂)는 세 기업에 중역과 대주주를 겸임하지는 않지만, 조선은행 이사로서 경성상업회의소 부회두까지 역임하여 경인그룹 멤버로 인정해도 좋은 것이다. 그 외는 모두 경인그룹 멤버이다.

이들은 거의 1년에 1개 기업을 설립하는 수법으로 사업을 확장하였다. 또한 초기에는 축산, 요업, 제면 등 제조공업을 설립하다가, 1920년 6월부터 조선실업은행과 경성증권신탁이라는 금융업을 설립함으로써, 재계 금

128) 자본의 공동전선과 정경유착 강화구조에 대해서는 최원규, 「19세기후반 · 20세기 초 경남지역 일본인 지주의 형성과정과 투자사례」, 『한국민족문화』 제14집, 부산대 한국민족문화연구소, 1999, 150쪽 참조.

융파워를 만들어갔다는 점이 특징적이다. 주목되는 점은 20년대 개항도시에 형성된 부산, 목포, 신의주에는 일본인만 배타적으로 그룹이 형성되었는데, 이 그룹에는 관료출신 조선인들이 참가하고 있는 특징을 가지고 있다.

먼저, 1914년 10월 28일에 경성부 청엽정에 세워진 조선제면은 자본금 15만 원으로 타면(打綿)제조판매, 원면매매가 목적이었다. 경인그룹 자본가로는 사장 구기모토 후지지로(釘本藤次郎)를 중심으로 고죠 우메타니(古城梅溪)가 감사역으로 중역회의에 참가하였다. 그리고 경인그룹 대주주는 구기모토가 360주, 다나카 토모기치(田中友吉)가 310주, 스에모리 토미로(末森富良)와 고죠가 100주를 소유하여, 주주 56명 중 4명이 전체지분의 29%를 장악하고 있다. 주식수 3000주, 배당율 0%이다.

이 그룹멤버들은 1918년 10월 10일 동양축산흥업㈜을 경성부 의주통 2정목 27번지에 주로 축우 위탁과 무역을 목적으로 설립하였다. 경인그룹 멤버 가다 나오지(賀田直治)가 사장이고, 취체역 4명 중 3명이 경인그룹 멤버로서 도미타, 구기모토, 백완혁이고, 감사역을 이병학이 역임하였다. 취체역 4명 중 1명은 부산그룹 오이케 츄스케가 담당하였다. 그는 쓰시마의 축우 무역과 밀접한 관련이 있는 인물이기 때문에 주요 중역 멤버로 추대되었다. 4만 주 중 주주 213명인데, 해당 중역겸임자 9명과 1개 법인회사가 소유하고 있는 주식은 22,410주이다. 대주주 중 경인그룹 멤버와 소유주식수는 다음과 같다. 동양척식주식회사(10,000), 가다 나오지(5,000), 나카무라 세이시치로(中村精七郎)(3,000), 오이케 츄스케(2,000), 가다 긴자부로(賀田金三郎)(1,310), 이왕직장관(李王職長官)(1,000), 이병학(600), 도미타 기사쿠, 구기모토 후지지로, 야마모토 조타로(山本條太郎) 각 500주이다. 이 대주주들이 총 주식 56%의 지배율을 가지고 있다. 조선인으로서 취체역에 관료출신 백완혁이, 감사역으로 이병학이 중역을 담당하였다.

다음해 1919년 5월 12일에는 경기도 시흥군 영등포면에 도자기 제조와 판매를 목적으로 조선요업을 세웠다. 자본금 5십만으로 배당률은 8%이다. 경인그룹 멤버로는 조선요업 사장 야마구치(山口太兵衛)를 비롯하여 취체역 덴니치 쓰네지로(天日常次郎), 감사역 도미다 쇼헤이(豊田正平), 상담역 가다 나오지가 중역을 겸임하고 있다. 『요록』에는 이 기업에 대한 대주주에 대한 정보는 없으나, 요록에 쓰여진 다른 기업들 기록상황을 보면 중역들은 거의 대주주라고 판단된다.

경인그룹 멤버들은 1920년 6월에 조선실업은행(대표 古城管堂)을 설립에 관계하였다. 취체역으로서 경인그룹의 나카무라(中村再造), 야마구치, 가다, 요시다 히데지로 4명이 포진하고 있다. 감사역에도 5명 중 3명 고죠, 구기모토, 덴니치 쓰네지로가 경인그룹 멤버이다. 이들은 중역으로서 대주주로서 총 26,260주를 소유하고 있어, 전체 주식수 10만 주 가운데 26.26%를 지배하고 있다.[129] 이외 조선실업은행에 참여하고 있는 다른 중역과 대주주들도 모두 이들 개인들과 연관이 있기 때문에 충분한 지배력을 발휘할 수 있었다고 보인다.

경성증권신탁은 1921년 4월 10일에 설립되었다. 사장은 경인그룹의 덴니치로 취체역에 스에모리(末森富良), 감사에 구기모토, 다나카 토모기치, 고죠가 속해있다. 대주주로서는 경성주식현물시장 6,670주를 포함하여 중역진 5명과 함께 일본인 도모타 기사쿠, 다나카 코모기치, 요시다 히데지로, 조선인 조진태, 예종석, 백완혁, 김용태 등이 각각 200주씩 소유하고 있다. 총 2만 주 중에 경인그룹은 멤버 소유주 2,260주와 경성주식현물시장 6,670주를 구기모토가 컨트롤할 수 있기 때문에 총 9,270주 총 46.35%를 지배하고 있다. 하지만 조선인으로서 중역으로 선임된 자는 한 사람도 없고, 조진태, 예종석, 백완혁, 이병학은 대주주로 연관되어 있다. 즉 정책결정과

---

129) 中村再造(10,746), 古城梅溪(4,460), 山口太兵衛(4,200), 釘本藤次郎(2,428), 末森富良(1,316), 篠崎半助(1,110), 賀田直治(1,000), 天日常次郎(1,000) 『요록』, 1921년.

정에 조선인들은 참가하기 힘들었다는 것을 알 수 있다.

경인지역 중역겸임 그룹의 특징은 종래 축우 무역관계로 노하우가 필요한 기업인 동양축산흥업에만 중역으로 조선인 백완혁(취체역), 이병학(감사역)이 선임되었고, 다른 기업에는 조선인이 한 사람도 없다는 것이다. 경성금융신탁에는 대주주로만 참여할 수 있었다. 이외 김용태, 조진태, 예종석이 경인그룹에 포함되어있는데, 이들은 모두 한말 관료에서 기업가로 변신한 특징을 가지고 있다.[130] 바꿔 말하면 1920년경에는 일부 관료출신 기업가들을 제외하고 경인지역에서 일반 상인출신이나 지주출신 조선인들이 재조일본인들의 상공업 네트워크에 들어간다는 것은 대단히 어려웠다는 것을 반증해주는 것이라 할 수 있다. 특히 무역업이나 금융업 관련 기업에서는 더욱 중역이 되기 힘들었다.

### 경인그룹 중역겸임자들의 자본가 전환 형태

그러면 경인그룹의 중역겸임 자본가들은 어떻게 자본가로 변신하였는가. 그들은 주로 경성과 인천에서 지배인이거나 관료였다가 기업가로 변신한 케이스가 많으며, 일개 점원에서 자본가로 변신한 케이스도 있다.

첫째, 일본의 대상점에서 지배인으로 있다가 조선으로 이주하여 산업자본가로 변신한 케이스로서, 도미타 기사쿠가 대표적이다.

도미타(1858~1930)는 1899년에 오사카 고니시 가나우(小西和)상점 경성지점 지배인으로 조선으로 건너와 일생을 조선에서 보냈다. 그는 경인그룹 중역겸임 기업 외에 삼화은행(三和銀行), 동양축산흥업, 조선수산수출, 조선서적인쇄를 경영하였다.[131] 고려청자에 관심이 많아 진남포, 평양, 경

---

[130] 조진태, 백완혁 등 경성지역 상공인의 자본가 성장에 대해서는 이승렬, 앞의 책, 2007 참조.

[131] 朝鮮新聞社, 『朝鮮人事興信録』, 1922, 110쪽.

성으로 제작소를 확대하였고, 도자기 상품화를 위해 조선박물관 사업에도 깊이 관여하였다.[132] 그가 기업가로 변신하기 이전에는 황해도 진남포에서 철광사업에 종사하였다. 이후 조선광업회는 물론 조선잠사회, 조선산림회, 조선수산협회 등을 창립하여 회장, 평의원 등을 지내면서 전국적인 레벨에서 유력자가 되었다.

둘째, 일본인 관료에서 산업자본가로 변신한 케이스이다. 대만총독부 임업관료였던 가다 나오지가 대표적이다. 그는 니가타현(新潟県) 출신으로 동경농과대학을 졸업한 임업분야 전문가이다. 일본 궁내성 어료국에서 근무하고, 대만총독부 촉탁으로 구미에서 유학하고 돌아와 11년간 식산 기사로 일했다.[133] 이후 일본에서 유명한 건축회사 후지다구미(藤田組), 오쿠라구미(大倉組)로 전직하였고, 1895년부터 오쿠라구미 대만총지배인을 역임하였다. 1899년부터 독립하여 가다구미(賀田組)를 설립하여, 대만 각지에서 용달, 건축업, 운송업, 철도건설 항만사업을 추진하였다.[134]

한국이 합방된 후 1917년에 조선에 이주하여, 일본과 대만에서 쌓은 경험을 바탕으로 1921년 조선피혁(자본금 1백만 원)을 세웠다. 조선피혁은 피혁제조, 피혁원료 판매, 모든 관아 및 민간에 필요한 가죽제품, 천제품, 탄닌 엑키스 제조 및 판매, 해목산 산림조성 사업 등으로 자본을 축적하였다. 이 회사에는 경성상공회의소 회두인 구기모토(釘元藤次郎)가 감사로서 중역을 겸임하고 있다. 이후 그는 여러 기업에 대주주와 중역을 겸임하는 구조를 통해 사업 분야를 넓혔고 자본을 축적하였다.

또한 1920년 현재 서선식산철도(대표: 山本悌二郎) 상무취체역, 조선실

---

132) 도미타의 도자기사업과 관련하여 조선의 박람회와의 관련성에 대해서는 朴美貞, 「植民地朝鮮の博覧会事業と京城の空間形成」, 『立命館言語人文研究』 21巻 4号, 2012, 152~153쪽 참조.

133) 『事業と郷人』, 136쪽.

134) 賀田金三郎, 『朝日日本歴史人物事典』, コトバン, 2012.

업은행 취체역으로 각각 9,205주, 1000주를 소유한 대주주가 되었다. 이 회사에는 조선인 재계 실력가인 백완혁이 감사로 중역을 겸임하였다. 경인그룹 집단망을 포함하여 모두 6개 기업에 주주와 중역을 맡았다. 그는 조선총독부가 주관한 산업조사위원회에 조선 측 일본인 위원으로 참가하였다. 조선경제계에서 그의 활약상이 인정되어 경성상의 특별평의원을 거쳐, 1932년에 경성상공회의소 회두가 될 정도로 재계의 중견인물로 성장하였다.

셋째, 조선인 관료에서 산업자본가로 변신한 케이스이다. 1930년대가 되면 중역겸임자 중에 관료에서 기업가로 변신하는 것은 주로 일본인이다. 그런데 이 시기는 아직 관료 출신 중에는 조선인들이 주로 해당되었는데, 조선왕조, 대한제국기에 관리였다가 기업가로 변신한 경우이다. 백완혁, 예종석, 이병학, 조진태가 여기에 해당된다. 이들은 이후 재계의 중심인물이 되어갔다.

백완혁은 친군장위영대장(親軍將衛営隊長) 등을 역임하였고, 조진태는 1875년 무과에 급제하여 외부 참사관을 지냈다. 1895년 퇴직한 뒤 전직관리라는 경력과 대한제국 황실과의 친분을 이용하여 주식회사 군부피복회사를 창설하며 경제계에서 활동하기 시작하였다.[135] 그는 또한 경기도 일대에 토지를 소유하고 있던 대지주로서, 새로운 기업을 창설하는 CEO가 아니라[136] 튼실한 4개 기업의 주주와 이사로서 중역을 겸임하는 형태로 실업가로 변신하였다. 이병학은 통신원주임을 역임하였으며, 7개 기업과 연관을 맺고 있었다.[137] 이 시기 중역겸임 네트워크의 조선인 기업가들은 주

135) 류승렬, 「역사비평 기획시리즈 식민지 시기 '조선의 기업가'」, 『교수신문』 2007년 7월 16일 작성. 2007년 12월 14일.

136) 이승렬, 앞의 책, 2007, 318쪽.

137) 오미일, 『한국근대자본가연구』, 한울, 2002, 43 · 50~51쪽.

로 관료출신이었으며 대표적인 친일세력이었다.[138] 이들의 정치사회적 활동에 대해서는 다음 절에서 살펴본다.

넷째, 상인에서 산업자본가로 변신한 케이스로서, 인천 철물상이었던 구기모토 후지지로이다. 그는 1920년대에 경성상공회의소 회두로서 재계에서 핵심적인 위치를 차지하는 인물이었다. 1895년에 인천으로 건너와 철물상을 경영하는 정도였으나, 이후 8사에서 중역을 겸임하는 재조일본인 가운데 대표적인 기업가의 한 사람으로 성장하였다.[139] 그는 철물상에서 시작하여 미곡업, 온천, 피혁업, 전기업, 서비스업, 제조공업, 농림업, 양조업, 농림업, 금융신탁업, 철도업, 상업 등 실로 다양한 분야의 기업에 중역을 겸임하고 대주주로서 주식을 다량 보유하고 있었다.[140]

그는 이러한 네트워크를 바탕으로 사이토 총독의 이른바 '문화정치' 속에서 산업조사위원회 조선 측 일본인조사위원으로 참여하여 경성의 현안사업에 대하여 논의하였다.[141] 또한 그는 조선인 기업가들의 대표적인 친목회인 대정실업친목회에서 상담역을 역임하여, 조선인 기업가들과 재조일본인 기업가들의 친교 역할을 담당하였다.

다섯째, 상점의 일개 점원에서 산업자본가로 변신한 케이스이다. 대표적인 인물로는 인천의 호리쿠사상회(堀久商会) 점원에서 기업가로 변신한 요시다 히데지로(吉田秀次郎)이다. 그가 자본가로 성장한 계기는 조선에

138) 그들의 친일행각에 대해서는 민족문제연구소, 『친일인명사전』, 역사비평사, 2009 참조.

139) 朝鮮新聞社, 앞의 책, 1922, 141쪽.

140) 그는 8개의 중역겸임 회사 이외에 1920년까지 총 15개 기업의 취체역이자 주주이었다. 창립연도별로 보면 다음과 같다. 1899년 仁川米豆取引所(株), 1909년 溫陽溫泉(株)온양, 1911년 朝鮮皮革(株)경성, 1912년 元山水力電氣(株), 1913년 京城葬儀社(株)경성, 1914년 朝鮮製綿(株)경성, 1918년 東洋畜産興業(株)경성, 1919년 朝日釀造(株)인천, 特許시멘트瓦製造(株)경성, 鷄林土地物産(株)연기, 京城劇場(株)경성, 1920년 朝鮮實業銀行(株)경성, 南朝鮮鐵道(株)마산, 京城株式現物取引市場(株)경성, 大正土地建物(株) 경성, 1921년 京城證券信託(株)경성, 日獨貿易(合名)경성 등이다.

141) 전성현, 앞의 책, 2011, 154~155쪽 참조.

서 총포에 사용하는 화약판매를 비롯한 수이입무역을 통한 것이었다.[142] 그는 1897년 호리쿠사상회 점원으로 조선으로 건너와, 목포, 군산, 인천, 진남포 등을 연결하는 선박운송 업무를 담당하였다. 이 회사에서 1902년 서선연안항로 개발에 성공하였고, 원산－웅기－청진 간 북부항로를 개발하여 사업경영에 수완을 발휘하였다. 이후 무역, 잡화, 창고업으로 사업을 확장하였다. 당시 경성일보에 재조일본인의 성공한 기업가로서 '등대도 없는 곳에 항로를 개척했다' 하여 크게 소개되기도 하였다.[143] 요시다는 인천미두거래소(仁川米豆取引所)㈜ 이사로서, 조선화재해상보험 감사, 조선상업은행 대주주 등 1920년 현재 9개 기업에 중역과 주주를 겸임하고 있다.

여섯째, 일본에서 뇌물증여 사건으로 물러나 조선으로 진출한 산업자본가이다. 경인그룹 멤버인 야마모토 조타로로서, 시멘스사건에 연루되어 미쓰이에서 물러난 사람으로, 조선에서 최초의 면방대기업 조방을 건설한 인물이다. 시멘스사건은 1913년 일본해군전함 구입 시 독일회사에게 뇌물을 받은 것이 발각되어 사이토 마코토(斎藤実)와 함께 야마모토 곤노효에(山本權兵衛) 내각이 총사퇴한 사건이다. 그는 당시 미쓰이의 상무이사로서 이 사건에 책임을 지고 물러났다. 이후 조선으로 도피하여 중외화학 사장인 우마고시 교헤이와 같이 부산의 조선방직을 설립하는데 견인차 역할을 한 인물이다.

위에서 살펴본 바와 같이, 경인그룹에 포함되어 있는 자본가들은 경성과 인천에 초기 정착한 재조일본인들과 관료출신 조선인들의 연합으로 집약된다. 그들은 처음에 회사의 지배인, 상인, 관료, 점원 등에서 출발하여 조선으로 건너와 자본가로 변신하였다. 미쓰이(三井), 미쓰비시(三菱), 스

---

142) 有馬順吉, 『朝鮮紳士録』, 1931, 464쪽.

143) 「灯台もない海に新航路を開く, 努力即ち生活それが信念 吉田秀次郎氏」, 『京城日報』 1935년 9월 18일.

미토모(住友) 등 일본의 대독점자본이 조선에 진출하여 무역업, 광산업 등에서 독점적 이익을 획득하고 있을 때, 이들은 기업의 대주주와 중역겸임을 활용하여 조선 내에서 자본가로 성장할 수 있는 길을 모색했다는 것을 알 수 있다. 따라서 구기모토, 요시다, 도미다 등 주요 인물들을 중심으로 22명의 중역대주주의 경제적 네트워크가 형성되었다는 것을 알 수 있다.

또한 이 그룹의 특징은 중역겸임에 참여하고 있는 조선인들 대부분이 관료에서 자본가로 변신한 케이스이다. 관료출신 조선인만 네트워크에 포함되어 있었다는 점은 종래 전통적인 조선의 대상인들은 이재에 밝고 상권을 잘 파악하고 있기 때문에 오히려 재조일본인들에게 견제의 대상이 되었다는 것을 반증해주는 것이라 생각된다.

### 4) 부산그룹의 중역겸임 실태와 핵심자본가

#### 부산그룹 중역겸임의 실태

일본이 조선을 식민지화하기 이전에, 개항도시에 이주하여 정착한 일본인들이 중심이 되어 만든 그룹으로, 부산, 신의주, 목포 등에서 자본가 네트워크가 형성되었다. 이 책에서는 그 사례로 부산그룹의 자본가 네트워크에 대해서 상세하게 검토해보고자 한다.

본래 한반도 동남부권의 중심지는 부산이 아니라 동래지역이었다. 동래의 외곽에는 초량왜관이 설치되어 약 250여 년간 쓰시마 종가의 중개무역이 독점적으로 이루어졌다. 그러나 메이지정부가 왜관을 강제로 점령하였고, 일제의 대륙침략과 함께 부산과 인천이 강제 개항되면서 거류지에는 영사관이 설치되고 치외법권 지대가 되어 일본정부가 직접 통치하는 구조로 바뀌었다. 이에 따라 쓰시마는 무역의 중심지에서 변방으로 전락하였고, 동래를 제치고 부산이 급부상하였다. 특히 일제당국의 신도시개발 전략에 따라 부산을 중심으로 동래가 편입되는 역류현상이 발생함에 따라, 부산에 상권을 확보하였던 재조일본인들이 점차 세력을 넓혀갔다.[144] 그 수법은 배타적인 중역겸임 네트워크를 형성하여 기업의 지배력을 공고히 하는 것이었고, 그 인맥을 통하여 세력을 더욱 확장한 것을 들 수 있다.

부산지역 중역겸임그룹은 모두 9명으로서, 오직 일본인만으로 구성되어 있는 특징이 있다. 주요멤버와 중역겸임을 겸임하고 있는 기업수는 다음과 같다. 전국적으로 유명한 오이케 츄스케 7사, 하자마 후사타로 9사, 가시이 겐타로 6사를 비롯하여, 그들과 친분이 있는 사카다 분기치(坂田文吉) 4사, 하기노 미사에이몽(萩野彌左衛門) 4사, 나카무라 토시마츠(中村俊松) 3사, 이다니 기자부로(井谷義三郎) 3사, 기리오카 긴죠(桐岡金三) 3사, 다케히사 스데기치(武久捨吉) 3사 등이다.

다음은 당시 부산그룹이 중역과 대주주를 겸임하고 있는 회사의 실태를 검토해보자. 대표적인 것은 부산수산㈜, 부산공동창고㈜가 중심이며, 경인그룹의 동양축산흥업㈜과 연관성을 가지고 있다.

첫째, 을사늑약 이후 오이케 츄스케는 1907년 5월 부산부 하마쵸(浜町)에 자본금 7십만 원으로 부산수산㈜을 설립하였다. 설립목적은 수산업이지만 고리대금업이 영업목적에 들어가 있는 점이 특징적이다. 하마쵸와 부산진 일대에 부산수산주식회사 명의로 광대한 토지도 구입하였다. 사장은 오이케 츄스케가 맡고, 취체역 3명은 하자마 후사타로, 가시이 겐타로, 사카다 분기치이므로 최고 경영진이 모두 부산지역 중역겸임그룹의 멤버라는 특징이 있다. 그리고 감사역으로 나카무라가 선임되었다. 총 주식수 14,000주 중에 106명의 주주가 있다. 그중 중역겸임자들은 대주주로서, 하자

144) 부산의 일제강점 초기 도시화 과정에 대해서는 김경남, 앞의 논문, 2003, 54~71쪽 참조.

마 3,158주, 오이케 1,349주, 가시이 1,039주, 사카다 730주를 소유하고 있다. 또한 그들이 컨트롤 할 수 있는 지분 조선수산조합 1,000주를 합하면 총 51.97%라는 높은 지분율로 경영권을 장악하였다. 배당률은 16%로 다른 기업에 비하여 월등히 높다.

둘째, 부산그룹 중역겸임자들은 1913년 12월 2일 부산부 장전정에 부산공동창고㈜를 설립하였다. 부산그룹 멤버 하자마 후사타로가 사장이 되었고, 중역으로는 이타니 기자부로, 하기노 미사에이몽, 오이케 츄스케가 감사역은 나카무라 토시마츠, 다케히사 스데기치가 맡았다. 전무취체역 1명, 취체역 1명을 제외하고 모두 부산그룹의 멤버들이다.

대주주가 소유한 주식은 중역겸임자들이 대부분 지분을 가지고 있었다. 하자마 후사타로 1,315주, 이타니 기자부로 660주, 가시이겐타로 480주, 나카무라 토시마츠 425주, 오이케 츄스케 405주, 기리오카 긴죠 225주 등이다. 이외에도 컨트롤 가능한 주식은 하자마의 동생 하지마 호타로(迫間保太郎) 650주, 가시이와 친분이 있는 담성상회(淡盛商會, 일본경질도기 취체역 武久捨吉 설립) 500주이다. 모두 포함하면 1만 주 중 4,660주로서 총 46.6%의 지분율로 회사를 장악하였다.

셋째, 이외에도 경인그룹의 동양축산흥업주식회사에 부산그룹 오이케 츄스케가 취체역으로 선임되었고, 대주주로서 2,000주를 소유하고 있다. 그는 쓰시마무역의 산 증인으로서, 이 기업의 축산관련 무역에는 그가 축적한 노하우가 반드시 필요하였기 때문에 경인그룹과도 연관을 맺게 되었다.

이처럼, 왜관이 있던 부산에는, 경인그룹과 달리 일본인만으로 구성된 중역겸임 구조가 만들어졌으며, 새롭게 일본인 자본가세력으로 성장하였다. 부산의 3대 거부 오이케, 하자마, 가시이의 경제적 네트워크는 중역겸임제 네트워크를 통해 만들어진 것이다. 오이케는 쓰시마출신, 하자마는 오사카출신, 가시이는 후쿠오카 출신으로서 부산지역 상공업계는 주로 일본의 서남부지역 상인출신들이 장악하고 있었다고 볼 수 있다.

### 부산그룹 중역겸임자의 자본가 변신 유형

다음으로 부산그룹 중역겸임자의 자본가 변신 유형에 대하여 살펴보면 다음과 같다.

첫째, 상인에서 산업자본가로 변신한 케이스는 오이케 츄스케가 대표적이다. 오이케는 쓰시마 이즈하라(厳原) 출신으로서, 개항 전 1875년에 부산에 정착하였다. 그는 해산물무역업과 오이케정미소(부평정), 오이케회조업 대리점(본점: 동양어업주식회사), 숙박업을 통해 자본을 축적하기 시작하였다. 특히 임대업과 고리대금업을 통해 자본을 축적하기로 유명하다. 1909년부터 부산에 많은 기업의 중역과 대주주로 경영에 참여하게 된다. 경영방식의 특징은 부산을 중심으로, 일본의 오사카, 원산 등지에 지점과 출장소를 설치하면서 사업을 전개하였다는 점이다.[145] 부산곡물시장 취체역, 부산수산㈜ 취체역, 부산전등㈜ 전무취체역, 부산기선㈜ 전무취체역, 한국창고㈜ 감사역, 1912년 구포은행 취체역 등 기타 각 은행과 기업의 중역을 겸임하여 경제적 네트워크를 형성하였다.[146]

[그림 3-7] 1916년 부산거류민단장 오이케 츄스케

출전: 新釜山大観

---

145) 藤沢論天, 『半島官財人物評論』, 大陸民友社, 1926, 27쪽.

146) 부산경제사편찬위원회, 『釜山經濟史』, 부산상공회의소, 1989, 337쪽 참조. 藤沢論天, 앞의 책, 1926, 27쪽.

주목되는 것은 오이케를 중심으로 한 재조일본인들이 메이지정부의 새로운 파트너가 되었다는 것이다. 그가 한국에 오기 3년 전 1872년 종가(宗家)의 마지막 번주는 본국으로 소환되어 공가로 입적되면서 일왕에게 복속하게 된다.[147] 메이지정부는 쓰시마종가 대신 부산을 직접 지배하기 위해 새로운 파트너가 필요하였고 부산 지리와 상술 등에 해박한 상인 오이케가 파트너가 되었다고 보인다. 오이케는 부산거류민단 의원을 30년 동안 재임하였고, 부산상공회의소 회두를 세 번이나 역임하였으며 부산번영회장을 역임하였다. 그리고 지방자치라는 정치적 목적으로 만들어진 갑인회 등에서도 수장이 되어 재부일본인사회를 이끌어갔다.

더욱이 그는 일본 본토와 관계를 계속 유지하면서 부산에서 자본가로 활동한 특징이 있다. 경영면에서는 일본우선㈜ 부산대리점 점주를 맡았으며,[148] 정치적으로는 1915년에 나가사키현(長崎縣)에서 일본제국의회 중의원(衆議院) 의원으로 선출되었다.

이러한 그의 정치적 성향은 총독부 정책을 적극적으로 지원하는 형태로 나타났다. 그는 1924년 경남도청을 진주에서 부산으로 옮기는 정책에 적극적으로 개입하여, 도청 부지를 무료로 기부하는데 선두역할을 하였다. 그는 경상남도 평의원으로 활약하였다. 그가 급사하자 장남 오이케 겐지(大池源二)가 사업을 이끌어감으로써, 하자마 가계와 같이 족벌경영체제가 부산에서 만들어졌다.

둘째, 회사의 지배인에서 자본가로 변신한 케이스로서 하자마 후사타로(迫間房太郎)가 대표적이다. 하자마는 1860년에 와카야마현(和歌山県)에서

---

147) 太政官, 「宗対馬守朝鮮国交義ニ関シ帰国ヲ命ス」, 『太政類典草稿(公文類聚)』 第一編 慶応三年~明治四年 巻之八十 官職門 雑載.

148) 홍순권 외, 『부산의 도시형성과 일본인들』, 선인, 2008, 153쪽. 원자료는 『朝鮮功労者』, 『事業と郷人』 등을 참조. 출전: 부산대관.

[그림 3-8] 부산의 재벌 하자마 후사타로

출전: 新釜山大觀

태어나, 1880년 오사카의 이오이상점(五百井商店) 부산지배인으로 부임하였다. 원래 그는 오사카 거상 이오이 쵸헤이(五百井長兵衛)의 테다이(手代)로서, 지배인보다는 레벨이 낮지만 상점 주인에게 위임된 범위 내에서 영업상 대리권을 가졌다. 이오이가 경영이 부진하자 부산에 지점을 설치하면서, 그의 나이 21세 혈기왕성한 하자마는 오사카 상인으로서 그 역량을 발휘하게 되었다. 하자마는 부산을 발판으로, 원산, 성진, 진남포 등에 출장소를 설치하여 영업을 확대해갔다.

그가 자본가로 변신한 계기는, 일본 참모본부와 육군성의 토지잠매를 비밀리에 담당하면서 부동산업과 무역상으로 변신한 것이다. 그는 일본이 러시아와 결전을 치르기 위해 진해만요새지대에 국제법을 위반하면서 토지를 잠매할 때, 토지브로커로서 채용되었다. 그는 마산포의 율구미를 비롯하여 그 일대 광대한 땅과 부산포의 절영도, 동삼동 일대를 한국인 명의를 빌려 사들이는데 성공한다. 그 대가로 그는 육군성으로부터 공식적으로 1회 300엔을 받았다.[149] 이렇듯 일본의 국책으로 진행된 토지개발과 관련된 기밀정보를 독점하게 된 그는 이오이상점에서 독립하여 부동산 경영을 본업으로 하면서 많은 토지자본을 축적하게 되었다.[150] 또한 무역상으

149) 陸軍省, 「釜山練兵場の件」, 『明治32年機密文書編册』 1907, 제1호부터 제6호. 자세한 것은 다음을 참조. 김경남, 「한말 진해만요새지대와 도시개발의 변형」, 『항도부산』 29, 2012, 16~22쪽.

로 변신하여 주로 소가죽, 미곡, 잡화, 피륙을 취급하였다.[151] 또 한번의 기회는 한국이 일본에 강제 합방되면서 부산과 원산 등 각 거류지에서 그가 영구임차한 토지를 무상으로 불하받았던 것이다.[152]

이러한 정치적 계기와 무역상으로의 전환으로 인해 하자마는 초기자본을 축적할 수 있었다. 이후 하자마는 중역겸임 구조를 활용하여 통해 더욱 더 자본을 축적하였다. 그는 부산수산주식회사, 부산공동창고주식회사, 부산상업은행, 조선저축은행 등에서 취체역과 대주주가 되었다.

그리고 부산진 일대의 광대한 토지를 헐값으로 사들여 부산이 도시화됨에 따라 점차 부동산 가격이 상승하여 부가가치와 임대수익 증가로 자본을 축적하였다. 한편 그는 하자마농장(迫間農場)을 중심으로 전국 각지의 토지를 사들였다. 부산포 거류지일대와 부산진 일대 토지를 소유한 그는 1931년 현재 전국 총 4,435정보의 토지를 소유하였다.[153] 시가 5천만 엔에 달했다. 그가 자본가로 변신하는 과정은 조선인 지주 농민들이 상대적으로 박탈당하는 과정이기도 하다. 그가 토지를 사들이기 시작하자, 경상남도 부산, 김해 일대의 영세 지주들은 축출당하게 되었다.[154] 또한 하자마 농장을 중심으로 소작인 쟁의가 끊임없이 계속되어 사회문제가 심각하게 발생하였다.

이러한 경제력을 바탕으로 그는 거류민단 단장, 부산상공회의소 특별의

150) 迫間房太郎의 토지확보에 대해서는 최원규, 「19세기후반 · 20세기 초 경남지역 일본인 지주의 형성과정과 투자사례」, 『韓國民族文化』 제14집, 부산대 한국민족문화연구소, 1999, 64~68쪽 참조.

151) 高橋三七, 『事業と郷人』, 1939, 675쪽.

152) 朝鮮総督府 総督官房 外事局, 『各國居留地関係取扱書』, 1914. 각국 거류지 처리과정에 대해서는 보다 구체적인 검토가 필요하다.

153) 淺田喬二, 『日本帝國主義と旧植民地地主制』, 東京: 御茶の水書房, 1968, 284~285쪽.

154) 사중면의 토지분해 현상에 대해서는 최원규, 「19세기후반~20세기 초 경남지역 일본인 지주의 형성과정과 투자사례」, 『한국민족문화』 14집, 1999, 112~120쪽 참조.

원, 부산갑인회의 간부, 부산부회 부의장 등을 역임함으로써 부산의 유력자가 되었다. 육군의 토지구입협력, 식민도시 부산개발의 공로로 훈6등에 서훈(敍勳)되었다.[155]

한편 하자마 경영방식 특징 중의 하나는 반드시 조선인 지배인을 채용하여 운영하는 것이다. 대표적인 인물은 문상우로서, 1921년 현재 대동사(大東社)㈜의 취체역을 역임하였다.[156] 그는 1920년, 1924년, 1927년까지 부산지역에서 경상남도 도평의원으로 당선되어 활동한다. 하자마는 현지인을 지배인으로 두는 경영방식을 택했는데, 식민지라는 특수상황에서 현지사람이 직접 현지인들과 대응하는 시스템으로 주목된다. 결국 현지인들과 부산청년회와 갈등이 많아지자 문상우는 하자마 추천으로 김연수의 도움을 받아 경성으로 이전해야 했다.

셋째, 정치지망생에서 자본가로 변신한 케이스로 가시이 겐타로가 대표적이다. 그는 1867년 출생 후쿠오카현 쓰쿠시군(福岡縣 筑紫郡) 출신으로, 중학 졸업 후 주자학 대가인 스기야마 칸엔(杉山観園) 문하에 들어가 한학을 배웠고, 에도무혈 입성론자인 가쓰카이 슈(勝海舟, 에도시대말 메이지시대 초의 무사, 정치인)의 서생으로 7년 정도 공부하였다.[157] 또한 그는 정한론을 주창한 사이고 다카모리(西鄕隆盛)의 사상을 계승한 자들에 의하여 만들어진 단체 현양사에서 국수주의사상을 수양하였다. 현양사는 대륙침략 사상의 양성소이며, 수많은 사람이 대륙에서 간첩활동을 활발히 전개하였다.[158] 이러한 사상단체에 있던 그가 어떤 이유로 인생의 경로를

---

155) 長田睦治, 『釜山名士錄』, 釜山名士錄刊行會, 1935, 16쪽 ; 『事業と鄕人』, 675~677쪽.

156) 대동사는 자본금 700,000원, 불입금 225,000원으로, 그 목적은 내외국 물산 무역 및 위탁매매, 농림업, 기타 부대사업, 농림업자에 대한 자금융통 및 상품 담보대부 등이다. 배당률은 0% 사장/대표는 李宗勉이다(국사편찬위원회, 근현대회사조합요록).

157) 『事業と鄕人』, 302~304쪽.

158) 황명수, 『기업가사연구』, 단대출판부, 1982년 증보판, 268쪽.

바꾸었는지 모르지만, 오사카에서 상업을 시작하여 인력거까지 경영할 정도가 되었지만, 결국 실패했다.

[그림 3-9] 수산왕 가시이 겐타로

출전: 新釜山大観

그러한 그에게 인생의 전환점이 되는 것은 1889년 군인출신 가시이가에 양자로 들어간 것이다.[159] 가시이가는 군인출신 가시이 고헤이(香椎浩平) 가계이며, 고헤이 중장은 1936년 2·26사건이 있을 때 계엄령사령관이었던 일본의 핵심 군인이었다. 그러므로 가시이 겐타로가 자본가로 변신하고 자본을 축적한 계기는 정치권과 밀접한 연관을 가지고 있다고 볼 수 있다.

정치권과 관련된 첫 번째 계기는 통감부 시기이다. 그는 38세 되던 1905년에 부산으로 건너가 한국통감부 제2인자 총무장관 쓰루하라 사다기치(鶴原定吉)[160]와 제1인자 통감 이토 히로부미(伊藤博文)의 도움을 받아 이왕가어장(李王家漁場)에 대한 어업권을 획득하였다. 이 어장은 가덕도와 거제도를 아우르는 넓은 해양자원을 가지고 있다. 그에게 기회가 온 것은, 러일전쟁 시 일본참모본부가 이 일대에 진해만요새를 설치하기 위해, 육지

159) 가시이가는 군인출신으로서 香椎浩平 중장의 가계이며, 香椎浩平 중장은 2·26사건이 있을 때 계엄령사령관이었다.

160) 鶴原定吉(1857~1914)은 福岡市 출생. 東京大学 출신으로, 외무관료로서 런던, 천진, 상해영사를 역임하였고 일본은행 지배인을 역임하였다. 1900년 입헌정우회 창립의원이고, 1901년 제2대 오사카시장으로 1905년까지 재임하였다. 1905년 12월 伊藤博文의 추천으로 한국통감부의 초대총무장관이 되었고, 1907년 7월의 제3차 한일협약체결을 추진하였다. 1907년 8月부터 한국궁내차관을 겸임. 1912년 5월, 福岡市区에서 立憲政友会로 입후보하여 중의원의원이 되었다. 1914년 10월 26일에 사직하였다(山口日太郎, 『メガバンク学閥人脈』, 新風舎, 2006.7, 234~236쪽).

는 하자마에게 토지암매를 지시하고, 해양은 가시이가 이왕가로부터 빌리는 수법을 썼기 때문이다. 이후 이 남해안 황금어장에서 매일 1만 원에 해당(1930년 현재)하는 수산물을 남대문에 가져다 팔았고, 이 중 일부를 관리요금으로 받았다. 또한 이왕가의 어업 권리를 대부하여 거기에서도 수수료를 받았다. 이러한 과정에서 가시이는 초기 자본을 축적하였으며, 이후 하자마, 오이케와 함께 중역겸임 네트워크를 만들어 산업자본가로 전환하였다.[161]

두 번째 계기는 조선총독부 시기, 사이토 마코토 총독에게 요청받아 1925년 경질도기주식회사를 인수했을 때이다. 사이토는 금융적 지원으로 조선식산은행에서 30만 엔을 대출하도록 알선해주었고, 보조금도 1926년부터 1934년까지 계속 지급하여 경영부진을 만회하도록 해주었다. 인수 당시 공칭자본금 375만 원이었으나, 그가 경질도기를 인수하고 기존 경영진 대부분을 교체하고 자신의 심복들을 경영진에 배치했다. 오노 미네지로(大野峯次郎) 전무취체역, 타케히사 스데기치(武久捨吉)가 취체역에 선임되었고, 감사역에도 이시하라 겐자부로(石原源三郎)가 임명되었다. 가시이는 1만 주로 최대주주가 되었고, 그의 심복 오노, 다케히사, 이시하라가 각각 1,000주 이상 주식을 소유하여 대주주 반열에 올랐다. 부산으로 본점을 이전하여 경영 부진과 실적 호조가 반복되었으나, 해외에서 도기를 판매하는데 주력하여 수년 후 재건에 성공하였다.[162]

세 번째 계기는 총독부 미나미 지로 시기이다. 일본의 중국대륙진출을

161) 왕실 어장의 탈취과정 및 그 내용에 대해서는 藤永壯, 「植民地下日本人漁業資本家の存在形態－李王家漁場をめぐる朝鮮人漁民との葛藤」, 『朝鮮史研究會論文集』 24, 朝鮮史研究會, 1987.

162) 가시이의 자본축적과 일본경질도기주식회사 기업경영에 대해서는 다음을 참조. 배석만, 「일제시기 부산의 대자본가 香椎源太郎의 자본축적 활동－日本硬質陶器의 인수와 경영을 중심으로」, 『지역과역사』 25호, 2009 ; 배석만 · 김동철, 「일제시기 日本硬質陶器株式會社의 기업경영 분석」, 『지역과역사』 29호, 2011.

위해 군사적 통제를 원활하게 하기 위해, 총독부가 전기업을 통폐합하려고 했을 때, 목포, 대구, 군산 등 각 지역 업계의 갈등을 가시이가 적극적으로 나서 통합을 이끌어냈다.[163] 결국 그는 남선전기㈜ 회장으로 취임하여 총독부와의 정치파트너로서 입지를 굳혔다.

이렇듯, 가시이는 통감부부터 총독부에 이르기까지 조선 통치의 최고책임자들과 식민지 지배를 위한 파트너가 되었다. 그는 이러한 정치적인 역량을 기반으로 수산업, 금융업, 전기가스업, 도자기제조업 등으로 분야를 확장해나갔다. 1921년 현재 부산수산주식회사 사장, 부산공동창고주식회사 취체역과 대주주를 겸임하고 있으며, 동양척식㈜ 고문, 조선와사전기회사(朝鮮瓦斯電氣會社) 사장, 경질도기주식회사 사장 등을 역임하였다.

이러한 정치경제적 파워를 기반으로, 그는 하자마, 가시이를 이어 1920년 이래 부산상공회의소 회장으로서 부산과 일본의 가나자와(金沢)상공계에서 활약하였으며, 사회적으로도 조선수산회장, 조선전기협회장, 부산해산물상조합 고문이 될 정도로 부산은 물론 남부지역의 핵심인물이 되었다.[164]

## 4. 1920년대 중역겸임 자본가의 정치사회적 관계

지금까지 추출된 조선본점 기업의 중역겸임 네트워크 그룹은 어떠한 정치사회적 관계를 통해 친목을 돈독히 하고 지역의 유력자로 성장하게 되었는가. 지역유력자는 재력, 권력을 가지고 있으며, 지역사회에 큰 영향력을 주는 인물을 지칭한다고 할 수 있다.[165] 일제강점하의 지배와 피지배

---

163) 朝鮮瓦斯電気株式会社, 『朝鮮瓦斯電気株式会社發達史』, 1921.

164) 長田睦治, 『釜山名士錄』, 釜山名士錄刊行會, 1935, 65쪽.

165) 유지집단의 범주에 대해서 지수걸은 일제하의 '지방유지'란 일제가 강제와 동의에 기초한

조건하에서, 조선인들은 재력과 특히 권력면에서 일본인들에게 뒤처지기 십상이고, 일본인들은 민족적 감정으로 인해 조선인들에게 덕망을 얻기 어렵다는 특성이 있다.

그렇다하더라도 식민지 지배가 지속됨에 따라, 대체로 금융권을 장악하고 있는 자본가들이 지역사회에서도 실세라는 것은 예나 지금이나 그다지 다름이 없다. 그러므로 일제강점기 유력자를 구분할 때 가장 주요 포인트가 되는 것은 민족적 구분, 금융권 실세 유무, 정치 · 경제 · 사회적 영향력 유무 등이라고 볼 수 있다.

여기서는 경제적 네트워크를 가지고 있는 각 지역 중역겸임 자본가들이 지역사회에서 어떻게 사회적 · 정치적 네트워크를 형성하게 되었는지 살펴볼 것이다. 앞장에서 검토한 중역겸임자 네트워크인 경인그룹과 부산그룹을 사례로 살펴보고자 한다.

### 1) 경인그룹 중역겸임자의 정치사회적 네트워크

경인그룹 중역겸임자는 어떠한 정치사회적 네트워크를 형성하였는가. 대표적인 것은 경제단체로서 경성상업회의소, 경성상공회의소, 사회단체로서 대정실업친목회, 정치활동으로서 도평, 도의로 도정에 참여한 것을 들 수 있다.

---

국가헤게모니를 지방사회 내부에 관철시키기 위하여 의도적으로 형성한 '총독정치의 매개집단'으로서, '재산(재력)'과 '사회활동 능력(학력)', '당국의 신용'과 '사회인망'을 고루 갖춘 지방사회 유력자집단(조선인, 일본인포함)이라고 정의하고 있다(池秀傑, 『한국의 근대와 공주사람들(한말일제시기공주의 근대도시발달사)』, 공주문화원, 1999, 206~207쪽). 지방유지에 대한 최근의 연구동향에 대해서는 홍순권, 『근대도시와 지방권력』, 선인, 2010 참조.

### 경제단체

첫째, 1920년경 경인그룹 중역겸임자 중 가장 중요한 인물은 재조일본인 거물 구기모토 후지지로(釘本), 가다 나오지(賀田), 요시다 히데지로(吉田) 등이고, 조선인 백완혁, 조진기, 예종석, 한상룡, 이병학 등이다.

강제 병합이 되기 전, 조선인들과 재조일본인들은 상공업계의 주도권을 빼앗기지 않으려는 치열한 공방전이 계속되었다. 재조일본인들은 1887년 2월에 경성상공회의소를 나카무라 사이조(中村再造), 야나기 사다타케(柳貞武) 등 10여 명이 발기인이 되어 상업회의를 조직하였다.[166] 개항장 객주들의 상공단체 설립이 전국적으로 확산되고 있는 가운데, 경성에서는 조선인들이 1905년 경인그룹 멤버 백완혁, 조진태를 포함하여 조병택, 한상룡 등이 발기하여 경성상업회의소를 설립하였다. 하지만 조선총독부는 1915년 7월 조선상업회의소령을 발포하였고, 조선인만으로 구성된 상업회의소는 모두 철폐되고 해산되어버렸다. 이른바 '내선일체'의 경성상업회의소가 설립되게 되었다.

경성상업회의소는 동년 10월 동척대표인 요시다 사부로(吉田三郎) 등 조일 유력자 120명을 발기인으로 설립 신청하였다. 12월에 회두로 하라다 긴노스케(原田金之祐), 특별평의원으로 요시다 사부로, 후지다 가즈에(藤田主計), 조중응, 송병준 등이 취임하였다. 경인그룹의 멤버가 주도권을 잡게 되는 것은 1919년부터이다. 당시 선은총재 미노베 슌기치(美濃部俊吉)에 이어서 경인그룹 핵심자본가 구기모토 후지지로가 회두가 되었다. 이후 와타나베 데이이치로(渡邊定一郎), 진나이 시게요시(陳內茂吉)를 뒤이어 1932년 7월 경인그룹의 가다 나오지(賀田直治)가 취임하게 된다.[167]

---

166) 『事業と鄉人』, 136쪽.

167) 『事業と鄕人』, 136~139쪽. 賀田直治의 능력은 대단하여 1937년 현재 회원 3600명, 시과금 15만 원 이상으로 크게 확장된다.

### 사회단체

둘째, 3·1운동 직후 민중의 항거에 충격을 받은 사이토 총독과 미즈노 렌타로(水野錬太郎) 정무총감은 재조일본인을 지방정치제도로 포섭하고, 조선인 중상층부를 계량시키려는 정책을 취하여 난국을 타개하고자 하였다. 이때 이른바 '내선융화'를 도모하기 위한 연결고리로 생각한 것은 대정실업친목회(大正実業親睦会)였다. 원래 이 친목회는 1916년에 조중응을 중심으로 전직관료, 귀족, 대지주, 실업가들이, 일제의 정치적 탄압으로 조선인의 결사가 거의 불가능했을 때 만든 것이었다. 이 단체는 경성을 중심으로 한 유력자본가들이 포함된 친목단체였으며, 간부를 보면 거의 경인지역 중역겸임 그룹의 조선인 멤버로 구성되어 있다.[168] 이들은 어떠한 정치사회적인 네트워크를 형성하고 있는가. 다음 [표 3-19]는 당시 간부들의 경제활동과 정치사회활동을 나타낸 것이다.[169]

[표 3-19]에서 볼 수 있듯이, 경인그룹의 대표적인 중역겸임자 조진태가 친목회 부회장, 예종석이 이사, 백완혁이 평의원, 상담역을 구기모토(釘本藤次郎)가 맡았다. 1921년 회장과 민영기와 한상룡도 다수중역겸임자로서 경인그룹의 중역겸임자와 3사 이하의 기업에서 대주주와 중역을 겸임하고 있었다. 회장을 맡고 있는 민영기는 전술했듯이 대한제국 농상공부 장관시절에 일본인 하자마와 같이, 러일전쟁준비를 위해 진해만요새지대 건설군용지를 암매하려는 일본참모본부에게 2만 원을 받고 협력한 전력이 있다.[170] 그도 대한제국 농상공장관이라는 관료의 전력을 이용하여 기업가

168) 이 단체의 전신은 1904년 1월 만한실업협회이다. 만한실업협회는 한일합방으로 친일고위관료의 정치적 후원세력이 퇴장하자 조진태, 백완혁과 자본가들이 새로운 유대관계를 형성하기 위해 만든 것이다. 자세한 것은 이승렬, 앞의 책, 2007, 302~308쪽 참조.

169) 동선희, 『식민권력과 조선인 지역유력자－도평의회 도회의원을 중심으로』, 선인, 2011, 167쪽.

170) 자세한 내용에 대해서는 김경남, 앞의 논문, 2012 ; 동선희, 위의 책, 167쪽 참조.

[표 3-19] 경인그룹의 대정실업친목회 간부참가와 정치사회활동 실태

| 이름 | 취임연도 | 관련그룹<br>(기업겸임수) | 경제단체 활동 | 정치/사회활동 |
|---|---|---|---|---|
| 민영기 | 1921회장 | 다수중역겸임자<br>(4개 기업) | 경성상업회의소특별의원 | 경기 20관 |
| 조진태 | 1916부회장 | 경인그룹<br>(4개 기업) | 조선상업은행장<br>경성상업회의소 부회두 | 경성 14/16/18/20관 |
| 한상룡 | 1921평의장 | 다수중역겸임자<br>(6개 기업) | 동척고문/<br>식산은행설립위원/<br>경성상업회의소간부 | 경기 20관/24관/27관/<br>30관/33관/37관/41관<br>경성 14/16/18/20관 |
| 예종석 | 1921이사 | 경인그룹<br>(3개 기업) | 경성상업회의소 부회장<br>/경성금은세공조합장 | 경성 20/23/26/31관 |
| 백완혁 | 1921평의원 | 경인그룹<br>(7개 기업) | 식산은행설립위원 | 경성 16/18/20관 |
| 김한규 | 1916평의원 | 다수중역겸임자<br>(6개 기업) | | 경기 20/24관<br>경성 16/18/20관 |
| 釘本藤次郎 | 1916상담역 | 경인그룹(8개 기업)<br>총 19개 기업 | 경성상공회의소회두 | 조선산업조사위원회 위원 |

출전: 원본은 『매일신보』 1921년 1월 14, 15일자. 도평, 도의에 대해서는 동선희, 앞의 책, 2011, 168쪽. 중역겸임자의 그룹명과 중역겸임수, 관련기업 등에 대해서는 김경남, 앞의 논문, 2003 참조.

로 변신한 케이스이다. 한상룡은 이 친목회 초대 평의장을 지냈으며, 조선의 시부자와라는 평을 들을 정도로 재계의 유력자였다.[171)]

친목회는 1921년부터 일본인들을 회원으로 받아들이기 시작했다. 강령은 이른바 '실력양성을 주창하고 동양 전 민족의 번영 강녕을 기하기 위해, 조선인 · 일본인 상호친목, 산업의 발달증식에 노력, 문화향상에 공헌함'을 내걸었다. 이들이 내건 '내선융화'는 일제의 정책에 호응하면서, 표면적으로는 조선인의 산업발전을 보호 육성해 줄 것을 당국에 요구한다는 것이다.[172)] 그러나 엄밀하게 말하면 250명의 조선인과 재조일본인 상층의 권익

171) 자세한 것은 김명수, 「1920년대 한성은행의 정리와 조선인 CEO 한상룡의 몰락」, 『역사문제연구』 제27호, 역사비평사, 2012 ; 김경남, 위의 논문 ; 동선희, 위의 책, 167쪽 참조.

172) 동선희, 위의 책, 171쪽.

을 도모하기 위해 이 친목회를 활용하였다고 보인다. 미즈노 렌타로 정무총감은 당시 같은 신문에서 친목회는 정치와는 전혀 무관하다고 밝히고 있으나,[173] 오히려 더욱 정치적인 언론 플레이라는 것을 대변해주고 있다. 친목회는 자신들에게 유리하도록 언론을 장악하기 위해 조선일보를 창간한 주축이기도 하였다.

### 자본가의 정치 참여

1919년 3·1운동의 여파는 일제당국을 당혹하게 만들었다. 일본 본국에서도 무단 강압정치만으로는 조선 지배가 어렵다는 것을 깨달았다. 이에 동년 8월 13일 제3대 사이토 총독과 정무총감 미즈노 렌타로가 부임하였다. 그들은 조선인 상층을 포섭하여 개량화시키고, 각 지역에서 성장한 '재조일본인' 상층을 적극적으로 지배정책에 활용하는 방안을 모색하였다.

먼저, 총독부는 1920년 경성에 산업조사위원회를 만들어, 일본 본국, 식민지 조선인, 재조일본인으로 조사위원을 구성하여, 각종 정책에 대한 의견을 개진하도록 하였다. 하지만 식민지 조사위원은 거의 재계 중진들로서 상공회의소 간부나 재계친목회의 간부, 회사 중역들이었다. 그러므로 당시 언론에서는 상층자본가들을 위한 조치로서 민중들은 정치가 변화리라고 기대하지 않았다고 한다.[174]

더욱이 위의 경인그룹 중역겸임자들은 대정실업친목회 간부를 도맡고 있으며, 친목회 간부는 모두 도평, 도의를 역임하고 있다. 도평의회는 1920년의 지방제도 개정으로 만들어졌다. 이 도평의회는 통감부 시기 '지방위원회'제도, 강제 합방 이후 참사제도, 부협의회의 연장선상에 있었다. 도평

173) 『매일신보』 1921년 1월 15일.
174) 조선산업조사회에 대한 상세한 것은 전성현, 앞의 책, 2011, 142~160쪽 참조.

의회 · 도회의 설치는 일제가 각 지방에서 협력자를 양성하여 지방행정을 원활히 함과 동시에 조선인들에게 정치 참여에 대한 기대감을 주어 전반적인 식민통치 안정을 기하려는 것이 목적이었다.

일제는 통감부시기부터 도, 부, 군뿐만 아니라 면 단위까지 지방행정을 정비하려하였으나, 이 시기까지 지방행정을 완전히 장악하지는 못하였다. 재조일본인들에 대한 별도의 자치행정기관으로 거류민단이 있었고 구한말 영사관 업무를 계승한 이사청이 주요 대도시에 설치되어 있었다. 조선인과 일본인에 대한 이원적 지방행정이 실시되었다. 지방행정 정비는 치안과 조세 체제의 확립, 식민지적 관료제 구축이 목적이었다. 이는 종래의 신분적 특권을 매개로 한 전통적인 촌락 '자치' 및 전근대적 질서를 해체함과 동시에 조선인 개화파들이 의도한 '민권'적 자치를 억누르는 과정이었다.[175] 실제로 식민지시기 지방의회는 조선인의 '국정참여' 기회도 아니고 지방자치가 실현된 것도 아니며 단순히 일제의 회유책에 불과했다고 할 수도 있다.[176] 하지만 도평 도의를 역임한 중역겸임자들은 지역의 개발정책 등에서 자신들의 권익을 발언할 수 있는 기회가 주어졌고, 식민통치하에서 그 직함만으로도 지역사회에서 감투로 여겨져 유력자로서 기능할 수 있었다.

1920년대 중역겸임자들 중 대구지역에 기반이 있는 서병조는 메이지신궁봉찬회와 자제단의 임원으로서 활동하고 있다.[177]

이상에서 살펴본 바와 같이, 경인그룹 중역겸임자들은 정치 · 경제 · 사회적으로 이중삼중의 중층적 장치를 통해 그들의 권익을 유지, 성장시키

175) 동선희, 앞의 책, 2011, 30~31쪽.

176) 동선희, 위의 책, 20쪽.

177) 경인그룹의 중역겸임자 서병조는 사회단체 자제단(대구 한규복 주도)에 참가하여 독립운동을 반대하고, 일제의 뜻을 조선의 민중들에게 일명 '선도'하고 다녔다. 그는 경북 도평 도의를 20관, 24관, 27관, 30관, 33관, 37관(부의장), 41관까지 역임하였다.

려고 하였다. 기본적으로 경제단체 경성상공회의소를 만들어 경제적 제 문제를 논의하고 해결하였다. 또한 조선인들은 식민지라는 특수성 때문에 경성상공회의소의 회두에서 밀려 대정실업친목회를 만들어 조선인들만의 정보를 공유하고자 하였다. 그러나 1921년부터는 일본인들이 회원으로 참가할 수 있도록 되어, 조선인만의 사회적 네트워크도 온전히 지속될 수 없었다. 그리고 조선총독부의 정책에 반영되도록 도평, 도의로서 시정에 참가하고, 총독부가 주관한 산업조사위원회에도 참여하여 정계와의 인맥을 유지하였다.

### 2) 부산그룹 중역겸임자의 정치사회적 네트워크

부산은 왜관에서 일본전관거류지로 바뀌었기 때문에, 1920년대에 중역겸임을 통해 네트워크를 형성하고 있던 부산그룹에 조선인이 한 사람도 없다. 이 그룹 또한 경제단체, 사회단체, 정치단체를 만들어 다층적인 네트워크를 형성하고 있다. 다음 표는 부산그룹 각 중역겸임자의 경제단체, 사회단체, 정치단체, 서훈현황을 정리한 것이다.

[표 3-20] 부산그룹 중역겸임자의 경제적 · 정치사회적 활동실태

| 자본가명 | 겸임 | 출신 출생<br>来韓년도 직업 | 경제단체 | 사회단체 | 정치단체 활동,<br>훈포장 |
|---|---|---|---|---|---|
| 迫間房太郎 | 9사 | 和歌山県<br>1860,1880<br>무역상 | 부산상업회의소 회두 | 부산거류민단의원, 부산번영회평의원(1908년 현재), 和歌山県人, 적십자 | 기로회, 갑인회<br>훈6등 서보장 |
| 大池忠助 | 7 | 長崎県 対馬<br>1864, 1875<br>1930년 사망<br>무역상 | 부산상업회의소 의원, | 거류민단의장 부산번영회장, 번영회원 | 기로회, 갑인회<br>서보장 · 감수보장 |
| 香椎源太郎 | 6 | 福岡県<br>출생<br>1905 래한<br>수산업자 | 부산상공회의소회두<br>경남수산회장 | 거류민단의원<br>조선철도협회(평의원), 전기협회조선지부장, 선만어시장연합회장 | 부산부정평의원. 경남도정평의원. 총독부조선산업조사회의원. 갑인회, 筑豊同志会, 부산국방회장 |

| | | | | | |
|---|---|---|---|---|---|
| 坂田文吉 | 4 | 福岡県<br>무역상 | 부산상공회의소 의원 | 거류민단의원<br>부산번영회부회장부산야구단, 부산체육협회장, 부산서양요리연합회 고문 | 갑인회<br>경남관선 도회의원<br>筑豊同志会(1929년) |
| 萩野彌左衛門 | 4 | 大阪府<br>1880년 래한<br>무역상/회조업 | | 거류민단의원, 번영회, 大阪府民会 | 기로회, 갑인회 |
| 中村俊松 | 3 | 豊前県<br>1895년 래한<br>무역상 어용상인 | 부산상업회의소의원<br>부산상업회의소부회두 | 부산거류민단(1907.4월)<br>부산번영회 입회,<br>한해수산회대의원 | 기로회 |
| 井谷義三郎 | 3 | 和歌山県<br>1876, 1894<br>무역상, 곡물상 | 부산상업회의소평의원(1917), 同특별의원, 부산정미업조합장, 선미협회간사, 부산곡물상조합장 | 부산번영회회원<br>(1907.4.2가입) | 부산부협의회원<br>경남도의회의원(1943) 갑인회<br>조선총독부은배(1914)<br>상훈국총재금배(1914) |
| 桐岡金三 | 3 | 岡山県<br>중매상 | 부산상업회의소 의원 | 부산번영회원<br>(1907년 4월 8일부터) | |
| 武久捨吉 | 3 | 兵庫県淡路島<br>~1931<br>장년기 래한,<br>무역상 | 부산상업회의소부회두,부산곡물시장평의원, 부산해산물상조합장 | 조선수산공진회의부협찬회장 | 부산부협의회 의원 |

출전: 홍순권, 『부산의 도시형성과 일본인들』, 선인, 2008, 298~316쪽과 『사업과 향인』에서 작성.

위의 표를 참고하면서, 부산그룹 중역겸임자들의 경제단체, 사회단체, 정치단체의 참여 현황에 대하여 살펴보자.

### 경제단체

일제강점기 부산의 일본인 사회여론을 형성하는 중심세력은 경제인들이었다. 이들은 경제력을 바탕으로 각종 협의회나 번영회 등 부산의 일본인 사회를 대표하는 단체에서 중심역할을 하였다. 이들의 영향력은 부산 경제계는 물론 정치와 사회에서도 강하게 작용하였다. 1914년부터 시작된 부산부협의회 의원들 대부분은 부산의 유력 경제인이었다.

부산그룹에 속해있는 중역겸임자 7명은 모두 부산상업회의소 회두부터 부회두, 평의원, 의원을 역임하고 있다. 부산그룹의 중역겸임자 중에서 가장 빠른 시기에 상공업계를 장악한 것은 하자마이다. 그는 1908년 부산상업회의소 회두를 역임하였다. 오이케, 가시이는 부산상의의 회원이다. 그 뒤를 이어 오이케, 가시이가 회두를 할 때는 고문, 평의원으로 그들을 돕고 있다. 오이케는 1916년 6월부터 1920년 3월까지 부산상공회의소 회두를 역임하였고, 그 뒤를 이어 1920년 4월부터 1935년 6월까지 가시이가 무려 15년간 상공회의소 회두로 재임하였다.[178] 이들을 중핵으로 하여 나카무라 토시마츠가 부회두, 사카다 토미기치 의원, 이타니 기자부로 평의원·특별의원, 기리오카 긴조 의원, 다케히사 스데기치 부회두 등을 역임하였다.

또한 부산상공회의소와는 다른 분야의 경제단체에서 활동한 중역겸임자는 이타니와 다케히사를 들 수 있다. 이타니는 1917년 부산상업회의소 평의원, 동 특별의원을 역임하였고, 부산정미업 조합장, 선미협회간사, 부산곡물상조합장 등의 경제단체에서 간부로서 활동하였다. 다케히사는 부산곡물시장 평의원, 부산해산물상 조합장을 역임하였다.

### 사회단체

부산그룹의 중역겸임자들이 주도하고 있는 사회단체로서는 거류민단과 부산번영회, 부산체육협회, 부산서양요리연합회, 한해수산회, 조선수산공진회 등을 들 수 있다. 개항장의 일본인 자본가단체는 주로 무역업과 금융업에 종사하던 자본가들 주도로 결성되었다. 그러나 이주 일본인들을 중심으로 개항장 거류지에 소비재공업이 발달하게 되면서 점차 산업자본가들 단체가 등장하게 되었다. 대표적인 케이스가 부산번영회이다.

부산번영회는 본래 일종의 사설 사교단체임에도 불구하고 부산항의 일

---

178) 1935년 7월부터 1941년 9월 立石良雄, 1941년 12월 1942년 11일 西条利八, 1942년 12월 米倉清三郎로 이어진다.

본인 관민 각 계층을 망라하여 토의나 평결에 그치지 않고 부산거류민단, 부산상업회의소, 부산부청 등 공사기관의 각종 공공사업을 실행할 것을 재촉하기도 하였다. 그리고 부산항의 공사제반 시책이 번영회가 제창함에 따라 해결되고 실현될 정도였다. 부산의 대표적인 자본가 오이케, 하자마, 가시이는 부산번영회를 통해 부산 경제의 주도권을 잡아나갔다.[179] 부산번영회 회원 가운데 조선인은 한 명도 없었다. 1927년 현재 부산번영회원 83명 중에 조선인은 문상우(부산상업회의소 부회두), 김동준(경남 산업과장) 2명뿐이었다.

부산번영회는 1912년 현재 하자마 후사타로가 회장이고, 회원으로 오이케 츄스케, 사카다 분기치, 하기노 미사에이몽, 나카무라 토시마츠, 기리오카 긴죠, 다케히사 쓰데기치가 참여하고 있다. 하자마 뒤를 이어 오이케가 부산번영회 회장, 사카다는 부회장을 역임하고 있다.

하자마와 사카다가 부산지역을 중심으로 사회단체 활동을 하고 있는데 반해, 가시이 겐타로는 그 범위를 넓혀 경남지역, 조선 전지역, 일본까지 연결되어 있다. 그는 조선철도협회 평의원, 전기협회 조선지부장, 경남수산회장, 선만어시장(鮮滿魚市場) 연합회장, 민단의원을 역임하였다. 사카다는 부산번영회장을 역임하였고, 부산야구단, 부산체육협회장 부산서양요리연합회 고문 등 체육, 요리 등 다양한 분야에서 대표를 맡았다.

### 정치단체의 결성과 부산그룹의 지역거점화

경인그룹에 조선인 중심으로 정치친목단체가 만들어진 것과 달리, 부산에서는 개항 이후 이주한 재조일본인 유력자들이 정치친목단체 기로회를 만들었다. 기로회는 1909년 6월 부산에서 25년 이상 거주한 일본인 36명이

---

179) 釜山甲寅会, 『釜山繁栄論策』, 1927, 1~8쪽 ; 朝鮮総督府, 『釜山都市計画決定』, 1936~1942.

1년분 회비 7엔 중 6개월분을 선납하여 설립되었다. 초기 도항자들은 친목도모를 위한 단체로 매년 봄가을에 대회를 개최하고 기로원 등 기념사업을 추진하였다. 후에 지방자치권 획득을 위한 부산갑인회의 모태가 되었다.[180]

부산갑인회는 유력 일본인들이 '지방자치권의 획득'이라는 정치지향을 목표로 결성된 단체로서 간부 3명, 의원 21명, 총 24명으로 구성되어 있었다. 부산갑인회는 옛 민단역소(民団役所) 마지막 간부들과 학교조합 의원 등이 1914년 부제실시에 따라 자치기관인 민단 해체에 항의하여 1914년 3월 31일 결성된 것이다.[181] 일제의 민단해체 방침에 대해 저항한 곳은 부산만이 아니었다. 1912년 10월 조선 각지의 11개 일본인 민단에서는 연합회를 결성하고, 다음과 같은 요지의 진정서를 조선총독에게 제출하였다.[182] '첫째, 거류민단은 한일병합 이전부터 일본인들의 권익을 위해 투쟁하였다는 점, 둘째, 자치기관으로 학교, 도로, 산업, 위생, 경비 등을 정비하고, 셋째, 조선인과 일본인간의 동화정책에도 적극 호응하면서 자치단체로서 대륙발전을 위한 선구자라는 점을 인정해 달라'는 것이다.

이렇듯 새로 만들어진 식민정부와 거류민단의 갈등은 주목된다. 거류민단들은 어렵사리 조선에 그들의 생활터전을 만들어왔던 터였지만, 새로 총독부가 들어서면서 그들의 자치기관 민단을 부정하는 방향으로 정책이 취해졌기 때문에 배태된 모순구조였다. 민단을 장악하고 있던 일본인들은 부산갑인회의 중심인물이었다. 부산그룹의 중역겸임자 오이케 츄스케(구 거류민단장), 하자마 후사타로(同의원), 가시이 겐타로(同의원) 등이다.

180) 기로회와 갑인회 등 부산지역 재조일본인 단체의 정치적 활동에 대해서는 홍순권, 앞의 책, 2010, 286~289쪽 참조.

181) 釜山甲寅会, 앞의 책, 1927, 316쪽.

182) 釜山甲寅会, 위의 책, 118~121쪽. 민단이 구성된 곳 111개 지역.

이들 3명은 모두 부산에서 중역과 대주주겸임을 통해 그룹을 형성한 인물들이다. 앞장에서 살펴보았듯이, 총독부는 1914년까지 토지분할과 경매, 토지 소유권 인증 등 거류민의 기득권을 수용하는 방향으로 정책을 추진하였다.

중역겸임자들은 부산지역을 중심으로 활동한 무역상, 수산업자들로 구성되어 있다. 이들은 부산은 물론 전 조선으로 사업영역을 확장해갔다. 더구나 재조일본인 자본가들은 일본 본토의 가나자와(金澤), 오사카(大阪), 쓰시마(對馬) 등과 연관을 맺으며 사회경제적 활동을 하였다.

중역겸임자들의 경제적 네트워크를 유지, 확대시켜주는 기제는 정치적 역량에서 나타난다. 위의 부산그룹 멤버 9명은 모두 정치적 지향단체 기류회, 갑인회에 참가하거나, 아니면 직접 도정, 부정에 참여하였으며, 심지어 일본의 중의원 의원이 되어 자신들의 권익을 지켜나가는 시스템을 만들었다.

[표 3-20]에서 보는 바와 같이, 하자마와 오이케는 기로회와 갑인회의 중심인물이며, 부산그룹 중역겸임자들은 거의 부산갑인회의 멤버이거나 회장을 역임하였다. 오이케는 나가사키현에서 중의원 의원으로 선출되었다. 가시이는 정치적인 면에서 그 영향력이 커서 갑인회 회원이기도 하지만, 부산부 부정(府政) 평의원, 경상남도 도정(道政) 평의원, 조선총독부 조선산업조사회 조사의원을 역임하였다. 그는 1940년이 되면 부산국방회장을 맡게 된다. 사카다는 갑인회 회원으로서, 경남 관선 도회의원을 역임하였는데, 이 두 인물은 후쿠오카의 치쿠호 동지회(筑豊同志会, 1929년 현재) 회원으로 연결되어 있다. 그리고 하자마는 와카야마현인회, 하기노 미사에이몽은 오사카부민회(大阪府民会)에 참가하고 있어 현해탄을 넘어 향우회를 통한 친교활동을 계속하고 있는 특징이 있다.

이들의 공적은 총독부와 일본본국에서도 인정받아, 하자마는 훈6등 서

보장을, 오이케는 서보장 및 감수보장을, 이타니 기자부로는 총독부와 상훈총재국으로부터 훈6등을 서훈 받았다. 모두 청일전쟁, 러일전쟁 등 전쟁을 도와 비밀작전, 물자공급 등을 수행해 준 대가로 받은 것이었다.

따라서 제국의 식민지 전쟁과 식민지의 자본주의 발달 속에서, 재조일본인들 중 핵심인물들이 부산을 거점으로 재산을 축적하여, 중역겸임을 통한 탄탄한 인적 네트워크를 만들었다는 것을 알 수 있다. 더욱이 이러한 경제적 네트워크를 기반으로 사회적 단체, 정치적 단체를 만들어 함께 참가하면서 네트워크를 중층적으로 만들었다. 이에 따라 이들은 식민도시 부산을 거점으로 전 조선은 물론 일본 상공업계까지 확대시킬 수 있는 기반을 만들 수 있었다. 이 점이 식민지 자본주의 형성의 특징이라고 할 수 있을 것이다.

여기서 주목되는 것은 일본제국정부와 조선총독부가 정책을 추진할 때, '재조일본인'에게 특혜를 주고 서로 이용, 견제하면서 식민권력과 재력을 유지하고 있다는 점이다. 하자마는 러일전쟁 때 일본참모본부의 지시로 진해만요새에 한국인 명의를 빌려 군용지를 확보해주고 그 대가와 정보를 챙겼다. 가시이는 같은 시기 진해만요새 확보와 관련하여, 거제도의 이왕가소유 어장의 관리권을 이토 통감의 주선으로 손에 넣었다. 오이케는 상공회의소 회두로 있으면서 경남도청을 진주에서 부산으로 옮길 때, 도청을 건축할 부지를 제공하였다. 그 일대의 토지는 오이케, 하자마, 가시이가 공동으로 소유하고 있는 부산수산주식회사 명의의 광대한 토지가 있었다. 부산부가 중심지로 개발됨에 따라 이들이 부동산개발에 따른 특수를 누릴 수 있었다. 가시이는 남부지역 전기사업을 통폐합할 때 주역을 담당하여 전국적인 네트워크를 만들 수 있었으며, 부산뿐만 아니라 전국적인 유력자로 이름을 알릴 수 있었다.

그러나 재조일본인과 식민지권력이 언제나 밀월관계는 아니었다. 한일병합 때는 재조일본인이 만든 민단 111개 기관이 자신들의 권익을 인정받기 위해 총독부에 항의하였고, 경남도청 이전 시에는 적극적으로 반대운동을 벌이기도 하였다.[183] 대의명분을 중요시여긴 재조일본인 이시이(石井)는 진주의 경남도청 이전을 반대하기 위해 자살함으로써 다이쇼천황과 정책추진자들에게 그 뜻을 알리고자 하였다. 더욱이 1937년 부산시가지계획을 추진할 때는 경지정리를 수익자 부담으로 하자, 가시이를 중심으로 영도 일대의 소유주들이 항의서를 제출하기도 하였다.[184]

이처럼 개항 이후 1920년대까지 새롭게 형성된 도시 부산과 경인지역에 중역을 겸임하고 대주주로 함께 투자하여 기업을 경영한 자본가들이 경인그룹, 부산그룹으로 연관구조를 맺고 자본가 네트워크를 형성하였다. 그것은 신의주와 목포, 통영에서도 같은 양상이 나타나고 있다. 경성그룹과 부산그룹은 경제계에서 실권을 장악하고 있을 뿐만 아니라 정치사회적으로도 경제단체, 사회단체, 정치단체를 만들어 지역의 핵심 유력자로서 주도권을 잡았다. 경인그룹은 재조일본인 자본가들이 중심멤버로 구성되어 있지만, 조선인 중에서는 관료출신이 멤버에 포함되어 있는 특징을 가지고 있다. 그러나 부산그룹은 재조일본인만으로 배타적으로 구성되어 있다. 그것은 부산이 일본전관거류지에서 대도시로 성장하였기 때문이며, 총독부와 밀접한 정치적 관련성을 가지고 성장한 그룹이기 때문이라 생각된다.

요컨대 총독부는 개항장 개시장에 일본인을 이주시켜 대도시로 만들었고 조선인을 유입하였다. 이 도시에는 시가지계획을 하고, 도로, 철도, 상하수도 등 인프라 스트럭쳐, 즉 건조환경을 구축하였다. 일제의 의도를 관철시키기 위해 만들어진 식민도시에 건조환경을 건설하는 과정은 자본가

---

183) 한일병합과 거류민단 해체에 대해서는 홍순권, 앞의 책, 2010, 185~198쪽 참조.

184) 朝鮮総督府, 『釜山都市計画決定』, 1936~1942.

들에게 잉여가치를 유리하게 창출하도록 하였다. 이러한 조건을 기반으로 조선에는 식민지적 자본주의가 구축되었으며, 총독부와 소수 일본인 자본가, 거기에 협력한 조선인 자본가들에게 유리한 지역지배 질서가 새롭게 만들어졌다.

# Ⅳ

# 전시체제기 식민도시 개발의 본격화와 공업지구 형성

## 1. 식민도시 개발의 본격화

### 1) 1930년대 '조선시가지계획령' 실시 배경 및 목적

일제가 추진해오던 시가지계획 정책이 전면적 본격적으로 개편된 것은 1934년 '조선시가지계획령'을 시행하면서부터이다. 미국 발 세계 대공황으로 인해 일본은 자구책을 마련하고자 만주와 중국을 침략하였다. 이때 그들의 식민지 조선은 '전진대륙병참기지'라는 새로운 역할이 부여되었다.[1] 이 점이 조선을 「시가지계획령」을 통해 도시를 개발하려던 궁극적인 목적이다. 총독부는 이 목적을 수행하기 위하여 새로운 체제를 모색하였고, 그 구체적인 대안으로서 1934년 6월 20일 조선총독부 제령 제18호로 '조선시가지계획령'을 발포하였다. 계획령 발포 이전에도 경성을 중심으로 도시계획에 대한 논의가 계속 있어 왔지만,[2] 그것이 법적 · 정책적으로 추진된 것은 이때부터였다.

조선의 도시를 개발하는 과정에 조선총독부가 주도적으로 정책적 개입을 하였던 본질적인 이유는 무엇인가. 그것은 조선 내부의 도시문제뿐만 아니라 세계적인 자본주의 추이와 국제적 정치경제적 상황을 총괄적으로 파악할 때 보다 본질적인 이유를 밝힐 수 있을 것이다. 그것은 다음과 같이 요약할 수 있다.

---

1) 川合彰武, 『朝鮮工業の現段階』, 東洋經濟新報社, 1938, 12쪽. 당시의 표현대로 덧붙여 말하면, "조선의 공업화는 중일전쟁 이래 대륙병참기지로 규정되었다. 그러나 이것은 다분히 희망과 이상이 포함되어 현실적으로는 그 실태가 구비되지 못했다는 것을 인식해야 한다"고 논하고 있다.

2) 1920년대 경성도시계획의 성격에 대해서는 박세훈, 「1920년대 경성도시계획의 성격: 경성도시계획연구회와 '도시계획운동'」, 『서울학연구』 15, 2000 ; 염복규, 「1920년대 京城도시계획운동의 전개와 성격」, 『국사관논총』 제107집, 국사편찬위원회, 2005 참조. 시가지계획령에 대한 법제사적 검토는 다음을 참조. 윤희철, 「시가지계획령(1934~1962년)의 성립과 전개에 관한 법제사연구」, 전남대학교 석사학위논문, 2011.

첫째, 세계자본주의 흐름 속에서 변화된 일본자본주의의 구조적인 면에서 살펴볼 수 있을 것이다. 일제가 가장 먼저 식민 정책을 실시한 타이완과 조선에서 도시 정비작업이 어느 정도 진행되고 있었다. 도시에서 생산한 제품은 상품을 판매하기 위한 시장으로 중국대륙에 주목하였고, 군사적으로는 후방병참기지가 필요했던 것이다.[3] 1929년 미국공황을 시작으로 전개된 일본경제 위기 속에서 판매시장을 확보하기 위하여 일제는 1931년 9월에 만주사변을 일으켰고 이후 중일전쟁을 일으키면서 후방 기지에서 안정된 군수공급체제가 필요하였다.[4]

경제적인 측면에서 고찰해본다면, 면방적공업은 일본의 국책산업으로서 광폭면직물과 같은 저급면직물의 식민지 이전이 시급했다. 왜냐하면 이것은 노동집약적 공업으로서 일본에는 노동력 단가가 높아짐으로써 기업 이윤율이 계속 떨어졌기 때문이다. 그리하여 그 돌파구로서 조선에 공업화를 위한 기반조성을 원했고, 총독부로서도 국가적 정책의 일환으로 공장지대를 조성하여 일본 독점기업을 유치하고자 했다.[5]

둘째, 국내외적으로 급변하는 정세 속에서 우가키 가즈시게(宇垣一成)가 1931년 조선총독으로 부임하면서 농공병진 통치체제를 구축하고자 하였기 때문이다. 죠슈벌(長州閥) 출신의 우가키 총독은 만주사변에 대해 공개적

---

3) 川合彰武, 앞의 책, 1938, 55쪽. 당시의 사료에서 조선이 공업화를 이루게 된 이유에 대해 다음과 같이 서술하고 있다. "조선내 물적 및 인적 자원을 경제적 이용으로 이끈 근본적인 계기는 수력발전의 기술적 혁명으로서, 이에 박차를 가한 것은 당국의 공업진흥책이라 할 만하다. 그리고 당국의 의식이 강렬한 것은 만주 건국 후에 산업적 지위의 중요성에 대한 인식이고, 다음으로 일본경제의 팽창으로 일본자본의 조선에 대한 공업적 투자가 집중하고, 특히 카르텔 통제에 대한 아웃사이더의 입장인 것은 산업자본 유입을 촉진하는 결과로 되었다. 그리하여 급속한 템포로 공업이 발전하였다"(위의 책).

4) 당시 경제전문가는 '대동아공영권'에서 조선 경제의 지위에 대해서, 일본제국의 공업지대가 경제권 확대로 연결되어 공장지를 구하는 과정의 하나로 파악하고 있다(川合彰武, 「大東亞共榮圈における朝鮮經濟の地位」, 「『朝鮮工業の現段階』, 東洋經濟新報社, 1938, 12쪽).

5) 上田耕一郎, 『釜山の商工案內』, 釜山商工會議所, 1937, 18쪽.

으로 지지하지는 않았지만, 내심 반기면서 이를 계기로 그의 통치구상을 본격적으로 정립하게 되었다.[6] 그 개요는 일본을 정공업지대로, 조선은 조공업(粗工業)지대로, 만주는 농업 및 원료지대로 만들어 일본과 조선, 그리고 만주를 잇는 블록 경제를 구축하는 것이었다. 따라서 만주진출 및 대륙침략을 위한 전진기지로서 조선의 위치와 역할은 더욱 부각되었다. 일본정부는 자신들의 세력권에서 자급자족할 수 있는 기초단위를 만들기 위하여 조선의 공업발달을 강조하였다.[7]

이러한 구상은 일본내각과 군부가 이미 조선에서 군수공업동원계획을 실시하고 있었기 때문에 가능한 것이었다. 그것은 1930년 3월 15일 조선군사령관 미나미 지로(南次郎)가 당시 육군대신 우가키에게 보낸 군사기밀 '군수공업동원계획의 건 보고'에 나타나있다. 이것은 육군 문서번호 조참기(朝参機) 제45호로서, 미나미가 작성하여 당시 육군대신 우가키에게 보낸 비밀문서이다. 그 내용은 1930년도 조선군사령부 군수공업 동원계획 훈령 및 1930년도 조선육군 창고 군수공업동원계획에서 작전용 군수품 천막과 장화 등을 동원하는 것이다. 이렇듯 조선에서 군수동원계획을 보다 체계적으로 수행하기 위해 우가키와 미나미가 총독으로 부임하였다.

우가키는 총독으로 부임한 후 먼저 자신의 정책을 실현시키기 위하여 인사이동을 단행하였다.[8] 이마이다 기요노리(今井田淸德)를 정무총감으로 임명하였고, 내무국장 · 재무국장 · 경무국장 등 총독부 주요 부서 간부진

---

6) 『宇垣一成日記』(1931년 10월 1일, 10월 5일자), みすず書房, 1971. 조선총독정치에 대한 자세한 연구는 전상숙, 『조선총독정치연구』, 지식산업사, 2012 참조.

7) 가람기획, 『조선총독 10인』(무크/친일문제연구제5집), 1996, 153쪽.

8) 昭和期 宇垣 인맥의 특색은 그가 육군 '군인'이기보다는 '정치가'라는 것을 나타낸다. 이것은 환언하면 특정분야의 요구나 이익 실현이 우가키에게 맡겨진 것이 아니라, 폭넓은 지지를 모은 '정치가'로서 이 시기에 존재했던 것이다. '파벌'이나 '인맥'은 공통의 이익을 추구하는 배타적 집단이다. 이것을 유지하기 위해서는 지도자의 카리스마가 필요하고 우가키는 이러한 개성에 적합한 군인정치가였다(宇垣一成文書研究會, 『宇垣一成關係文書』, 芙蓉書房, 1995, 724쪽).

을 모두 새 인물로 교체하였다.[9] 우가키는 총독부 체제 개편을 마치고 본격적으로 자신의 식민통치 구상을 조선에 실현하기 위한 각종 정책들을 입안·추진하였다. 대표적인 정책은 ① 조선공업화정책(남면북양정책, 북선개척사업, 산금장려정책, 전기통제정책) ② 농촌진흥정책 ③ 이데올로기 정책(내선융화, 심전개발운동, 창씨개명) 등이었다.

이 정책들은 식민지 지배체제를 확고히 구축하기 위한 것이었는데, 도시중심으로 농촌을 재편하기 위한 구상이었다고 할 수 있다. 특히 도시개발과 공업화에 필요한 노동력을 충원하기 위해 농촌의 잉여노동력을 도시로 구축하고자 하였다.

따라서 이 정책들은 이른바 '조선공업화'라는 목적을 달성하기 위해 필수 불가결한 정책이었고, 특히 조선공업화정책은 개항 이후 거점도시화를 진행시켜오던 도시들을 확대·재정비하여 공업지구를 만들거나, 새로운 도시를 만들어 공업단지를 조성하는 것이 주요 시행 내용이었다. 조선에서 본격적으로 '도시화'와 '공업화'가 추진되었던 것이었다.[10]

우가키 정책은 같은 파벌인 미나미 지로(南次郎)가 계승하였다. 미나미는 육군대장에서 예편하여 1936년 8월 5일자로 조선총독에 임명되어 1942년 5월 29일까지 거의 6년간 통치하였다.[11] 시가지계획령이 발표된 초기 정책은 주로 나진을 중심으로 한 북부지역이 그 대상이었으나, 점차 전국으로 그 대상지역이 확대되었다. 부산의 시가지계획은 미나미 총독 시기에

9) 안유림, 「1930년대 總督 宇垣一成의 식민정책－북선수탈을 중심으로」, 『梨大史苑』 27집, 1994, 146쪽.

10) 이것은 전시경제체제로 전환하기 위한 정책이었지만, 조선의 입장에서 보면 도시로 유입된 많은 농촌 인구를 수용하고, 일본에서 사양하기 시작한 광폭면직물 공업을 적극 유치함으로써 조선의 공업화를 실현하고자 하였던 것이라고 볼 수 있을 것이다.

11) 가람기획, 앞의 책, 1996, 183~191쪽. 그는 만주침략 조선에 대한 탄압정치, 침략전쟁 협력자 등의 명목으로 미군사령부의 전범으로 지목되어 체포되었다. 1945년 12월 무기형을 선고받고 스가모(巢鴨) 구치소에 수감되었다. 1954년 12월 81세의 나이로 사망하였다(같의 책, 191쪽).

주로 진행되었다. 총독부는 1938년에는 공업용지를 조성하기 위해 시가지계획령을 개정했는데, 이것은 결국 이 시기에 신규 진출한 일본자본의 독점적인 이익을 보장하기 위한 것이었다. 이 작업도 군수공업을 비약적으로 신장시키기 위해 조선총독부가 국책으로서 수행한 것이다.[12)]

셋째, 산업상·군사상 필요에 의해 일제하에 새롭게 발전시킨 도시를 정비하기 위한 것이었다. 일제는 이미 전통적으로 상품화폐경제 발달에 따라 발전되어 오던 기존 도시를 부정하고, 주요 철도 경유지·도청 소재지를 이전하는 수법을 써서 철도를 중심으로 도시망을 형성하였다. 경성을 비롯하여 부산·마산·대전·목포·군산·진남포·흥남·신의주 등은 모두 일본의 거주지 정책에 의해 새로 재편되었다. 이 거점도시를 중심으로 도시화가 전개되었다.

그리고 도시화 과정은 공업화 전개와 필수불가결한 관계를 가지고 있다. 당시 총독부 당국자 오다케(大竹) 내무국장 미쓰하시(三橋) 경무국장의 공업발흥과 도시발전 관계에 대한 공식적인 입장을 살펴보면 다음과 같다.

> 흥아(興亞)의 성업 달성상 반도에 부여된 사명은 산업 또는 군사적으로 점점 중요성을 더해가고 있다. 특히 산업방면에서 풍부한 각종 자원을 적극 개발함에 따라, 조선 내 몇 개소에 각종 공업이 놀랄만한 발흥을 보이고 있다. … 그리하여 공업발흥과 도시발전과는 밀접불가분 관계를 가지고 있다. 따라서 차제 시가지계획에서도 이 같은 상태에 순응하기 위해 공업을 기조로 한 새로운 각도로 시가지계획을 결정해야 한다.[13)]

이처럼 총독부 당국은 산업상·군사상 필요에 의해 조선에서 시가지를 개발해야 한다고 주장하였다. 또한 공업발흥과 도시발전이 밀접하게 연결

12) 釜山日報社, 『大釜山建設』, 1942, 8쪽.
13) 『朝鮮』, 1938, 81쪽.

되어 불가분의 관계가 있다고 강조하고 있다. 이미 경성부에서는 1920년대 중반부터 도시계획과 관련하여 많은 논의가 있었지만,[14] 일본의 1923년 도쿄대진재 이후 도쿄 수도를 복구하는 이른바 "제도부흥(帝都復興)"에 밀려 엄두를 내지 못하고 있던 터였기 때문에[15] 1930년대 조선에서 도시화와 공업화를 위해서는 특별한 기회라고 생각했을 것이다. 일본내각과 군부는 중일전쟁을 준비하기 위해 조선을 정책적으로 '전진 군수물자조달 기지'로 만들려고 결정하였기 때문에, 우선적으로 예산배분을 받을 수 있었다.

넷째, 일본 독점자본의 공업 부문에 대한 조선 진출을 지원하기 위해서는 식민 초기에 이미 개발된 도시 이외에 신도시 개발이 필요했기 때문이다. 거류지의 식민 도시들에서 초기 정주 일본인들이 토지와 자본을 축적한 것에 대해서, 1930년대에는 상대적으로 안정된 지배체제하에서 더욱 대규모로 토지와 자본을 축적하기 위해 신도시를 개발하고자 하였다. 그것은 일본 독점자본을 유치하기 위한 기반 정비작업이었던 것이다.[16]

특히 1930년대 일본의 무역에서 수위를 차지하였던 면방직공업이 엔블럭, 고급화, 공장법의 발효 등 여러 가지 제약으로 인해 자국 내에서는 수지타산을 맞추기가 어려웠다.[17] 이 때문에 면방직 독점체들은 앞 다투어

14) 1928년 8월에 京城 府尹 馬野精一은 『京城都市計劃調査書』를 발간하였다. 이 조사서는 도시계획구역, 도시계획지역 및 지구, 가로망, 구획정리, 사업의 재원, 공영사업, 관계법령 등 모두 7장으로 서술되어 있다(京城都市計劃研究會, 『京城都市計劃研究』, 京城府, 1927). 경성부의 도시계획에 대해서는 염복규, 앞의 논문, 2009 참조.

15) 帝都復興에 대해서는 渡辺俊一, 「帝都復興とビアとの都市計劃論」, 『都市計劃の誕生』, 柏書房, 1993, 219~234쪽 참조.

16) 도시화에서 재부일본인들과 조선인들이 시가지세 부담이 가중하여 진정서를 내고 있는 것을 볼 때(朝鮮總督府, 「陳情書」, 『釜山都市計劃決定』, 1936) 도시화는 재부일본인들의 몫이고, 공업화는 신규진출 일본 독점자본의 몫이 아닐까 생각된다. 조선총독부의 입장에서 볼 때 공장 유치 이후 부가가치와 세금확보 등은 강력한 유인 조건이었을 것이다.

17) 조선에 일본자본이 유입된 것은 조선에서는 아직 도시계획법이 시행되지 않아 공장지대가 한정되지 않았기 때문이며, 아직 일본과 같은 엄격한 공장법이 시행되지 않았다는 것을 특

값싼 노동력과 지가가 낮은 조선으로 진출하게 되었다. 당시 조선에는 면방대기업 조선방직이 성공한 사례도 있었으며 노동법도 실시되지 않았다. 그리고 이주자들이 농촌에서 도시로 대거 밀려들어 상대적으로 노동력 과잉현상이 나타났다.[18] 이러한 까닭에 일본의 독점자본들은 조선에 대규모 방직공장을 세우기 위해 가장 먼저 공장부지를 물색하였고, 공업용수·노동력 확보 등을 진단하여 조선에 거점을 확보하게 되었다.

총독부 당국으로서도 대규모 면방적공장의 조선 내 이주는 환영할 만한 일로서 각 지방자치체에서는 서로 자기 지역에 공장을 세우기 위해 유치 운동을 전개하였다. 1932년 일본의 대표적인 면방적 독점자본인 동양방적주식회사(東洋紡績株式會社)와 종연방직주식회사(鐘淵紡織株式會社)가 조선에 공장을 세울 뜻을 비추었을 때, 인천·광주 등에서 적극적으로 유치하고자 한 것은 좋은 사례라고 하겠다.[19]

한편 이 독점 기업들이 공장 설립 타당성 조사를 위해 부산지역을 조사한 바 있다.[20] 부산지역에는 이미 조선방직이 진출하여 면방대기업으로 발전하고 있었고, 조선총독부에서도 주선하기 때문에 그들로서는 부산이 검토 대상으로 되었다. 그러나 부산지역은 개항 이후 재부일본인 자본가들이 유지집단을 형성하여 부산의 정치와 경제를 좌지우지하고 있었다. 또한 결정적으로 도시개발과 그들의 독점적 토지소유에 의한 높은 지가와 공업용수의 부족, 노동자들의 과격성 등으로 인해[21] 다른 지역으로 눈을

히 주목하고 있다(上田耕一郎, 『釜山の商工案內』, 釜山商工會議所, 1937, 18쪽).

18) 上田耕一郎, 위의 책, 1937.

19) 朝鮮工業協會, 『工業協會會報』 31号, 1934.3, 17쪽.

20) 『釜山日報』 1929년 7월 9일 ; 1929년 7월 30일 ; 1932년 3월 15일.

21) 김경일, 「日帝下에 있어서 고무노동자의 상태와 노동운동」, 『일제하의 사회운동』, 문학과지성사, 1987, 120쪽에는 釜山地域 勞動運動의 特性은 地域的인 連帶를 통해서, 다른 지역에 비해 보다 지속적이고 격렬한 상태로 전개되었다는 점을 들고 있다.

돌리고 말았다. 총독부가 주선하기도 하였으나 대규모 면방직공장을 부산에 유치하는 것에는 실패하였던 것이다.

'도시화'와 '공업화'는 초기부터 조선에 들어와 많은 부를 축적한 재부일본인 대자본가들에게는 시가지계획 시 수익자부담원칙이 부담스럽기는 하였다. 하지만 다시 한 번 바다매립, 도로확장 등을 통한 지가상승으로 많은 부를 축적할 기회가 되었다. 한편으로 조선에서 성장한 재부일본인 대자본가들의 존재는 1930년대에 조선에 새로 진출한 일본 유수의 독점자본가들에게 무시할 수 없는 경쟁 상대였다. 결국 면방대기업은 각 부청(府庁)에서 공업단지를 조성해주는 유리한 입지조건을 제시하여, 동양방적은 인천에, 종연방직은 전남 광주에 각각 공장을 세우게 되었다.

다섯째, 인구의 도시집중 때문이다. 이 현상은 대체로 도시 유인요인과 농촌 배출요인으로 나누어 볼 수 있다. 도시 유인 요인으로는 일반적으로 기업과 문화시설, 상품 거래가 도시로 집중하기 때문이다. 또한 영세민 경우는 다수 노동자가 필요한 공장, 토목건축사업에 종사할 수 있기 때문이며, 임금이 비교적 높고, 적은 자금으로 행상이나 수공업에 종사할 수 있기 때문이다. 중산층 이상 경우는 교육기관이 완비되어 자녀 교육이 쉽고, 교통과 문화시설 정비로 생활하기 편리한 점, 공과금, 기부금 등이 비교적 적고, 오락시설이 있기 때문이었다.[22]

농촌 배출요인은 일반적으로 상품화폐경제가 점차 확대되어, 농업경영상 생산율이 낮고, 토지겸병 결과 부재지주가 많은 것, 인구증가율이 높아 과잉노동력이 많다는 점이다. 농촌·산촌·어촌에는 생산 물가와 산업용품 물가 격차가 크고 지도자가 감소하여 실업교육 보급이 낮기 때문이다. 영세민의 경우 영농에 필요한 소작지를 얻기 어렵고, 소작지의 수지 균형

---

22) 朝鮮總督府, 『人口ノ都市集中防止ニ關スル件』, 1936, 106~107쪽.

을 맞추기가 곤란하며, 노동 수요가 적고 임금이 낮다. 중산층 이상은 자녀교육기관이 결여되어 있고 공과금 기부금 등 부담이 과중하고, 의료 기타 문화시설이 없기 때문이다.[23]

이러한 이유로 도시로 급격하게 인구가 집중하게 되자, 조선총독부에서는 1935년 9월 18일 「인구의 도시집중방지에 관한 건(人口ノ都市集中防止ニ關スル件)」이라는 제목으로 경기, 충남, 전남, 경북, 평남, 강원, 함남 각 도지사에게 공문을 발송하여 농촌에서 도시로 인구가 몰려들지 못하도록 조치하였다. 이것은 1934년 시가지계획령 발포와 함께 후속조치로서 취해진 것인데, 그럼에도 대도시로 몰려오는 농촌인구를 막을 수는 없었다.

[표4-1]은 1925년부터 1934년까지 주요 도시로 인구가 증가한 현상을 나타낸 것이다. [표4-1]을 보면, 부산 · 목포 · 신의주 등 새로 만들어진 부에는 인구 증가 현상이 현저하고, 전체적으로 도시로 인구집중 현상이 나타나는 것을 알 수 있다.[24]

[표 4-1] 1925년 · 1934년 주요도시의 인구 증가

| 1934년 순위 | 1925년순위 | 도시명/구분 | 1934년 인구(명) | 1925년 인구(명) | 비율(%) | 목표연도 인구수 |
|---|---|---|---|---|---|---|
| 1 | 1 | 경성 | 394,511 | 302,711 | 130 | 1,100,000 |
| 2 | 3 | 부산 | 163,814 | 103,522 | 158 | 400,000 |
| 3 | 2 | 평양 | 159,022 | 109,285 | 146 | 400,000 |
| 4 | 4 | 대구 | 107,657 | 72,127 | 149 | 350,000 |
| 5 | 5 | 인천 | 75,560 | 53,593 | 141 | 200,000 |
| 6 | 10 | 목포 | 55,667 | 25,762 | 216 | 140,000 |

23) 1935년 9월 18일 총독관방 내무국장은 인구의 도시집중 방지를 위해 경기, 충남, 전남, 경북, 평남, 강원, 함남 등 각 도지사에게 조회를 하는 공문을 발송하고 있다. 여기서 도시에 인구가 집중하는 요인과 농촌에서 인구가 배출되는 요인을 정리하고 있다(朝鮮總督府, 위의 문서, 1936).

24) 1940년경에는 개성, 진남포, 마산을 제외하고, 나진(3십만) 대전(11만), 전주(1십만), 나남(8만), 성진(4만), 춘천(4만)이 추가되어, 주요도시의 인구가 모두 390만으로서 전체 약 2500만 명중에 15%가 되리라고 추산하였다(위의 문서).

| 7 | 7 | 원산 | 54,574 | 33,538 | 163 | 130,000 |
|---|---|---|---|---|---|---|
| 8 | 6 | 개성 | 53,614 | 44,646 | 120 | |
| 9 | 11 | 신의주 | 51,338 | 23,147 | 222 | 140,000 |
| 10 | 9 | 진남포 | 45,582 | 27,361 | 167 | |
| 11 | 8 | 함흥 | 44,612 | 30,905 | 144 | 110,000 |
| 12 | 14 | 청진 | 42,221 | 20,593 | 205 | 130,000 |
| 13 | 13 | 군산 | 36,959 | 21,027 | 176 | 130,000 |
| 14 | 12 | 마산 | 28,430 | 22,081 | 129 | |
| | | | 1,313,561(6.2%) | 890,298(4.6%) | | |
| | | 조선 전체 | 21,125,827 | 19,015,526 | 111 | |

출전: 朝鮮總督府, 『人口ノ都市集中防止二關スル件』, 1936, 197쪽.
비고: 비율은 1925년 각 府 인구 총수 100에 대한 백분율.

도시의 인구집중 현상은 19세기 후반 이래 세계적으로 가장 현저한 사회현상이다. 인구집중에 따라 도시는 필연적으로 무질서해지고 위생을 비롯한 각종 도시문제가 발생하게 되었다.

이러한 이유 때문에 총독부 당국자들은 시가지계획을 입안하게 되었다. 시가지 계획령 실시로 도시생활은 종래보다 제한이 많아졌다. 건축물, 주택지, 상업·공업지, 풍치(風致)지역 등에도 제한이 가해졌다.[25] 조선총독부에서는 내무국장이 입안하여 '인구의 도시집중방지에 관한 건'을 각 부·읍면에 하달하였다.

부산의 경우도 이 시기 급격한 인구집중으로 인해 도시계획을 단행할 수밖에 없었다. 국세 조사에 의하면, 1935년 현재 부산 인구는 183,000여 명으로서 1921년 76,100여 명에 비해 무려 10만여 명이 증가되었다. 따라서 자연적으로 부의 외곽지역에 인구가 집중되었고, 증가된 인구를 통제하기 위하여 시가지 계획이 필요하게 되었다.[26]

---

25) 『東亞日報』 「시가지령과 그 미치는 영향」, 1934년 6월 22일.

26) 이 시기 인구의 부산부 집중에 대해서는 釜山府, 「人口の都市集中防止に關する件」, 『釜山府關係綴』, 1936 참조.

이 외에도 지가폭등 문제, 중소지주의 반발, 농민들의 소작쟁의 등 여러 가지 요인 때문에 법적 장치를 만들지 않고는 효율적으로 도시계획을 수행할 수 없었다. 이 때문에 총독부는 1934년 6월 2일 조선 시가지계획령을 공포하고 8월 1일부터 시행하였다.

### 1930년대 '조선시가지계획령'의 목적과 내용

조선에 시가지계획령을 발포하게 된 배경은 당시 조선총독부 총독관방 문서과장 우시지마 소조(牛島省三)에 따르면 "병합 이래 문화 정도가 급격히 진전되었고, 또 기성 시가지가 통제되지 않은 채 팽창하고 갑자기 신시가지가 출현하였기 때문"이라고 한다.

그러면 식민지 조선에 일제가 시가지계획령을 발포한 목적은 무엇인가. 궁극적으로는 조선에 전진대륙병참기지를 만들기 위한 것이지만, 시가지계획령 자체의 목적에 대해 살펴보기 위해 그 전문을 게재하면 다음과 같다.[27)]

> "제1조 본령에서 시가지계획이라 칭함은 시가지 창설 또는 개량을 위하여 필요한 교통, 위생, 보안, 경제 등에 관한 중요시설 계획으로서 시가지계획 구역에 대하여 시행하는 것을 말한다."

이 법령에서 보는 바와 같이, 조선 시가지계획의 목적은 시가지를 창설하거나 개량하기 위하여 필요한 제반시설을 계획하는 것이었다. 이 제령은 일본의 도시계획법이 기성도시 개량을 목표로 입법된 것에 비해, 기성도시 개량은 물론 그 개량보다도 기성시가 확장과 신시가를 만드는 것에

27) 朝鮮總督府, 「朝鮮市街地計劃令」 第1條(1934.6.20. 制令 第18號)(朝鮮市街地計劃令竝關係法規集).

중점을 두었다.

또한 조선시가지계획령의 특징은 일본 본토와 달리 도시계획법과 시가지건축물법이 모두 같은 제령 속에 규정되었다는 점이다. 나아가 특별도시계획법으로 시가지 토지구획에 관한 규정까지 정하였다. 이것은 총독부가 도시의 제반 시설을 보다 중앙집중적으로 통제하려는 의도가 숨어있다고 보인다. 시가지계획령 내용은 계획구역과 계획내용 결정, 사업집행기관, 비용부담 구분, 사업용지 수용, 지역지구 지정, 건축물 제한, 토지구획 정리, 집행자 및 비용부담 등이다.

식민지 도시계획령의 독단성을 엿볼 수 있는 것으로서 주목되는 것은 어떤 시가라 하더라도 또는 시가지가 아니라 하더라도 조선총독이 필요하다고 인정할 경우에는 적용할 수 있도록 한 점이다. 그것은 흥남·나진과 같이 시가가 존재하지 않는 황야에 신시가지를 창설하는 것도 목표로 하고 있기 때문이다. 이에 비해 일본본토의 도시계획법은 그 적용도시를 법문에 써서 정하고 있다.[28]

시가지계획령은 시가지계획, 건축물 제한, 토지구획 정리가 3대 강목이다. 그중 시가지계획이라는 것은 어떠한 사항을 결정해야하는 것이냐에 대해서는 구체적인 규정을 세우지 않고, 추상적으로 교통·위생·보안·경제에 관한 중요시설로 규정한 것이었다. 대체로 도로, 광장, 상하수도, 시가지내 하천, 항만, 공원, 화장장, 묘지, 오염처리장, 기타 공공 영조물(營造物) 계획과 시설, 지역지구 지정, 건축선·건축물 제한, 벽면위치 지정 등이 대상이다. 요컨대 시가지를 건설하거나 개량하는 것을 기획하고, 편리하게 하는 것, 또한 주심지(住心地)시가지 조성을 목적으로 하는 일체 처분행위는 모두 이 시가지계획에 따른다.[29]

---

28) 일본의 도시계획에 대해서는 渡辺俊一, 『都市計劃の誕生』, 柏書房, 1993 참조.

그러면 '조선시가지계획령'의 법적 위상은 어떠한가. 먼저 일본에는 1919년 4월 4일 법률 제36호로 「도시계획법」이 제정되었지만,[30] 식민지 조선에는 1934년 6월 20일 제령 제18호로 「시가지계획령」이 제정되었다.[31] 조선시가지계획령은 식민지이기 때문에 일본본토보다 한 단계 낮은 레벨의 법령으로서 제령(制令)으로 선포되었다. 제령이 만들어지는 구조는 조선총독이 초안을 작성하여 척무성에 올리면, 일본내각 법무국에서 기안하여 각성 장관 협조를 받고 내각총리가 상소문을 만들고 쇼와천황이 최종 결재하는 구조이다.[32] 이 시가지계획령은 총독부가 일본본국의 도시계획보다 식민지라는 특수성을 이용해서 정책적으로 훨씬 주도적이고 집약적으로 개입하기 위해 만든 법령이라고 할 수 있다.[33]

이러한 사정은 당시 시가지계획을 담당하고 있었던 총독부 당국자가 일본 대장성에서 근무한 경력이 있었기 때문에 가능한 일이었을 것이다.[34] 당시 실무자이었던 총독부 토목과 도시계획계 계장 사카모토 요시이치(板本嘉一)는 이 점에 대해서 일본 본국의 도시계획보다 한 걸음 앞서 있는 것으로 평가하기까지 하였다.

이것은 식민지 도시개발이 일본 본토보다 늦게 시작됨으로써 본토의 시

---

29) 牛島省三, 「朝鮮市街地計劃令の發布について」, 『朝鮮』, 1934, 朝鮮總督府 發行.

30) 板本嘉一, 『朝鮮土木行政法』, 279쪽.

31) 朝鮮市街地計劃令 施行規則(1934.7.27. 朝鮮總督府令 第78號).

32) 제국과 식민지간 제령의 결재구조에 대해서는 김경남, 「제국의 식민지 · 점령지 지배와 '전후보상' 기록의 재인식」, 『기록학연구』 제39호, 한국기록학회, 2014 참조.

33) 손정목은 조선에서 시가지계획령이라고 명명한 이유에 대해서 대체로 첫째, 1930년대 만주사변을 계기로 군국주의, 황민화정책 등이 강화되면서 총독부관리들이 중앙정계 및 군부의 눈치를 살피게 된 점과 둘째, 조선시가지계획령의 취지가 기성 시가지 개량보다도 오히려 그 확장과 새로운 시가지 창설에 중점을 두고 있었기 때문이었으며, 셋째, 법률적으로 제국과 식민지 사이의 지위를 달리하여 시행함으로써 제국의 위상을 높이고자 한 것이라고 하였다(손정목, 『일제강점기 도시계획연구』, 일지사, 1994, 184~186쪽).

34) 學習院大學 東洋文化研究所 第4号 拔刷, 『未公開資料 朝鮮總督府關係者 錄音記錄(3), 朝鮮總督府 · 組織と人』(宮田節子 監修, 岡本眞希子 解說, 2002).

행상 일반적인 문제점 등을 파악하고 있었기 때문에 가능한 것이었으며 식민지라는 유리한 조건에서 가능한 것이라고 할 수 있을 것이다. 이러한 형태는 만주의 경우 특히 심하였는데, 일본 본국보다 훨씬 대규모적이고 체계적으로 진행할 수 있었다.[35]

## 시행과정의 특수성

식민지 도시개발 과정은 총독부 주도로 진행됨에 따라 일본 본국과 여러 가지로 차이점을 드러냈다. 첫째, 토지구획정리에 민간조합 시행을 인정하지 않았다. 당시 일본법에서는 지주조합이 시행하는 것을 원칙으로 하였지만,[36] 조선에서는 민간조합시행을 인정하지 않아 민간인이 이 사업에 참여하는 길을 사실상 봉쇄했다. 당시 신바(榛葉)가 쓴 다음 글은 이 사실을 입증해준다. "조선에서는 부재지주가 많은 편이며, 일인 · 한인의 풍속 관습이 다르고, 기타 이러한 사업에 관한 지식 및 경험이 부족하여 조합 조직 같은 일은 거의 불가능에 가깝다. 이 때문에 조합 시행을 인정하지 않았으며 1인 시행, 공동시행 외에는 모두 시가지계획사업으로서 행정청에 이의 시행을 명령키로 하였다. 그 결과 그 성적이 지극히 양호하고 원만하게 사업이 수행되고 있다"라고 말할 정도였다.[37]

둘째, 조선의 특수사정을 고려하여 건축물의 구조설비 규정을 따르게 한 점이다. 특히 동절기에 온돌을 설치해야 한다는 규정은 조선인 생활습관을 고려하여 만들었기 때문에 일본식 다다미(疊)로 이루어진 건축양식

---

35) 만주의 도시계획에 대해서는 橋谷弘, 「植民地都市」, 成田龍一, 『都市と民衆』, 吉川弘文館, 1993 참조.

36) 일본의 『都市計劃法』 제13조.

37) 榛葉, 「朝鮮に於ける都市計劃の特異性」, 『都市問題』 第5号, 1938.11, 21~22쪽. 일제강점기에 출판된 도시계획관련 서적으로는, 飯沼一省 著, 『都市計劃(地方行政叢書)』, 1934 ; 片岡 · 吉田共著, 『都市計劃』, 1935 ; 石川榮耀 著, 『都市計劃及國土計劃』, 1941가 있다.

과는 근본적으로 다른 점이라고 할 수 있다.

셋째, 기성 시가의 토지구획정리 결함을 보완하기 위해 건축부지 조성이라는 제도를 만들었다. 이것은 도로를 신설·확장할 경우, 그 도로 부근 토지 일체를 수용하여 형질을 변경하고, 건축 부지를 조성한 후 이를 민간에게 매각하는 방도였다. 그런데 이 규정은 불량주택 지구나 비위생 지구 개량에 활용하여 악용되기도 하였다. 그 외 계획구역 내 건축에 대한 상세한 규정을 두었으며, 건축물의 전반적인 고도제한은 특기할 만한 것이었다.[38]

넷째, 일본의 진주만 습격과 미국의 극동아시아 침략에 대한 정책결정으로 제국주의 전쟁은 아시아태평양전쟁으로 확대되었다. 이에 대한 군수물자를 확보하기 위해 일본제국정부는 일본본토, 조선, 만주, 중국을 아우르는 국방국토계획을 수립하였다. 조선에는 시가지계획령을 '방공'과 '보안'을 강화하는 내용으로 개정하여 도시계획과 군수물자조달을 연계하여 추진하였다. 일본에서는 기획원이 추진한 도시계획과 공장지대법이 제국의회 의원들의 반대로 잠정적인 법안으로 그쳤는데,[39] 식민지 조선의 도시화는 군사화와 맞물려 민중들의 기본생활권마저 앗아가는 형태로 추진되었다.

이상에서 볼 때, 총독부는 일본 본토의 도시계획보다 훨씬 강력하게 국가 주도의 시가지개발을 할 수 있는 토대를 법적으로 만든 것이었다. 민중들의 기본생활권마저 앗아가는 형태로 추진된 식민지적 도시화 현상은 궁극적으로 세계 자본주의의 구조적 변화과정에서 식민지 조선의 군수병참기지적 역할 때문에 초래된 결과라고 할 수 있다.

38) 손정목, 앞의 책, 1994, 186~194쪽.

39) 1930~40년대 일본 도시계획과 공업입지의 잠정조치에 대해서는 沼尻晃伸, 『工場立地と都市計画－日本都市形成の特質 1905－1954』, 東京大学出版会, 2002 참조.

### 시가지계획 적용지구

총독부는 시가지계획 적용지구를 대체로 다음과 같이 지역을 구분하고 있다.[40] 옛 개시장 · 개항장, 새로 이전한 도청소재지, 만주관계, 공업입지 등 특수정책지역, 전통적 시가지로서 지방민 회유책이 필요한 지역, 여수 · 삼천포와 같이 일본 본토와 관계에서 개발이 요청된 지역, 기타 부여신궁 조성이나 고원 철도설치 등 특수목적으로 구분한 지역이다.

그런데 당초 조선 시가지계획의 주목적은 북부지역에 신도시를 만들고, 남부지역에 도시를 개량하고 공업지대에는 신시가지를 만드는 것이었다. 도시와 공업지대의 창설은 북부지역에서는 나진과 흥남이 대표적인 케이스였고, 남부지역은 서울과 인천의 경인공업지대, 부산의 남부공업지대 등이 대표적이다. 시가지계획이 시행된 지역은 43개 지역이고, 이를 통해 총독부는 식민도시를 만들거나 개량하여 전통도시와 농촌을 도시구조 속으로 재편성하고자 하였던 것이다. 43개 지역 중 주요지역 등을 지도로 나타내면 [그림 4-1]과 같다.

그림에서 알 수 있는 바와 같이, 조선총독부는 중국 쪽으로 경의선 · 경부선 철도를 연결하고, 러시아 쪽으로도 철도를 만들어 대륙과 일본 본국을 연결하고자 하였다.[41] 그리고 철도의 중심지를 개발하여, 공업지구를 만들고 각 지역에서 생산된 공산품을 중국을 비롯한 대륙으로 수이출 하고자 하였던 것이다. 북부지역의 신도시 개발은 다분히 러시아, 중국으로의 진출 및 무역을 염두에 둔 것임을 알 수 있다. 이 같은 사실은 흥남, 나진, 청진을 잇는 공업지대와 철도의 개발확장을 볼 때 뚜렷하게 알 수 있다.

---

40) 손정목, 앞의 책, 1994, 196~199쪽.

41) 철도의 개발에 대해서는 鄭在貞, 「韓末 · 日帝初期(1905~1916년) 鐵道運輸의 植民地的 性格(上)－京釜 · 京義鐵道를 中心으로－」, 『韓國學報』 제28집, 1982, 117~139쪽 참조.

[그림 4-1] 시가지계획령 적용지구 및 공업지대 배치도

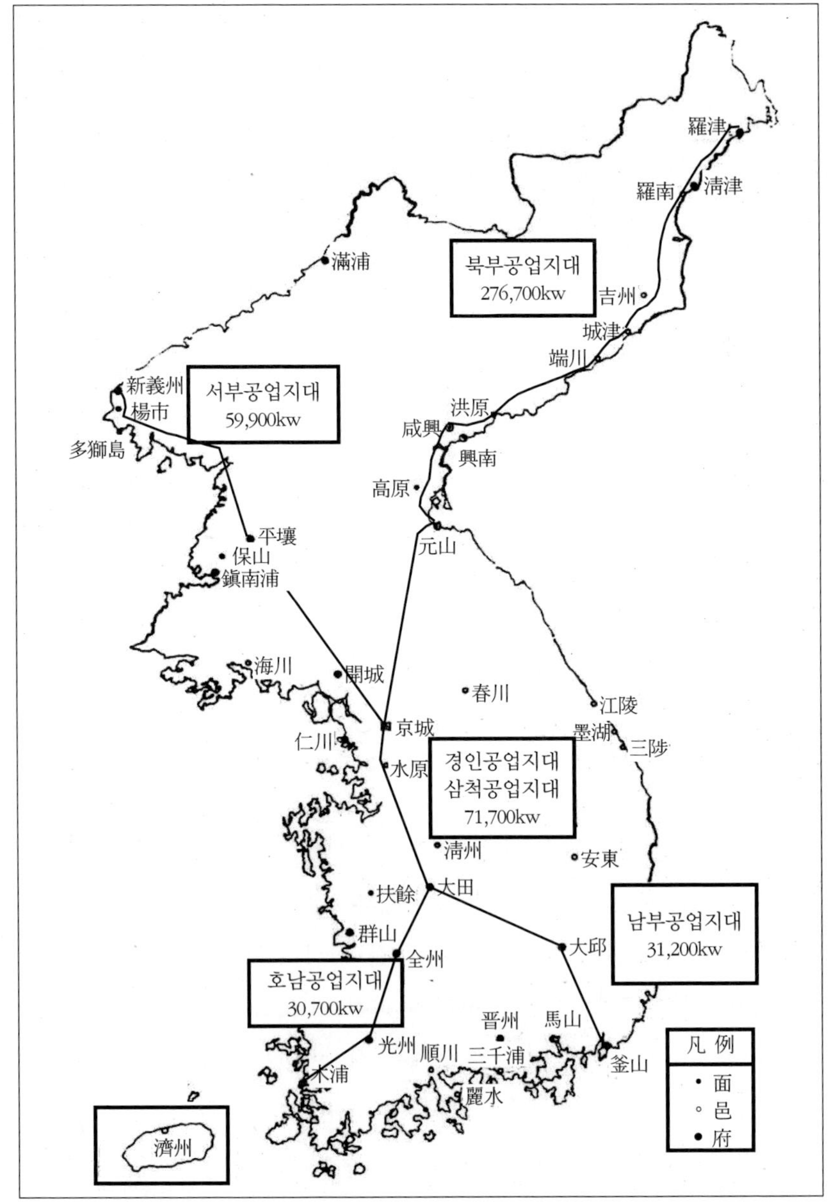


출전: 시가지계획 지역은 조선총독부 관보, 공업지대는 川合彰武, 『朝鮮工業の現段階』, 東洋經濟新報社京城支局, 1943, 85~86쪽을 토대로 작성.

그런데 미나미 총독이 부임하고 난 이후부터는 개항장에서 성장한 거점 도시는 물론 지방에 있는 소도시들도 본격적으로 시가지계획이 전개되었다.[42] 시가지계획령이 적용 또는 준용되었던 도시는 모두 43개 지역이었다. 물론 나진과 흥남과 같은 신도시 조성이 그 중심에 있었지만, 일제가 만든 거점 도시들의 정비작업 또한 병행하여 실시했다는 것은 당시의 관보들에 게재된 수많은 기성 시가지 공사들의 진행을 볼 때 잘 알 수 있다. 시가지계획령에서 중점을 둔 것이 북부지역의 개발을 통한 중화학공업의 육성이지만, 동시에 남부지역 개발은 일본에서 사양하고 있던 광폭 면방직공장의 유치를 위해 반드시 필요한 작업이었다.

다음으로 종래 1940년 이후로 시가지계획이 그다지 진행되지 않았다는 견해를 재고하기 위해 조선총독부 관보를 통해 시가지계획 관련 고시를 이용하여 그 빈번도 및 중요 시가지계획 지역을 살펴보았다.

[표 4-2]는 전국적으로 시가지계획에 대해 총독부에서 고시한 건수를 나타낸 것이다. 총독부에서 업무를 수행하기 위해서는 그 중요성에 따라 계속적으로 고시를 할 수밖에 없는 사정을 고려한다면, 이 통계들은 각 도별 시가지계획 빈번도를 나타냄과 동시에 중요한 시가지계획 지역이 어디인지까지 알 수 있는 단서가 될 것이다. 경기도 · 함남 · 함북 · 경남 순으로 고시가 빈번하였다는 것을 알 수 있으며, 그만큼 활발하게 시가지 계획이 진행된 곳이고 가장 중요한 지역으로 자리매김할 수 있을 것이다. 경기도의 경성과 인천, 함북의 나진 · 청진 · 성진, 함남의 함흥 · 흥남 · 홍원, 경남의 부산 · 마산 등지가 가장 빈번히 고시된 지역이고 또한 시가지계획이 시행된 지역이다. 그리고 40년 이후에도 경기 · 함북 · 경남지역이 모두 빈

42) 이 시기 이후 시가지계획 실시과정을 통해 볼 때, 시가지계획령이 "기성시가지의 개량보다도 오히려 그 확장과 새로운 시가지의 창설"에 중점을 두었다고 하는 손정목의 기존 견해는 재고되어야 할 것이다.

[표 4-2] 전국 시가지계획 조선총독부 고시건수(단위 : 건)

| 도명 | 1934 | 1935 | 1936 | 1937 | 1938 | 1939 | 1940 | 1941 | 1942 | 1943 | 1944 | 1945 | 건수 |
|---|---|---|---|---|---|---|---|---|---|---|---|---|---|
| 경기 | | | 1 | 9 | 6 | 9 | 21 | 5 | 9 | 10 | 5 | | 75 |
| 함북 | 2 | 1 | 4 | 2 | 12 | 8 | 6 | 13 | 13 | 3 | 1 | | 65 |
| 함남 | | | 3 | 4 | 5 | 9 | 10 | 11 | 2 | 4 | | | 48 |
| 경남 | | | 1 | 1 | 2 | 6 | 4 | 10 | 7 | 7 | 6 | 2 | 46 |
| 평남 | | | | 4 | 2 | 2 | 3 | 5 | 4 | 2 | 5 | | 27 |
| 경북 | | | | 3 | 1 | 4 | 1 | 8 | 1 | 4 | | | 22 |
| 평북 | | | | 2 | 2 | 3 | | 3 | 4 | 1 | 3 | | 18 |
| 황해 | | | | | 1 | 2 | 2 | 6 | 2 | | 1 | | 14 |
| 충남 | | | | | 1 | 2 | 4 | 2 | | 2 | 2 | | 13 |
| 강원 | | | | | 2 | 1 | | 1 | 4 | 1 | 1 | | 10 |
| 충북 | | | | | | 1 | | 4 | 2 | | 1 | 2 | 10 |
| 전남 | | | | 2 | | 2 | | 1 | | | | | 5 |
| 전북 | | | | | | 1 | 1 | 1 | 1 | | | | 4 |
| 전체 | | | | | | 1 | 1 | 3 | 1 | 1 | 2 | | 9 |
| 합계 | 2 | 1 | 9 | 27 | 34 | 51 | 53 | 73 | 50 | 35 | 27 | 4 | 366 |

출전: 조선총독부 관보 각 년도판에서 작성.

번하게 고시되어 시가지계획상에 여러 가지 제반사항에 대해 결정하고 인가하기도 하고 준공기한을 연장하기도 하였다.[43] 이것은 경성 수도 육해군본부와 나진요새, 부산요새의 군사요새기지 설치, 조선의 총력전체제 개편에 따른 총동원체제와 밀접한 연관이 있다. 또한 식민도시의 도시화와 공업화가 군사적 특성을 띠고 추진되었다는 것을 나타내는 것이라 할 수 있다.

그러면 『조선총독부 관보』를 토대로 전국적인 시가지계획의 시행 변화에 대해 검토해보자. '조선시가지계획령'하 계획이 가장 먼저 진행된 곳은 함경북도 나진(羅津)이다. 나진은 남만주 철도의 종단 항구였기 때문에 계획된 시가지이었다. 이에 따라 1934년 11월 20일 「조선시가지계획령 규정에 의한 나진시가지계획구역 및 동 시가지계획가로 및 동 토지구획정리지

43) 朝鮮總督府, 『官報』, 1940~45年版.

구 결정의 건」이 최초로 고시되었다.[44] 시가지계획구역 면적은 3,730만m²이었으며, 계획 인구는 3십만 명, 계획사항은 가로와 토지구획정리였다.

이외에도 북부지역은 만주와 중국, 러시아를 겨냥한 군수물자 조달을 위해 특히 새로 만들어진 도시가 많았다. 흥남, 홍원, 단천, 청진 등이 그 중심이었다.

흥남은 노구치가 조선질소회사를 만들어 대규모 기계제 화학공장이 설립되었다. 홍원(洪原)에는 무진장한 석회석을 이용한 카바이트·석회질소 공업의 입지가 계획되고 있었다. 단천은 1934년에 개발한 마그네사이트광을 이용한 공업단지 조성을 위해서 시가지계획을 시도하였던 것이다.

청진의 경우는 보다 대규모 계획이 수립되었다. 제181호로 고시되었고 면적 135,640,000m² 계획 인구 75만 명으로서 가로 구획, 운하, 공업, 주택지구 계획을 수립하였다. 1941년 4월 28일 현재에는 고시 18호로 구역이 확장되어 1억 8,119만m²에 계획인구 9십만 명을 목표로 잡았으며, 공원·녹지·풍치지구가 추가되었다.

한편 경성을 비롯한 타 지역은 개항·개시 이후 많은 시가지계획에 대한 논의가 진행되었고, 도시계획조사회 등 여러 가지 형태로 관심을 가지고 개발에 대한 모색이 되었다. 하지만 정작 시가지계획령 발표 후 2년 뒤인 1936년 3월 26일에 가서야 고시되었다. 그만큼 기성도시들은 신도시보다 시가지 계획을 진행하기 힘들기 때문에 고려해야 할 사항이 많았기 때문이다.[45] 구역면적은 135,355,032m², 계획인구는 1,100,000명이었으며, 계

---

44) 朝鮮總督府, 『官報』, 告示番號 第574號.

45) 경성은 수도로서 기존 왕족이나 양반지주, 대상들이 토지를 소유하고 있어, 그 외곽에 일본인들의 거주지가 형성되었기 때문에 통감부가 바로 시가지계획을 시도하기는 어려웠을 것이다. 또한 경성으로 몰려든 인구 증가로 인해 도시빈민들이 다수 생겨나 빈민굴을 형성하면서 시가지계획은 그야말로 복잡다난하지 않을 수 없었다. 경성의 도시계획에 대해서는 박세훈, 앞의 논문, 2000 ; 염복규, 앞의 논문, 2009 ; 김백영, 앞의 책, 2009 참조.

획사항은 가로 · 구역 · 지역제 · 공원 · 풍치지구 · 주택지구 등이었다.[46)]

경인지구는 조선 왕조 500년 도읍으로서 일제가 강점 후에도 여전히 수도로서 중요한 역할을 맡고 있었다. 이에 따라 경인지구는 시가지계획이 가장 빈번히 추진된 곳이다. 경성은 경공업의 중심지로서, 인천은 중국 등 서쪽으로 무역항으로서, 경성지역에서 생산되는 각종 공업제품을 인천항으로 이송하기 위해 계획되었다. 경성은 옛 시가지보다 시외곽지역 영등포 공업지구를 형성하는 것이 주요목적이었다.[47)]

종래 연구에서 북부지역을 중심으로 공업화연구가 진행되어왔지만, 남부지역에도 1936년부터 부산을 중심으로 일본 · 만주 · 중국의 대륙 관문 연결항으로서 시가지계획과 공업화가 추진되었다. 이 지역은 이미 개항기부터 매립 등을 통해 시가지를 확장 · 개발하였고 공업지구가 만들어졌기 때문에 별도로 공업지구를 지정하지 않았다. 그러나 아시아태평양전쟁을 시작하면서 일본 본토 방비가 중요하게 부각됨에 따라, 부산요새지대가 배후기지로서 중추적인 역할을 담당하였기 때문에 비밀리에 군사기지건설과 인프라 설비가 추진되었다. 부산을 중심으로 울산에 화학공장이 들어서고, 대구에도 인견직물공장과 금속관련 공장이 건설되었다.[48)] 전남 광주와 전북 전주에 종연방직 분공장이 만들어졌고, 순천에는 목화 등을 이용한 공업지 조성을 모색하였다.[49)]

한편 아시아태평양전쟁에서 사용되는 무기가 전투기와 항공기로 변화되면서 시행령은 방공과 보안으로 개정되었고 주요 도시의 군대 주변에는

46) 『官報』, 告示番號 180호.

47) 서울의 도시형성에 대해서는 橋谷弘, 「NIEs都市ソウルの形成」, 『朝鮮史研究會論文集』 제30집, 1992 참조 ; 서울의 공업지구 형성에 대해서는 배성준, 「日帝下 京城地域 工業研究」, 서울대학교 박사학위논문, 1998 참조.

48) 1930~40년대 전시체제와 관련된 울산과 대구의 공장 설립은 공장명부와 요록이 참조된다. 남부공업지대 공장설립에 대해서는 보다 세밀한 연구가 필요한 실정이다.

49) 『官報』, 告示番號 520號.

비행장이 건설되었다. 경성에는 용산, 대구에 동촌, 전주와 군산, 부산에 수영, 경남에 김해, 사천, 전남 여수 등에 비행장이 건설되거나 확장되었다.[50] 이에 따라 각 지역에 건설된 비행장과 도시의 군수기지를 연결하는 인프라를 조성하기 위해 시행령이 개정되었다.

이렇듯 시가지계획은 1934년 시행령 초기에는 나진 · 청진 · 흥남 등 북부지역 공업지대를 중심으로 진행되었으며, 점차 경인지구의 경성과 인천, 남부지역의 부산과 마산으로 확산되었다. 이 도시들은 모두 대륙병참기지와 관련하여 전략적으로 중요한 거점도시들로서, 일제가 군사적으로 전략적 거점도시들을 확대 강화해나갔다는 사실을 알 수 있다.

### 2) 1940년 일제 '국방국토계획'과 조선시가지계획령 개정

#### 일본 본토의 '국방국토계획' 정책 수립

중일전쟁 이래, 일본은 중국 대륙은 물론 남양까지 그 세력권을 확장하였다. 또한 미 · 영 · 소와의 전쟁을 준비하는 등 정세가 현격하게 변화되었다. 일본정부와 군부는 일본(조선을 포함) · 만주 · 중국을 아우르는 국방국가 체제를 강화할 목표를 세웠다. 이른바 '대동아공영권'을 만들고자 하였으며, 그 구체적인 안으로서 '국방국토계획'을 세웠던 것이다.[51]

---

50) 조선의 비행장 설립에 대해서는 일본 육군성 작성, 남조선비행장건립도표 참조(방위성 방위연구소 소장).

51) 内閣, 「国土計画設定ニ関スル件」, 1940.9.24(内閣總理府, 『御署名原本』). 일본의 국토계획에 대해서는 다음을 참조. 飯沼一省, 『都市計画法の話』, 都市研究会, 1933 ; 石川栄耀 『都市計画と国土計画』, 工業図書株式会社, 1941 ; 石川栄耀, 『日本国土計画論』, 八元社, 1941 ; 石川栄耀, 『日本国土計画論』, 八元社, 1941 ; 金谷重義 · 平実, 『地方計画の基本問題－特に近畿地方計画を中心として』, 有斐閣, 1941 ; 石川栄耀, 『皇国都市の建設』, 常磐書房, 1942 ; 渡辺俊一, 『都市計画の誕生—国際比較からみた日本, ポテンティア叢書), 1993 ; 沼尻晃伸, 『工場立地と都市計画－日本都市形成の特質 1905－1954』, 東京大学出版会, 2002.

이미 1930년대 말부터 일본의 군부와 정부 제 기관은 국가총동원법을 조선 및 타이완 · 카라후토(樺太, 현재 사할린)에 시행하여,[52] 공장입지 정책을 재검토하기 시작하였다.[53] 당시 공식적인 국토계획의 명칭은 '국방국토계획(国防国土計画)'이었다. 담당기관은 국책 통합기관인 기획원(국토계획법을 기안)을 중심으로, 내무성(지방계획법을 기안), 철도성(교통조정법), 체신성(교통 · 전력계획), 상공성(지방공업화 위원회 계획) 등이었다.[54]

일본 본토의 국토계획 담당기관은 기획원을 중심으로 국방국가체제의 완성을 목표로 기본 국책요강을 수립하였다. 기획원은 극비로 1940년 7월 25일에 기안하여, 8월 2일에 각 성으로 통첩하였다.[55] 요컨대 기본 국책 요강에 나타나 있는 국토계획의 배경은 다음과 같다. '세계가 일대 전기(転機)를 맞이하여, 몇 개 국가군으로 나누어진 체제로 되고 있기 때문에, 일본국시(国是)인 '팔굉일우(八紘一宇)의 대정신'[56]을 근본 방침으로 하여, 이른바 '대동아 신질서 건설'을 국방과 외교의 근간으로 삼는다는 것이다.

또한 일본 내각에서는 1941년 10월 23일, 적정한 국토계획 설정과 원활

52) 内閣, 「国家総動員法ヲ朝鮮, 台湾及樺太ニ施行スルノ件」 · 『御署名原本』(勅令316号) 1938.5.5 (日本: 国立公文書館 소장).

53) 일본에서 기획원은 1938년 설치되어, 국가총동원법을 조선 · 대만 · 가라후토에 시행하였다. 1939년 내각관방 총무과에서 「国土計画の設定に関する一考察」이 작성되었다(内閣官房 総務課, 「国土計画の設定に関する一考察」, 1939.7.18)(日本: 国立公文書館 소장).

54) 기획원은 1937년 7월 중일전쟁을 계기로, 국가총동원 계획의 수립, 종합 국력의 확충 운용 등 전시 통제와 중요 국책 심사, 예산 통제 등을 담당하기 위해, 같은 해 10월 1일 각의(閣議)로 국책 통합 기관으로 설치되었다. 10월 25일 칙령 605호로 기획원 관제가 공포 · 시행되었다(秦郁彦, 『戦前期日本官僚制の制度 · 組織 · 人事』, 東京大学出版会, 1981, 673쪽).

55) 内閣, 「基本国策要綱及之ニ基ク具体問題処理要綱」(閣甲240号), 1940.8.2(日本: 国立公文書館 소장). 이 기안문은 8월 2일자로 각의에서 결정되어, 내각서기관장 명의로, 제1안은 각 성의 대신에게, 제2안은 법제국장관, 기획원총재, 대만사무국총재, 내각정보부장, 흥아원총재에게 통첩하였다. 이 기획원의 기안문을 토대로 하여 내각은 같은 해 9월 24일 「国土計画設定要綱」을 발표하였다(内閣, 「国土計画設定ニ関スル件」, 1940.9.24).

56) 팔굉일우(八紘一宇)는 일본의 신무기(神武紀)에 나오는데, 일왕을 중심으로 전 세계를 하나의 집안으로 만드는 것이다. 제2차 세계대전기에 일본이 해외침략을 정당화하는 표어로 사용되었다.

한 운용을 위해 내각 총리대신 자문기관으로서 관민 전문가로 구성된 국토계획심의회를 설치하였다.[57]

그러나 일본 본토의 국토계획은 그다지 체계적으로 추진되지 못하였다. 이것에 대해 당시 국토계획 전문가인 이시가와 히데아키(石川栄耀, 당시 도쿄제국대학 교수)[58]는 '일본과 식민지의 국토계획은 전 국토계획을 종합하여 모든 체제가 완비되는 것이다'고 규정하였다. 그리고 이미 공식적으로 국토계획준비에 들어간 만주국과 유기적인 연계를 모색하는 가운데, 중국 · 만주 · 일본의 종합국토계획이 필요하다(일본 속에 조선이 포함－필자)'고 역설하고 있다. 나아가 일본의 식민지인 타이완 · 조선 · 관동주 등에 대한 국토계획에 대해서도 급속하게 구현할 것을 주장하였다.[59]

결국 기획원에 의한 국토계획 구상은 일본의 4대 공업지역에 대한 공장입지 규제가 잠정적으로 실시되기는 했지만, 공장배치계획으로 이어지는 구체적인 교통계획 등은 입안되지 않았다. 1943년 계획도 산업과 인구를 대략 배치하는 것을 정한 것에 불과하였다. 일본 중앙정부(내무성 계획국,

57) 内閣, 「国土計画審議会設置ニ関スル件」, 『公文雑纂』 昭和十六年 · 第二巻 · 内閣二, 1941.10.23 (日本: 国立公文書館 소장)

58) 이시카와 히데아키(1893년 9월 7일~1955년 9월 25일)는 일본의 도시계획가. 도시 번화가 연구의 일인자로서 신주쿠 가부키쵸(歌舞伎町) 명명자. 일찍부터 지방계획 · 지역계획에 대한 중요성을 인식하고, '생활권'을 제창. 이것을 국토계획으로 확대하는 지방계획을 고안하는 기초로 하였다.

59) 이시카와는 당시의 국토계획을 '흥아종합국토계획'이라고 명명하고, 일본국토계획(本国全土計画, 各植民地全土計画), 만주국토계획(종합입지계획으로서 계획), 중국국토계획으로 분류하고 있다(石川栄耀, 앞의 책, 492쪽). 일본 본국의 국토계획론은 당시 여러 연구자와 연구회가 논의하였으며 다음 연구자가 참가하였다. 石川栄耀(당시, 東京帝国大学教授), 奥井復太郎(당시, 慶応大学教授)의 국토계획론 · 현대 대도시론, 상공성商工省의 吉田秀夫, 기획원조사관인 美濃口時次郎의 인적자원론, 古屋芳雄医学博士, 小野武夫農学博士, 人口問題研究所調査官 등. 연구회 · 관련기관은 東京市政調査会, 農村工業協会, 学術振興会, 土木学会 등이다. 당시 『科学主義工業』이라는 잡지는 기획원 · 연구원이 의견을 발표하는 장이었고, 1937년부터 1945년까지 간행되었다. 국가에 대한 비판적인 언론이 허락되지 않았던 시대상황이라고는 하지만, 잡지는 국내문제에 대한 합리화를 추구하고 국가정책에 무비판적으로 아시아 침략을 적극적으로 옹호했다는 비판을 받고 있다.

기획원) 등이 통일된 국토계획에 기초한 공장입지 통제정책을 실시하는 것은 곤란하였으므로, 1942년에 각의에서 정한 '잠정조치'에 그치게 된 것이다. 기획원은 1943년 1월 15일에 폐지되었고, 군수성(軍需省)이 그 업무를 대체하게 되었다.

그렇다면 식민지에서는 어떠하였을까. 특히, 이미 대륙병참기지로서 시가지계획이 추진되고 있던 조선에서는 어떠한 조치가 취해지고, 어떠한 사업이 추진되었을까.

### 「조선시가지계획령」의 개정

조선에는 이미 30년대부터 '대륙병참기지'로 규정되어 시가지계획이 추진되었다. 중일전쟁, 아시아태평양전쟁으로 전쟁이 확대되고 정세가 변화되면서 조선시가지계획에도 커다란 영향을 끼쳤다. 그 구체적인 변화는 시가지계획령을 개정하는 것으로 나타났다.

1937년 현재 일본내각과 군부는 조선에 전진대륙병참기지를 만들기 위해 구체적으로 시가지계획을 추진하였다. 군사적으로는 조선에 전진기지로서 [그림 4-2]와 같이 부산요새, 나진요새, 원산요새를 강화하였고, 아시아태평양전쟁을 준비하면서 일본 본토 방어를 위해, 부산요새 등을 확장, 여수요새, 제주요새 등을 적극적으로 구축하였다. 일본에는 쓰시마요새, 사세보요새, 시모노세키요새 등을 연결하는 조선해협 요새계를 군사적으로 강화하였다. 시가지계획은 일본과 조선과 중국을 연결하는 일본제국주의의 국방국토계획 일환으로 추진되어, 주요 핵심 군사요새지대를 연결하기 위한 방책이었다.

중일전쟁이 확대되어 미국이 참전하게 되자, 조선의 시가지계획은 더욱 군사적으로 보강되었다. 전쟁은 육전에서 항공전으로 바뀌었고 전투기에 대비하기 위해 방공과 보안이 주요 내용으로 부각되었다.

[그림 4-2] 1937년 조선의 군사요새지대 지도

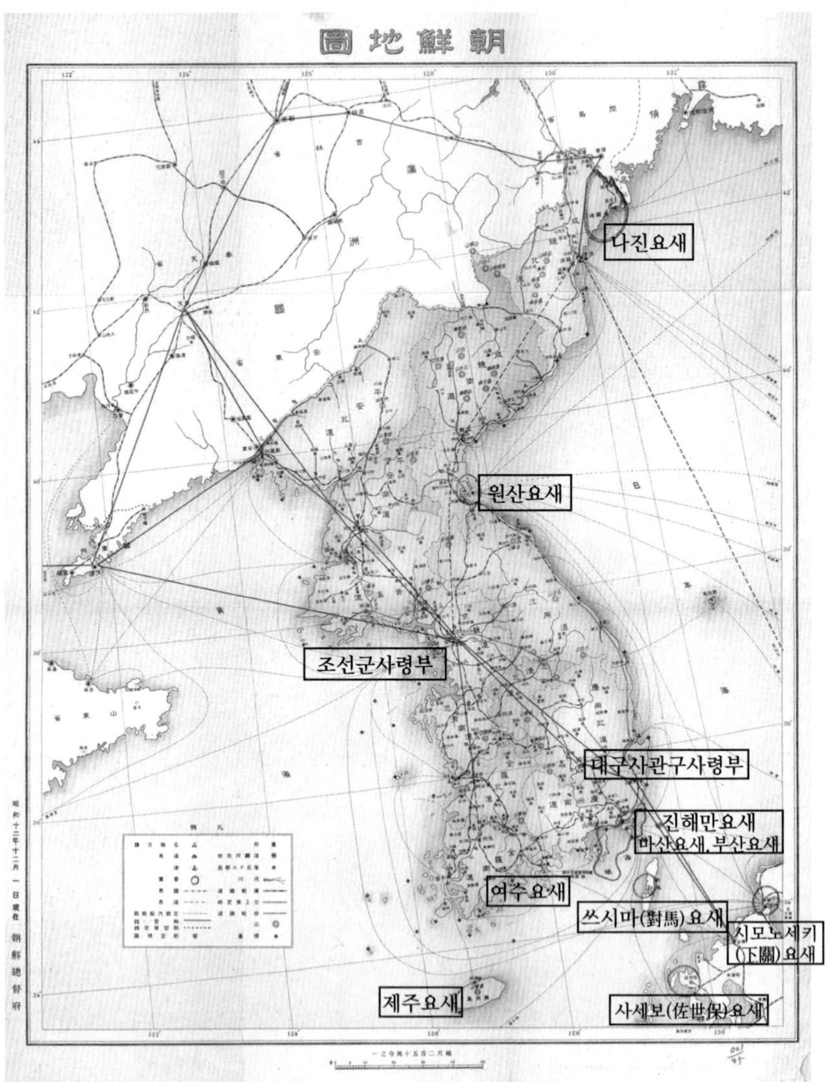


출전: 朝鮮総督府, 「朝鮮全図」, 1937(学習院大学東洋文化研究所所蔵).

1940년 7월 26일에 미나미 지로(南次郎) 총독은 시가지계획개정제령안을 일본의 내각에 제출하였고, 같은 해 11월 29일에 개정되었다.[60] 조선 시가지계획령 가운데 개정제령안은 1940년 11월 28일에 내각서기관장(內閣書記官長), 내각서기관, 법제국장관의 기안으로 내각총리대신 고노에 후미마로(近衛文麿)가[61] 쇼와천황에게 상주하였다. 외무・육군・문부・우정(郵政)・후생・내무・해군・농림・철도・대장(大蔵)・사법 대신의 결재 라인을 거치고 있다.

결국, 일본 본토 기획원은 '기본국책요강'으로 '일본・조선・만주・중국'을 포괄하는 국방국토계획 방침을 정하였다.[62] 같은 시기에, 조선총독 미나미 총독이 요청하여 조선의 시가지계획 개정작업이 일본본토에서 추진되었다.[63] 이것은 일본내각에서 추진하던 국토계획이 일본에는 대장성과 재계의 반대로 잠정조치에 그쳤지만, 조선에서는 구체적으로 국토계획의 일환으로 급속하게 추진되었다는 것을 나타내는 것이다. 다음 [그림 4-3] 공문서는 조선시가지계획 개정 결재문서이다.

개정의 중요 포인트는 '방공(防空)'과 '보안(保安)'으로서 군사적 측면을 더욱 강화하는 것이었다. 개정안의 주요내용은 다음과 같다.[64] 무엇보다

---

60) 内閣, 拓甲272号, 「朝鮮市街地計画令中改正制令案」, 1940.11.28(日本: 国立公文書館 소장).

61) 고노에 후미마로(近衛文麿, 1891.10.12~1945.12.16)는 일본의 정치가. 제5대 귀족원 의장. 제34, 38, 39대 내각총리대신.

62) 사료에는 일・만・지로 표기되어 있으나 일본에 조선이 식민지로 포함되어 있다.

63) 같은 건명으로 이 보다 4일 전인 1940년 7월 23일, 조선총독 미나미 지로는 내각총리의 재가를 받았다(内秘 第61号)(『公文類聚』第64編, 1940년, 제116권, 지리・토지・삼림・도시계획・경찰)1940.11.29(拓甲 272号)(日本: 国立公文書館 소장).

64) 制令 ; 朝鮮市街地計画令中左ノ通改正ス
第1条中 '保安'ノ下ニ '防空'ヲ加フ
第2条 市街地計画区域及市街地計画ハ其の区域ニ関係アル府会, 邑会又ハ面協議会及朝鮮市街地計画委員会ノ意見ヲ聞キ朝鮮総督之ヲ決定ス. 朝鮮総督天災事変其ノ他特に急施ヲ要スト認ムル場合ニ於テハ前項ノ規定ニ拘ラズ直ニ市街地計画区域又ハ市街地計画ヲ決定スルコトヲ得市街地計画区域又ハ市街地計画ノ変更ニシテ軽易ナルモノニ付亦同ジ朝鮮総督前ニ項ノ決定ヲタメシタルトキハ市街地計画区域及市街地計画ノ要領ヲ告示ス
第6条ニ左ノ3項ヲ加フ 市街地計画事業ノ為土地ノ一部ヲ収容又ハ使用スルニ困リテ残地ヲ生ジ其の残地ヲ一宅地トシテ利用スルコト能ハザルトキ其の他市街地計画上著シキ

[그림 4-3] 조선 시가지계획령 중 개정 제령안 원본

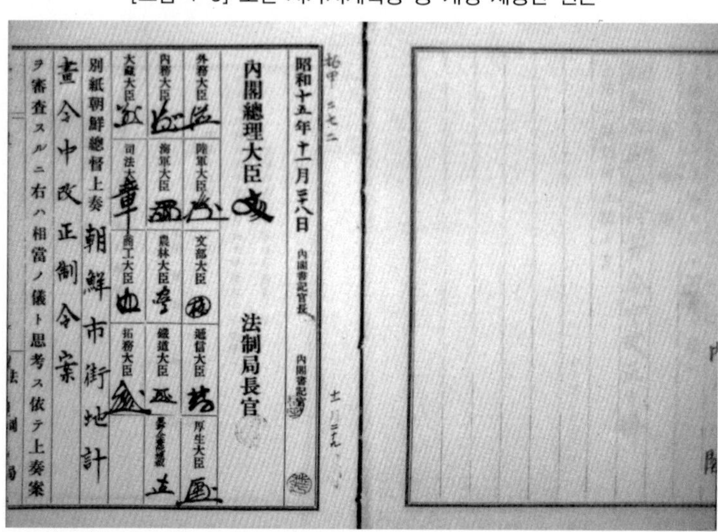
昭和十五年十一月二十八日
内閣書記官長
内閣總理大臣
法制局長官
外務大臣 陸軍大臣 文部大臣 遞信大臣 厚生大臣
内務大臣 海軍大臣 農林大臣 鐵道大臣
大藏大臣 司法大臣 商工大臣 拓務大臣
別紙朝鮮總督上奏朝鮮市街地計
畫令中改正制令案
ヲ審査スルニ右ハ相當ノ儀ト思考ス依テ上奏案

출전 : 「朝鮮市街地計画令中左ノ通改正ス」, 『公文類聚』 第64編, 1940.

도 중요한 것은 '방공'을 추가한 것이다. 둘째, 시가지계획을 기안할 때는 종래 부읍면회(府邑面会)의 의견을 거쳐 입안하도록 되어 있었다. 하지만 '긴급을 요하는 경우'에는 총독이 직권으로 시행할 수 있도록 변경하였다. 셋째, 토지수용이 필요한 경우에는 일부 또는 전부 수용할 수 있도록 개정하였다. 넷째, 방위구역을 설정할 수 있도록 개정하였다.

또한 그 정책을 더욱 효과적으로 추진하기 위해, 1941년 「조선총독부 시가지계획위원회 관제」를 개정하고, 「시가지건축물에 관한 긴급 방공(防空) 정책안」(칙령 제49호)을 만들어 방공대책을 강화하였다. 주요 지역은 방공요새지대인 경성, 경남, 함남, 함북이었다. 방공도로, 특수구역 초가집 변경, 방화실 설치, 주요 건축물 위장(偽装), 피난민수용소 등 건설준비, 파괴건축물 등 정리처리 대책, 필요 기술원 동원 등에 대하여 규정하였다.

支障アリト認ムルトキハ其の全部ヲ収容又ハ使用スルコト得

방공 건축규제 적용도시는 1940년 3월 1일 현재, 총 10개 지역 경성(京城)·인천(仁川)·부산(釜山)·평양(平壤)·신의주(新義州)·함흥(咸興)·원산(元山)·흥남(興南)·청진(淸津)·나진(羅津)으로, 새로운 적용 예정지는 8개 지역 군산·목포·여수·대구·진해·해주·진남포·성진이었다. 모두 군사적 요새지대와 관련된 도시들이다.

이상과 같이, 일본의 국토계획은 일본본토와 조선·만주·중국을 포괄하는 정책이었지만, 일본 본토에는 잠정 조치에 그치고 말았다. 하지만 식민지 조선에서는 국방국토계획의 방침에 따라 시가지계획령을 개정하여 방공과 보안을 강화하고, 부읍면회를 거치지 않고 총독이 직권으로 토지수용과 시가지구역과 방위구역 설정 등을 할 수 있도록 개정하였다.

### 3) 추진기관과 재원조달

#### 사업집행 기관

일본에서는 시가지계획 사업을 민간에서도 추진할 수 있게 하였지만, 총독부는 식민지 조선의 토지를 구획 짓는 중요성에 따라 총독부 주도하에 집행기관을 행정청으로 결정하였다. 그러나 행정청은 행정관청이 되는 경우도 있고, 공공단체를 통할하는 행정청이 되는 경우도 있었다. 경우에 따라 조선총독이 필요하다고 인정될 때는 행정청이 아닌 자도 시가지계획 사업의 일부를 집행할 수 있는 길을 만들어 두었다.

하지만 모두 실제로 집행기관은 부령(府令)으로서 지방 공공단체를 통할하는 행정청, 즉 부윤·읍면장이 원칙적으로 집행에 대한 책임을 맡도록 정하였다. 시가지계획사업으로 인해 생기는 영조물 대부분이, 부윤·읍면장이 관리하기 때문에 실정을 참작하여 만든 조치였다.[65] 기본적으로 민간업자의 자율에 맡기기 보다는 총독부 주도하에 독점적으로 시가지계획을 추진하였다는 것을 알 수 있다. 총독부도 일본내각도 육군군벌이 장악하고 있기 때문에 조선에서 추진되는 시가지계획도 군사독재정권의 주도하에 추진되었다.

그러면 시가지계획을 직접 실행하는 직제와 실무진은 어떠하였는가. 시가지계획은 총독부 내무국 토목과에서 중앙 집중 관리하였다. 시가지계획 실무진과 직제를 살펴보면 다음과 같다. 직접 지휘자는 내무국장 우시마 카즈미(牛島一省), 토목과장 시바 코헤이(榛葉孝平)였다. 1937년 8월 1일 현재 내무국 토목과에는 과장 밑에 사무관 1명, 토목사무관 2명, 고등관 기사 18명, 판임관 기사 22명, 기수(技手) 38명, 촉탁 2명이었다. 이 중에서 철도국 또는 경성토목출장소 등에 파견근무자가 9명이었다. 이상 약 70명의 직원이 한반도 전역의 도로 · 교량 · 하천 · 항만 · 상수도 · 도시계획을 모두 관장하였다. 이 가운데 조선인은 최경열 · 정재영 · 민한식 · 손홍길 등 고등과 기사 4명과 원태상 · 김광수 등 기수 2명이었다.[66]

시가지계획령에서 규정한 바에 따르면 시가지계획을 입안할 때 지방기관을 설정하지 않고 조선총독만이 입안할 수 있게 되어 있다. 하지만 각 지역 시가지계획에 대한 세부적인 계획은 당해 지역 부회(府會)나 읍회(邑會)에서 검토 · 입안하였다. 이것을 중앙부서인 총독부로 계획서를 올리면, 그 초안을 토목과에서 기안하여 토목과장 · 정무총감이 검토하고, 총독이 결재하는 형태로 진행되었다.[67]

그러므로 모든 시가지계획은 조선총독만이 입안할 수 있었다고 하는 기존의 견해는 재고되어야 할 것이다.[68] 경성 · 부산 · 대구 · 인천 등에 대한

65) 牛島省三, 「조선시가지계획령의 발포에 대해」, 『朝鮮』 1934, 조선총독부 발행, 94~95쪽.

66) 朝鮮總督府, 『朝鮮總督府職員錄』, 207쪽.

67) 부산부의 시가지계획안 공문서 결재과정에 대한 검토결과, 부산부에서 올린 계획안 그대로 총독이 결재하여 공시하였다(부산부, 『釜山都市計劃決定』, 1936~1942).

68) 손정목은 조선시가지계획령 2조 1항 및 3조 1항에 근거하여 조선총독만이 입안할 수 있다고

시가지계획은 당해 부회에서 많은 논의가 진행되었으며, 부에서 입안한 것은 시가지계획의 원안이 된 것도 있다.[69] 그럼에도 불구하고 전체적으로 시가지계획의 기본적인 골격을 세우고 입안하는 것은 철저하게 조선총독의 컨트롤하에 추진되었다.

### 조선시가지계획심의회

총독부는 시가지계획을 원활하게 추진하기 위해서 소속기관으로 시가지계획심의회를 설치하였다. 심의기관 설치 필요성에 대해서는 1928년 8월에 경성 도시계획위원회에 의해 이미 개진되고 있었다. 이 위원회에서 편찬한 『경성도시계획조사서』에는 "도시계획은 행정구역만 아니라 장래 수십 년 후 교통·위생·보안·경제에 걸쳐 영구히 공공 안녕 및 복리 증진을 도모하는 중요시설을 계획하는 것이다. 이 결정에 관해서는 관계 행정관청 행정청 공공단체 특별 이해관계자 등 관민을 포함한 위원회를 설치하여 심의할 중추기관을 설치할 필요가 있다"고 되어 있다.[70]

또한 조사서에는 일본의 심의기관인 도시계획위원회 구성을 구체적으로 들면서 그 설치 필요성을 강조하고 있다. 중앙·지방을 나누어 중앙위원회장은 내무대신이 담당하고, 위원은 관계 각 청 고등관 16명 이내, 학식경험 있는 자 12명 이내로 조직하였다. 지방위원회는 시장, 각 청 고등관 10명 이내, 시회 의원 정원의 6분의 1, 현회 의원 3인 이내, 시리원(市吏員)

---

시가지계획의 특성에 대하여 쓰고 있다. 그러나 그 실행과정에서 실제적인 사실은 각 부에서 입안하여 총독이 결재하는 방식으로 진행되었다(각 부의 시가지계획관계철 참조).

69) 경성부, 부산부, 인천부 등 각부에서 생산된 시가지관계철을 참조. 손정목은 시가지계획 세부계획을 실행할 경우 지방행정청의 재량 범위를 말살했다고 했으나(손정목, 『일제강점기 도시계획연구』, 일지사, 1994, 187쪽), 작은 도시의 계획을 제외하고는 실제로 진행된 구체적인 사실을 놓고 볼 때, 부회의 역할이 큰 것으로 보인다. 하지만 다음 장에서 보듯이 전시체제기에 들어가면 그 양상은 독점적으로 변화한다.

70) 京城府, 『京城都市計劃調査書』, 1928.9, 449쪽.

2인, 학식이나 경험 있는 자 10인 이내로 규정하였다. 위원회에는 기사·서기·기수·간사를 두어 각 지방 도시계획에 관한 의안을 심의하였다.[71] 또한 도시계획사업 비용을 해당 행정청이 관할하는 공공단체가 부담하였기 때문에 이들 계획은 해당 행정청이 집행하도록 위임하였다. 위원회는 철도·항만·군사 등에 대한 계획을 통일적으로 추진하기 위해서 일본 사례를 따르기로 하였다.[72]

위와 같이 경성 도시계획위원회 심의회 설치안에 대한 검토 및 설치구상은 그 필요성을 개진한 10년 뒤인 1937년에 가서야 조선총독부 소속기관으로 시가지계획심의회를 설치하게 되었다. 일본내각과 군부는 조선에 대륙병참기지를 만들기 위해 총독부 산하에 소속기관을 두고 시가지계획을 효과적으로 활용하는 것이 반드시 필요했기 때문이다. 다음 [표 4-3]은 1937년 현재 조선시가지계획심의회 조직 구성이다.

[표 4-3]에서 볼 수 있는 바와 같이, 1937년경 조선시가지계획심의회는 행정, 재계, 군부, 각도 지사 등 이른바 최고 브레인들로 구성되었다. 회장은 행정파트에서 최고브레인이었던 정무총감 오노 로쿠이치로(大野緣一郎)였다. 그리고 내무국장 오다케 쥬로(大竹十郎)를 비롯하여, 재무·식산·농림·체신·철도국 등 7개 국장들이 위원으로 참여하여 행정을 보좌하였다. 또한 군부 대표로는 조선군 참모장 구노 세이치(久納誠一), 진해요항부 참모장 미즈노 쥰이치(水野準一)가 참여하여 군부의 입장을 대변하였다. 경

71) 일본에서 도시계획법은 1889년에 시행된 동경시구개정조례(東京市區改正條例)가 시작이었고, 1918년에는 쿄토(京都), 오사카(大阪), 요코하마(橫浜), 고베(神戸), 나고야(名古屋)의 5, 6 도시에 이를 준용하게 되었다. 이후 시가지계획 문제를 느끼게 되어 1919년에 전기도시계획법, 시가지건축물법이 의회를 통과 공포되었다. 1923년 관동대지진 후 東京, 橫浜 두 도시의 복구사업이 필요하게 되어 특별도시계획법을 실시하게 된 것이다(『東亞日報』 1934년 6월 22일).

72) 『東亞日報』 1934년 6월 22일. 조선총독부 시가지계획위원회에 대한 자세한 것은 이송순, 「조선총독부 도시계획 관련 정책 심의기구 연구－조선총독부 토목회의와 시가지계획위원회」, 『韓國史研究』 134, 韓國史研究会, 2006을 참조.

제계 대표로는 조선상공회의소 회장 가다 나오지(賀田直治)와 조선식산은행 행장 아루가 미쓰도요(有賀光豊)가 참석하였다.

[표 4-3] 1937년과 1940년의 시가지계획위원회의 변동

| 구분 | 직책 | 성명<br>1940년 현재 | 성명<br>1937년 현재 |
|---|---|---|---|
| 명칭 | | 시가지계획위원회 | 시가지계획심의회 |
| 위원장 | 정무총감 | 大野綠一郎 | 大野綠一郎 |
| 위원 | 내무국장 | 大竹十郎 | 大竹十郎 |
| 위원 | 재무국장 | 水田直昌 | 林繁藏 |
| 위원 | 식산국장 | 穗積眞六郎 | 穗積眞六郎 |
| 위원 | 농림국장 | 湯村辰次郎 | 湯村辰次郎 |
| 위원 | 경무국장 | 三橋孝一郎 | 三橋孝一郎 |
| 위원 | 체신국장 | 山田忠次 | 山田忠次 |
| 위원 | 철도국장 | 山田新十郎 | 吉田浩 |
| 위원 | 기획부장 | 西岡芳次郎 | 西岡芳次郎 |
| 위원 | 심의실사무관 | 高尾甚造 | 山澤和三郎 |
| 위원 | 조선군참모장 | 加藤 平 | 久納誠一 |
| 위원 | 진해요항부참모장 | 高間 完 | 水野準一 |
| 위원 | 조선식산은행두취 | 林 繁藏 | 有賀光豊 |
| 위원 | 조선상공회의소두취 | 人見次郎 | 賀田直治 |
| 위원 | 중추원참의 | 韓相龍 | 韓相龍 |
| 임시위원 | 제20사단참모장 | 內田銀之助 | 杵村久藏 |
| 임시위원 | 충청북도지사 | 萬兼 | |
| 임시위원 | 경상북도지사 | 上瀧基 | 上瀧基 |
| 임시위원 | 경상남도지사 | 山澤和三郎 | |
| 임시위원 | 경기도지사 | | 甘蔗義邦 |
| 임시위원 | 평안남도지사 | | 上內彦策 |
| 임시위원 | 평안북도지사 | | 美座流石 |
| 임시위원 | 함경남도지사 | | 笹川恭三郎 |

출전: 朝鮮總督府, 『職員錄』, 각년판.

임시위원으로는 군부의 제20사단 참모장을 비롯하여, 경기도지사, 평안남북도지사, 함남지사, 경북지사 등이 참가하고 있다. 그리고 간사 9명과 서기 3명이 도시 계획 정책 추진 과정에서 일어나는 실무를 처리하였다. 특히 토목사무관 사카모토 요시카즈(坂本嘉一)와 기사 시바 코헤이(榛葉孝平)는 주도적으로 실무를 담당하였다.[73]

이 심의회에서는 시가지 계획의 정책적 틀에 대해서 입론하였으며, 군부와 경제계, 그리고 조선인 대표를 위원으로 위촉하였다. 그리고 구체적인 계획은 앞서 말한 바와 같이 각 지역의 부회·읍회에서 의견을 청취하고 그것을 바탕으로 실행 계획을 하달하였다.

그런데 1940년 직제상의 변동 상황을 보면, 시가지계획심의회가 시가지계획위원회로 바뀐 것과, 1937년 재무국장으로 있던 인물이 재계의 대표로 참가하고 있다는 점이 특징적이다. 재무국장 하야시 한조(林繁藏)는 1940년에 조선상공회의소 회장으로 위원회에 참가하고 있다. 하야시는 낙하산인사로 조선상공회의소 회장이 되었다. 행정청 재무를 담당하던 인물이 경제계 대표로 참여하고 있는 것은 정경유착 구조의 실상을 나타내는 특징 가운데 하나이다. 또한 각 도지사 중에 1937년도에 빠진 충북도지사, 경남지사, 경북지사가 임시 위원으로 내정된 것도 특징이다. 이것은 1940년경에는 경상남북도와 같이 남부지역 시가지계획을 본격적으로 수행했다는 것을 조직 속에서 반영하고 있다.

이와 같이 시가지계획에서 정책을 결정하는 라인에 있던 자는 한상룡을 제외하고 모두 일본인이었다. 정책 결정 과정에서 조선인 의견은 조직적으로 무시될 수밖에 없는 식민지적 구조라고 할 수 있을 것이다.

---

[73] 1934년에는 토목사무관 2명 중 1명은 사카모토(坂本嘉一)이다. 사카모토는 이 시기 토목과 도시계획계 계장이었다. 조선토목행정법을 저술하였다(朝鮮總督府, 『職員錄』, 1935).

### 4) 도시문제의 심화

도시계획을 시행하는데 일반적으로 가장 큰 문제는 시가지개발 예정지구 주변 토지의 지가폭등 문제와 도시 빈민지대 가옥을 철거하는 문제였다. 그런데 식민지 조선의 도시계획에서는 이에 더하여 더욱 큰 문제가 조선에 살고 있는 주민들의 복리증진을 위해서라기보다 군사요새기지를 건설하기 위해 긴급하게 시행되었다는 점에 있다. 군사기지는 적군의 폭격대상이 되기 때문에 유사시 적국의 폭격으로 인한 주민의 생명과 직결되는 중대한 문제인 것이다. 그러므로 식민도시에 사는 주민의 안전보장을 확보할 수 없는 문제를 주목하지 않을 수 없다.

지가폭등 문제는 세계 각국 자본주의 사회의 도시계획에서 가장 큰 문제가 되는 것으로서 부동산 투기업자들의 투매현상에서 기인하는 것이다. 그것은 식민지 조선에도 예외가 아니었다. 당국자들은 '악질 브로커들의 도발'이라고까지 말할 정도로 그 정도가 심각하였다. 1934년 시가지계획령이 발표되자 예정지구 주변 토지의 지가가 폭등되었다. 지가폭등으로 시가지 개발정책은 어려움에 봉착하였는데, 그것은 당시 당국의 시가지계획 관계자가 정책을 실행하는 과정에서 무엇보다도 잘 알 수 있다. 특히 지가가 폭등하여 공장을 건설하기 어려웠다는 점에 대해 당시 관계자는 다음과 같이 서술하고 있다.[74]

> "종래 항만·철도·도로 기타 각종 문화적 시설에 대한 결정이 발표되면 그 부근 토지는 날로 투기 매매가 행해졌다. 그 결과 지가폭등을 가져오는 것은 상례이고, 그중 공장을 건설할 때 특히 그 경향이 심해지고 있기 때문에 그 후에 공장 진출을 저해하고 산업 진흥 상 적지 않은 장해가 되어 왔다."

---

74) 『朝鮮』, 1938, 80쪽.

이러한 문제 인식에 따라 총독부는 법으로, '악질 토지 브로커'들 농간에 의한 지가의 부당한 폭등을 억제하였다. 한편으로는 적극적으로 제 사회간접자본을 시설하여 공장 진출을 유도하고 주택지를 쉽게 취득하였다. 또한 당국자들 구미에 맞는 시가지를 개발하기 위하여 1938년 조선시가지계획령 실시 규칙 일부를 개정하여 토지수용령을 적용하였다. 이로써 총독부는 공업용지 조성지구, 주택지 경영지구, 토지구획 정리지구를 결정하고 시가지계획사업으로서 집행하게 된 것이다.

이미 나진 공업용지 조성지구 약 3십만 평을 결정하여 사업을 실시하였고, 신의주－다사도 간 공업용지 조성지구, 또는 주택지 경영지구를 결정하였으며, 경인지역에도 공업지대를 만들고자 하였다.[75] 이 경우 수용가액은 시가지계획결정 당시 시가를 기준으로 하고, 그 토지 이용 상황 등을 참작하여 결정하였던 것이다.[76]

그런데 토지수용령을 통해 확보하였던 대규모 공업·주택지구 등 시가지계획에서 각종 지구는 특정 개인이나 회사에게 불하되었다. 이러한 토지불하 유형은 이미 개항기부터 전개되어 오던 것으로서, 당국은 대륙병참기지를 만들기 위해 특정인에게 토지를 불하하여 신속하게 시가지계획을 진행하고자 하였던 것이다. 30년대에는 흥남 노구치 시타가우(野口遵)의 조선질소비료공장이 대표적이다. 민간인들 중에 재력이 있는 자들과 결탁함으로써 그들의 목적에 부합하는 도시를 만들어내려고 했던 것이다. 이러한 과정에 다수 식민지 민중이 고려되지 못한 것은 말할 나위도 없을 것이다.[77]

---

75) 이때 부동산 투기업자들의 투매현상은 대단하였다. 이에 대해 당국자들은 '악질 브로카들의 도발'이라고 말할 정도였다. 당국자들은 그들을 억제하기 위해 시가지계획령 실시규칙 일부를 개정하였다. 잡지 「경성시가지계획에 대하여」, 『朝鮮』, 1938, 81쪽.

76) 경성시가지계획 토지확보 문제에 대해서는 「경성시가지계획에 대하여」, 『朝鮮』, 1938, 80~82쪽 참조.

한편 시가지 계획으로 인해 도시로의 인구집중이나 노동력 문제, 주거문제, 사회간접자본시설은 편중되게 추진되어 각종 도시문제가 생겨났다. 이에 따라 부민들 생활에 지대한 영향을 미치게 되었다. 공업지역 이외에 있는 공장은 철거하게 되었고, 풍치지구 안에는 예기·창기가 거주하지 못하게 되었다.[78] 특히 도시 변두리에 빈민굴을 형성하여 살던 조선인들은 강제 철거로 인해 거리로 쫓겨나게 되었다. 시가지계획의 중심 작업인 도시를 확장하고 정비하기 위해서는 빈민들이 살던 토막촌 철거는 필수적이었다. 도시 주변부를 형성하고 있던 빈민들의 폭력적인 반항은 필연적인 것이었다.

이에 따라 총독부 경찰국은 시가지계획령 실시에 즈음하여 건축물에 대한 통제, 도시빈민의 가옥철거 등에 대한 폭력적인 반항을 미리 예상하고, 만반의 준비를 하고 있었다. 도경찰부장 회의 비밀서류에는 영세민 가옥의 밀집구조를 부수는 것이 시가지계획상 매우 중요한 문제이며 그에 대한 대책을 세우고 있다.[79] 특히 앞서 살펴본 바와 같이, 일본인과 조선인의 거주지가 분리되어 있기 때문에 영세민 가옥에 살던 대부분의 부민은 조선인이기 때문에 민족적인 모순까지 함축되어 있어 그 대응 과정은 더욱 폭력적인 양상을 띨 수밖에 없었다.

시가지계획상에서 도시빈민의 가옥 철거는 자본주의 사회에서 일반적이고 빈번하게 발생하는 일이지만, 식민지 조선에서는 도시 빈민이 대부분 조선인임으로 말미암아 더욱 중층적인 민족모순으로 발현되는 것이 특징이다.

---

77) 토지불하나 공장불하에서 조선인은 물론이고 하층 일본인들에 대해서도 차별적으로 진행된 것으로 보인다.

78) 『朝鮮中央日報』 1936年 8月 5日 夕刊 2面.

79) 『道警察部長會議書類』, 1937, 警務, 372쪽.

그러면 다음 절에서는 조선시가지계획령의 기성 시가지 계획에 대한 구체적인 실태를 최초의 개항장 부산을 통해 살펴봄으로써, 식민도시 개발과정의 특수성에 대해 도출해보고자 한다.

## 5) 사례 - 부산도시계획과 군사요새지대의 강화

### 1930년대 부산 시가지계획의 목적

조선시가지계획령 발포 후 초기에는 북부지역 개발에 집중되었지만 남부지역 개발도 함께 진행되었다. 경성과 부산의 경우가 대표적이다. 기성 시가지는 가옥이 밀집되어 있어 시가지 계획을 추진하기 어려웠기 때문에 북부 신도시와 그 양상이 달랐다. 부산의 경우는 특히 지형적인 특징이 있고, 가장 오래된 그들의 거점 도시였기 때문에 다른 지역과 사정이 많이 달랐다. 무엇보다도 초기에 정착한 일본인들의 독점적 토지소유 등으로 인해 30년대에 신설된 신도시 건설과는 비교가 안될 만큼 복잡하였다.

부산 시가지 계획의 목적과 개요에 대해서 조선총독부 내무국 공문을 통해 살펴보면 다음과 같다.[80)]

> 부산부는 조선반도 남단에 위치하여, 고래로 일한통상의 요충이며, 무릇 일본인의 거류가 많고, 1906년 처음으로 항만 수축에 착수한 이래 설비를 충실히 하여 통상이 견고하고, 철도 경부선 종단항으로서 내선(內鮮)연락은 물론 국제 교통로의 요충이 되었다.
>
> 부내에는 경남도청, 부산부청을 비롯하여 관공서, 은행, 제 회사가 모여서 지방행정 및 산업경제의 중심을 이루어 시세가 매년 팽창하였다. 시정 당시 무역액 5백만 원 내외를 넘었으며, 소화 9년 말에는 270만 톤, 2억 1천7백만

80) 釜山府, 「釜山市街地計劃區域決定理由書」, 『釜山都市計劃決定』, 1936~1942, 418~433쪽.

원이라는 거액에 달하였다. 또한 공업은 1919년 공장수 148개소, 원동력 2,400마력이 1936년 말에는 공장수 347개소, 원동력 1만 마력에 달하였고, 공산액 3천7백만 원에 이르러 놀랄만한 발전을 보이고 있다.

따라서 호구도 1919년 말 17,103호 74,138명에 불과하던 것이, 1934년 말에는 37,267호 163,814명에 달하여, 특히 최근 5개년 간 1년 평균 약 2,200호 9천명이 증가하였다. 이에 대해 부산부내 거주가능 면적은 약 1천6백만㎡ 1인당 약 98㎡로 이미 포화상태이고, 인구는 약 1만 5천 명을 헤아리기에 이르렀다. 따라서 1936년 4월 1일부로 서면 전부와 사하면 암남리를 합치고, 행정구역을 확장하여 장래 발전에 대비하였다.

시정 이래 제반 팽창에 대응하기 위해 도로·하수 기타 제 시설을 충실히 설치해 왔지만, 전술한 바와 같이 현저한 발전에 따라 가옥은 통제되지 않은 채 건축되어 장래 건전한 도시발전을 기하기 어려운 상태이다.

이에 시가지계획을 수립하고, 장래 시가를 통제할 필요가 있다. 본안은 1965년 인구를 상정하고, 이를 수용하기에 충분한 면적, 또는 지형 교통 등에 관해 신중하게 조사한 결과, 새로 확장해야 할 부산부지구를 부산시가지계획구역으로 결정한다. 총 면적은 84,156,300㎡ 즉 25,457,000평(해면 제외)으로 한다.

즉 위의 문건을 볼 때 부산에 시가지계획이 필요한 이유는 크게 부산이 한일 통상 및 국제 통상의 요충지로서 전략적으로 중요한 도시이며, 경남도청·부산부청 등 지방 행정 중심지이고 산업 경제상 중심지이기 때문이다. 구체적으로는 도청 이전 후 부산부로 계속 인구가 집중하여 도로나 상하수도를 계속 설비하였음에도 인구 증가를 따르기에는 역부족이었다. 또한 가옥이 무질서하게 지어져 시가지가 정돈되지 못하였기 때문이다. 요컨대 부산 시가지계획을 단행하게 된 것은 한일·국제통상의 요충지이기 때문이며, 시가지계획의 목적은 계속적인 인구 증가에 따른 제반 문제점을 해소하고 시가지를 통제하기 위함이었다.

조선 전체가 대륙병참기지로 확정되었고, 시가지계획령이 방공과 보안을 위주로 재편성되면서 한반도 전체에서 안전보장문제가 발생하였다. 이 문제는 일본제국이 식민지, 점령지에서 이른바 '대동아공영권'을 형성하고, 이 지역 주민들과 물자를 총동원하여 미국을 비롯한 연합군과 결전하기 위해 만든 구조에서 발생한 근본적인 문제였다. 특히 나진과 부산의 시가지계획은 각각 해양루트와 대륙루트의 기점으로 규정되어 더욱 긴급하게 추진되었다.

본서에서는 부산 시가지계획을 중심으로, 구체적으로 어떤 목표를 가지고 추진하였는지 검토해보고자 한다. 부산부 시가지계획의 목표는 매립지 활용 및 공장지구 조성과 관련되어 있다. 즉 1936년에 부산부가 부산진 공장지대를 중심으로 보다 확장된 시가지를 건설할 계획을 세웠다.[81] 이에 따라 서면 우암리를 편입하였고 이것은 옛 전관거류지를 중심으로 하여 부산진 방면에 부도심을 만들기 위한 조치였다.

이 계획은 일본전관거류지 시기부터 계속 사업이 진행되어 이미 남항·북항 매립이 완료되었고, 부산진 매립사업도 거의 완성단계에 있었기 때문에 구상된 것이라고 할 수 있다. 그러나 매립된 토지가 그때까지 창고나 운동장으로서 사용되었을 뿐이었고, 대규모 공장지대가 형성되지 않는 한, 매축지의 경제성은 기대할 수 없는 상태였다. 따라서 매립지에 투자한 재부일본인 토지 자본가의 공장유치 노력은 타 지역보다 더욱 치열할 수밖에 없었을 것이다.

그러나 부산은 개항 이후 50~60년간 개발로 인해 이미 토지가격이 높아져 있는 상태이기 때문에 신규 진출한 일본 독점자본가들이 공장을 세우기 위해서는 불리하였다. 이에 따라 종연방직과 동양방적주식회사 등 면방대

---

81) 『東亞日報』 1939년 1월 13일. 그리고 1934년 현재까지 부산에는 계속 공장수가 늘어 308개가 되었고, 1년간 공산액이 3천만 원에 달하였으며, 전국 공산액의 1할을 부산에서 생산하였다(釜山名士錄刊行會, 『釜山名士錄』, 1935, 10쪽).

기업이 부산에서 공장부지를 물색하였지만 결국 인천과 광주에 세우게 됨으로써 공장유치는 실패하였다.

또한 1936년 전력회사들은 남부 지역 전력을 통제하기 위해 각각 회사를 통합하여 남선전기주식회사를 설치하고자 하였는데, 부산·대구·대전 등 부 당국의 본사유치운동이 격렬하였다. 부산의 조선와사전기㈜ 사장 가시이 겐타로는 본사를 부산에 유치하면 합병하겠다는 조건을 내걸었지만 그가 회장이 되는 조건으로 결국 본사는 경성에 세워지게 되었다.[82] 이렇듯 부산부는 국제항만도시로서 중요성이 인정되어 해면매립을 통해 공장부지를 확보하면서 외곽으로 계속 구역을 확대해갔다.

그런데 부산 도시계획은 일제의 전쟁확대로 크게 바뀌었다. 부산은 대륙과 남방의 후방 물자조달기지로 규정되어 군사요새도시로 변형되었다.[83] 이에 따라 시가지 계획의 주요한 목적은 부산항과 부산역 주변 도로를 정비하고, 섬으로 이루어진 절영도의 영선정과 부산 시내를 연결하기 위해 대교를 만드는 것이었다. 또한 영선정 매립지구와 부산진 매립지구를 공업지구로 만들고, 물자를 적기(赤旗, 현재 용호동)에 있는 군수창고와 연결하기 위해 범일정과 대연리 도로를 정비하기 위한 것이었다.[84]

그리고 부산지역의 자연환경과 계획령 발포 이전에 이미 시가지계획이 진행됨에 따라 초기에 정착한 재부일본인 대자본가들은 부산지역 시가지 계획을 다른 지역과 구별되게 하였다. 우선 시가지계획령 상에서는 일단의 공업지구라는 조항이 고시되지 않았다. 그 이유는 부산지역은 일본의 조선침략을 위한 전초기지였기 때문에 이미 바다를 매립하여 절영도지구

---

82) 자세한 것은 朝鮮瓦斯電氣株式會社, 『朝鮮瓦斯電氣株式會社發達史』, 大盛堂, 1938, 141~148쪽 참조.

83) 間城香陽, 『釜山の使命』 序文, 釜山日報社, 1926.

84) 朝鮮總督府告示 第188号, 1937年 3月 23日, 朝鮮總督南次郎, 釜山市街地計劃區域, 328~331쪽. 釜山要塞司令部에 대해서는 朴元杓, 『鄕土釜山』, 1967, 259~264쪽.

와 부산진지구가 형성된 특수성 때문이었다. 더욱이 군사요새지대로 설정하여 군수공업화와 도시화는 모두 극비리에 추진되었다.

### 시가지계획 토지구획정리 결정이유

토지구획정리는 시가지계획 시행상 가장 중요한 사항이었다. 그것은 일반적으로 종래 토지가 거의 부정형이어서 단순히 도로를 결정하는 것만으로는 도로에 면하지 않은 지번도 생기고 이용 불가능한 토지도 생기기 때문이다. 이에 따라 총독부 당국에서는 건축물이 난립하는 것을 통제하기 어려울 뿐만 아니라 토지를 자신들의 용도에 맞게 원활하게 이용하기 위해서 토지를 구획하고 부지를 정리하였다. 부산의 토지구획정리 구역은 [그림 4-4]와 같다.

[그림 4-4]를 보면 종래 토지구획정리 구역은 옛 중심지였던 일본전관거류지가 아니라, 새로운 중심지로 부상하고 있는 부산진과 절영도의 영선정 지역이었다. 부산진의 범일정, 대연동, 부전리 지구와 절영도의 영선정 지구가 중점적으로 개발되고 있다. 이것은 부산의 행정구역이 본격적으로 전통적으로 중심지였던 동래지역과 절영도 지역으로 확장되는 과정을 나타내는 것이다.

그러면 부산의 시가지계획에서 토지구획정리는 누가 입안하고 어떤 결재라인을 거쳐 결정되었는가. 그리고 토지구획정리를 결정한 이유는 무엇인가.

중일전쟁이 시작되기 6개월 전 1937년 1월 19일 조선총독부 토목과에서는 '부산시가지계획 토지구획정리에 관한 건'을 상신하였다.[85] 이 상신한 문서는 내무국장 · 정무총감이 검토하고 미나미 총독이 결재하였다.

---

85) 釜山府, 『釜山都市計劃決定』, 文書番號 議第3号.

[그림 4-4] 부산의 시가지계획 토지구획정리 구역

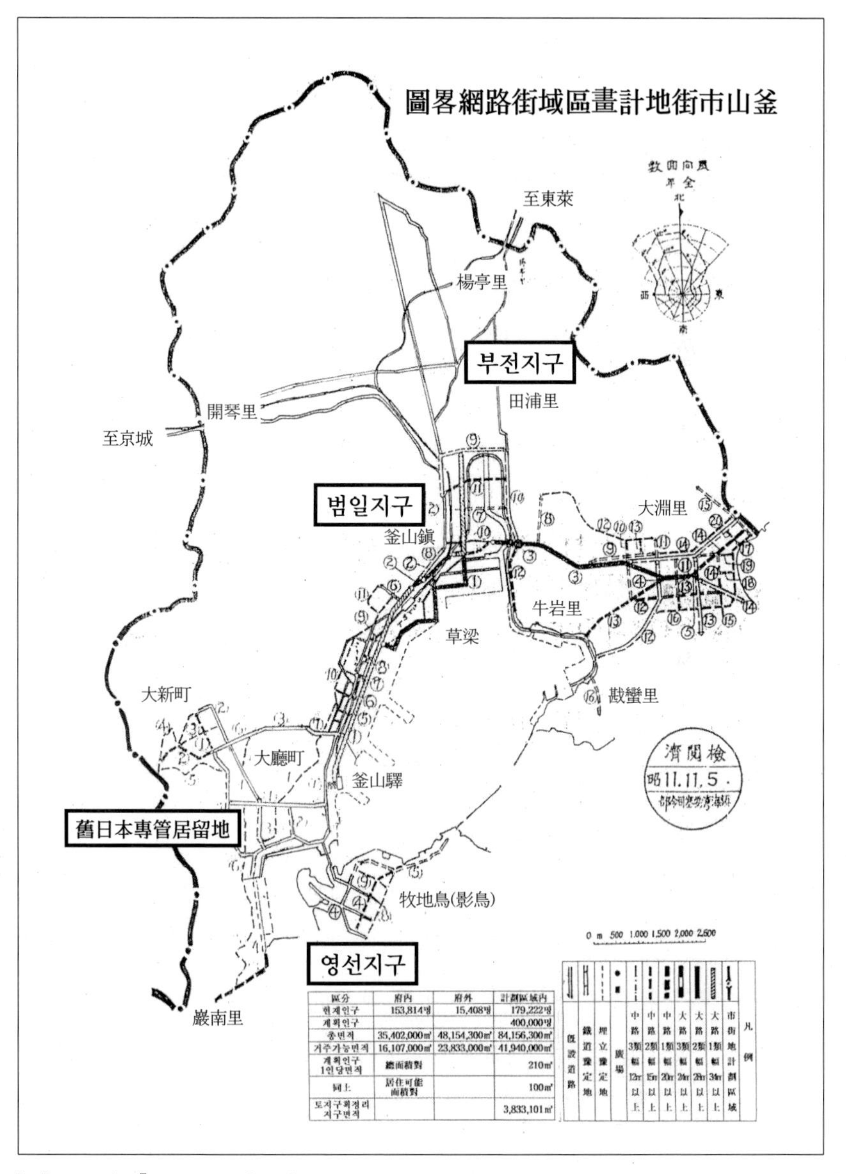


| 區分 | 府內 | 府外 | 計劃區域內 |
|---|---|---|---|
| 현재인구 | 153,814명 | 15,408명 | 179,222명 |
| 계획인구 | | | 400,000명 |
| 총면적 | 35,402,000㎡ | 48,154,300㎡ | 84,156,300㎡ |
| 거주가능면적 | 16,107,000㎡ | 23,833,000㎡ | 41,940,000㎡ |
| 계획인구 1인당면적 | 總面積對 | | 210㎡ |
| 同上 | 居住可能面積對 | | 100㎡ |
| 토지구획정리 지구면적 | | | 3,833,101㎡ |

출전: 釜山府, 『釜山都市計劃決定』, 1937, 208쪽.

그런데 이 공문은 상신되기 이전에 이미 부산부가 검토한 것이었다. 결재 후 공문은 총독부에서 고시하였으며, 부산부에서 작성하여 올린 문서의 내용과 동일하다.[86] 이로 볼 때, 부산부가 시가지계획의 구체적인 방안을 마련하고 이를 총독이 결정하는 방식으로 추진되었다는 것을 알 수 있다.

그 구체적인 내용은 다음과 같다. 부산의 시가지계획 토지구획정리 구역은 [그림 4-4]와 같으며, 부산지역의 토지구획정리 면적은 총 6,214,000㎡(1,879,735평)로 전체 시가지계획구역 중 4분의 3을 토지구획정리 구역으로 지정하였다. 이것은 조선시가지계획령의 목적이 토지구획정리를 특히 강조하는 것과도 관련되어 있는 것이다.

총독부 당국에서는 부산부 토지구획정리 결정 이유를 다음과 같이 밝히고 있다.

> 토지를 구획 정리하고 각 필지를 정확하게 정하고, 지번도 도로에 접하도록 배치·정비하고, 또 가치가 낮은 토지는 이용가치를 증진시킴과 동시에 시가 체제를 정비할 필요가 있다. 따라서 시가지 정비는 전 구역에 걸쳐 시행해야 하지만 기성시가는 가옥이 밀집되어 있어 이를 시행하기 위해서는 많은 비용이 필요하고 일반적으로는 실시 곤란한 상태이다. 따라서 금후 시가로 정할만한 구역을 실제로 즉시 조치해야 한다.[87]

위에서 살펴본 바와 같이, 부산지역 토지구획정리 결정이유는 기존 시가의 가옥이 밀집되어 있어 많은 비용이 들기 때문에, 토지구획정리를 통하여 시가계획이 이루어질 토지를 미리 확보하고자 함이었다. 시가지계획에서 토지구획정리는 시가지계획령의 핵심을 이루는 사항이다.

---

86) 1937년 1월 19일 議第3號「釜山市街地計劃土地區劃整理ニ關スル件」, 202~203쪽.
87)「市街地計劃土地區劃整理決定理由書」,『釜山都市計劃決定』, 204쪽.

### 시가지계획가로망 결정 이유

다음으로 시가지계획을 구체적으로 구획한 시가지계획가로망 결정이유를 살펴보자. 부산부 내 일본인이 거주하던 구역의 가로망은 대개 정리되었지만, 기타 구역은 질서도 계통도 없고 더욱이 '폭이 너무나 협소하여 난잡하기가 극에 달하였다' 한다. 이 때문에 부산부는 부산진과 초량 방면에 대하여 1921년부터 1927년까지 7개년 계속 총 공비 90만 원(국고보조 반액)으로 시구개정 공사를 하여 노선 수 38선 연장 11,450m를 완성하였다.

또한 1927년부터 1934년까지 8년간 부산시구개수공사로서 총공비 약 64만 원(府費)을 투자하여 대신정 일대와 범일정·수정정·초량정·영선정 노선수 64선 연장 27,801m를 시행하였다. 다시 궁민구제사업으로 1931년부터 1933년 3년간 총 공비 360만 원 가운데 84만 원을 국고보조로 받아 간선도로, 도진교를 만들고 선유(船溜) 정리 공사를 하였다.[88] 또한 부산부는 1932년부터 1936년 5개년 계속공사로 총 공비 345,000원을 들여(국고 보조 3만원) 도로포장 및 개수공사를 진행하여 2개 노선 7,430m를 연장하였다.

상술한 바와 같이 1921년 이래 옛 거류지 또는 교외 일부 간선 가로는 고쳤지만 시가지계획구역 대부분은 고치지 못하였다. 즉 옛 거류지 내 거주 가능 면적에 대한 도로 면적은 약 8.3%에 불과하였다. 그리고 옛 거류지 인구는 이미 포화 상태를 넘어 해마다 교외에 주택을 신축하였기 때문에 통제가 불가능하였다. 따라서 도로와 건축물이 예전처럼 무질서하게 만들어질 우려가 있어 시가지계획구역에 가로계획을 세워 건축선(建築線)을 만들고 시가지의 대체적인 모양새를 만들려고 하였다.[89]

이에 따라 1937년 3월 27일 시가지계획가로망을 결정하였다. 그것은 조

---

88) 이 시기까지 부산항의 매축공사는 거의 완성되어 조선의 항만 설비로는 제1위라고 하였다(『大阪朝日』 1934年 4月 20日).

89) 「부산시가지계획가로망결정이유서」, 206쪽.

선총독부 고시 제188호로 고시되었으며 다음 표와 같다.

[표 4-4] 부산부 시가지 가로망 결정구역

| 등급 | 유별 | 번호 | 폭(m) | 기 점 | 종 점 | 주경과지 |
|---|---|---|---|---|---|---|
| 大路 | 1 | 1 | 35 | 대창정4정목 | 좌천정 | 초량역裏 |
| 〃 | 1 | 2 | 35 | 범일정 | 범일정 | |
| 〃 | 2 | 1 | 30 | 초량정 | 범일정 | 좌천정 |
| 〃 | 2 | 2 | 30 | 좌천정 | 범일정 | |
| 〃 | 2 | 3 | 25 | 범일정 | 대연리 | 문현리 |
| 〃 | 3 | 1 | 25 | 대창정2정목 | 부민정지방법원東南角 | 대청정 |
| 〃 | 3 | 2 | 25 | 昭和通2정목 | 대청정2정목 | 幸町 |
| 〃 | 3 | 3 | 25 | 부평정2정목 | 부평정3정목 | 부평정 |
| | 3 | 4 | 25 | 昭和通4정목 | 남부민정남부 | |
| 〃 | 3 | 5 | 25 | 초장정大正공원남부 | 대신정順治병원동북각 | 도청앞 |
| 〃 | 3 | 6 | 25 | 대신정순치병원동북각 | 대신정동부 | 형무소남방 |
| 〃 | 3 | 7 | 25 | 榮町 | 영주정북부 | 보통학교북측 |
| 〃 | 3 | 8 | 25 | 좌천정 | 범일정 | |
| 〃 | 3 | 9 | 25 | 대연리 | 대연리 | |
| 〃 | 3 | 10 | 25 | 대연리 | 감만리 | |
| 〃 | 3 | 11 | 25 | 대연리 | 대연리 | 대연리 |
| 〃 | 3 | 12 | 25 | 대연리 | 대연리해안 | |
| 〃 | 3 | 13 | 25 | 범일정 | 전포리 | 문현리 |
| 〃 | 3 | 14 | 25 | 범일정 | 전포리 | |
| 中路 | 1 | 1 | 20 | 대신정 순치병원 동북각 | 대신정운동장앞 | 刑務所西側 |
| 〃 | 1 | 2 | 20 | 대신정 순치병원 동북각 | 대신정 西南 | |
| 〃 | 1 | 3 | 20 | 보수정 2정목 | 中島町1정목서북각 | |
| 〃 | 1 | 4 | 20 | 남부민정 남부 | 송도해수욕장서쪽 | |
| 〃 | 1 | 5 | 20 | 제4소학교남방370m | 영선정 | |
| 〃 | 1 | 6 | 20 | 牧島수도배수소 서쪽 | 立石埋立地 | |
| 〃 | 1 | 7 | 20 | 부산항擴築매립지 | 영정3정목 | |
| 〃 | 1 | 8 | 20 | 부산항확축매립지 | 초량정 | |
| 〃 | 1 | 9 | 20 | 부산항확축매립지 | 초량정철도병원동측 | |
| 〃 | 1 | 10 | 20 | 부산항확축매립지 | 초량정 | |
| 〃 | 1 | 11 | 20 | 부산항확축매립지 | 초량정 | |
| 〃 | 1 | 12 | 20 | 범일정 | 범일정자성대동측 | 자성대남측 |
| 〃 | 1 | 13 | 20 | 범일정 | 移出牛검사장북서쪽 | |

| 〃 | 1 | 14 | 20 | 대연리 | 우암리 | |
|---|---|---|---|---|---|---|
| 〃 | 1 | 15 | 20 | 대연리 | 대연리 | |
| 〃 | 1 | 16 | 20 | 범일정우시장 북쪽 | 문현리 | |
| 〃 | 2 | 1 | 18 | 대신정동부 | 영주정 | |
| 〃 | 2 | 2 | 15 | 보수정보수橋 | 대신정운동장앞 | |
| 〃 | 2 | 3 | 15 | 영선정서부 | 영선정 | |
| 〃 | 2 | 4 | 15 | 수정정 | 수정정 | |
| 〃 | 2 | 5 | 15 | 감만리 | 감만리 | |
| 〃 | 2 | 6 | 15 | 대연리 | 대연리 | |
| 〃 | 2 | 7 | 15 | 대연리 | 대연리 | |
| 〃 | 2 | 8 | 15 | 대연리 | 대연리 | |
| 〃 | 2 | 9 | 15 | 대연리해안 | 대연리 | |
| 〃 | 2 | 10 | 15 | 대연리 | 대연리 | |
| 〃 | 2 | 11 | 15 | 대연리 | 대연리 | |
| 〃 | 2 | 12 | 15 | 대연리 | 대연리 | |

출전: 朝鮮總督府 告示 第188號. 1937年 3月 23日 朝鮮總督 南次郎, 釜山市街地計劃區域, 328~331쪽.
비고: 小路는 생략.

위의 표에서 알 수 있듯이, 중심지 대창정으로부터 범일정~감만리를 연결하는 도로개수를 가장 중요시 생각했으며, 남쪽으로 송도방면, 북쪽으로 해운대를 잇는 도로를 가장 집중적으로 계획 · 시행하였다. 부산의 도로개수공사 중 가장 중요한 시책은 자성대 부근, 조선방직회사 부근, 송도 부근의 도로개수공사이었다. 이 지구는 부산에서 가장 긴급하게 도로개수가 필요한 곳으로서, 그 각각의 이유에 대해 살펴보면 다음과 같다.

먼저 자성대(子城臺) 부근 도로개수공사를 긴급하게 실시한 이유는 자성대 부근 도로에서 해운대 도로를 연결하여 국방상 · 경제상 매우 중요한 도로이기 때문이다. 당시 철도국에서 실시 중이었던 철도 노선 확축 개량공사가 완성될 때 철도노선과 이 도로가 교차하기 때문에 도로교통은 거의 차단될 수밖에 없게 되었다. 이때 시가지 계획으로 예정되어 있는 대로(大路)제2류 2호선 및 대로 제1류 2호선 일부를 신설하고 그 철도와 교차하는 부분은 철도국과 협력하여 과선교(跨線橋)를 설치하여 교통안전을 확보하는 것을 골자로 한 것이었다.

둘째, 조선방직회사 부근 도로 개수공사는 자성대 부근 도로를 다시 동래 방면으로 연결하는 것이다. 이를 위해 시가지계획 도로인 대로 제1류 2호선 나머지 부분을 동시에 실시하였다. 이것은 1939년도에 공사를 시행하여 연결하였다.

셋째, 송도 도로개수공사이다. 송도는 군의 방공시설이 있어서 국방상 요충지대이고, 부산부의 방위상에도 중요한 위치에 있다. 그러나 송도는 시가로 통하는 도로가 특히 협소하고 불완전할 뿐 아니라 굴곡도 많아서 교통이 불편하였다. 이 때문에 시가지계획사업 일부로서 개수공사를 시행하여 도로 폭을 확장하고 굴곡을 완화시키고 도로면을 개량하려고 하였다.

위에서 살펴본 바와 같이, 부산부에는 자성대부근, 조선방직 부근, 송도 부근의 도로개수공사가 결정되고 시행되었다. 각 공사는 무엇보다도 국방상 필요에 의해 군부에서 가급적 신속히 실시하도록 요망하였기 때문이었다.[90] 또한 이 도로공사는 영선정과 부산진지구 공장에서 생산되는 물품을 원활하게 운반하기 위함이었다. 이 도로개수공사는 다음 절에서 살펴보겠지만 자성대 부근에 있는 부산진 공업지구의 형성과 절영도의 영선정 공업지구 형성과도 일정하게 관계를 가지고 있다. 부산진에서 생산되는 면포류 · 고무류 · 주류와 영선정 지구에서 생산되는 기계기구류를 일본 · 만주 · 중국을 비롯하여 제3국으로 연결하는 역할을 해야 했기 때문이었다.[91]

90) 釜山府 地方課, 地第715号「市街地計劃事業道路改修工事費起債ノ件」1938.6.20, 0753~0777쪽.
91) 자세한 것은 본서 Ⅳ장 "남부공업지대의 사례－부산공업지구형성의 식민지적 특성"을 참조.

### 시가지계획령 실시초기의 경과

그러면 당시 시가지계획을 입안 · 결정 · 고시하는 과정을 검토함으로써, 총독부 당국과 각 지역 지방기관과의 관계 및 시가지계획 결정과정을 고찰해보자.

부산시가지계획안이 결정된 것은 1934년 1월 8일, 조선총독은 부산시가지계획(녹지지역, 풍치지구, 지정공원 결정)안을 결재하였다.[92] 그 내용은 조선총독부 고시 제14호로 발효되었다.

그러나 부산에 실질적으로 계획이 시행되는 것은 그로부터 2년 뒤인 1936년이었다.[93] 1936년 5월 7일 조선총독부 내무국장은 진지(鎭地) 제67호로 '부산시가지계획에 관한 건'을 내무국장 전결로 조선군사령관, 진해만요새사령관, 진해요항부사령관에게 발신하였다. 그것은 부산 시가지계획 구역 및 가로망계획을 입안하여, 각 군사령관들에게 그 의견을 조회하기 위한 조치였다.[94] 다음은 진해만요새사령관 하시모토가 부산부윤 츠지야에게 보낸 공문서이다.

**부산도시계획에 대한 진해만요새사령관의 요망에 관한 건**

소화 11년 5월 11일, 진해만요새사령관 橋本群(印)
부산부윤 土屋傳作 殿

제목에 관한 건에 대해 별지와 같이 통첩함
〈별지〉 부산도시계획에 관한 진해만요새사령관의 요망

92) 釜山府, 『釜山都市計劃決定』, 議案제4호.

93) 부산시가지계획에 대한 논의는 1936년 5월 7일부터 본격적으로 전개된 듯하다. 1934년부터 2년간의 공백기간 동안 어떤 논의가 진전되었는지에 대해서 밝혀낼 때, 왜 발효 이후 실시가 늦어졌는지를 알 수 있을 것이다.

94) 釜山府, 『釜山都市計劃決定』, 1937, 466~471쪽.

1. 요새지대 제3구역에 대한 계획에 관해서는 당부와 긴밀한 연계를 유지하여 실시에 지장이 없기를 요망
2. 부산부 주변 고지(高地)는 전시방공진지로 예정되어 있음으로 이들 고지를 이용할 때는 당부에 연락을 요망
3. 유사시 교통 두절·혼란을 피할 수 있는 도로망을 정리할 것을 요망, 예를 들어 해안에 연한 간선도로 2조 이상을 설치하고 다시 대신정－초량정을 연락하는 첩로를 설치하기를 요망
4. 수도·가스설비에 대해서는 폭탄에 의한 파괴와 관련하여 소방 및 일상생활에 지장이 없기를 요망, 또 재해를 일부로 제한하고 전반적인 파급을 시키지 않는 시설을 요망함
5. 전선은 지하에 매설하고, 또 등화관제 종류에 따라 송전선을 별개로 정비하는 것이 유리하다.
6. 수도는 단수를 고려하여 저수지를 장려하고 우물을 보존할 것. 또한 피난과 재해방지를 위해 시내 각소에 공원 등 공터를 확보할 필요가 있다.

이 외 도시계획의 구체안 작성에 수반하여 이에 관한 당부의 구체적 의견을 개진하는 바이다.

위의 문건에서 보는 바와 같이, 부산요새지대 제3구역과 부산도시계획은 밀접하게 연관되어 있다. 주요 내용은 도시계획 시에 진해만 부산요새와 관련하여 다음과 같은 사항을 고려하여 계획하도록 요청하고 있다. 부산고지를 전시 방공진지로 이용하는 건, 도로망 설치, 수도, 가스 설비를 폭탄 파괴를 고려하여 설치, 전선의 지하 매설과 단수를 고려한 우물 보존 등이다.[95] 그리고 조선군 참모장 사나에 요시시게(佐枝義重)는 조선총독

95) 1938년 3월 4일자에는 진해요항부참모장이 鎭要제81호로 조선총독부시가지계획위원회위원장에게 시가지계획결정에 관한 건에 대해 회답하면서, 부산·원산·나진의 관계도면은 군사상 필요로 당 요항부에서 쓰고 보관함을 밝히고 있다. 그리고 평양시가지계획구역 결정시 대동강 방면에 해군 연료창 광업부 작업장 및 제 시설을 이분하므로 경비상 사무상 불편하므로 개정을 요구(위의 문서).

부 내무국장 오다케 쥬로(大竹十郎)에게 조참발(朝參發) 제17호로[96] 1936년 5월 20일 조회결과를 아래와 같이 회답하였다.

1. 대청정 헌병대 숙사를 통과하는 폭12미터 도로는 숙사지를 이전할 수 없기 때문에 가능하면 이를 피해 구축할 것
2. 해안 가까운 곳에 따로 약 6만 평 공지(空地, 수개소 가능)를 확보할 것. 공지는 시민운동장, 공원 등으로 사용할 수 있기를 가장 희망하는 바이다.

이처럼 총독부는 긴급하게 군사상 문제가 있는 곳에 대해 군부를 통해 확인하였다. 이러한 기관조회를 거치고, 1937년 1월 9일 의(議) 제1호로 부산시가지계획구역이 결정되었다. 1936년 2월 14일 조선총독부령 제8호에 의한 부산부 관할구역 일원으로 결정된 것이다. 같은 날 의(議) 제2호로 부산시가지계획가로도 결정하였다.[97] 이후에도 수많은 시가지계획구역, 가로망, 토지구획정리에 관해 변경을 거듭하면서 시가지계획을 추진하였던 것이다. 요컨대 부산의 도시계획은 군부의 필요성에 따라 긴급하게 추진되었다는 것을 알 수 있다.

다음으로 조선총독은 부산부회 의견을 청취하고 있다. 부내(釜內) 제2202호 1937년 10월 4일 부산부회는 조선총독에게 공문을 전달하였다. 부산부회는 1937년 9월 16일자 '부산 시가지계획 가로 변경과 동 가로 및 토지구획정리지구결정의 건'에 대해 지형상 문제점, 철도, 도로 교차 문제점, 도로노선 확장, 노선변경 등에 대해 상세하게 지적하고 있다.

또한 경상남도나 철도청에 대해서도 의견을 들었다. 경상남도지사 아베 센이치(阿部千一)는 1937년 12월 '시가지계획결정에 관한 건', '시가지계획위원회 결정 및 이에 대한 조치'에 대해 경상남도 의견을 개진하고 있다.

96) 『釜山都市計劃決定』, 467쪽.
97) 『釜山都市計劃決定』, 194~197쪽.

1938년 3월 25일에는 부산부윤이 조선총독에게 '토지구획정리계획인가 내신의 건'을 상신하고 있다. 여기에는 시가지계획 예정지구와 필요성, 그리고 재원조서가 작성되어있다.[98]

**〈토지구획정리 예정지구 결정 이유〉**

부산부 시가지계획사업 토지구획정리 지역은 1937년 3월 23일에 결정고시된 바 이를 급속하게 실시하는 것은 부민의 열망에 그치지 않는다.

지금 당부는 군사경제상 추요한 지위에 있고 장래 공업지가 될 요소를 다분히 가지고 있고 인구가 현저히 증가하고 있기 때문에 주택이 불비하고 부민의 불리불편함은 배가되고 있다. 부내 도로 및 지구 정리는 재정 기타 관계로 그 진행이 쉽지 않음에 따라 각종 건축은 주저·저지되었다. 이러한 실상에서 지금 구획정리를 해야만 하고, 불량지구 출현이 여의치 않게 되었기 때문에 시가지 계획사업을 실시하는 것은 부의 백년 계획으로서 급선무이다. 정리시행 결과는 토지이용 증진에 따라 임대료가 현저하게 많아지고, 토지 자금화도 되어 토지소유자가 받는 이익이 크다. 이것을 시행할 때 지주 측에서 조합을 설립하여 사업을 수행하는 것은 도저히 곤란하다. 결국 당부에서 실시할 때 급속한 발전을 보일 것이고, 범일정·부전리·전포리·영선정 지역 정세에 따르고 한편 지역민 뜻에 따라 지역을 지정하여 토지구획정리를 함.

시가지계획령 제44조 제1항, 시행규칙 제139조를 적용할 때, 지주들이 실시하기 곤란할 때는 부에서 기한을 2개월 이내로 한정하여 별도 계획으로 실시할 예정이었다.[99] 그리하여 시가지계획령 발표 후 약 4여 년 동안 총독부는 군사상·산업상 필요한 의견을 수렴하였다. 1938년 4월 6일 내무국장은 각계 의견을 수렴하여 부산시가지계획가로변경과 동 시가지계획가로 및 토지구획정리지구추가결정에 관한 최후통첩 후 고시하였다.[100]

---

98) 釜山府 文書番號 釜土第135號. 1938年 3月 25日字, 釜山府尹 發信 朝鮮總督 前, 「土地區劃整理計劃認可內申ノ件」, 142쪽.

99) 『釜山都市計劃決定』, 142쪽.

100) 朝鮮總督府, 『官報』, 告示第308号.

이와 같은 과정을 검토해볼 때, 1934년 시가지계획령에 따른 도시계획 절차는 총독이 결재권을 가지고 있지만, 해당하는 군부 및 부산부 의견을 전부 청취한 다음 시행하였다. 기관 의견을 참조하여 특별한 하자가 없는 한 거의 그대로 반영하는 방식으로 진행되었다는 것을 알 수 있다. 하지만 유사시 컨트롤이 힘들기 때문이라고 하여 민간업체를 시행청으로 허가하지 않았다는 것은 일본의 도시계획과는 다른 식민지적 특징이다.

요컨대 부산의 도시계획은 군부와 산업의 필요에 따라 긴급하게 추진되었고, 시행청을 민간업체로 지정하지 않았다. 이것은 일본 본토의 도시계획 시행과정과 본질적으로 다른 식민지적 특징이라 할 수 있다.

### 계획령 개정 후 방공정책 강화와 녹지 · 공원지구 결정

일본내각과 군부는 아시아태평양전쟁을 시작하면서 조선시가지계획령을 크게 개정하였다. 이에 따라 1941년 방공에 대한 정책 강화에 따라 제령안은 개정되었다. 부산부에서는 부산 시가지계획 사업 실시 계획 인가, 범일지구 계획 정리 사업 변경, 시가지계획 가로 변경, 주택지 경영지구, 녹지 · 풍치(風致) · 공원지구가 결정되었다. 1940년대 이후 부산에 실시된 시가지계획 시행 건은 [표 4-5]와 같다.

이상의 관보 내용 중 주요한 것을 살펴보면 다음과 같다. 1942년에 대신정(大新町), 영주정(瀛州町) 사이에 방공도로를 만들고, 1942년 10월에는 동래군 일부를 부산부로 편입하였다. 1943년에는 연지리(蓮池里) · 부전리(釜田里) · 범전리(凡田里) · 당감리(堂戡里) 등에 대해 토지구획 정리를 시행하였다.

이와 함께 부산시내와 신시가지를 연결하는 철도와 부산－일본을 연결하는 각종 노선 정비가 계속되었다. 우선 시내와 신시가지를 연결하는 철도로서 적기선(赤崎線)이, 1941년 11월에는 시가지 구획 정리 지구인 부전

[표 4-5] 시가지계획령 개정 후 부산시가지계획 시행 상황

| 연번 | 고시명 | 호수 | 시행연도 |
|---|---|---|---|
| 1 | 釜山市街地計画街路事業實施計画認可 | 4163 | 1940.12.06 |
| 2 | 釜山市街地計画街路中變更 | 4270 | 1941.04.19 |
| 3 | 釜山市街地計画事業受益者負擔金條例中改正ノ件認可 | | 1941.10.31 |
| 4 | 釜山市街地計画事業凡一町土地区画整理實施計画變更 | 4387 | 1941.09.05 |
| 5 | 釜山市街地計画街路一部變更 | 4593 | 1942.05.23 |
| 6 | 釜山市街地計画街路事業實施計画 | 4610 | 1942.06.12 |
| 7 | 釜山市街地計画一団の住宅地経営地区決定 | | 1943.01.09 |
| 8 | 釜山市街地計画事業受益者負擔金條例中改正ノ件認可 | 4835 | 1943.03.17 |
| 9 | 釜山市街地計画土地区画整理施行命令 | 4922 | 1943.06.30 |
| 10 | 釜山市街地計画一団の住宅地経営地区決定 | 4936 | 1943.07.16 |
| 11 | 釜山市街地計画公園並びに緑地地区, 風致地区の決定 | 4945 | 1944.01.08 |
| 12 | 釜山市街地計画事業土地区画整理工事ノ竣功期限延期 | 4945 | 1943.07.27 |
| 13 | 釜山市街地計畫街路事業ノ實施計画認可 | 5106 | 1944.02.14 |
| 14 | 釜山市街地計画事業工事竣功期限延長 | 5138 | 1944.03.23 |
| 15 | 釜山市街地計画建築面積, 敷地面積の決定 | 5286 | 1944.09.15 |
| 16 | 釜山市街地計画事業工事竣工期限延期 | 5439 | 1945.03.26 |

출전: 조선총독부 『관보』, 각년도판.

(釜田)지구와 병참 창고인 적기 부두 사이의 화물선을 개통하였다. 또한 부산과 일본을 연결하는 노선으로서는 1943년 7월 부산과 하카다(博多) 사이에 철도 연락 항공로를 개설하였다. 아시아태평양전쟁으로 확전되면서 남동부쪽으로 철도선을 연장하여, 1944년에는 철도 가야선(加耶線), 부전선(釜田線), 문현선(門峴線)을 개통하였다.

일제 말기 총독부는 1944년 5월에 부산 임항(臨港)철도인 부산진과 감만리 사이 철도를 국유화하여 군수물자를 우선적으로 통제하였다.[101] 1945년

101) 철도에 대한 자세한 것은 정재정과 사카모토, 앞의 책, 2007 참조. 사카모토는 철도의 군사적인 성격에 주목하고, 새로운 시점에서 식민지 도시의 물자수송과 철도관계의 식민지적인 특수성을 밝혔다(『植民地都市釜山』, 2007).

7월에 낙동강 철교를 제외한 경부 본선의 복선화가 준공되었다.[102)]

특히 주목되는 것은 전쟁이 확대됨에 따라 부산을 요새지대 방공도시로 만들기 위해 녹지·풍치·공원지구를 결정하였다는 점이다. 일반적으로 녹지·공원지구를 확보하는 것은 아름다운 도시를 만들고 유사시 공공장소로 사용하기 위한 것이었지만, 식민지 조선에서는 방공도시로 기능을 확보하기 위해 만들었다는 점이 차이점이다.

1944년 1월 8일, 조선총독 고이소 구니아키(小磯国昭)[103)]는 조선총독부 고시 제14호로 부산 시가지계획 공원 및 녹지지구, 풍치지구를 결정하였다. 부산 시가지계획의 녹지지구 면적은 3857만㎡, 풍치지구 면적은 약 4,530만㎡이었다. 부산 시가지계획 공원은 부산부내 32개소가 설정되었고, 동대신정(東大新町)·서대신정(西大新町)·영선정(瀛仙町)·범일정(凡一町)·부전리(釜田里) 등이 새롭게 시가지 계획 구역 내 공원지구로 설정되었다. 총 면적은 1,986,000㎡이다.[104)]

그런데 방공이라는 측면에서 특히 주목되는 것은 비행기 폭격에 대비한 고려이다. 이것은 전쟁에서 중요한 전투방식이 전투기로 변화되었기 때문에 추진된 것이었다. 당시의 결정이유서에 '특히 방공상 시내에 다수의 공지(空地)를 설치하고, 건축물의 소개(疏開)를 계획하는 것이 가장 긴요하기 때문에 녹지지역·풍치지구·공원 등 종합적인 녹지계획을 수립하여 소유하는 공지를 보존하는 것이 중요하다'고 설명되어 있다.[105)] 상세한 것

102) 朝鮮総督府, 『官報』; 『植民地都市釜山』, 2007, 「년표」 참조.

103) 고이소 구니아키(小磯国昭, 1880.3.22~1950.11.3)는 1935~1938년 조선군 사령관 역임. 1942.5.29~1944.7.21 제9대 조선총독. 1944.7.22~1945.4.7 일본의 제41대 내각 총리대신. 별명은 '조선의 호랑이'.

104) 「釜山市街地計画緑地地域風致地区公園指定(案)」議案 第4号, 『釜山都市計画決定』, 233쪽; 朝鮮総督府 告示 第14号, 1944.1.8.

105) 『釜山都市計画決定』, 236쪽. 부산지역은 1945년 4월 이후 대규모 도시 소개(疎開)와 소개공지(空地)지구가 발표되었다. 소개지역은 동대신정·범일정·연지동·양정·감만동 등이다.

은 다음과 같다.

[표 4-6] 부산부 시가지계획 공지(空地) 지구(1944년 현재)

| 번호 | 명칭(가칭) | 위치 | 면적 | 번호 | 명칭(가칭) | 위치 | 면적 |
|---|---|---|---|---|---|---|---|
| 1 | 大新公園 | 東大新町3丁目<br>西大新町3丁目 | 500,000㎡ | 18 | 大新第2公園 | 東大新町<br>1丁目 | 1,100㎡ |
| 2 | 松島公園 | 岩南里 | 130,000㎡ | 19 | 大新第3公園 | 西大新町<br>2丁目 | 4,500㎡ |
| 3 | 蓮池公園 | 蓮池里,<br>草邑里 | 160,000㎡ | 20 | 薩摩嶺公園 | 瀛仙町 | 5,500㎡ |
| 4 | 楊亭公園 | 田浦里,<br>楊亭里 | 300,000㎡ | 21 | 牧ノ島第2公園 | 瀛仙町 | 8,000㎡ |
| 5 | 門峴公園 | 門峴里 | 190,000㎡ | 22 | 牧ノ島第3公園 | 瀛仙町 | 2,400㎡ |
| 6 | 大淵公園 | 大淵里 | 160,000㎡ | 23 | 牧ノ島第4公園 | 瀛仙町 | 3,800㎡ |
| 7 | 大正公園 | 草場1丁目 | 20,000㎡ | 24 | 牧ノ島第5公園 | 瀛仙町 | 3,400㎡ |
| 8 | 瀛仙公園 | 瀛仙町 | 50,000㎡ | 25 | 竜頭公園 | 本町2,<br>3丁目 | 10,000㎡ |
| 9 | 古館公園 | 水晶町 | 35,000㎡ | 26 | 香椎公園 | 本町5丁目 | 13,200㎡ |
| 10 | 釜田公園 | 田浦里,<br>釜田里 | 38,160㎡ | 27 | 瀛州公園 | 瀛州町,<br>榮町3丁目 | 6,300㎡ |
| 11 | 子城臺公園 | 凡一町 | 30,000㎡ | 28 | 榮町公園 | 榮町 3丁目 | 3,100㎡ |
| 12 | 堂谷公園 | 大淵里 | 100,000㎡ | 29 | 凡一公園 | 釜田里,<br>凡一町 | 4,920㎡ |
| 13 | 寶水道路公園 | 大正公園,<br>中島町,<br>東大新町1丁目 | 43,000㎡ | 30 | 田浦公園 | 田浦里 | 6,070㎡ |
| 14 | 松島道路公園 | 緑町2丁目-<br>松島公園 | 70,000㎡ | 31 | 凡田公園 | 釜田里,<br>凡田里 | 2,670㎡ |
| 15 | 牧ノ島道路公園 | 瀛仙町 | 30,000㎡ | 32 | 田浦第2公園 | 田浦里 | 7,680㎡ |
| 16 | 九德道路公園 | 西大新町 3丁目<br>大新公園 | 45,000㎡ | 계 | | | 1,986,000㎡ |
| 17 | 寶水公園 | 寶水町 2丁目 | 2,200㎡ | | | | |

출전: 朝鮮總督府, 「釜山市街地計画公園並びに緑地地区, 風致地区の決定」, 『朝鮮総督府官報 4945号』, 1944.1. 8.

부산에서 소개 공지 지정의 특징은 철도 및 전차가 연결되는 지점을 중점 지정한 것을 근거로 물자 운반 문제와 깊은 관련이 있다고 지적되었다. 부산의 소개에 대한 자세한 것은 김인호, 「1945년 부산지역의 도시소개연구」, 『한국민족운동사연구』 41호, 한국민족운동 사학회, 2004 참조.

이와 같이 부산부에서는 녹지 · 공원지구 1,989,000㎡가 정해졌다. 시가지계획 녹지 지역은 전투시 대도시가 공격목표로 될 때 등 유사시에는 피난장소로 사용하기 위한 것이었다. 또한 건축물을 소개(疏開)할 계획을 세워 적군이 직격탄의 명중률을 낮추도록 고려되었다.[106] 또한 건축물 방공대책을 총괄적으로 담당하기 위한 제도적인 방침이 세워졌고, 시가지계획은 비밀리에 전개되어 시가지계획 도면 및 설명서는 모두 회수되었다. 전쟁이 더욱 격화되면 될수록, 시가지계획도 점차 방비대책을 강화하는 방향으로 추진하였다. 일본 본토에서도 전시체제기에는 녹지공간은 방공(防空)을 위한 공지(空地)로 위치 지어졌다.[107] 하지만 미국과 연합군의 전투능력과 전비능력을 고려한다면, 역부족일 수밖에 없는 한심한 정책에 불과한 것이었다. 히로시마, 나가사키의 핵폭탄과 도쿄 도시공습에서 보여준 미국 전투기에서 쏟아 부은 폭탄이 그것을 증명해주는 것이다.

여하튼 부산에서는 일본이 패망하기 직전까지 계속해서 시가지계획 사업이 추진되었다. 관보 고시 내용 가운데, 가장 마지막으로 제출된 것은 1945년 3월 26일자 총독부 고시 제43호이다. 부산 시가지계획 사업 범일정 · 부전리 각 지구 토지구획정리 사업 실시계획 변경 · 연기에 대한 내용이다.[108]

이상에서 살펴본 바와 같이 전시체제기 부산지역 시가지계획은 몇 차례에 걸친 변경과정을 거쳐 계속 진행되었고, 특히 아시아태평양전쟁 이후 시가지계획령이 개정되어 방공과 보안을 강화하게 되었다. 전시체제기 심

106) 『釜山都市計画決定』, 236쪽.

107) 도쿄에서는 1933년 이래 레크리에이션 장소, 시가지화 억제를 위해 녹지를 설치했는데, 방공법(防空法)에 의해 녹지는 방공을 위한 공지(空地)로 정해졌다. 도쿄 시내 591개소의 작은 공원도 생활환경의 일부가 아니라 고사포 진지의 배치계획으로 변화되었다(石田頼房, 『日本近代都市計画の百年』, 自治体研究所, 1987).

108) 조선총독부, 『관보』 각 년도판 참조.

각한 재정문제로 몇 번이나 계획을 변경하게 되었다.[109] 하지만 부산은 군사요새지대로 규정되어 더욱 적극적으로 추진되었다. 부산의 도시 범위는 1942년에 더욱 확대되어 조선시대 이래 주요 도읍이었던 동래지역을 거의 포괄하였다. 이로써 전통적으로 상업도시이었던 동래는 신흥 부산부에 완전히 편입되었다. 일제가 패망하기 직전, 부산부는 인근 김해 · 양산을 포괄하는 새로운 대규모 군수공업도시로 재편성하려는 구상을 세웠지만, 이 구상은 일제의 패전으로 더 이상 진척되지 못하였다.[110]

#### 부산부 시가지계획의 재원조달

도시계획사업의 재원은 종류별로 국비, 지방비 보조, 일반 부세(府稅), 기채, 특별부담 등에 의한 것이다. 이것은 국가, 공공단체, 주민과 3자의 역학관계에 따라 고려된다. 법령에 따른 일반적인 재원으로는 ① 관 · 국유지 불하 ② 도시계획법의 특별세 ③ 토지증가세 ④ 특별부담금 ⑤ 공용징수에 의한 수익 ⑥ 공정력(公定力)에 의한 사업 진보 등이 있다. 부산부는 이러한 방법으로 법령에 기반하여 주민들에게 징수하고 또 시행하였다.[111]

일본 도시계획법에는 도시계획 사업 수행을 위한 특별세(목적세) 규정이 있었으며 그 세율도 토지세(地租) 100분의 9 이내, 영업 수익세 100분의 22 이내 등으로 명확히 규정해 두었으므로 재원 확보 방법이 비교적 용이하였다. 시가지계획령에는 이에 관한 규정이 전혀 없었다. 당시 시바(榛葉)

109) 당시 조선총독부 고시를 살펴보면, 준공기한을 연장하는 고시가 몇 번에 걸쳐 전개되었다.

110) 金義煥, 『釜山近代都市形成史研究』, 研文出版社, 1973, 107쪽. 1945년 이후 부산의 도시계획은 일본인 귀속재산과 해방 후 일본으로부터 돌아온 조선인들로 혼란함의 극치를 이루었다. 더구나 1950년 한국전쟁에서 부산으로 많은 피난민이 몰려들어 부산 인구가 급격하게 늘어나게 되었다. 이에 따라 부산의 도시계획은 더욱 난맥상을 보이게 되었다(朴元杓, 『鄕土釜山 釜山의 古今(하)』, 太和出版社, 1967, 253~256쪽).

111) 京城府, 『京城都市計劃調査書』, 453쪽.

과장은 이것에 대해 지방세에 관한 일반 지방제도상 과세권에 의하여 특별세를 부과 · 징수케 할 방침이었다고 설명하였다.[112]

따라서 식민지 조선에서는 시가지계획을 위한 재원을 확보하기가 용이하지 않았으며, 거의 수익자 부담원칙으로 시행한 것이 특징이다. 시가지계획사업 집행에 필요한 비용은 행정관청이 이를 집행할 경우에는 총독부 당국에서, 공공단체를 통할하는 행정관청이 이를 집행할 경우에는 그 공공단체, 행정청이 아닌 자가 이를 집행할 경우는 당사자가 부담하였다.[113]

그렇다면 시가지계획 재원은 어떻게 마련한 것일까. 가장 중요한 재원은 수익자부담원칙으로 개발부담금을 토지소유자에게 전가한 일종의 특별세이다. 수익자 부담 제도는 사업으로 인한 희생자와 특별 불로소득자와의 평형을 유지하는 것으로서[114] 자본주의 초기의 재원 조달 방식이다.

부산부도 1938년도에 제시한 토지구획정리계획을 보면 개발부담금이 가장 큰 재원이라는 것을 알 수 있다.[115] 이 시기 거의 모든 작업은 수익자 부담원칙으로 진행되었기 때문에, 몇몇 대재력가를 제외하고는 누구나 개발부담금에 대한 어려움을 겪었다.

개발부담금 때문에 토지소유자들은 토지구획정리를 신청하지 못하였고, 그 사정은 1938년 10월 27일에 토목과 도시계에서 올린 기안문을 통해 잘 알 수 있다. 즉 도시계에서는 '부산시가지계획사업 토지구획정리 시행명령의 건'(土第485号)을 총독에게 상신하였다.[116] 내용은 동년 7월 31일까지

112) 榛葉, 「朝鮮に於ける都市計劃の特異性」, 『都市問題』, 22쪽.

113) 朝鮮市街地計劃令, 昭和9年 6월 20일 制令 제18호, 제1조 총칙에 규정.

114) 牛島省三, 앞의 글, 1934.

115) 「釜山市街地計劃事業土地區劃整理施行命令ノ件」, 『釜山都市計劃決定』 144쪽.

116) 도시계에서 올린 「부산시가지계획사업 토지구획정리 시행명령의 건」(土제485)은 도시계에서 기안을 하고, 행정계 협조를 받아 재무국장, 경무국장, 내무국장, 정무총감 검토를 거쳐 최종적으로 총독 미나미에게 결재를 받았다.

토지구획정리 신청기한이지만 아무도 신청을 하지 않았다. 이에 총독부는 주택지와 공장부지 조성이 당면 중요사안이기 때문에 시가지계획령 제44조 제2항 규정에 따라 영선정, 범일정, 부전리 지구 토지구획정리 시행을 행정청인 부산부윤에게 명령하였다. 표면적으로는 일본 본토처럼 민간업자가 신청할 수 있는 기회를 제공했다는 것이지만 형식적인 것에 불과하였다. 식민지에 거금을 들여 토지구획을 시행할 업자가 없었던 것이다.

부산부에서는 [표 4-7]과 같은 토지구획정리지구의 면적 총 3,833,101㎡를 정리하기 위하여 부담금이 차지하는 비중이 가장 크고, 환지청산 징수금, 잡수입 약간으로 재원을 조달하였다.

[표 4-7] 부산부 토지구획정리 지구 및 면적

| 지구명 | 지구내 町洞里名 | 면 적(㎡) |
|---|---|---|
| 영선정 | 영선정의 일부 | 419,640㎡ |
| 범일정 | 범일정, 문현리, 부전리, 전포리의 각 일부 | 1,473,513㎡ |
| 부전리 | 부전리, 전포리, 범전리, 양정리의 각 일부 | 1,939,948㎡ |
| 합 계 | | 3,833,101㎡ |

[표 4-8] 부산부 시가지계획 제1토지구획정리계획 재원조서(단위 : 円)

| 비목 / 연도 | 부담금 | 잡수입 | 환지청산징수금 | 계 |
|---|---|---|---|---|
| 총계 | 1,063,850 | 100 | 70,000 | 1,133,950 |
| 1938년 | 308,500 | 25 | | 308,525 |
| 1939년 | 308,500 | 25 | | 308,525 |
| 1940년 | 223,425 | 25 | | 223,45 |
| 1941년 | 223,425 | 25 | 70,000 | 293,450 |

출전 : 釜山府, 『釜山都市計劃決定』, 1936, 148쪽.

[표 4-6]과 같이 1938년도부터 1941년까지 총 개발비용 1,133,950원 중 부

담금이 1,063,850원이었고, 환지청산 징수금이 7만 원이었다. 그것을 지구별로 살펴보면, 범일정 419,750원, 부전리 571,200원, 영선정 143,000원이었다. 이 가운데서도 부전리 지구가 가장 많은 571,200원이고, 범일정 · 영선정 순으로 재원이 확보되었다. 부전리 지구는 범일정지구와 함께 부산진 공업지구 형성을 위해 필요한 공사였기 때문에 예산이 많이 투입되었다고 보여진다.

그렇다면 부산부는 이러한 재원을 가지고 어떻게 지출계획을 세웠는가. 부산부시가지계획 제1 토지구획 정리계획 총괄서를 보면 다음과 같다.[117]

[표 4-9] 부산부 시가지계획 제1토지구획정리계획 지출서

<table>
<tr><th colspan="3">내 역</th><th rowspan="2">금액</th><th rowspan="2">적요</th></tr>
<tr><th>과</th><th>항</th><th>목</th></tr>
<tr><td>부산부시가지계획토지구획정리계획비</td><td></td><td></td><td>1,133,950</td><td></td></tr>
<tr><td></td><td>공사비</td><td></td><td>830,000</td><td></td></tr>
<tr><td></td><td></td><td>도로공사비</td><td>395,000</td><td></td></tr>
<tr><td></td><td></td><td>교량, 하천 개수비</td><td>135,000</td><td></td></tr>
<tr><td></td><td></td><td>배수공사비</td><td>45,000</td><td></td></tr>
<tr><td></td><td></td><td>이전보상비</td><td>205,000</td><td></td></tr>
<tr><td></td><td></td><td>잡공사비</td><td>50,000</td><td></td></tr>
<tr><td></td><td>사무비</td><td></td><td>138,000</td><td></td></tr>
<tr><td></td><td>일시차입금</td><td></td><td rowspan="2">25,950</td><td></td></tr>
<tr><td></td><td>이자</td><td></td><td></td></tr>
<tr><td></td><td>환지청산</td><td></td><td rowspan="2">70,000</td><td></td></tr>
<tr><td></td><td>교부비</td><td></td><td></td></tr>
<tr><td></td><td>예비비</td><td></td><td>70,000</td><td></td></tr>
</table>

출전: 釜山府, 『釜山都市計劃決定』, 1936, 146쪽.

117) 『釜山都市計劃決定』, 1936, 146쪽.

위에서 볼 때, 부산부 시가지계획 토지구획정리 계획비로는 공사비가 830,000원으로 가장 많이 책정되어있다. 그 가운데 도로공사비, 이전보상비가 가장 많고, 교량 · 하천개수비, 배수공사비, 잡공사비 등이 세목으로 배정되었다. 기타는 사무비용이나 환지청산비 등으로 사용하였다.[118]

개발부담금에 대한 불만은 부산부 토지구획정리를 결정할 당시, 범일정 · 부전리 · 영선정 등에 사는 부민들에 의해 표출되었다. 범일정지구에서는 전체 102명이 서명하였고, 그 가운데 일본인 90명, 조선인 12명이었다. 진정위원은 하라다 다이조(原田泰藏), 무네오카 한자에몽(棟岡半左エ門), 히가시마쓰(東松一), 다케우치 이치가(竹內一加), 이형우(李馨雨), 박문학(朴文擧), 아시다쓰 슈지로(足達周次郎) 등이다. 부전리에는 전체 214명 중 일본인 97명 조선인 117명이고, 영선정에는 전체 87명 가운데 일본인 58명, 조선인 29명으로서, 부전리는 조선인들이 다수였고, 영선정과 범일정은 일본인들이 다수 진정하였다.[119]

시가지계획이 개발부담금으로 거의 충당되는 현실에서 식민지에 정착하여 살게 된 일본인들에게도 큰 부담으로 작용하게 되었던 것이다. 영국이나 기타 제국의 경우 직접 식민지로 이주하여 생활하는 비율이 상대적으로 적은 반면 일본제국은 한국이 가깝기도 하고 그들의 적극적인 이주정책으로 인해 식민지에 다수의 사람들이 이주 · 정착하면서 이러한 개발 모순 속에 노출되게 되었던 것이다.

여기서 주목되는 것은 총독부가 수익자부담원칙을 세워놓고, 시가지계획과정에서 쓰이는 각종 토목공사나 도로 개설, 개수작업, 비행장 건설을 위한 정지작업 등에 쓰이는 노동력은 국가총동원법에 입각한 물자총동원

---

118) 부산부의 예산집행에 약간의 차이는 있을지라도, 대체로 이 항목을 기준으로 사용해야 하기 때문에 큰 차이는 없을 것이다.

119) 釜山府, 「釜山府 土地区画整理=関スル件」, 『釜山都市計画決定』, 1936~1942.

령을 활용하였다는 점이다. 총독부는 조선인 청년들을 학도병으로 강제징집하였는데 거의 군사 도로나 참호 등을 만드는데 동원되었다. 이외에도 노무자들과 근로학생들도 강제로 동원하였다. 총독부는 전시체제하 시가지계획령을 발효하여 신시가지와 군사요새지대를 건설하기 위해 추산 200만 명이 넘는 인원을 노무자로 동원하였다.[120]

### 부산지역의 도시문제

19세기 후반 이래 가장 현저한 사회 현상의 하나는 도시의 인구집중이다. 이 집중에 따르는 도시의 비약적 발전은 필연적으로 무질서, 비위생 등으로 인해서 이른바 도시문제가 일어나게 되는 것이다.[121]

그런데 이러한 일반적인 도시문제에 더하여 제국의 식민지라는 조건에서는 어떠한 문제가 중첩되어 발생하였을까. 대체로 독점적 개발이익의 민족적 편중으로 인한 토지와 가옥의 민족적, 계급적 편중문제, 피식민자 밀집지구 재개발로 인한 차별문제 등을 들 수 있다. 무엇보다도 큰 문제는 도시가 군사요새지대로 재편되어 전쟁상태가 계속되기 때문에 주민의 생명과 재산을 보호하기 어렵다는 점이다.

첫째, 도시 인구 집중 문제의 식민지적 특징에 대하여 살펴보자. 1872년 메이지정부가 접수하여 쓰시마 종가를 귀환시킨 후 100명도 되지 않았던 부산항 인구는 1934년 현재 약 17만여 명으로 증가하였다. 이 인구 집중으로 인하여 일본의 중류 도시와 비견될 정도로 도시 인구가 늘어났다.[122]

---

120) 국내의 노동력 동원에 대해서는 허수열, 「朝鮮人 勞動力의 强制動員의 實態, 朝鮮內에서의 强制動員政策의 展開를 중심으로」, 『일제의 한국식민통치』, 정음사, 1985 참조. 일본 등 해외로의 노동력 동원에 대해서는 다음을 참조. 外村大, 『朝鮮人强制連行』, 岩波新書, 2012.

121) 『東亞日報』 1934년 6월 22일.

122) 조사된 인구수만 하더라도 1934년 현재 일본인 53,338명, 조선인 24,505명, 외국인 63명으로 모두 163,814명이었다(釜山名士錄刊行會, 『釜山名士錄』, 1935, 3쪽).

이에 따라 거류지는 인구 포화상태에 이르렀다. 그리고 총독부의 부산부 거점도시 육성정책에 따라 종래의 거점도시 동래의 외곽을 점차 편입시켜 갔기 때문에 매년 1년에 7천 명 이상 증가하고 있었다. 부산부에서는 20년 경과 후에 30만 명으로 추산하여, 시가지계획을 통해 부도심을 개발하는 방책을 강구하였다.

둘째, 시가지계획의 부도심 개발과 관련하여 토지 가치가 상승함으로써 초기에 정주하여 토지를 확보하고 있던 재조일본인들에게 독점적으로 이익이 돌아가는 시스템의 문제이다. 부산부에서는 이미 시행중인 부산진 매축 32만 평과 남항 매축 15만 평 등 토지를 계속 확보하고 있었다. 이후 북부와 서면, 남부방면, 송도 방면으로 확장하고자 하였다.[123] 바다를 매축할 수 있는 자본가는 이케다 스케노리(池田佐忠)를 중심으로 한 일본인이었다.[124] 매축지와 부산진 부도심 개발은 좌천동, 좌일동, 범일정에 토지를 소유하고 있던 지주들에게 불로소득을 안겨주는 계기가 되었다.

결국 부산진 부도심 개발 계획은 초기 정주 재조 일본인들이 소유하고 있던 토지의 가치를 높여갔고, 결국 그들에게 독점적으로 이익이 돌아가도록 하는 시스템이었다. 당시 부산에서 동래까지 하자마의 땅을 거치지 않으면 안된다고 할 정도로 토지가 일부 대자본가에게 집중되어 있는 것을 볼 때도 잘 알 수 있다.[125] 이로 인해 조선인뿐만 아니라 부산에 살고있던 일본인의 80%가 임대로 살고있던 사람들이었기 때문에 토지와 가옥이 소수 일본인에게 집중되어 있었던 것은 사회적으로도 큰 문제이었다.

셋째, 식민지 도시에서 나타나는 중층적 문제로서, 식민지 피지배자 조

---

123) 釜山名士錄刊行會, 『釜山名士錄』, 1935, 3쪽.

124) 남항매축에 대해서는 배석만, 부산대학교 한국민족문화연구소 편, 『일제시기 부산항 매축과 池田佐忠』, 선인, 2012 참조.

125) 『東亞日報』 1934년 3월 31일 ; 4월 1일.

선인 밀집지구 미개발로 인한 차별문제의 심각성을 들 수 있다.

1933년 현재 부산의 조선인 인구밀도가 높은 지역은 대신정·영주정·영선정·곡정·남부민정·초량정·수정정·범일정 등이었다.[126] 영선정과 범일정의 시가지계획은 가장 중요한 부분이었다. 시가지계획에 조선인들이 밀집되어 살고있던 영선정과 범일정이 포함되어 있어 일견 조선인 지구가 개발되고 있다고 보인다. 하지만 그 내막을 살펴보면 정작 조선인이 많이 살고있는 산간 고지대가 개발되지 않아 피식민자에 대해 심하게 차별하였다는 것을 알 수 있다.

부산부의 시가지 계획들이 일본인 주도로 전개되었기 때문에 조선인들은 상대적으로 도외시되었다. 이 문제는 부산부회의 조선인 의원들에 의해 정식으로 문제 제기되었다. 사건의 전말은 다음과 같다. 1934년 3월 27일 부산부회 예산회의가 열렸는데 오시마(大島) 부윤이 시정방침을 연설한 후 예산을 심리하고자 하였다. 이때 조선인의원 9명이 간이도로 변경문제 등 조선인문제를 도외시한다고 총사직을 하였다.[127] 조선인 의원들이 주장한 내용을 당시 신문보도를 통해 살펴보면 다음과 같다.

> 첫째, 부산부내 소위 빈민지대인 영주정 산리·대신정·초장정·곡정·수정정·초량정 등지에 도로 시설이 없어 일반 노동자에게 통행에 큰 고통을 주고 있다. 따라서 부민 위생상 큰 위험을 초래할 수 있을 뿐만 아니라 빈민지대에 대한 차별행정이라 하여 각 의원이 이구동성으로 부 당국이 금후 방책을 집중 질문하여 도로 개선을 촉진하고
>
> 둘째, 빈민지대에서 오물을 소제하지 않아 여름이 되면 전염병이 많이 발생하여 희생자가 속출하니 부산부 당국이 일반 부민의 생명을 보장하기 위해 설치한 모든 설비가 무용하게 된다. 따라서 산간지대에 빈민이 집중되어 있

126) 부산직할시편찬위원회, 『부산시사』 1권, 1989, 929~931쪽.
127) 『東亞日報』 1934년 3월 29일.

> 는 지대에 하수구를 개선하고 오물을 소제함과 동시에 분뇨를 평등하게 소제하라고 하여 장내가 긴장되었다. 부 당국에서는 오물은 7할밖에 하지 못한다 하였다. 그것은 산 위에 있는 관계로 제거할 수 없을 뿐만 아니라 그것을 제거하려면 거액의 경비가 소요되니 지금 상태로는 어쩔 수 없다는 애매한 답변을 들었다.
>
> 셋째, 부민 특히 조선인과 관계가 있는 공동세탁장 설비는 2개소 밖에 없다. 따라서 그 설비가 불충분하니 설비를 제대로 하고 동시에 다시 2·3개소를 증설하여 부민의 편리를 도모하라고 하였다.[128]

위에서 보면 조선인 의원들이 제기한 문제점은 대략 빈민지대 도로문제, 오물처리문제, 공동세탁장 설치문제 등이었다. 부의 중심가와 달리 산리의 빈민지대에 밀집해 있던 조선인들의 생활조건이 너무나 형편없었기 때문에 산리 아래에 살고 있던 일반 부민의 위생문제까지도 직접적인 관련이 있기 때문에 그것을 해결하고자 문제제기를 하였던 것이다.

그러나 조선인 의원들이 총사직을 한 가운데 3월 31일에는 일본인들만으로 부회 예산회의를 개최하여 예산을 일사천리로 통과시켰다.[129] 이후 오시마 부윤은 조선인 의원들에게 무조건 사표를 철회할 것을 권고하였으나[130] 조선인 의원들의 존재를 무시한다고 하여 보궐선거에도 입후보 하지 않기로 결정하였다.[131]

그러나 부윤의 회유책은 계속되었다. 1934년 4월 10일에 부윤이 조선인 의원들을 관사에 초청하여, 앞으로 성의를 다해 노력하겠으니 무조건 사표를 철회하도록 권고하였다. 다음날 11일 오후 4시 부청 회의실에서 부윤

---

128) 『東亞日報』 1934년 3월 29일.
129) 『東亞日報』 1934년 4월 2일.
130) 『東亞日報』 1934년 4월 4일.
131) 『東亞日報』 1934년 4월 9일.

내무과장 사카다(坂田), 니시조(西條) 양 의원과 사직한 의원 중 김영재(金永在), 김장태(金璋泰) 두 명을 제외하고 전부 출석하여 정식으로 사표를 철회한다고 선언하였다.[132)]

이 사건 이후 이 조선인 의원들에 대해 조선인들은 "무조건 철회할 것을 처음부터 왜 경거망동하였는가"에 대해 규탄하였다. 일반 조선인들까지도 조선인 문제를 전혀 해결하지도 못하고 오히려 조선인을 더욱 무시할 수 있도록 한 현재 의원들을 탓하여 동맹하여 투표하지 말자고 까지 하였다.[133)] 이 사건은 조선인 의원들의 무조건 사표철회로 인해 결말이 흐지부지되었지만, 빈민지대의 조선인 문제의 심각성에 대해 부각시켰으며, 향후 시가지계획에서도 관심을 갖지 않을 수 없게 되었다.

넷째, 시가지계획으로 당시 도심 외곽에 토막집을 짓고 살던 조선인 가옥 강제 철거나 집단 이주 문제는 충분한 보상과 계획성이 없는 상황에서 추진되어 심각한 생존권 투쟁을 유발하는 도시문제를 노정하였다.[134)]

시가지계획이 부도심을 만들기 위해 추진됨으로써 거기에 살던 많은 '불량주택지구' 조선인들은 주거지를 옮겨야 했다. 실례로 1938년부터 시작된 범일정 · 부전리 · 영선정 토지구획정리관계로 이전해야 할 주거자가 천여 호나 발생했을 때, 상당수 빈민들은 주거지 이전문제로 어려움에 직면하였다.[135)] 이러한 여러 가지 사정에 따라 다른 지역에 비해 뒤늦게 부산부

132) 『東亞日報』 1934년 4월 13일.

133) 『東亞日報』 1934년 4월 16일.

134) 최근 용산 재개발지구 강제 철거 문제로 많은 사람이 죽고, 지금도 이 지구 주민들은 생존권 투쟁을 계속하고 있다. 이 강제철거의 기원은 일제시기 도시계획 과정으로 거슬러 올라간다.

135) 『東亞日報』 1939년 3월 31일. 당시 범일정 · 부전리 · 영선정에 시가지계획을 시행할 예정이었다. 이 지역에서 이전해야 할 민가는 범일정 142호, 부전리 546호, 영선정 427호이었다. 민가 이전문제는 당시 중대 문제로 인식되었으며, 부산부에는 주택난이 극심하였기 때문에 이 지역 내 빈민은 더욱 고통을 받게 되었다(『東亞日報』 1939년 3월 31일).

에서는 주택지 경영지구를 설정하였고[136] 임대주택사업 등을 전개하였지만, 전자가 철거민의 문제를 발생시켰고, 후자의 주택건설사업도 늘어난 인구에는 턱없이 부족한 실정이었다.

다섯째, 식민도시가 전시체제의 변동에 따라 군사요새지대로 재편되어, 도시 주민의 생명과 재산의 보호가 어려워지게 되는 안전보장 문제를 들 수 있다. 이러한 측면에서 식민도시 문제는 일제와의 관계만이 아니라 세계제국주의 전쟁과 연관되어 있는 중요한 문제라는 것을 인식해야 할 것이다. 이 점은 부산요새지대와 식민도시로 연결되어 있는 식민도시의 매우 중요한 특징의 하나이기 때문에 다음절에서 상술하고자 한다.

### 부산요새지대 강화와 안전보장문제

아시아태평양전쟁으로 확대됨에 따라 부산에 사는 주민들의 안전보장 문제는 위험한 상태로 빠져들었다. 부산일대에 군사요새지대로서 군수물자기지를 적극적으로 개발하고, 일본 본토를 지키기 위해 군대가 이전하게 됨에 따라 연합군의 공격대상이 되었던 것이다.

이미 부산요새는 1904년 러일전쟁기에 마산요새와 함께 진해만요새의 주요한 구성이 된다. 아시아태평양전쟁으로 확전이 되면서 진해요항보다 부산요새지대는 더욱 전략적으로 중요한 군사요새지대가 되었다.

일본 제국의 국방국토계획이 실시되기 직전인 1940년 4월 2일에 이미 「요새지대법」이 개정되어 요새 범위가 확대되었다.[137] 1940년 7월 10일에는 육군평시편제가 전면 개정되어, 진해만요새에는 방공편재가 시달되었다.[138]

---

136) 부산부에서는 1943년 1월 9일에 부산 시가지계획 일단의 주택지경영지구를 추가하였으며, 1944년 1월 8일에는 공원에 녹지 지역, 풍치지구를 결정하였다(朝鮮總督府, 『官報』 10號, 1943 ; 14號 1944).

137) 編輯委員會, 『朝鮮所在重砲兵聯隊史』, 1999, 35쪽 참조.

이 전면 개정에 따라 방위사령부가 폐지되었고, 동부 · 중부 · 서부 각 사령부로 개편되었다. 조선군도 본령에 따라 행동하게 되었고, 일본 본토 방위를 위해 방공을 가장 중시하게 되었다.[139]

전쟁 확대에 따라 일본 본토의 방위가 무엇보다도 중요하게 되었다. 또한 만주 중국 대륙과 일본을 잇는 부산요새의 중요성 또한 더욱 증대되었다. 부산 요새의 목적은 '쓰시마요새와 함께 쓰시마 해협의 적 함선 방해, 일본 항해 함선 원호단을 형성하는 것이었다. 더욱이 적으로부터 해상 및 상공으로부터 부산항 또는 진해요새를 옹호하는 것'이었다.[140] 이에 따라 부산 연안의 방비가 점차 강화되어 갔다.

1941년 6월 독일과 소련전이 시작됨에 따라, 진해만요새와 나진요새에는 고사포(高射砲) 부대 요원이 임시 소집되었고, 요새 및 근교 도시, 군사시설의 방공 임무가 주어졌다.[141] 같은 해 7월 9일에는 조선해협 요새계(朝鮮海峽要塞係)인 시모노세키(下関), 이키(壱岐), 쓰시마 및 진해만요새에 준전시령이 하달되었다. 다시 16일에는 지상방공부대의 편성령이 있었다. 경성지구에 경성방공대가 편성되었고, 신의주, 남양(南陽), 흥남, 부산 4지구에 독립고사포 각각 1개 중대가 편성되어서 요새방공대로 되었다.

이와 같이 부산요새지대의 전략적인 위치가 변화됨에 따라, 부산으로 각종 부대가 이전하였다. 주로 1941년도에 가장 많은 부대가 이전해 왔다. 우선 4월에 육군 부산 군수수송통제부가 설치되었고, 7월에는 진해만요새

---

138) 『朝鮮所在重砲兵聯隊史』, 34쪽 참조.

139) 太平洋戦争 개시 시기 조선군사령관 이하 주요부대는 다음과 같다. 第19師団, 第20師団, 留守第19師団, 留守第20師団, 防空第42年隊, 独立高射砲第41 · 第45中隊, 羅津要塞, 鎮海湾要塞, 永興湾要塞, 麗水要塞, 高射砲第5年隊補充隊 등이다. 鎮海湾要塞에는 鎮海湾要塞司令部, 鎮海湾要塞重砲兵連隊, 防空第41連隊, 馬山陸軍病院 등이다(『朝鮮所在重砲兵聯隊史』, 36쪽).

140) 『朝鮮所在重砲兵聯隊史』, 314쪽.

141) 『朝鮮所在重砲兵聯隊史』, 35쪽.

사령부, 마산 중포병연대가 부산으로 이전하였다(42년 7월에는 부산요새 · 부산요새 중포병연대로 명칭 변경). 또한 부산방공대 배치(7월), 육군선박 수송사령부 부산지부 설치(11월), 육군제169, 170정차장이 설치되었고, 동년 11월에는 육군사령부가 설치되었다. 1942년에는 부산 해군 재근무관부(在勤武官府), 1943년 6월에는 진해 해군 경비부 군수부 부산지부가 설치되었다.[142]

이러한 부대 이전에 따라 부산에는 많은 병참부대가 배치되었다. 평보 부산상주반(平補釜山常駐班, 독립자동차 제300중대 일부, 302중대), 부산 육군 수송 통제부(독립자동차 제299중대, 군품 본창 부산출장소, 병기 행정본부 부산출장소, 양말본창 부산출장소, 피복본창 부산출장소, 위생재료본창 부산출장소, 수의재료본창 부산출장소) 등이다.[143] 이외에도 1944년 9월 현재 부산에는 헌병사령부 본부와 분대가 있었고,[144] 부산요새에는 육군 특설 경비 부대가 배치되었다.[145]

1944년부터 연합군은 일본 본토를 공격하기 시작하였다. 이 때문에 조선군은 제주도에서 작전준비를 하였고, 부산은 조선해협 요새계인 시모노세키, 이키, 쓰시마요새와 함께 수비와 방공에서 더욱 더 중요하게 되었다. 이에 따라 군의 주력 부대가 부산을 중심으로 편성되었다. 표로 나타내면 다음 [표 4-10]과 같다.

이와 같이 일본내각과 군부가 부산요새지대를 강화한 것은 조선 자체가 대 소련전에 의해 제2선으로부터 제일선으로 변화되었기 때문이다. 더욱이 연합군이 일본 본토를 공격하기 시작하면서 제주도에서 작전을 준비하

142) 『植民地都市釜山』, 年表 참조.

143) 『南朝鮮兵站関係部隊配置要図』 1945년 현재의 지도, 1950년 8월 29일 작성(日本: 防衛省史料室 소장).

144) 『朝鮮所在重砲兵聯隊史』, 68쪽.

145) 부산요새 특설 경비부대(1945.8.15) 編纂委員会, 『朝鮮所在重砲兵聯隊史』, 1999, 68쪽.

[표 4-10] 1944년 이후 부산요새의 주요 부대 편성

| 번호 | 설치년도 | 구분 | 설치 내용 | 변경 사항 |
|---|---|---|---|---|
| 1 | 1944.1월 | 육군 | 陸軍 特設警備 第459大隊 배치 | 1944.5월第41警備大隊 배치 |
| 2 | 1944.7월 | 육군 | 陸軍 海雲臺 飛行場 改設 | (独立飛行第1中隊, 45.2 独立飛行第66中隊等배치) |
| 3 | 1945.1月 | 요새 | 釜山要塞守備隊編成 | |
| 4 | 1945.2月 | 해군 | 釜山海軍航空隊 編成(金海) | |
| 5 | 1945.2月 | 육군 | 陸軍 釜山兵站部 設置 | (第37野戰勤務隊, 陸上勤務 7個中隊 等) |
| 6 | 1945.3月 | 육군 | 陸軍 南鮮 船舶隊 編成 | (船舶輸送司令部釜山支部, 船舶工兵連隊 等) |
| 7 | 1945.3月 | 육군 | 陸軍 釜山地区 司令部 設置 | |
| 8 | 1945.4月 | 육군 | 陸軍第11野戰 船舶廠 釜山支部 設置 | |
| 9 | 1945.5月 | 해군 | 釜山海軍港湾 警備隊 編成 | |
| 10 | 1945.7月 | 육군 | 独立混成第127旅団配備 | |

출전: 坂本悠一・木村健,『近代植民地都市釜山』, 桜井書店, 2007,「년표」에서 작성.

게 되었기 때문에, 부산은 방위전으로서 역할이 증강되었고, 병참부대도 또한 군인의 생명선으로서 보다 중요시되었기 때문이다.[146]

이처럼 부산이 부산요새지대로 변화한 후, 군부대가 급속하게 이동할 수 있었던 것은 토지구획정리를 통한 정지작업이 이루어지고 군사도로가 계속 만들어졌기 때문이다. 이처럼 군사적 목적을 달성하기 위하여 긴급하게 시가지계획을 추진하였던 것을 알 수 있다.

이상과 같이, 부대가 이전하면 각각 그 지역에서 군인의 의식주 문제를 해결해야 한다. 부산에 갑자기 30여 개 부대가 이전하였을 때, 항만이나 산 밑의 토지 정지작업이 이미 추진되고 있고 계속 시행하였기 때문에 해

146) 제주도 작전에 대해서는 일명「을작전부비(乙作戰準備)」에 대한 관동군과의 관계를 참조 (『朝鮮所在重砲兵聯隊史』, 167~180쪽).

결할 수 있었다.

반면, 부산요새지대가 확대되고 군부대가 급격하게 이동함에 따라 부산에 살던 주민은 일본인이든 조선인이든 일상생활에 극심한 불편함을 강요받았다. 여관은 물론 일본인들 가옥까지 장교들의 숙영지(宿営地)로 제공하였다. 주민들은 의식주를 부담하는 것은 물론 군인들이 풍기 문란한 생활을 함으로써, 민간인들은 심각한 생활고를 겪게 되었다.[147]

이와 같이 중요한 역할을 담당하는 많은 부대가 부산요새지대로 이전해 왔기 때문에, 자연과 방공이 가장 커다란 문제로서 부상하게 되었다. 이 때문에 총독부는 부산시가지계획 녹지지구 · 풍치지구 · 공원지구를 긴급하게 개발하였다. 또한 군사요새는 전투방식의 변화, 즉 전투기 발달에 따라 한계에 달하였기 때문에, 방공부대에 방비를 의존할 수밖에 없었다. 부산지구에 방공부대가 배치된 것은 '소화16년도(1941년) 동원계획'에 기초하여, 독립 고사포 제23중대(오구라小倉)가 편성되어 부산요새 사령관의 지휘하에 들어가 부산지구의 방공을 담당한 것을 효시로 한다. 이후 방공 제41년대가 편성되었으나 일본이 패망함으로서 중지되었다.[148]

요컨대 전시체제기에 본격적으로 추진된 부산의 도시계획은 일제의 전쟁확전과 관련되어 군사적 목적으로 추진됨으로서 주민의 복리증진과는 거리가 먼 것이었다. 결국 일제는 미국과 연합국과 결전을 하기위해 도시계획을 추진하였기 때문에, 식민도시의 도시계획은 주민들의 안전보장을 확보할 수 없는 위험한 것이었다. 그것은 현실로 나타나 부산은 미국군의 표적이 되어 부산항에는 잠수함에서 미사일이 발사되었고 전투기가 계속 감시하여 몇 차례 공습사항이 발령되었다.[149]

147) 朝鮮軍臨時兵站司令部釜山支部, 「釜山府内並東莱海雲台軍隊宿営力調査表」, 1940, 71~89쪽.
148) 『朝鮮所在重砲兵聯隊史』, 107쪽.
149) 위와 같음.

[그림 4-5] 전시체제기 시가지계획으로 형성된 군사요새도시(부산 서면)

출전: 1950년 미국국립기록청소장. 김기수 교수 제공.
비고: 사진 위쪽이 대한해협과 접해있는 바다 쪽이고, 사진 아래쪽 중앙 방사선형 도로와 연결된 지구가 부산포로수용소로 사용된 곳이다. 이곳은 해방 후 미군이 접수하여 하야리아 부대를 설치하여 사용하다가, 최근 부산광역시에서 반환받아 시민공원화하였다.

## 2. 전시체제기 식민지 공업화와 공업지구 형성

### 1) 전시체제기 '조선공업화' 배경과 총독부의 공업지대 구상

조선에서 본격적으로 '공업화'가 전개된 터닝포인트는 일제가 만주사변을 일으키고 중국과의 결전을 준비하면서부터이다. 공업화를 추진시키기 위해서는 반드시 도시의 인프라 기반을 조성하여야 한다. 일제는 1934년 조선시가지계획령을 제령으로 발효하여 적극적으로 활용하는 시스템을 구축하였다. 전시체제기 조선에 공업지구는 왜 형성되었는가. 그것은 1929년 미국발 대공황을 극복하기 위해, 일본자본주의가 전시경제체제로 전환하여 공업 구조가 변동한 것과 밀접한 관련이 있다.

먼저 일본제국주의가 전시체제로 전환하게 된 배경을 살펴보면 다음과 같다. 일본제국주의는 조선·대만·만주·중국 등 동북아시아 지역을 원료·식량 자원 공급지, 면제품 등의 수출시장, 자본수출시장으로 활용하고자 하였다. 즉, 위의 식민지와 점령지는 일본 자본주의 재생산 구조에서 필수불가결한 존재였다. 이 때문에 조선·대만을 식민지로 영유하고, 만주·중국을 군사적으로 침공하여 이권을 확대하여 왔던 것이다.

그런데 세계대공황 이후 미국이 금본위로 통화정책을 바꾸고 석유와 원사 등 수이입 금지조치를 취함으로써 일본은 커다란 경제위기에 봉착하였다. 일본제국주의는 엔 블럭을 형성하여 자체적으로 해결하지 않는 한 안정적 경제성장은 어렵게 되었다. 일본은 재생산 구조에서 가장 불가결한 요소인 외자를 도입할 수 없었기 때문에 달러·파운드 수입을 적극적으로 억제할 필요가 생겼다.[150] 그 때문에 이른바 '동북아시아 블럭권'을 형성하

---

150) 일본자본주의의 외자도입 중요성에 대해서는 山崎隆三, 『兩大戰間期の日本資本主義』 上卷,

여 동아시아 지역에서 엔화를 확보해야만 했다. 다른 지역으로부터 물자를 수입하기 필요한 외화를 절약하기 위해 그 대신 식민지로부터 수탈이 필요하게 된 것이다.

나아가 일제는 동북아시아뿐만 아니라, 석유 · 철강 등 중요한 자원을 값싸게 사용하기 위해 동남아시아를 침략하였다. 일제는 영 · 미 제국주의 세력을 배제시키고 군사력으로 이 지역권을 독점 지배하고자 하였다. 일본이 금융적 종속체제로부터 자립블럭체제로 바꾸려고 하는 것은 영 · 미 제국주의와 결정적으로 대립하는 것이었다. 이 때문에 영미일이 아시아의 세력권 재분할과 이해를 둘러싸고 결정적으로 대립하였기 때문에 전쟁은 예견된 것이었다.[151]

이렇듯 영 · 미 제국주의가 일본제국주의를 금융적으로 압박해오자, 일본내각과 재계 인사들은 무역구조를 변동하여 극복하고자 하였다. 그 방법으로는 식민지를 활용하고 새로운 식민지를 확보하여 일본의 공업구조를 재편하는 방법을 찾았다.

1931년 만주사변 이후 일본의 무역구조는 상호 모순적인 산업 계열을 가진 채로 구조 전환을 수행했다. 즉, 면업 · 화학 섬유 계열은 세계공황 이후 세계경제 블록화에 따라 커다란 제약을 받게 되었고, 중화학 공업 계열은 생산력 열세를 탈피하기 위하여 식민지 개발을 통해 시장을 창출하고자 하였다.[152] 1930년대에 자본 이동 패턴의 변화, 즉 식민지 투자의 급격한 확대는 이러한 무역 구조의 전환과 서로 연관되어 있다.[153]

---

大月書店, 1978, 31~41쪽 참조.

151) 식민지라 하더라도, 일본이 금융적 종속체제로부터 자립블럭체제로 이행함과 함께 그 의의는 크게 변화하고 있었던 것이다. 여기에 영 · 미 · 일 제국주의의 아시아 세력권 재분할을 둘러싼 결정적인 이해 대립은 바로 전쟁에 의해서만 해결될 수밖에 없었다(小林英夫, 「東アジア經濟圈－戰前と前後」, 『岩波講座 近代日本と植民地 1 ; 植民地帝國日本』, 岩波書店, 1992, 15~16쪽).

152) 楫西光速 編, 『纖維』 上, 現代日本産業發達史硏究會, 1964.

이에 따라 일찍부터 식민지화되었던 조선과 대만에는 일본제국주의 경제체제 모순을 극복하기 위한 수단으로서 대륙병참기지로 바뀌었고, 이른바 '조선공업화'가 추진되었다. 일본 본국과 조선 식민지 사이에는 기술적 측면에서 수직적 분업구조가 만들어졌다. 면공업과 중화학 공업 분야에서 각각 일본 본국에서는 고급기술 제품을, 조선 식민지에서는 저급기술 제품을 생산하는 구조가 만들어졌다. 이와 같은 제국과 식민지간 공업구조 변동은 신도시 및 신도심 확대의 배경이 되었다. 각 거류지에서 성장한 도시와 전통적으로 내륙의 거점도시에도 공업지구가 형성되었다.[154]

1930년대 '조선공업화' 정책의 기본은 일본 정부와 조선총독부의 적극적인 지원하에 조선에 진출한 거대 독점자본이 주축이 되어, 상대적으로 풍부한 조선의 인적 · 물적 자원을 토대로 해서 조선 산업을 재편하고자 한 것이었다.[155] 그러나 자립도를 높일 수 있는 생산제 기계 생산을 위한 기술은 거의 이전되지 않았다. 그 때문에 숙련공 대부분은 일본 본국으로부터 파견되었던 일본인 노동자가 차지하였고, 보조노동자 다수는 식민지 노동자가 담당하는 취업구조가 만들어졌던 것이다.[156] 보조노동자 기능을

---

153) 社會經濟史學會 編, 『1930年代の日本經濟』, 東京大學出版會, 1982, 104쪽.

154) 전통적으로 내륙의 거점도시는 성곽도시로서 감영이 설치되어 있던 수원, 청주, 공주, 전주, 대구, 광주, 진주, 동래 등이다. 전시체제기가 되면 총독부는 이 도시들에서 성장해온 재조일본인들과 소수 조선인 자본가 협력자들을 기반으로 하여 개발정책으로 선회한다. 여기에 대해서는 보다 심화된 연구가 필요하다. 후고를 기약한다.

155) 1930년대 일본의 대조선 식민정책이 적극적인 공업진흥책으로 전환된 배경은 첫째, 일본자본주의 위약성과 구조적 위기, 그리고 그 성격변화, 둘째, 그 해결책으로서 군사적 계기에 의한 식민지공업육성의 필요, 셋째, 조선에서 공업화의 여건성숙 등이다(濱野恭平, 『世界綿業恐慌』, 日本綿業俱樂部, 1932).

156) 노구치 시타가우가 이끄는 흥남 조선질소㈜ 콤비나트의 중추는 비료공장의 비료과와 유안과이었다. 이 두 개과 총 재적수 1,700명 중, 약 7할에 해당하는 1,175명은 일본인으로, 압도적 다수는 일본인 성년노동자이었다. 그 이외 운반, 채광, 채탄으로 된 부차적 부서에는 대다수 육체소모적이고, 기계를 도입하는 것보다 저렴한 식민지 노동력을 도입하는 것이 기업에 유리하였다(野口遵의 흥남질소비료 공장에 대해서는 姜在彦, 『朝鮮における日窒コンツエルン』, 不二出版, 1985 참조).

완수하기 위한 의무교육이 만주 · 조선 · 대만에서 실시되었다.[157]

전시경제체제 초기의 개발 중심은 주로 북부지역으로서 자본축적의 중심지대라고도 할 수 있을 것이다. 함흥, 청진, 나진 등 러시아와 중국의 국경 주변에 있는 지역의 도시들이 새롭게 만들어지거나 발전되었다. 그러나 점차 아시아태평양전쟁으로 확전이 되면서 남부지역도 군수개발체제를 만들어갔다. 경인지역은 수도 경성과 인천, 각지를 연결하는 교통의 중심지로서 면방직공업과 기계기구 공업이 발전하게 되었다. 부산지역은 이 시기 일 · 조 · 만 · 중 연결의 요충지이자 대륙침략과 남방물자 조달의 교두보 역할을 하였다.[158]

따라서 이 시기 총독부에서는 지역별로 6개의 공업지대를 형성하려고 하였다. 공업지대로서 북부 · 남부 · 서부 · 경인 · 삼척 · 호남지대가 그것이다.

당시의 경제 전문가들은 공장 집중과 각 공업지대 내 의존관계에 따라 공업지대의 양상을 나타내고 있는 지역을 대체로 6개로 나누었다.[159]

1) 북부공업지대 – 흥남, 성진, 청진으로부터 조선 만주국경에 이르는 일대
2) 경인공업지대 – 경성 및 인천과 그 중간지대
3) 남부공업지대 – 부산을 중심으로 울산, 마산, 진해, 대구를 포함한 일대
4) 호남공업지대 – 군산, 목포, 전주, 광주를 포함한 일대
5) 삼척공업지대 – 강원도 삼척, 영월 및 묵호일대
6) 서부공업지대 – 신의주, 평양, 진남포 및 해주로 연결한 일대

157) 小林英夫는 식민지시기 물자동원기구에 대해서, 전후에 말단통치기구로서 나아가 외자를 도입하는 기구로서 남아 니즈(NIES)화의 숨겨진 '입역자'라고 주장하고 있다. 물자동원기구가 전시 중에 가장 강고하게 만들어진 곳은 조선 · 대만이고, 조선에는 국민총력조선연맹애국반이, 대만에는 황민봉공회(皇民奉公會) 봉공반이라는 일본의 도나리구미(隣組)와 유사한 조직이 만들어졌다. 이 기구의 성격에 대해서는 식민지공업화 성격과 관련하여 보다 구체적인 검토가 필요하다.

158) 아시아태평양전쟁기 조선지방공업학에 대해서는 김인호, 『태평양전쟁기 조선공업연구』, 신서원, 1998, 64~84쪽 참조.

159) 川合彰武, 『朝鮮工業の現段階』, 東洋經濟新報社京城支局, 1943, 85~86쪽.

[그림 4-6] 조선총독부의 전국 거점도시와 공업지대 구상도

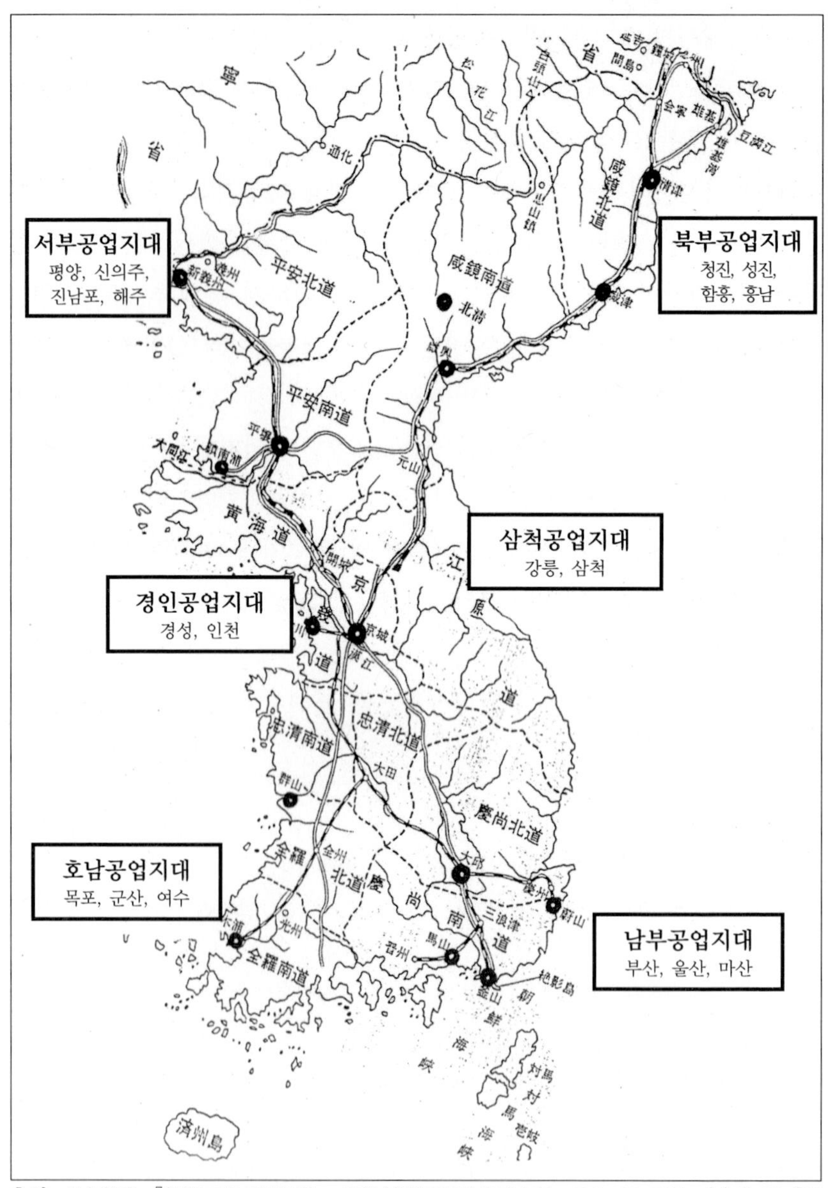


출전: 川合彰武, 『朝鮮工業の現段階』, 東洋經濟新報社京城支局, 1943, 85~86쪽 내용을 토대로 작성.

당시 사료에 의하면 '위의 각 공업지대는 자연적 발달의 결과로서 각종 공업이 서로 섞여 있으므로 거의 유기적 연계가 결여되어 있다'고 한다.

북부공업지대의 중심지는 흥남 · 성진 · 청진으로서 조선과 만주 국경에 이르는 일대이며, 주로 전력업, 질소비료 등 화학공업의 중심지대였다. 북부 지역은 대규모 독점자본이 진출하여 전력업, 화학공업 등에 집중되어 있었다. 총독부와 독점자본가들은 대규모 수풍댐을 만들어 조선과 만주지역 일대에 전력을 공급하려고 하였으며, 노구치는 조선질소비료를 중심으로 경화유를 만들어 공업화를 추진하고자 하였다. 경인공업지대의 중심지는 경성부와 인천부이다. 이 일대를 경인공업지대로 개발하고자 하였으며, 주요 업종은 면방직공업과 소비재공업들이었다. 경성방직과 조선피혁, 남선가스주식회사 등이 대표적이다.[160]

한편 남부공업지대의 구조는 경공업 지대를 특성으로 한다. 이 책에서는 식민도시 부산의 형성과정을 중심으로 검토하고 있기 때문에 남부공업지대의 구조를 중심으로 살펴보고자 한다. 부산공업지구의 산업별 특징은 방적업, 도기업, 잡화공업, 조선업 등이 중심이라는 점이다. 이것은 부산항이 조선 내 제일의 항구로서 국내외 항로의 중심지로 된 것과 개항 이래 조선업(造船業)이 전시체제 수요와 함께 역사적으로 성장해 온 결과였다. 따라서 조선업과 함께 특수 중공업을 제외하면 이 지대는 경공업 중심지 특히 수출 공업지였다.

남부공업지대는 일본과 대륙을 연결하는 교통의 중심지로서, 부산을 중추로 하여 당시 마산, 진해, 울산, 대구 등과 함께 인근 경상도와 전라도를 연결하고자 하였다. 이러한 입지 조건에 의해 부산의 공업은 교통 견인형

160) 경성지역의 공업구조에 대해서는 다음을 참조. 배성준, 「일제하 경성지역 공업구조」, 서울대학교 박사학위논문, 1998 ; 同, 「1930년대 경성지역 공업의 식민지적 '이중구조'」 『역사연구』 제6호, 역사학연구소, 1998 참조.

공업, 특히 소비재 경공업이 중심이었다.[161] 주요업종은 면방직과 수출산업으로 성장한 법랑철기, 수입 가공산업으로서 고무공업과 정유공업, 선박업 등 주로 교통견인형 제조업들이었다.[162] 실제로 면방직의 대표적인 기업 조선방직이 부산공장과 대구공장 등으로 확대하였고, 고무공업은 삼화고무주식회사가 조선인 중소공장을 통폐합하여 만들었다. 법랑철기는 대표적인 재부일본인 가시이가 사장인 경질도기주식회사, 대표적인 선박업은 조선중공업으로 이토 다쓰조(伊藤達三)와 동척회사가 자본금 7백만 원을 투자하여 새로 만들었다.[163]

특히 부산을 중심으로 울산까지 남동해안지역을 연결하여 남동공업지대가 만들어졌고 그것은 울산의 도시계획과 연계되어 추진되었다. 울산은 토지와 공업용수가 풍부하고 대구는 입지조건이 그다지 좋지 않지만 부근에 과잉노동력을 가지고 있어 유리하였다.[164]

이처럼 지금까지 전시체제기 공업지대는 북부지역을 중심으로 연구되어 왔지만, 아시아태평양전쟁으로 확전됨에 따라 남부지역 공업지대도 주목할 필요가 있다는 것을 알 수 있다. 특히 남부공업지대 형성은 부산요새지대의 군수조달과 밀접하게 연관되어 추진되었다는 것을 인식할 필요가 있다.

전시통제경제 시기에 부산지역이 남부공업지대 중심지로 위치 지어진 것은, 개항 이후 일본전관거류지 시기부터 일제의 필요에 따라 계속 토지가 확보되었고 매축이 되어왔기 때문이다. 또한 1920년대에도 계속적으로

161) 『釜山經濟史』, 703~704쪽.

162) 東洋經濟新報社, 『朝鮮産業の共榮圈『參加體制』』, 1942.

163) 조선방직은 다음 절에서 서술. 경질도기와 선박업에 대한 구체적인 것은 배석만, 「일제시기 부산의 대자본가 香椎源太郎의 자본축적활동－日本硬質陶器의 인수와 경영을 중심으로」, 『지역과 역사』 제25호, 부경역사연구소, 2009.

164) 川合彰武, 『朝鮮工業の現段階』, 東洋經濟新報社京城支局, 1943, 85~86쪽.

매축공사를 실시하였고 도시기반시설을 확충하여 공장지구를 확보할 수 있었기 때문이다. 이것은 현상적으로는 부산에서 계속적으로 대규모의 공장이 설립되었기 때문에 가능한 것이었고 본질적으로는 남방과 중국에 상품을 수이출하기 위한 전략적 요충지이었기 때문에 가능한 것이었다. 또한 공업 입지상의 유리함과 함께 총독부와 부산지역 자본가들의 공장 유치의 노력도 무시할 수 없다.165) 하지만 총독부와 산업자본가들이 도시화와 공업화를 추진하는 자본 측 역할을 하였다면, 공장에서 제품을 생산한 노동자들은 잉여 가치를 생산하기 위한 수단으로 이용되었다는 것을 인식해야 한다. 일본인과 그에 협력하는 조선인 자본가들은 조선인 노동자들에게 값싼 임금과 장시간 노동을 강요하였기 때문에 열악한 노동조건과 빠듯한 생활조건 속에서 살아가야 했다.

그러면 다음 절에서는 남부공업지대의 중심인 부산을 사례로 하여 공장지구의 설립과 그 근대적·식민지적 특성에 대해서 검토해보자.

### 2) 남부공업지대의 사례 - 부산공업지구형성의 식민지적 특성

500년 도읍지 한성에서 보면 변방에 불과하던 부산이 갑자기 대도시로 성장한 것은 일제의 대륙 진출을 위한 조선의 관문이기 때문이다. 즉 크게 보면 국제무역항으로서 천혜의 조건을 갖추고 있고, 군수병참기지로 규정되었기 때문이라 할 수 있다.

그러면 전시체제기 부산에 공업지구가 형성된 것은 어떠한 조건 때문이

165) 부산은 초기 정주 일본인들에 의해 지가가 많이 상승했기 때문에 면방대기업공장은 보다 유리한 조건을 제시한 다른 지역에 유지되었고, 철공장 등 교통입지상 유리한 공장은 부산에 세웠다(자세한 것은 김경남, 「1920~30년대 면방대기업의 발전과 노동조건의 변화-4대 면방대기업을 중심으로」, 『釜山史学』 제25·26합집, 부산사학회, 1994 참조).

었는가. 부산의 공장 경영조건을 통해 살펴보자. 공장경영자가 가장 먼저 착목한 것은 원료 · 연료 제품 수송의 편리함이었다. 항구도시로서 부산은 값싼 선박 운임으로 일본 각지에 연결될 수 있었다. 또한 대륙(만주, 중국 등)과 해양(동남아, 러시아 등)으로 어떠한 방면으로도 판로진출과 군수품 수송이 가능한 입지적 이점을 가지고 있었다. 이러한 입지조건으로 해운 시장을 장악하고 있기 때문에 공업지구형성에 큰 강점으로 작용하였다.

다음으로 공장부지면에서 보면, 종래 옛 일본거류지를 중심으로 발달한 부산 자체는 협소하지만, 접속지대인 부산진 매축도 거의 끝나 공업지대로서 주목하고 있는 상태였다. 또한 서면과 옛 중심지 동래지역으로 시가지구역을 확대해 갔고, 김해방면으로는 넓은 평야지대가 있어 배후공업지대를 개발할 수 있었다.

공업용수는 부산 북쪽 5리, 울산가도에 이은 법기리(法基里) 수원지를 완성하여 부산부내 급수를 보충하였고, 부외로 급수를 확장하고 있는 상태이었다.

공장 설립 시 가장 중요한 동력원을 제공하는 조선와사전기회사가 부산에 있었기 때문에 부산부와 인근지역에 전력을 공급하기가 쉬웠다. 공장에서 사용하는 연료탄은 당시 조선에서 생산된 연료탄보다 일본탄을 규슈(九州)에서 값싼 운임으로 빨리 입수하였기 때문에 편리하게 사용할 수 있었다.

다음으로 공장지대와 공장법과 관련한 것이다. 당시 조선에는 아직 도시계획법이 시행되기 않았기 때문에 공장지대가 한정되지 않았을 뿐만 아니라, 특히 과도기 조선에는 아직 일본과 같이 엄격한 공장법이 시행되지 않았다.[166)]

166) 上田耕一郎, 『釜山の商工案內』, 釜山商工會議所, 1937, 17~18쪽.

따라서 이미 강제병합 이후 조선에서 대규모 면방직공장인 조선방직회사와 일본경질도기회사, 철공소 등 여러 가지 특수한 공장이 설립되어 있었다. 또한 부산진 공업지구와 절영도 공업지구는 진해만요새지대의 부산요새가 설치되어 있었기 때문에 도로, 철도, 통신, 급수 등 도시 인프라가 급격하게 구축되었다. 그 때문에 총독부와 군부, 부산부는 부산을 공업지구로 적지라고 판단하였다.

그러면 다음으로 부산지역에 설립된 절영도와 부산진 공업지구의 구체적인 형성 실태에 대해 검토해보자.

### 절영도 공업지구 형성

절영도는 도진교(渡津橋)가 세워지기 이전 육지 부산과 떨어져 있던 섬이었다. 이곳의 특색은 일본이 조선에 진출하는 교두보로서 개항기부터 일본인들이 집단 이주한 곳이다. 또한 러시아 등 국제적인 관계 속에서 일본 참모본부와 이주 일본인간 정치적 유착관계를 통해 차지한 곳이다. 예를 들면 하자마가 엄청난 부를 획득하게 된 것은 러시아의 대한제국 진출 문제를 둘러싸고 일본 당국과 정경유착 관계를 맺고 그 선봉에 설 수 있었기 때문에 가능했다. 러시아는 1896년 아관파천을 계기로 한반도에 군항을 세우려는 계획을 세우고 실천에 옮기려 하였다. 먼저 절영도를 조차하여 해결하고자 하였으나 열강의 반대로 여의치 못하자 1898년에는 군함을 대고 토지를 직접 구입하려고 시도하였다. 그러나 일본내각과 참모본부는 하자마를 앞세워 한국인 명의를 빌려 토지를 미리 사들이는 수법을 썼기 때문에 러시아는 부산에 해군기지 설치를 할 수 없었다.[167] 결국 러시아는 대한제국정부를 움직여 마산에 해군기지를 설치한다.[168]

---

167) 김대상, 「빼앗긴 땅－일인의 토지수탈－」, 『開港百年』, 부산일보사, 1976, 169쪽.

이 절영도 지역은 일본 육·해군 군사시설이 있던 곳으로서 정치·군사적으로 볼 때 중요한 거점이었다. 절영도에서는 일본인들이 토지를 잠매하면서 조선인은 전 계층적으로 하락하게 되었다. 대부분의 일본인들은 작은 면적의 토지를 잠매했지만, 일본인 상층은 조선인보다 상대적으로 많은 토지를 잠매하여 절영도의 지배적 지주가 되었다.[169] 지배층이 조선인에서 일본인으로 교체되었다. 특히 하자마·오이케·가와우치 야마(河內山) 등은 대지주가 되었으며, 이들은 모두 부산 경제계 거물로 성장하였다. 이 가운데 영선정·영계동에서 일본인이 소유한 대지 면적은 다른 동(洞)에 비해 절대량이 많아 조선인이 소유한 것보다 더 많았다. 일본인 자본이 위험부담을 무릅쓰면서 이러한 일을 자행한 것은 무엇보다도 높은 이윤 확보를 목적으로 한 투기적 성격이 강한 자본이었기 때문이었다.

그리고 부산 항만과 가까운 이점이 있던 곳이고, 1930년대에는 시가지계획의 일환으로 절영도 시가지계획이 진행되었다. 주로 해안을 매립하여 공장지구가 형성되었다는 것은 이 지역의 특수성이다.

이와 같이 정치적·군사적·경제적 측면에서 절영도는 일본인이 세력을 장악하여갔다. 이곳은 다음 절에서 살펴보듯이 공장지구 형성으로 그 개발 이익이 선점하였던 토지자본가들에게 돌아가는 것은 자명한 일이다.

그러나 절영도 공장부지 확보를 둘러싼 양상은 자본주의 일반에서 볼 수 있는 특징 외에 다음과 같은 식민성이 보여 진다. 그것은 주요한 공장부지나 창고를 만들기 위한 매립공사는 일본인 주도로 행해졌다는 점을 들 수 있다. 또한 조선인들이 생활고 때문에 토지를 방매하여 전 계층적으

---

168) 진해만요새지대와 진해만 일대 러시아 일본의 토지구입을 둘러싼 자세한 것은 김경남, 「한말·일제의 진해만요새 건설과 식민도시개발의 변형」, 『항도부산』 28, 부산광역시사편찬위원회, 2011 참조.

169) 최원규, 「19세기 후반·20세기 초 경남지역 일본인 지주의 형성과정과 투자사례」, 『한국민족문화』 14집, 부산대 한국민족문화연구소, 1999, 104~111쪽.

로 몰락하고 있었다는 점을 들 수 있다.[170] 그리고 업종도 주로 수출지향이나 일본인 소비재공업이 중심이 되어 판로가 일본이나 해외에 있던 일본인 자본가에게 유리하였다. 특히 공업용수개발이나 도로개설·확장 등이 일본인 집단 거주지에서 이루어짐에 따라 시가지개발에서 조선인들의 선택권이 전적으로 배제된 것은 이 지역 개발상의 식민성이라고 볼 수 있을 것이다.

다음으로는 절영도 공업지구의 공장 실태에 대해 검토해 봄으로써, 이 지역 공업지구 형성의 특징에 대해서 살펴보기로 하자. [표 4-11]은 1941년 현재 절영도 공업지구에 위치해 있는 자본금 5만 엔 이상 기업들을 나타낸 것이다.

[표 4-11] 절영도 공업지구에 세워진 기업

| 設立年度 | 會社名 | 所在地 | 資本金(円) | 拂入金(円) | 業種 | 代表者 |
|---|---|---|---|---|---|---|
| 1920.6.18 | 日本硬質陶器(株) | 瀛仙町1821 | 3,750,000 | 937,500 | 도기제조업 | 香推源太郎 |
| 1928.12.10 | (株)釜山鐵工造船所 | 瀛仙町1913 | 50,000 | 50,000 | 조선업 | 東松一 |
| 1929.9.1 | 朝鮮製鋼(株) | 瀛仙町1887 | 250,000 | 250,000 | 철공업 | 毛利一男 |
| 1930.8.18 | 昭和콜크工業(株) | 瀛仙町1260 | 200,000 | 200,000 | 철공업 | 兄部謙輔 |
| 1931.11.6 | (株)田中朝鮮鐵工所 | 瀛仙町1989 | 100,000 | 75,000 | 조선업 | 田中豊 |
| 1932.3.23 | (株)東讚共榮組 | 瀛仙町2012 | 84,982 | 84,982 | 해산물업 | 和田武吉 |
| 1934.11.23 | 釜山鐵器에나멜(株) | 瀛仙町273 | 100,000 | 100,000 | 철공업 | 松本休治 |
| 1934.12.10 | 東洋珐瑯(株) | 瀛仙町258 | 350,000 | 350,000 | 법랑제조업 | 松田與七 |
| 1935.11.26 | 朝鮮珐瑯(株) | 瀛仙町1844 | 100,000 | 100,000 | 법랑제조업 | 田村直次 |
| 1935.4.28 | 牧島酒造(株) | 瀛仙町1592 | 100,000 | 100,000 | 조선탁주업 | 木原啓司 |
| 1936.10.23 | 釜山鑛工業(株) | 瀛仙町137-1 | 180,000 | 180,000 | 철공업 | 大野富日(1940.8商號變更 |
| 1936.3.15 | 朝日放熱器(株) | 瀛仙町916 | 100,000 | 100,000 | 전구업 | 高原亮太 |
| 1936.9.10 | 鮮滿珐瑯鐵器合名 | 瀛仙町1260 | | 58,500 | 법랑제조업 | 朴根壽 |

170) 최원규, 위의 같음,

| 1937.6.30 | 滿留一興業(株) | 瀛仙町1260 | 300,000 | 240,000 | 임업 | 望月誌吉 |
|---|---|---|---|---|---|---|
| 1937.7.10 | 朝鮮重工業(株) | 瀛仙町1 | 7,000,000 | 6,000,000 | 선박업 항공 기관차제조업 | 伊籐達三, 東拓 |
| 1938.2.29 | (株)釜山工作所 | 瀛仙町1699 | 100,000 | 100,000 | 軍需品工作 | 中村高次 |
| 1938.8.30 | 蓬萊酒造(株) | 瀛仙町587 | 250,000 | 250,000 | 朝鮮濁酒業 | 趙文吾 |
| 1939.2.10 | 釜山燃寸(株) | 瀛仙町1036 | 150,000 | 150,000 | 연초업 | 花岡芳夫 |
| 1939.5.27 | 日本合金工業(株) | 瀛仙町1026 | 160,000 | 160,000 | 주조업 | 岩本龜太郎 |
| 1940.10.28 | 丸吉被服工業(株) | 瀛仙町1633 | 100,000 | 25,000 | 직물업 | 原山戊 |
| 1940.11.7 | 山峯코크스工業(株) | 瀛仙町259 | 185,000 | 185,000 | 코크스製造業 | 峯武夫 |
| 1940.12.20 | 朝鮮舶用機械鑄物(株) | 瀛仙町1575 | | | 선박업 | 藏森山太郎 |
| 1940.4.2 | 釜山機工(株) | 瀛仙町1573 | 150,000 | 150,000 | 軍需品特殊製作請負 | 百合野又五郎 |
| 1940.7.23 | 興亞衛生化學工業(株) | 瀛仙町450 | 100,000 | 25,000 | 살충제제조업 | 山中芳太郎 |
| 1941.1.20 | 日光硝子工業(株) | 瀛仙町1037 | 180,000 | 180,000 | 天然탄산수크리스탈업 | 富松梅太郎 |
| 1941.2.10 | 南鮮코크스(株) | 瀛仙町1877 | 50,000 | 25,000 | 骸炭製造業 | 森川昌雄 |
| 1942.4.7 | 合資會社 日の出造 | 瀛仙町205 | | 25,000 | 선박교량수리업 | 齊藤正一 |
| 1942.7.1 | 日東飮料(株) | 瀛仙町1956 | 190,000 | 190,000 | 水産物加工業 | 西野爲作 |
| 1942.7.23 | 日本凡布(株) | 瀛仙町1887 | 190,000 | 190,000 | 帆布製造業 | 毛利一男 |

資料: 東亞經濟新報社, 『朝鮮銀行會社要錄』, 1942年版.
비고: 자본금 5만 엔 이상의 기업을 대상으로 함.

위에서 보는 바와 같이 절영도 공업지구에는 일본경질도기와[171] 조선중공업을 제외하고는 거의 자본 규모가 적은 영세기업이었다. 그러나 부산공작소(釜山工作所)나 부산기공회사(釜山機工會社)처럼 군수품 관련 기업이 부산에 건설되었다는 것을 알 수 있다.

일본경질도기는 1920년 6월 18일 영선정 1,821번지에 설립되었고 자본금은 375만 원이었다. 도자기 및 도자기 원료나 내화 연와를 생산하여 판매하였다. 사장은 가시이 겐타로이다. 항만이라는 특수한 지리적 위치와 관

171) 『要錄』, 1937, 101쪽.

련하여 조선소와 법랑공장 등도 설립·발전하였다. 가시이는 원래 강제병합 이전에 부산으로 도항하여 거제도에 있는 조선왕실의 어장관리권을 기반으로, 하자마, 오이케 등과 결탁하여 성장한 자본가이다. 그는 일본경질도기를 1930년대에 인수하여 조선공장을 기반으로 일본의 이시하라까지 진출하였으며, 생애 대부분을 조선에서 생활하면서 남선전기주식회사 사장과 부산상공회의소 회장을 역임하는 등 부산 정재계는 물론 조선재계의 거물로 성장하였다.[172)]

조선중공업은 1937년 7월 10일에 설립되어 부산부 영선정 1번지에 본점이 있다. 자본금은 7백만 원이고, 불입금은 6백만 원이다. 설립 목적은 선박, 함정, 항공기, 기관차, 차량 및 자동차 제조 판매 및 수리, 교량철탑, 기타 일반 철공품 제작, 건축 토목 및 매립공사, 토지 가옥 소유 및 대부 등 실로 다양하다. 사장은 이토 다쓰조(伊藤達三)이다. 상무이사는 후쿠다 유기치(福田兪吉)이고, 이사로서 시가타 후미지로(佐方文次郎), 하자마 카즈오(迫間一男) 등 조선의 중견 자본가와 재벌 2세가 참여하였다. 자본금은 전체 6만 주 가운데 동척과 미쓰비시(三菱) 중공업이 약 3분의 1을 차지하고 있었다. 그리고 경성과 일본 오사카에 출장소를 두고 영업하였다.[173)]

이러한 대기업 이외 중소기업들은 대부분 해운교통의 편리성으로 인해 발달한 것이었다. 즉 철공소(福川·柳), 수산품 가공공장, 조선소(造船所: 段上·田村·池本), 법랑(朝鮮琺瑯·東洋琺瑯), 범포(日本帆布合資會社), 콜크(昭和콜크工業(株) 釜山工場) 등이었다. 특히 항만이라는 특수한 지리적

172) 가시이의 약력과 그의 정치사회적 활동에 대해서는 김경남, 앞의 논문, 2014 참조. 경질도기주식회사에 대해서는 배석만, 김동철, 「일제시기 日本硬質陶器株式會社의 기업경영 분석」, 『지역과역사』 29호, 2011 참조.

173) 주식 60,000주 가운데 주주는 모두 79명이며, 대주주는 東拓(12,800), 三菱重工業(12,700), 朝鮮郵船(4,800), 殖産銀行(6,100), 浦賀船渠(1,800), 山本健次郎(3,400), 迫間一男(2,400) 등이었다(『要錄』, 179~180쪽).

위치와 관련하여 조선소와 법랑공장이 발달하였다.

그런데 절영도에서 공장지구가 만들어지게 된 계기는 바로 1934년 도진교 개통이었다.[174] 도진교 개통으로 절영도는 마침내 부산 중심가와 연결되었으며, 자유로운 상공업 활동을 위한 경제성과 편리성이 크게 향상되었다. 이에 따라 절영도에 공장이 집중적으로 세워져 1941년 현재 자본금 5만 원 이상 공장 총 29개 중 23개나 도진교 개통 이후에 설립된 것이었다.

이상에서 살펴본 것과 같이 영도지역에 공업지구가 발달한 이유는 전시체제기 항만이라는 특수한 지리적 위치와 관련하여 선박업, 법랑공장, 군수품특수제작업, 살충제 제조업 등 군수관련 공업들이 만들어졌다. 구체적인 조건을 정리하면 다음과 같다. 첫째, 무엇보다도 영도공업지구가 해안가에 위치하고 있는 입지조건을 들 수 있다. 부산 중에서도 절영도는 항만과 바로 인접해 있으며, 이는 일본과의 물자조달, 상품수이출이 편리하다는 것이 가장 중요한 장점이었다. 이에 따라 교통견인형 산업이라 할 수 있는 법랑이나 경질도기를 전량 해외로 수출하였고, 많은 철공소도 선박을 제조한다든가 수리하기 위해 세워졌던 것이다.

둘째, 개항기 이래 정주 일본인 대자본가들의 정치적인 영향이 컸던 것 같다. 절영도 대지주 하자마나 경질도기회사 사장 가시이 등은 모두 많은 회사와 토지를 소유하고 있었다. 이들은 부산상공회의소 회장이나 부산부의회 고문 등 부산지역뿐만 아니라 전국적으로 알려진 부호들로서 그들의 경제적인 이권을 정치권에 개진할 수 있는 위치에 있었다. 이들 대지주, 자본가들의 로비는 도진교 건설이나 공업지구 형성에 무시할 수 없는 영향력을 주었을 것이다.[175]

---

174) 도진교는 1930년 10월 14일 실지조사를 하였으며(『大阪朝日』 1930年 10月 14日) 1934년 개통 당시는 부산대교라고 하였다. 해방 이후 영도대교로 명칭이 변경되었다(朴元杓, 『開港九十年 釜山의 古今(상)』, 太和出版社, 1966, 84쪽).

셋째, 절영도 영선정에 바다 매립을 통해 공장용지를 확보하였기 때문이다. 바다매립을 통해 공장용지를 확보하는 것은 자본이 많이 드는 일임에도 불구하고 기존 토지를 사들여 공장용지를 확보하는 것보다 수익성이 뛰어났다. 그래서 부산부 시가지계획정책 일환으로 매립회사에서 해안을 매립하도록 허가를 하고 그것을 분양하여 공장을 설립하게 하였다.

넷째, 도진교 설치로 부산 중심가와 바로 연결되어 편리해졌고 공업용수를 도수로(導水路)를 통해서 엄광산 수원지로부터 공급받을 수 있었기 때문에 경제성이 높아졌다.[176]

다섯째, 전력문제는 남선합동전기회사로부터 공급받을 수 있었으며, 또한 석탄을 이용해서 자가공급할 수 있기 때문이었다.[177]

### 부산진 공업지구의 형성

다음은 내륙으로 전통도시 동래지역과 연결되는 부산진 공업지구 형성의 일반성과 식민성에 대해 주목하여 살펴보자. 부산진은 본래 동래 지역에 속해있던 곳으로서 일본인의 세력 확대로 인해 부산부로 편입된 지역이다. 부산진은 천혜의 조건을 가진 항구로서 가진 이점과 철도 종착역이라는 이점을 가지고 있으며 대륙으로 물자를 수송하기 위한 요충지이다. 일찍이 바다의 매립을 통해 토지를 확보한 곳으로서 동래 상권으로 확장할 수 있는 곳이어서 시가지계획령에 의해 부전리, 범일정 등 제2도심으로 지역 개발이 집중적으로 진행되었다.

---

175) 재조일본인의 정치와 경제에 대한 참여는 거류민단 시기부터 시작되었으며, 부산부회나 경제단체를 통해 유지되어 갔다. 이에 대해서는 Ⅲ장, Ⅴ장에서 검토.

176) 부산광역시 상수도사업본부, 『부산상수도발달사』, 1997, 163~166쪽. 이하 상수도와 관련한 것은 이 책을 참조.

177) 朝鮮瓦斯株式會社, 앞의 책, 1938(이하 부산의 전력과 관련한 것은 이 책을 참조).

[표 4-12] 부산진 공업지구에 세워진 기업

| 設立年度 | 會社名 | 所在地 | 資本金(円) | 拂入金(円) | 業種 | 代表者 |
|---|---|---|---|---|---|---|
| 1917 | 朝鮮紡織(株) | 凡一町700 | 10,000,000 | 7,500,000 | 棉花綿布생산 | 原安三郎 |
| 1930 | 大鮮釀造 | 凡一町401-1 | 1,000,000 | 1,000,000 | 酒類清凉음료 | 森英示 |
| 1934 | 三和護謨(주) | 凡一町1290 | 765,000 | 765,000 | 고무제품 | 米倉清三郎 |
| 1934 | 釜山釀造(株) | 釜田里460 | 195,000 | 195,000 | 朝鮮濁酒 | 河本元俊 |
| 1935 | 朝鮮金屬工業(株) | 釜田里359 | 3,000,000 | 1,340,000 | 금속 | 長谷川太郎吉 |
| 1935 | (株)清水精米所 | 凡一町3522-3 | 500,000 | 500,000 | 정미 | 清水佐太郎 |
| 1935 | 丸和工業(株) | 堂甘里113 | 600,000 | 600,000 | | 高瀨平治郎 |
| 1937 | 旭絹織(株) | 東萊巨提里84 | 1,000,000 | 600,000 | 견직 | 柿添猪十郎 |
| 1937 | 小佐工業(株) | 凡一町 884 | 200,000 | 140,000 | 機械鐵 鑄物 琺瑯鐵 | 小佐助一郎<br>清水精米所<br>原安三郎 |
| 1937 | 朝鮮化學礦油工業合資 | 凡一町428 | 50,000 | | 화학 | 橋本良助 |
| 1938 | 昭和興業(株) | 凡一町644-4 | 198,000 | 49,500 | | 西野爲作 |
| 1939 | 東亞綿業(株) | 凡一町1298-8 | 195,000 | 195,000 | 莫大小洋服類 | 米倉清三郎 |
| 1938 | (株)森本精米所 | 左川町68 | 200,000 | 200,000 | | 清水佐太郎 |
| 1939 | 朝鮮타올工業(株) | 釜田里335-1 | 180000 | 180000 | 타올製造 | 富原研二 |
| 1939 | 森本産業(株) | 田浦里748 | 750000 | 495,000 | 絲類 어망製造 | 森 林兵衛 |
| 1939 | 朝鮮護謨調帶(株) | 左川町688 | 500,000 | 500,000 | | 下柄忠助<br>米倉清三郎 |
| 1939 | アサヒゴム(株) | 左川町680 | 1,500,000 | 1,500,000 | 신발 타이어 | 石橋進一 |
| 1939 | 朝鮮製油(株) | 凡一町700 | 1,500,000 | 1,500,000 | 鋼油 棉實油 | 齋籐久太郎<br>朝鮮紡織 |
| 1939 | (株)東光商會 | 水晶町64 | 23900 | | 輸出電球製造 | 安富烈 |
| 1939 | 朝鮮輸出編物(株) | 伽倻里384 | 180,000 | 180,000 | 莫大小製造타올電球 | 西村良作 |
| 1940 | 朝鮮油肥(株) | 凡一町461 | 180,000 | 90,000 | 油肥 | 東四郎 |
| 1940 | 綾羽織布有限會社 | 凡一町 26 | 190,000 | | 各種纖維製造 染色加工 | 高瀨平治郎 |
| 1940 | 朝鮮전기제강(株) | 伽倻里256 | 2,000,000 | 2,000,000 | 鑄鋼, 鑄鐵, 船舶部品 | 立石商店,<br>朝鮮重工業 |
| 1940 | 朝鮮電球貿易(株) | 昭和通4町目5 | 250,000 | 250,000 | 전구 | 杉村일루,<br>香椎源太郎 |

| 1940 | 旭染工(株) | 堂甘里141 | 180,000 | 45,000 | 국기 기타염색가공 | 坂田喜久雄 |
|---|---|---|---|---|---|---|
| 1941 | 朝陽油脂合資會社 | 凡一町515 | 150,000 | | 蠟燭製造販賣 | 植月士郎 |
| 1941 | 昭和鑄造合名會社 | 凡一町238-81 | 100,000 | | 一般銑鐵鑄物製造販賣 | 中村重一 |
| 1941 | 朝鮮洋傘製造(株) | 凡一町883 | 180,000 | 135,000 | 輸出向洋傘 | 吉本政雄 |
| 1941 | 東山窯業(株) | 左川町958-11 | 33,000 | 8,250 | 瓦및煉瓦製造販賣 陶器土器 | 西原久勝 |
| 1941 | 朝鮮製麵(株) | 田浦里711 | 100000 | 25000 | 제면 | 松尾已之介 |
| 1941 | 朝鮮ドングリ工業(株) | 田浦里751 | 198,000 | 102,960 | ドングリ製造가공 | 金本千壽 |
| 1942 | 興亞고무工業(株) | 凡一町1290 | 5,100,000 | 5,100,000 | 自轉車用타이어튜브 | 米倉淸三郎 |
| 1942 | 釜山合同穀産(株) | 左川町68 | 180000 | 54000 | 丸麥押麥製造加工 | 榊 末吉 |
| 1942 | 釜山鎭酒造(株) | 左川町682-3 | 250000 | 250000 | 朝鮮탁주 | 竹岡埻泰 |
| 1942 | 有限會社大一木工社 | 水晶町20 | 41,000 | | 木棺木型로구로 | 平山己秀 |
| 1942 | 鹽山金屬工業(株) | 堂甘里71 | 198,000 | 198,000 | 외국향양솔및부분품 | 延力梅吉 |

출전: 東亞經濟新報社, 『朝鮮銀行會社要錄』, 1942年版.
비고: 1941년 현재 자본금 5만 엔 이상의 기업을 대상으로 함.

부산진 공업지구는 범일정의 조선방직㈜을 비롯하여 자본금 5만 엔 이상 공장이 36개소이고, 대선양조, 삼호고무, 흥아고무공업㈜ 등 모두 자본 규모가 크고 노동집약적 산업이 분포되어 있었다. 이것은 1930년대에 일제가 식민지 초과이윤을 획득하기 위해 노동집약 산업을 정책적으로 유도한 것에 원인이 있다. 그리고 부산진 공업지구는 좌천정, 수정정, 가야리, 거제리, 당감리, 부전리, 전포리를 포함하여 넓은 범위에 걸쳐 있었다. 특히 1938년 부산 시가지 확대에 의해 동래에 속해있던 공장이 부산부에 편입되어 부산진 공업지구는 보다 확대되었다.

부산진 공업지구 형성의 특징은 절영도 공업지구와 같이 바다를 매립하여 공장부지를 확보한 것과 내륙으로 동래지역을 포섭하는 형태로 공업지구가 형성되었다는 것이다. 절영도보다 규모가 훨씬 크고 광범위하게 진행되었다. 그리고 공업용수는 동천(東川)과 성지곡 수원지를 이용하였으며, 장기적인 대책으로 법기리 수원지를 개발하였다. 전력은 남선 합동전기㈜로부터 공급되었다.

위의 표에서 볼 수 있는 바와 같이 1919년 말부터 조방을 시작으로 하나 둘씩 공장이 세워졌다. 1930년대에는 부산진 매립공사가 완료되었고, 대규모 양조회사와 고무공장들이 세워졌다. 1938년 시가지 계획령이 개정됨에 따라 공업용지를 확보하기 쉬워졌고,[178] 부산진 방면 공장은 급격하게 증가하여 부산진 공업지구가 형성되었다. 이 공업지구는 예로부터 내륙수송과 관련하여 발달하였다. 면방직공장(朝紡, 니시키공장, 丸新工場), 고무공장(三和護謨1~6工場), 정미소(清水精米所), 철공소(小佐珐瑯鐵器工作所), 목재소 등이다.

부산진에 공업지구가 형성된 것은 무엇 때문인가. 그것은 일본내각과 군부의 전략적인 차원에서 보면 나진의 해양루트와 함께 대륙루트를 개발하기 위한 전략이었다. 구체적인 공업지구 형성 이유를 보면 다음과 같다. 첫째, 경부선을 통한 내륙수송이 편리하기 때문이다. 당시 만주까지 연결되는 철도는 화물운송에 가장 편리한 교통수단이었다. 둘째, 공업용수로서 동천(東川)과 성지곡수원지의 용수를 이용할 수 있었으며, 장기적으로 법기리 수원지를 개발하여 활용할 수 있었기 때문이다. 셋째, 매립지를 공업지구로서 활용할 뿐만 아니라 부산과 동래의 접경지로서 부산의 도시발전에 의해 장래 지가상승이 가능한 지역이었기 때문이다.

넷째, 자본가들의 로비활동을 들 수 있다. 야마모토 조타로(山本條太郎)는 미쓰이물산 창업공신으로 중심적인 위치에 있던 인물로서, 1914년 상무

---

178) 朝鮮總督府, 『東亞經濟の新政勢と朝鮮工業』, 1939.

이사시절에 독일정부와 일본해군 사이에서 발생한 오직사건인 시멘스사건에 책임을 지고 퇴임하였다. 그 후 식민지에 들어와 조선방직을 설립하였다. 조방을 설립할 당시, 공장부지로서 적당한 곳을 물색하던 중 우선적으로 일본과 가깝고 가장 오랫동안 시가지를 정비해 온 부산에 공장을 설립하였다.[179] 당시 대규모 면방직공업을 식민지에 이식하는 것에 대해 다른 기업들은 생각지도 못한 때였다.

특히 부산진 공업지구는 조방 야마모토를 비롯하여, 삼화고무(三和護謨)[180] 요네쿠라 세이자부로(米倉淸三郎), 다카세(高瀨)합명회사[181] 다카세 세이타로(高瀨政太郎), 대선양조(大鮮釀造)[182] 모리 에이지(森英示)와 모리 카즈이치(森和一) 등 당시 굴지의 대기업을 경영하고 있던 자본가들이 대거 모여 있었다.

이들은 경영 일선에서 부산의 지역경제를 주도하는 자본가들로서 30년대에 재계 변화를 주도하던 주역이 된 사람들이다.[183] 자본금 5만 엔 이상 기업들 중 조선인 대표자는 동광상회 대표인 안부열뿐이었다.[184] 이를 볼

---

179) 조선방직의 설립에 대해서는 김경남, 「4대면방대기업의 실태와 노동조건의 변화」, 『지역과 역사』 25·26 합집, 부경역사연구소, 1995 참조.

180) 三和護謨株式會社는 1934년 7월 18일 범일정 1,290번지에 설립. 자본금 765,000円으로 전부 불입하였다. 지점은 安東市. 護謨靴類·타이어 등 고무제품을 생산하였으며 토지건물은 488,454평을 소유하였다. 취체역사장은 米倉淸三郎으로 총 17,100주 가운데 3분의 1인 6,478주를 소유하였다. 그 이외 대주주는 大塚俊雄(4,300株)과 金源喜(550株)이었다. 부산지역 13개 고무공장을 합병해서 신설하였다. 1935년 1월 55,000엔을 증자하였고 1937년 2월에는 9만 엔을 감자(減資)하였다(『要錄』, 1939年版, 155~156쪽).

181) 高瀨合名會社는 본정 2정목 12번지에 설립. 1917년 10월 23일 자본금 150만 엔. 지점은 경성, 평양, 군산과 일본의 大阪. 설립목적은 견면모직물·면사 및 제 잡화의 판매·기직(機織)사업이며, 토지가옥의 임대 및 조림개간·기타농사경영에도 주력하였다. 기타 목축, 창고업, 상점대리업도 하였다. 대주주는 高瀨政太郎(87만 엔), 福永政治郎(60만 엔), 瀨平治郎(3만 엔) 등이다(『要錄』, 1931, 266쪽).

182) 大鮮釀造株式會社는 범일정 401-1번지에 1930년 7월 1일 설립하였다. 자본금 100만 엔이고 불입금 30만 엔이었다. 1939년 현재 취체역사장은 森英示이고, 大株主는 森英示(1,011株), 森和一(2,000株) 등이었다(『要錄』, 1939, 209~210쪽).

183) 자본가의 세대변화에 대해서는 Ⅴ장 참조.

[그림 4-7] 부산진 공업지구 조선방직(주) 전경과 방적 · 방직실 내부

출전 : 川島喜彙 編,『新釜山大観』, 釜山出版協会, 1934.

때, 부산의 경제구조는 처음부터 일본인 중심이었기 때문에 조선인 기업가들이 기업의 대표자로서 참여하기 어려운 지역이라는 것을 알 수 있다. 이러한 원인은 병합 이전부터 일찍이 부산의 경제성에 주목한 일본인들이 토지를 확보하였고, 개발과정에서 조선인이 원칙적으로 배제되었기 때문에 공장부지를 확보하고 자본을 축적하기가 어려웠기 때문이었을 것이다. 이러한 양상은 전통적으로 지역의 중심도시였던 경성, 평양, 대구, 전주에서 조선인 대상점들이 계속 사업을 추진하고 있었던 것과는 확연히 구별되는 점이다.

### 부산공업지구의 식민지적 특성

공업지구 형성에 필요 불가결한 것은 공업용지, 공업용수, 공업전력, 노동력 등이다. 부산의 경우는 자연 지형상 공업용지 확보가 지극히 어려운 지역인 것은 상술한 그대로이다. 그러나 1930년대에 이르면 부산은 이미 각종 매립공사, 즉 부산진 매립공사, 절영도 매립공사, 북항매립공사, 남항매립공사 등을 통해서 공업용지를 확보한 상태이었다.[185] 그래서 1937년 이후 시가지 계획령에 의해 철도종착역이 있는 부산진으로부터 적기(赤崎)에 이르는 군수물자 수송도로를 확장하고, 법기리 수원지를 개발해서 상수도 시설을 확충하는 등 도시 기반 시설을 정비하게 되었다.

또한 조선총독부 전력정책에 의해 조선남부 지역 전기는 1936년부터 통제되어 부산소재 조선와사전기회사 사장인 가시이가 군산·대구 등 6사가

184) 1941년은 창씨개명이 진행된 상태였으므로 조선인대표의 성명을 일일이 확인해보아야 할 것이나 잘 알려진 일본인이 대부분이며, 안부열은 개명하지 않았다.

185) 매립공사에 대해서는 다음을 참조. 김용욱, 「釜山築港誌」, 『항도부산』 2호, 부산시사편찬위원회, 1963 ; 차철욱, 「대한제국기 부산 북항 매축관련 자료의 내용과 성격」, 『항도부산』 제22호, 부산광역시사편찬위원회, 2006 ; 「부산 북항 매축과 시가지 형성」, 『한국민족문화』 28, 부산대 한국민족문화 연구소, 2006 ; 배석만, 「1930년대 부산 적기만 매축 연구」, 『항도부산』 28, 부산광역시사편찬위원회, 2012 참조.

가맹한 남선합동전기회사(南鮮合同電氣會社) 회장이 됨에 따라 부산은 조선남부 지역 전력정책 중심지로 되었다.(본사는 경성) 이것은 이 회사가 마산, 진해, 울산 등에 전력을 공급하고 통제하는 것에서도 잘 알 수 있다.[186] 부산공업지구 형성에 대한 것을 그림으로 나타내면 다음과 같다.

[그림 4-8] 1930년대 부산공업지구 형성

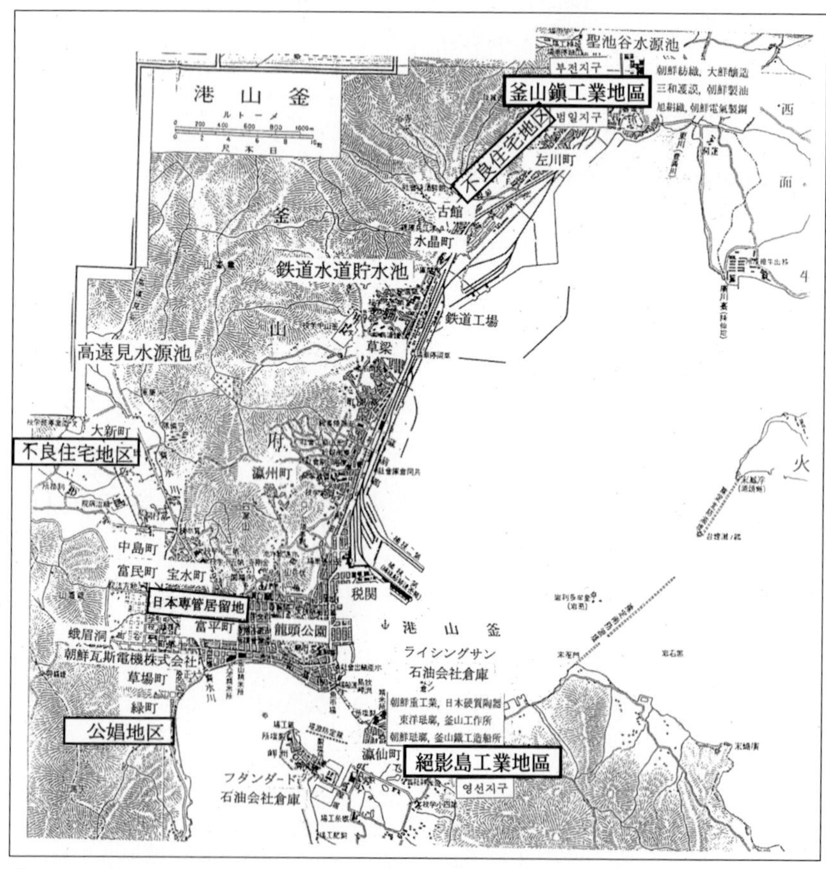


참고: 당시 부산의 지도와 사료를 토대로 공업지구를 작성.

186) 朝鮮瓦斯電氣株式會社, 『朝鮮瓦斯電氣株式會社』, 1930 참조.

그리고 부산공업지구 업종별, 자본가별 특성은 다음과 같다. 1941년 현재 자본금 5만 엔 이상 공장을 중심으로 조사한 표를 업종별로 분류해보면, 기계기구 공업 비중이 현저히 높게 나타나고 있는 점이 특징이며, 방적과 식료품공업이 그 다음이다.

[표 4-13] 부산공업지구 업종별 공장(단위 : 개)

| | 부산진 공업지구 | 절영도 공업지구 | 計 |
|---|---|---|---|
| 방적업 | 8 | 2 | 10 |
| 식료품공업 | 7 | 4 | 11 |
| 기계기구 | 7 | 11 | 18 |
| 금속공업 | 3 | 5 | 8 |
| 화학공업 | 7 | 1 | 8 |
| 요업(窯業) | 1 | 1 | 2 |
| 조선(造船) | | 1 | 1 |
| 제재(製材) 및 목재 | 1 | | 1 |
| 기타 | 2 | 4 | 6 |
| 합계 | 36 | 29 | 75 |

출전: 東亞經濟新報社, 朝鮮銀行會社要錄, 1942.
비고: 자본금 5만 엔 이상 기업을 대상으로 함.

이것을 공장지구별로 분류해보면, 부산진 공업지구는 범일동의 자본금 5만 엔 이상 공장 15개 기업을 비롯하여 좌천정 6, 수정정 2, 가야리 2, 거제리 2, 당감리 4, 부전리 3, 전포리 3개소 등이다. 특히 범일동과 좌천정에 공장이 집중되어 있는 것을 알 수 있다. 이 지역은 1908년부터 계속적으로 매립이 진행되어 왔던 곳으로 매립지에 공장이 집중적으로 설립되었다는 것을 알 수 있다.

절영도 공업지구에는 영선정에 29개 기업이 밀집되어 있는 것이 특징적이다. 이것은 일본은 물론 남양 등으로 들어오는 무역선이 들어오는 부산항 맞은편이 영선정이므로 해상 교통이 특히 편리하기 때문이었다. 이 공장들 대부분은 1934년 도진교가 개통된 후 설립된 것들이다.

[표 4-14] 부산진 · 절영도 공업지구 형성(단위 : 개)

| 지구명 | 부산진 공업지구 | 범일동 凡一洞 | 좌천정 左川町 | 당감리 堂甘里 | 전포리 田浦里 | 부전리 釜田里 | 수정정 水晶町 | 가야리 伽倻里 | 거제리 巨堤里 | 計 |
|---|---|---|---|---|---|---|---|---|---|---|
| 회사수 | | 15 | 6 | 4 | 3 | 3 | 2 | 2 | 1 | 36 |
| 지구명 | 절영도 공업지구 | 영선정 瀛仙町 | | | | | | | | |
| 회사수 | | 29 | | | | | | | | 29 |

여기서 주목할 만한 것은 자본가의 변화 양상이다. 부산을 대표하는 대자본가는 거의 모두 일본이 대륙에 진출하던 초기에 부산에 정착한 일본인이다. 대표적으로는 오이케 츄스케, 하자마 후사타로, 가시이 겐타로, 하라 야스자부로(原安三郎), 시미즈 사타로(淸水佐太郎), 다카세 헤이지로(高瀨平治郎) 등이다. 이들은 일본에서 상업을 하거나 지배인을 하던 자들로서 부산 일대에서 자본을 축적하여 대자본가로 성장한 자들이다. 러일전쟁 전후부터 부산에 정착하여 군수품과 생활필수품을 위한 공장을 세우기 시작해 1920년대 초에는 경제계 대표 인사가 되었고 지역유지로 등극하였다.

그런데 1930년경이 되면 이들은 이미 사망하거나 중진이 되었고, 젊은 세대가 그들을 잇기 시작했다. 즉 오이케 츄스케는 1928년에 사망하였고 그의 사업은 장남 오이케 겐지(大池源二)가 계승하였다. 가시이와 하자마도 고문이 되어 경영 일선에서 물러나고 있으며, 하자마 아들 카즈오(迫間一男)가 일본에까지 알려질 정도로 중견자본가로 성장하는 것도 주목된다.[187]

특히 주목되는 것은 재조일본인 중에서 부산에서 자본을 축적하여 대자본가로 성장한 대부호 중에 족벌경영체제를 구축한 것이다. 대표적인 것

187) 『釜山日報』 1939년 11월 27일.

으로 하자마가(迫間家)를 들 수 있다. 대자본가 하자마 후사타로를 이어 카즈오(迫間一男)가 두드러진 역할을 하였다. 그는 하자마 다케오(迫間武雄), 하자마 히데오(迫間秀雄)와 함께 대구와 부산에 기업을 건설하고, 사장과 이사, 감사를 겸임하였으며, 대주주로서 네트워크를 만들고 족벌경영 체제를 구축하였다. 하자마 카즈오는 상호출자와 중역겸임 네트워크 그룹에 참가하여,[188] 유연한 경영체제를 만들었다.

그 다음으로 요네쿠라 세이자부로(米倉淸三郞), 모리 에이시(森英示)가 이 시기에 두드러지게 활약하고 있다. 다테이시(立石)와 요네쿠라는 부산 상공회의소 회장이 되었고, 특히 요네쿠라는 부산의 크고 작은 고무회사를 합병하여 삼화(三和)고무로 독점 체제를 만들었고 부산진에 4개 기업을 설립하였다. 이와 같이 부산에 이주 정착한 재조일본인 상층 일부가 한 지역 경제를 좌지우지할 정도로 재력과 실력을 가지게 되었다. 이들은 1930년대에 조선에 진출한 일본 독점자본과도 일정하게 차별성을 가지며 새로운 조건하에서 경쟁구조를 갖추었다.

그러면 부산지역 공업화 과정에서 조선인 기업가는 어떻게 공장설립에 참여했는가. 조선인 사업은 1920년대에 발전한 고무공업과 탁주산업에 집중해 있었다.[189] 그 이외에 방직공업과 정미업, 인쇄업에 몇몇 조선인 경영자가 있었지만 1930년대 세계경제 블록화에 따라 원료공급이 곤란해짐으로서 대부분 도산하거나 도산 위기에 내몰렸다. 조선인 경영 고무공장들은 1934년 남부지역 공업통제에 의해 일본의 독점재벌 미쓰이계(三井系)의 삼화고무㈜에 통합되고 말았다.[190]

---

188) 본서 Ⅴ장의 "4) 식민도시 부산의 자본가 세대변화" 참조.

189) 『釜山名士錄』, 95~116쪽.

190) 삼화고무(三和護謨)(株)는 1934년 9월 18일에 창립총회를 개최했다. 취체역 9명 가운데 조선인은 김일수(金日守)와 김원희(金源喜)가 참가하였다. 그리고 감사역 5명 가운데 조선인은 임창호(林昌浩) 1명이었다. 총 1만 7천 주 가운데 미쓰이계가 약 43%를 소유하고 있다(『東

이러한 사정은 1940년경에 더욱 심화된 것으로 보인다. 왜냐하면 조선인을 대표자로 하는 자본금 5만 엔 이상 공장이 부산진 지구에 1개 기업, 절영도지구에 2개 기업에 불과하기 때문이다. 부산진 지구에 안부열을 대표자로 하는 수출전구제조회사 '동광상회', 절영도지구에 선만법랑철기합명회사(대표 박근수), 봉래주조(蓬萊酒造)(株), 조선탁주(대표 조문오) 3개 기업이 있었다. 이처럼 부산지역 공장지구 특성 가운데 하나는 대규모 자본금을 가진 조선인 자본가는 거의 없고, 일본인 자본이 압도적인 힘을 가지고 있었다는 점이다. 이것은 경성, 평양, 전주, 대구와 같은 지역의 전통도시에서 조선인들이 대상점을 경영하고 있는 것과는 확연히 차별성을 가지는 것이다. 바로 이러한 점에서 부산이 식민도시로서 기능하고 있다는 것을 단적으로 드러낸다고 볼 수 있다. 조선인들은 자본의 열세를 극복하지 못하고 도산되거나, 일본인 중심으로 재편된 기업에서 중역이 되거나 관리인으로 회사경영에 참여하는 방법을 택하였다.[191]

이상과 같이, 부산의 공업지구는 1930년대 후반이 되면 절영도지구와 부산진지구를 중심으로 확대 발전한 것을 알 수 있다. 또한 절영도지구는 항만과 관련해서 발달하였고, 부산진 지구는 내륙소비시장과 관련하여 발달한 것을 알 수 있다.

결론적으로 말하면, 1930·40년대 부산지역은 전시경제 체제라는 조건하에서 남부공업지대 중심지로서 북부지역과 달리 경공업이 발달하였다. 특히 군복이나 철로 만든 군수물자를 생산하기 위한 지역으로 위치 지워져, 영선정지구와 부산진지구를 잇는 적기지구에 대규모 지하창고를 만들고 군수품을 저장하였다. 이 군수품들은 대륙과 남방 등으로 보내졌으며,

亞日報』 1934년 9월 19일).

191) 전시체제기 자본가의 중역겸임에 대한 자세한 연구는 본서 "Ⅴ장 전시체제기 자본가그룹과 정경유착구조" 참조.

부산은 전략적 군사요새지대로 규정되어 일본침략전쟁에서 전략적 후방기지로 변용하게 되었다. 이러한 전략적 역할을 수행하기 위하여 도시계획과 공장지구가 형성되었고, 이 과정에서 병합 전에 조선에 정착한 일본인은 독점적인 이익을 차지하였다.

재부산일본인들이 강고하게 부산지역의 경제계를 좌지우지함에 따라, 1930년대에 신규 진출한 일본독점 자본가들은 부산지역에서 이익을 확보하기는 어려웠다. 이러한 점은 재조일본인 자본가들과 일본 독점자본이 일정하게 차별성을 가지고 있다는 것을 의미한다. 재조일본인들은 패전 후 일본으로 귀환하였을 때 귀환한 각 지역에서 생활기반과 출세기반을 잡을 수가 없었다. 그러므로 조선에 정착하여 자본을 축적한 재조일본인 자본가들과 일본에 본점을 두고 특정시기 자본을 이식하여 잉여자본을 축적한 일본독점자본과는 차별성을 두고 인식하여야 할 것이다.

# V

# 전시체제기 식민도시 자본가그룹과 정경유착구조

## 1. 전시체제기 식민도시 자본가그룹의 변동

전시체제기 조선에서 도시화와 공업화가 본격적으로 추진되는 터닝포인트는 일제의 만주사변과 중국침략이다.[1] 세계대공황과 관련된 제국주의 전쟁이 더욱 심화되면서 나타난 현상이다. 이때 재조일본인과 조선인 자본가들은 어떠한 변동을 겪게 되었는가.

앞에서 살펴보았듯이, 한국에서는 이미 1876년 개항장 · 개시장에 일본인을 이주시켜 지역 거점으로 만들었고, 강제 병합 이후에는 일본인들 거류지를 중심으로 정책적으로 도시화를 추진하였다. 이에 따라 조선에서 성장하게 된 도시는 일본인이 국책으로 필요한 지역에 집중되었으며, 이 도시를 중심으로 공업화가 추진되면서 자본의 집적과 집중이 진행되었다. 일본제국정부의 전시체제는 일본 본토보다 식민지 조선의 도시화와 공업화에 더 큰 영향력을 끼쳤다.

전시체제기에는 일본제국의 전쟁수행을 위해 전략적으로 식민지의 도시화와 공업화를 추진하였다. 이에 따라 일제의 식민도시 개발 양상도 다르게 나타났다. 즉, 개항장 개시장에서 성장한 도시의 외곽에 신도시를 개발하고, 전통적으로 지역의 중심도시였던 '전통도시'를 재편하는 수법을 써서 군수물자조달체제를 완수하고자 하였다. 총독부의 도시계획은 조선시가지계획령을 통해, 옛 도심이 아니라 신시가지를 만들어 공장지대를 만들고 군대와 연관시키는 구조를 만드는 것이었다.[2]

---

1) 전시체제기는 1931년 만주사변부터 1945년 일제가 미연합군에 항복하기까지를 지칭한다.

2) 최근 다양한 지역의 도시화와 공업화에 대한 연구가 진행되고 있지만, '전통도시'의 개념 및 그 구체적인 실태에 대해서는 보다 심화된 연구가 필요하다. 전라도의 중심지 전주의 경우를 살펴보면 총독부는 기존 도심을 벗어나 서북쪽 외곽으로 시가지계획을 추진하였고 도로와 철도가 연계되었다. 거기에 일본면방 독점자본인 종연방직 전주공장이 대규모로 들어서면서 공장지대가 만들어졌고 군수물자를 조달하는 체제가 구축되었다. 『朝鮮銀行会社組合要錄』, 1939 참조.

이 과정에서 재조일본인 자본가뿐만 아니라 유력한 조선인 자본가들은 토지자본을 확보하였고, 총독부는 자본가들을 전시동원체제로 포섭하였다. 자본가들은 그 대가로 많은 자본금을 은행으로부터 융자받아 기업을 설립, 확장하는 시스템이 구축되었다.

이러한 총독부와 자본가의 전시협력시스템 구축과정은 도시화와 공업화에 대한 국내외적 배경에 따른 것이므로 다음은 그 배경에 대하여 검토해보자.

### 1) 국내외적 배경

미국발 경제공황이 세계적으로 각국에 전가되면서, 세계적 거점을 가지고 있던 일본의 스즈키상점(鈴木商店) 등 탄탄하던 중견기업들이 속수무책으로 도산하였다. 일본내각과 군부도 만주사변을 도발하고 중국과 남방으로 침략전쟁을 확대하여 물자와 시장을 개척하여 경제적 위기를 타개하려고 하였다. 이에 따라 조선에 본점을 둔 자본가들의 기업 환경과 그룹 간 네트워크에도 많은 변동이 발생하였다. 식민지 조선 경제 변화는 기본적으로 국제적 변동에 따라 일본국내와 일제의 식민지권 경제 질서 변동에 따라 재편되었다.

먼저 국제적 경제 질서 변동 측면에서 살펴보면, 그것은 일본제국주의가 동북아시아와 동남아시아 역내교역권을 무력으로 통합한 것과 관련되어 있다. 일본군벌이 먼저 1931년 만주사변을 일으키고, 내각과 '쇼와천황'은 중일전쟁을 도발하여, 동북아시아 교역권 내 중국 점령지를 무력으로 침공하였다. 이 과정에서 '동남아시아 역내교역권' 무역을 장악한 화교들은 일화배척운동을 동남아시아 각지에서 일으켰다.[3]

---

3) 小林英夫, 「東アジア經濟圏－戰前と前後」, 『岩波講座 近代日本と植民地 1 ; 植民地帝國日本』,

그런데 1937년 이래 고노에(近衛)내각은 '동아신질서'를 주창하면서, '동북아시아 교역권'의 거대시장 중국을 무력으로 점령하여, 일제의 종속 아래 식민화시키고자 하였다. 또한 일본내각과 군부, 자본가들은 동남아시아와 동북아시아 양 교역권을 교류하다가 '동남아시아 역내교역권'을 무력적으로 통합하기 시작하였다. 그 계기가 된 것은 양 교역권 간 무역마찰, 중일전쟁의 혼란상황, 아메리카의 대일금수조치 확대가 있었기 때문이다. 그리고 유럽과 미국의 제국주의 전쟁에 대한 관심이 고조되면서 일본정부와 기업은 석유, 주석, 고무 등 전략 물자를 획득해야만 했기 때문이다.[4)]

중일전쟁이 장기화된 1940년 7월, 제2차 고노에 내각이 발족했을 때, 외상인 마쓰오카 요스케(松岡洋右)는 '동아신질서' 연장선상에서 '대동아공영권' 건설을 주창하였다. 이것은 독일을 중심으로 한 나치의 더욱 적극화된 유럽 침략정책에 호응하여, 영 · 미 · 네덜란드 식민지로 된 동남아시아 각국을 '동북아시아 교역권'으로 포섭하려는 것이었다.[5)]

여기서 주목되는 것은, 이 '대동아공영권' 형성과정에서 '동북아시아 교역권' 내에 있는 식민지에는 본국 필요에 따라 도시화와 공업화가 추진되었다는 것이다. 1937년 이래, 관동군 참모 이시하라 간지(石原莞爾) 등은 장래 대규모 전쟁이 일어날 것을 예상하였다. 이에 대비하기 위하여 만주를 공업지대로 변화시키기 위해 공업화 정책을 입안 · 실시하였다. '1937년도 이래 5년간 세입 및 세출계획에 따른 긴급실시국책대강'에서 시작하여, 만주에서 구체화된 만주산업개발 5개년계획을 곧바로 생산력확충계획으로 전환시켜 일본과 만주를 일체로 만드는 공업화정책을 추진하였다.[6)]

---

岩波書店, 1992, 33~58쪽 참조.

4) 일본자본주의의 외자도입 중요성에 대해서는 山崎隆三, 『兩大戰間期の日本資本主義』 上卷, 大月書店, 1978, 31~41쪽 참조.

5) 「대동아공영권」의 건설을 슬로건으로 아시아 · 태평양전쟁에 돌입하는 것을 최종 결정한 것은, 1941년 12월 1일 어전회의(御前會議)였다(小林英夫, 앞의 논문, 1992, 33~58쪽 참조).

앞에서 살펴보았듯이 공업화는 일본제국주의가 내건 이른바 '대동아공영권'의 정책과제였다. 이 과제를 실현하기 위해 총동원체제를 대만 · 조선 등 기존 식민지화된 지역에 실시하였으며, 인적 물적 동원 체제를 강고하게 만들고자 하였다. 이 공업화 중추는 말할 것도 없이 군수공업 확충이었다. 1937년 이래 각지에서 제철, 인조석유, 경금속 등과 관련된 공장이 건설되고 확충되었다. 그러나 일본세력권내 각 지역에는 일률적으로 공업화가 추진된 것이 아니었다. 만주 · 대만 · 조선 등에는 조공업(粗工業) 반제품이, 일본 국내에서는 정공업(精工業) 완성품이 생산되었다. 이 점은 '동남아시아 역내교역권'에도 만주사변전 '동북아시아 교역권'에도 보이지 않던 전쟁 준비와 관련된 새로운 특징이었다. 전쟁을 위한 군수물자 중 식료품공업과 면방직공업이 군사들에게 가장 필수품목이며, 이 제품을 안정적으로 생산하기 위해 식민지 조선 남부의 공업지대가 적합한 지역으로 규정되었다.[7]

이것은 또한 전시체제라는 국제정치적 요인에 의해 규정된 것이기도 하지만, 일본경제자체 모순 속에서 만들어진 것이다. 즉 일제는 면사방적업에서 강력한 자본력으로 세계시장을 제패하였다. 그러나 바로 그 순간 세계 경제 블록화 경향과 일본제국주의가 군사경제화라는 이중조건에 규제되어서 쇠퇴 몰락의 길을 걸을 수밖에 없었기 때문이었다. 결정적 전환점은 '대동아공영권'의 시작이라고 할 수 있는 1937년이었다.[8]

---

6) 일만일체라고 할 때 일본 속에는 대만, 조선, 가라후토(樺太), 남양군도 등 '만주사변'전에 일본의 식민지로 된 지역이 포함되어 있다. 나아가 전쟁이 확대되어 점령지로 된 화북, 화중, 화남, 동남아시아 제 지역이 새롭게 추가되었다(小林英夫, 위의 논문, 33~58쪽 참조).

7) 1930년대 4대 면방직대기업의 생산체계에 대해서는 김경남, 「1920~30년대 면방대기업의 발전과 노동조건의 변화－4대 면방기업을 중심으로」, 『부산사학』 25 · 26합집, 1994 참조.

8) 일본 면공업은 1940년 2차 고노에(近衛)내각에서 「경제신체제확립요강」을 발표, 면공업이 불요불긴산업으로서 제3차에 걸쳐 재편성되었고, 군수산업으로 전환되었다. 이 재편과정은 양모, 인조섬유, 견방 등의 분야에도 실시되어, 결국 면방 기업을 중심으로 하는 블록화가 실현되었던 것이다. 일본 면공업의 재편에 대해서는 楫西光速 編, 『纖維』 上, 現代日本産業

이러한 국제적 경제 질서 변동과 일본제국주의 내적 모순은 식민지 조선에도 커다란 영향을 미쳤다. 조선에는 광폭면직물을 생산하는 대규모 면방직공장이 일본에서 대대적으로 이전하였고, 화학공업과 전력공업 등 분야에 만주와 중국을 겨냥한 거대 자본이 대규모로 투하되었다. 그리고 이 공장들을 유치하기 위해 조선총독부는 인프라 시스템을 구축하는 정책을 추진하였다. 이 과정에서 실시된 것이 바로 1934년 '조선시가지계획령'이다. 이 도시계획은 이른바 '조선공업화'를 지원하기 위한 인프라 시스템 구축작업으로서, 일본내각과 조선총독부의 중대한 전략적 시책이었다.

식민지 조선의 인프라 구축작업은 제국주의 전쟁과 관련되어 있어 일제와 식민지의 수직적 분업관계 속에서 군수물자 조달과 밀접하게 연관되어 추진되었다는 점에 특징이 있다.

그런데 이렇게 조선에서 공업화가 가능했던 것은 이미 개항장 거류지 일본인들을 중심으로 자본이 집중 · 집적되어 있었으며, 그것을 토대로 그들의 정치 · 경제적 집단망이 형성되었기 때문이다. 또한 농촌이 피폐하게 되자 많은 농민이 도시로 이주하여 상대적 과잉인구가 축적되어 있어, 자본과 노동력면에서 필요충분한 조건이 있었기 때문이었다.[9]

'조선공업화'의 중심에는 화학공업과 면공업이 중심을 이루고 있었다. 그 중심에는 흥남에 본거지가 있던 일본질소계 조선질소공장이 있다. 이 공장을 세우기 위해 흥남에 신도시가 새롭게 만들어졌으며, 시가지계획령 발효 아래 주거지역 · 공업지역이 건설되고 사회간접자본이 만들어졌던 것이다. 공장설립을 위해 신도시가 만들어진 대표적인 케이스이다. 이것은 다음 절에서 다루는 노구치그룹이 탄생한 객관적인 토대가 된다.

---

發達史硏究會, 1937 참조.

9) 조선총독부에서는 농촌인구의 도시집중을 방지하기 위해 각 도청과 방침을 의논하고 있다(朝鮮總督府, 『人口ノ都市集中防止關係』, 1936).

한편 보다 심각한 구조적인 문제를 갖고 있었던 것은 일본자본주의 수출입 구조가 딜레마에 빠져있던 면방직공업이었다. 1937년 6월 22일 일본에서는 ILO 국제노동기구 제23회 총회에서 섬유공업에 관한 노동시간의 단축에 관한 조약이 채택되었다. 이에 따라 기업들은 노동자들에게 장시간 노동을 시킬 수 없었다. 결국 1937년을 기점으로 일본에서는 고급제품을 만들기 시작하였고 광폭면포 생산은 쇠퇴하기 시작하였다.[10] 일본방적연합회는 광폭면포를 생산하는 면방직 공장 생산설비를 효과적으로 활용하기 위해 조선에 면방대기업을 세우고 대대적으로 생산하기 시작하였다. 즉 일본의 사양산업을 조선에 이식시켜 고정자본을 최대한 활용하여 이윤을 극대화하고자 하였다. 장시간 노동과 저렴한 임금, 기숙사를 통한 통제장치 등에 힘입어 생산원가를 절감하고, 엔화 경제블럭을 이용하여 판매망을 확대해 갔다. 일본의 독점적인 면방대기업은 경기도 시흥, 영등포, 전남 광주, 전북 전주 등 개항기부터 형성·발전되어 오던 거점도시들이 아닌 지점에 신시가지를 만들고 공장을 건립하였다.[11] 공장건립 과정에서 재조 일본인 자본가와 상층조선인 자본가들은 총독부의 보조금 지원을 받고, 신도시개발에 따른 토지 상승 효과를 톡톡히 보았다.

한편 1930년대 중반부터 진행된 전시체제기 '조선공업화'는 군수중심으로 재편성되었기 때문에 기술은 비약성을 띠지만 기술 이전은 빈약한 특수성을 가지고 있다. 자립도를 높일 수 있는 생산재 기계 생산을 위한 기술은 거의 이전되지 않았다. 그 때문에 숙련공 대부분은 일본 본국으로부

10) 国際労働機関 国際労働局著, 大日本紡績聯合会(訳), 『世界纖維工業』, 千倉書房, 1937. 일본의 면방대기업에서 광폭면포를 만드는 공장을 조선으로 이전했다는 것이고, 일본에서는 보다 정교한 면방직제품을 만드는 구조로 전환하였다는 의미이다.

11) 면방대기업의 조선 침투에 대해서는 金慶南, 앞의 논문, 1994 ; 金慶南, 「1930·40년대 면방직공업 재편성의 본질」, 『지역과역사』 제2호, 1996 참조. 영등포 공장에 대해서는 金明洙, 「1930年代における永登浦地域の工業地帯の形成ー大工場の進出過程を中心に」, 『三田学会雑誌』 vol.101, 2008 참조.

터 파견되었던 일본인 노동자가 차지하였고, 보조노동자 다수는 식민지 노동자가 담당하는 취업구조가 만들어졌던 것이다.[12] 보조노동자 기능을 완수하기 위한 의무교육이 만주 · 조선 · 대만에서 실시되었다.[13]

이렇듯 식민지 조선이나 대만의 공업화는 일본제국주의의 국내외적 정치 · 경제적 변화 양상에 따라 전략적으로 급속하게 추진되었다. 그것은 면제품 수출에 의존해야 하는 반면 군수생산을 증대하기 위해 면공업을 희생할 수밖에 없는 일본제국주의 경제권 자체 모순구조 때문에 전개된 것이었다.[14] 이러한 국제적 조건과 식민 모국의 정책 변동으로 조선에서 성장하고 있던 자본가들의 네트워크도 불가피하게 변동하게 되었다.

그러면 다음으로 이러한 일제의 식민지체제 속에서 공업화가 진행되는 가운데 조선의 자본가 네트워크는 어떻게 변동되었는지에 대하여 검토해 보기로 하자.

---

12) 노구치 시타가우가 이끄는 흥남 조선질소㈜ 콤비나트의 중추는 비료공장의 비료과와 유안과이었다. 이 두 개과 총 재적수 1,700명 중, 약 7할에 해당하는 1,175명은 일본인으로, 압도적 다수는 일본인 성년노동자이었다. 그 이외 운반, 채광, 채탄으로 된 부차적 부서에는 대다수 육체소모적이고, 기계를 도입하는 것보다 저렴한 식민지 노동력을 도입하는 것이 기업에 유리하였다(野口遵의 흥남질소비료 공장에 대해서는 姜在彦, 『朝鮮における日窒コンツエルン』, 不二出版, 1985 참조).

13) 小林英夫는 식민지시기 물자동원기구에 대해서, 전후에 말단통치기구로서 나아가 외자를 도입하는 기구로서 남아 니즈(NIES)화의 숨겨진 '입역자'라고 주장하고 있다. 물자동원기구가 전시 중에 가장 강고하게 만들어진 곳은 조선 · 대만이고, 조선에는 국민총력조선연맹애국반이, 대만에는 황민봉공회(皇民奉公會) 봉공반이라는 일본의 도나리구미(隣組)와 유사한 조직이 만들어졌다. 이 기구의 성격에 대해서는 식민지공업화 성격과 관련하여 보다 구체적인 검토가 필요하다.

14) 『纖維』, 1937, 323쪽.

### 2) 전시체제기 중역겸임을 통한 자본가 네트워크 실태

본서에서는 전시체제기 중역겸임을 통한 자본가 네트워크 실태를, 조선에 본점기업을 두고 활동하고 있는 자본가를 중심으로 검토하고자 한다. 그 이유는 첫째, 조선에서 이른바 자본의 원축과정을 거치고 있고 산업자본가로 전환하고 있기 때문이다. 둘째, 조선에서 정치 경제적 활동을 하고 있어 총독부의 도시화 공업화 정책과 어떠한 연관구조를 가지고 있는 지 파악하기 용이하기 때문이다. 셋째, 조선본점 기업은 전시체제기에 약 60% 이상을 차지하고 계속 늘어나고 있었고, 무엇보다도 조선에 자본주의적 재생산 구조를 구축하고 있기 때문이다.

전시체제기 변동된 자본가 네트워크의 실태를 파악하기 위하여 1937년판 『조선은행회사요록』을 활용하였다. 대표성을 추출하기 위해 네 개 기업 이상에 중역이나 대주주로 중복하여 참여하고 있는 자본가를 대상으로 분석하였다.[15)]

1937년 현재 전체 기업 4,743개(조선인 1,854사, 日本人 2,691사) 중 4사 이상에 중역을 겸임하고 있는 자본가들을 검출한 결과는 다음과 같다.[16)] 다음은 1937년도 4사 이상을 소유하고 있던 자본가들 명단 및 순위표이다. 1920년과 비교해 볼 때 어떠한 변화가 있는지에 유의하면서 분석해 보자.

---

15) 1937년 8월 말 현재 조선에 있는 본점을 가진 은행회사 4,900여 회사, 일본 및 외국에 본점을 가지고 조선에 지점을 둔 은행회사 150여 사, 조선금융조합연합회 등 각종 조합 1,047사 등을 채록하였다. 1937년은 공칭자본금 10만 원 이상을 대상으로 하였다.

16) 1937년 현재 중역 총수는 7,011명이고, 그 가운데 4社 이상에서 중역을 겸임하고 있는 자는 198명으로서 전체의 3% 정도이다(『要錄』, 1937). 따라서 조선본점 기업에 참여하고 있는 경영자와 자본가의 상위 3%를 분석대상으로 하였다.

[표 5-1] 1937년 4사 이상 기업에 중역을 겸임한 자본가

| 순위 | 회수(社) | 성명 | 민족별 | 순위 | 회수(社) | 성명 | 민족별 | 순위 | 회수(社) | 성명 | 민족별 |
|---|---|---|---|---|---|---|---|---|---|---|---|
| 1 | 16 | 金季洙 | 한 | 41 | 7 | 清水佐太郎 | 일 | 81 | 5 | 岩田逐 | 일 |
| 2 | 14 | 東洋拓殖會社 | 회 | 42 | 7 | 玄俊鎬 | 한 | 82 | 5 | 河駿錫 | 한 |
| 3 | 14 | 清水義壽 | 일 | 43 | 7 | 浦崎政吉 | 일 | 83 | 5 | 齋藤信次 | 일 |
| 4 | 13 | 朝鮮信託 | 회 | 44 | 7 | 上園秀雄 | 일 | 84 | 5 | 平澤喜介 | 일 |
| 5 | 13 | 東條正平 | 일 | 45 | 7 | 木村七郎 | 일 | 85 | 5 | 中村直三郎 | 일 |
| 6 | 13 | 齋藤久太郎 | 일 | 46 | 7 | 中村五郎 | 일 | 86 | 5 | 山本高次 | 일 |
| 7 | 13 | 方義錫 | 한 | 47 | 6 | 日本窒素肥料 | 회 | 87 | 5 | 方禮錫 | 한 |
| 8 | 13 | 荒井初太郎 | 일 | 48 | 6 | 荻生傳 | 일 | 88 | 5 | 朝鮮銀行 | 회 |
| 9 | 12 | 野口遵 | 일 | 49 | 6 | 山野秀一 | 일 | 89 | 5 | 林茂樹 | 일 |
| 10 | 12 | 朝鮮鐵道 | 회 | 50 | 6 | 金東根(?) | 한 | 90 | 5 | 多田榮喜 | 일 |
| 11 | 12 | 大池源二 | 일 | 51 | 6 | 張稷相 | 한 | 91 | 5 | 閔大植 | 한 |
| 12 | 11 | 大島英吉 | 일 | 52 | 6 | 金丸直利 | 일 | 92 | 5 | 山內松平 | 일 |
| 13 | 11 | 香椎源太郎 | 일 | 53 | 6 | 淺野太三郎 | 일 | 93 | 5 | 三井物産 | 회 |
| 14 | 11 | 吉田秀次郎 | 일 | 54 | 6 | 金羽坤 | 한 | 94 | 5 | 金在洙 | 한 |
| 15 | 11 | 田川常治郎 | 일 | 55 | 6 | 安文燦 | 한 | 95 | 5 | 菊池一德 | 일 |
| 16 | 10 | 朝鮮商業銀行 | 회 | 56 | 6 | 內谷萬平 | 일 | 96 | 5 | 木村雄次 | 일 |
| 17 | 10 | 淺野太三郎 | 일 | 57 | 6 | 桶口虎三 | 일 | 97 | 5 | 坂本俊資 | 일 |
| 18 | 10 | 大塚俊雄 | 일 | 58 | 6 | 松井邑次郎 | 일 | 98 | 5 | 車鐘彩 | 한 |
| 19 | 10 | 小倉武之助 | 일 | 59 | 6 | 金性洙 | 한 | 99 | 5 | 伊藤孝一 | 일 |
| 20 | 9 | 新田留次郎 | 일 | 60 | 6 | 張潤河 | 한 | 100 | 5 | 李定宰 | 한 |
| 21 | 9 | 韓百厦 | 한 | 61 | 6 | 瀧上辯二 | 일 | 101 | 5 | 伊藤壽一 | 일 |
| 22 | 9 | 朴興植 | 한 | 62 | 6 | 中山高治 | 일 | 102 | 5 | 橋本央 | 일 |
| 23 | 9 | 朝鮮殖産銀行 | 회 | 63 | 6 | 福島憲治 | 일 | 103 | 5 | 桑田信助 | 일 |
| 24 | 9 | 迫間房太郎 | 일 | 64 | 6 | 新田義民 | 일 | 104 | 5 | 孔鎭恒 | 일 |
| 25 | 9 | 小杉謹八 | 일 | 65 | 6 | 吉川太市郎 | 일 | 105 | 5 | 公文正美 | 일 |
| 26 | 8 | 野田董吉 | 일 | 66 | 6 | 飯澤清 | 일 | 106 | 5 | 安達誠三 | 일 |
| 27 | 8 | 吉田雅一 | 일 | 67 | 6 | 中柴萬吉 | 일 | 107 | 5 | 辻本嘉三郎 | 일 |
| 28 | 8 | 賀田直治 | 일 | 68 | 6 | 田中三郎 | 일 | 108 | 5 | 閔奎植 | 한 |
| 29 | 8 | 佐方文次郎 | 일 | 69 | 6 | 川本彰一 | 일 | 109 | 5 | 佐藤實 | 일 |
| 30 | 8 | 加藤平太郎 | 일 | 70 | 6 | 小林儀三郎 | 일 | 110 | 5 | 成元慶 | 한 |
| 31 | 7 | 都筑康二 | 일 | 71 | 6 | 野附勤一郎 | 일 | 111 | 5 | 今村覺次郎 | 일 |
| 32 | 7 | 東一銀行 | 회 | 72 | 6 | 青柳八百造 | 일 | 112 | 5 | 內田六郎 | 일 |
| 33 | 7 | 朝鮮貯蓄銀行 | 회 | 73 | 5 | 山中宇三郎 | 일 | 113 | 4 | 久保田豊 | 일 |
| 34 | 7 | 進辰馬 | 일 | 74 | 5 | 金鐘翊 | 한 | 114 | 4 | 金田榮太郎 | 일 |
| 35 | 7 | 漢城銀行 | 회 | 75 | 5 | 金漢奎 | 한 | 115 | 4 | 永里高雄 | 일 |
| 36 | 7 | 韓相龍 | 한 | 76 | 5 | 古城憲治 | 일 | 116 | 4 | 清水榮次郎 | 일 |
| 37 | 7 | 石原新造 | 일 | 77 | 5 | 井上賢太郎 | 일 | 117 | 4 | 徐丙朝 | 한 |
| 38 | 7 | 殖産銀行 | 회 | 78 | 5 | 秋本英吾 | 일 | 118 | 4 | 朝鮮火災海上 | 회 |
| 39 | 7 | 朴榮喆 | 한 | 79 | 5 | 朴龍雲 | 한 | 119 | 4 | 金斗河 | 한 |
| 40 | 7 | 加藤鍵治郎 | 일 | 80 | 5 | 崔昇烈 | 한 | 120 | 4 | 入山昇 | 일 |

| 순위 | 회수(社) | 성명 | 민족별 | 순위 | 회수(社) | 성명 | 민족별 | 순위 | 회수(社) | 성명 | 민족별 |
|---|---|---|---|---|---|---|---|---|---|---|---|
| 121 | 4 | 中谷竹三郎 | 일 | 147 | 4 | 西本榮一 | 일 | 173 | 4 | 田中清 | 일 |
| 122 | 4 | 林卯三郎 | 일 | 148 | 4 | 具然祂 | 한 | 174 | 4 | 賀田以武 | 일 |
| 123 | 4 | 坪倉二三 | 일 | 149 | 4 | 金元植 | 한 | 175 | 4 | 立石良雄 | 일 |
| 124 | 4 | 朴基孝 | 한 | 150 | 4 | 青木健三郎 | 일 | 176 | 4 | 迫間一男 | 일 |
| 125 | 4 | 崔昌學 | 한 | 151 | 4 | 富田撤三 | 일 | 177 | 4 | 朴承稷 | 한 |
| 126 | 4 | 森菊五郎 | 일 | 152 | 4 | 金元根 | 한 | 178 | 4 | 福永善太郎 | 일 |
| 127 | 4 | 大橋新太郎 | 일 | 153 | 4 | 金東元 | 한 | 179 | 4 | 青木勝 | 일 |
| 128 | 4 | 金正浩 | 한 | 154 | 4 | 伊藤佐七 | 일 | 180 | 4 | 和田四郎 | 일 |
| 129 | 4 | 杉野多市 | 일 | 155 | 4 | 李聖粲 | 한 | 181 | 4 | 清水金四郎 | 일 |
| 130 | 4 | 有賀光豊 | 일 | 156 | 4 | 興業會社小倉武 | 회 | 182 | 4 | 文在喆 | 한 |
| 131 | 4 | 松村作二 | 일 | 157 | 4 | 權寧禮 | 한 | 183 | 4 | 岩崎眞雄 | 일 |
| 132 | 4 | 河合治三郎 | 일 | 158 | 4 | 金容安 | 한 | 184 | 4 | 飯山太平 | 일 |
| 133 | 4 | 朝鮮運送 | 회 | 159 | 4 | 世良一二 | 일 | 185 | 4 | 船津貞三 | 일 |
| 134 | 4 | 萬代龍助 | 일 | 160 | 4 | 磯部謙哉 | 일 | 186 | 4 | 竹內市郎 | 일 |
| 135 | 4 | 難波彌一 | 일 | 161 | 4 | 鈴木操 | 일 | 187 | 4 | 淺野合名會社 | 회 |
| 136 | 4 | 高橋謙三 | 일 | 162 | 4 | 阿部平松 | 일 | 188 | 4 | 松本市五郎 | 일 |
| 137 | 4 | 韓泳瓚 | 한 | 163 | 4 | 大森熏治 | 일 | 189 | 4 | 小倉安之 | 일 |
| 138 | 4 | 表谷佐平 | 일 | 164 | 4 | 小林源六 | 일 | 190 | 4 | 成業社 | 회 |
| 139 | 4 | 趙俊縞 | 한 | 165 | 4 | 兒玉鹿一 | 일 | 191 | 4 | 李炳學 | 한 |
| 140 | 4 | 谷本茂三郎 | 일 | 166 | 4 | 白樂仲 | 한 | 192 | 4 | 福井武次郎 | 일 |
| 141 | 4 | 夏目十郎兵衛 | 일 | 167 | 4 | 白樂元 | 한 | 193 | 4 | 天日光一 | 일 |
| 142 | 4 | 小野元太 | 일 | 168 | 4 | 崔準集 | 한 | 194 | 4 | 東拓鑛業 | 회 |
| 143 | 4 | 播本恒太郎 | 일 | 169 | 4 | 朴弼秉 | 한 | 195 | 4 | 三木喜延 | 일 |
| 144 | 4 | 濱田惟和 | 일 | 170 | 4 | 荒井健五郎 | 일 | 196 | 4 | 增田定吉 | 일 |
| 145 | 4 | 田中貢 | 일 | 171 | 4 | 李天應 | 한 | 197 | 4 | 大光興業會社 | 회 |
| 146 | 4 | 藤田雄吉 | 일 | 172 | 4 | 金?? | 한 | 198 | 4 | 內藤熊喜 | 일 |
| | | | | | | | | | | | |

[표 5-2] 1937년 4사 이상 빈출 자본가의 민족별 비율

| 보유수(단위:社) | 전체(단위:명) | 일본인(단위:명) | 비율(%) | 조선인(단위:명) | 비율(%) | 회사(단위:사) | 비율(%) |
|---|---|---|---|---|---|---|---|
| 16사 | 1 | 0 | 0 | 1 | 100 | 0 | 0 |
| 14사 | 2 | 1 | 50 | 0 | 0 | 1 | 0 |
| 13사 | 5 | 3 | 60 | 1 | 20 | 1 | 20 |
| 12사 | 3 | 2 | 67 | 0 | 0 | 1 | 33 |
| 11사 | 4 | 4 | 100 | 0 | 0 | 0 | 0 |
| 10사 | 4 | 3 | 75 | 0 | 0 | 1 | 25 |

| | | | | | | | |
|---|---|---|---|---|---|---|---|
| 9사 | 6 | 3 | 50 | 2 | 33 | 1 | 17 |
| 8사 | 5 | 5 | 100 | 0 | 0 | 0 | 0 |
| 7사 | 16 | 9 | 56 | 3 | 19 | 4 | 25 |
| 6사 | 26 | 19 | 73 | 6 | 23 | 1 | 4 |
| 5사 | 40 | 26 | 65 | 12 | 30 | 2 | 5 |
| 4사 | 86 | 56 | 65 | 23 | 27 | 7 | 8 |
| 합계 | 198 | 131 | 66 | 48 | 24 | 19 | 10 |

[표 5-1]과 [표 5-2]에서 보면, 4개 기업 이상에 겸임하고 있는 자본가 전체 198명 중 일본인이 131명(66%), 조선인이 48명(24%), 투자기업 비율이 19사(10%)이다. 1920년과 비교해 보면, 조선인 자본가가 차지하는 비율이 상당히 높아졌고, 투자기업의 대주주 참여비율이 높아진 것이 새로운 변화이다. 투자기업이 대주주가 된 것은 결국 일반인 은행예금이나 일본은행으로부터 차입이 늘어나고, 그것을 기업에 투자하는 형태로 진행되었다는 것을 의미한다. 그런 의미에서 자본주의하에서 일반인→ 은행→ 신탁회사→ 투자기업이라는 금융자본의 일반적인 흐름이 이 시기에 이미 형성되었다는 것을 알 수 있다.

1930년대 중반이 되면 개항도시에는 일본인이 조선에 정착한지 이미 60년 정도 되었기 때문에 일본인 2세·3세가 도시 생활의 주인공이 되었다. 개항 초기부터 한국에 이주하여 많은 부를 축적한 일본인 자본가들은 지역에서 유력자가 되어 도시정책 결정과정을 좌지우지할 정도로 역량을 키워 나갔다. 그들은 1930년대가 되면 전국적으로 개발된 거점도시를 중심으로 자본을 투자하였다. 도시에서는 자본주의적 생활방식이 정착되어갔다고 할 수 있다.

한편 주목되는 것은 조선인 자본가가 눈에 띄게 성장한 것이다. 4사 이상 자본가 중에서 조선인 김연수(金季洙)가 16개 회사에 대주주로서 중역을 겸임하고 있고, 방의석도 13개사에서 중역을 겸임하고 있다. 그들은 모두 1920년경에는 3사 이상 빈출자 순위에도 들지 못했었다. 그러나 이 시기에는 일본인과 조선인을 통틀어서 가장 많은 곳에 중역을 겸임하고 있는 자본가가 김연수이다. 아마도 일본자본에 대항하기 위해서 많은 기업에 중역으로 참여하여 정보망을 구축해야만 했던 상황을 짐작할 수 있게 한다.

김연수가 중역으로 관계를 맺고 있었던 기업 네트워크는 대체로 두 부류로 나눌 수 있다. 하나는 경성방직계 조선인 기업의 중역겸임과 대주주들이다. 그는 경성방직을 비롯하여, 해동은행, 동아일보사, 중앙상공주식회사의 취체역 회장이나 사장이었다. 이 기업들은 조선인중심 기업이었다. 다른 하나는 식산은행계 관련 기업이다. 김연수는 경성방직 설립자금을 초기부터 조선식산은행에서 총독의 추천으로 대출받았으며, 조선신탁과 동양척식의 감사로 다른 국책 기업과 연관을 맺었다. 그리고 조선석유, 경춘철도의 취체역, 조선저축은행, 조선제련 등에서도 감사역을 맡아 중역과 대주주로 네트워크를 넓혔다.[17] 그는 경방을 기반으로 많은 기업의 중역을 맡고 대주주가 되어 재계와 긴밀한 정보를 확보하였다. 이 때문에 해방 이후에도 삼양그룹으로 발전한 토대가 되었다고 생각된다.

김연수와 방의석은 조선인 자본가가 일제하에 성장한 대표적인 케이스라고 할 수 있다. 그들의 공통점은 많은 회사를 보유하고 있으며, 대주주로서 중역을 겸임하고 있다는 점이고, 그리고 각각 동아일보와 조선일보

---

17) 주익종은 경방의 성공은 제국의 후예가 아니라 제국의 척병이기 때문이라고 주장하고 있다(주익종, 「경성방직(주)의 초기 경영」, 『경제사학』, 경제사학회, 2001, 61쪽). 이것은 조선인의 경영방식에 대한 검토를 통해 검출한 것이지만, 거기에는 총독부의 금융적 지원이라는 구조적인 문제를 보지 못하는 한계를 가지고 있다. 경방의 성공은 총독의 추천과 조선식산은행, 만주흥업은행 등의 금융적 지원 없이는 불가능한 것으로, 외자유치가 결정적 역할을 하기 때문이다

등 언론매체를 소유하고 있다는 점이 특징적이다. 이들이 총독부 권력을 등에 업고 사업을 확장할 수 있었던 것도 언론매체를 통해 자신들의 입장을 대중들에게 전달할 수 있었기 때문이었을 것이다.[18)]

또한 이들은 면방직업, 자동차업 등에서 중역 겸임이라는 경영방식을 통해 일본인들과 정보를 교류하였고, 그 정보를 활용하여 자신들의 회사를 늘려나가는 방법으로 자본을 집중하였던 것이다.[19)]

이들 뿐만 아니라 조선의 시부자와라고 평판이 자자한 한상룡과 몇몇 자본가들은 방직업, 은행업, 자동차업 등에 진출하였다. 조선인 약 100여 명도 주주이면서 동시에 중역을 겸임하여 기업 경영에 적극적으로 참가하였다. 이들은 총독부의 만주·중국 침략과 궤를 같이 하면서 성장 발전하였다는 특징을 가지고 있다.

조선인 자본가들은 총독부라는 식민지 정부가 들어섰기 때문에, 서구의 부르주아처럼 근대적 부르주아가 주체가 되는 정부를 구성하기 위한 부르주아 혁명 세력으로 성장할 수 없었다. 조선에서 자본가들의 자본축적 시스템은 총독정치에 밀착하는 정경유착 구조 속에서만 온존 성장할 수 있는 시스템이었다. 이 때문에 조선인 자본가들은 물론 조선에서 성장하여 자본을 축적해 온 재조일본인들은 독립된 서구의 근대적 행정부에 대비되는 식민지 행정부인 총독부를 무너뜨리는 주체가 될 수 없었다. 이것이 조선에서 성장한 자본가의 식민지적 정경유착 고리이며, 한국 자본주의 형성의 식민지적 특징 가운데 하나라고 할 수 있다.

---

18) 기업의 언론플레이 문제는 현대에 와서까지 문제가 되고 있지만, 조선일보나 동아일보의 일제시기 총독부 정책 찬양과 관련하여 시사하는 바가 크다.

19) 종래의 연구동향과 관련하여 한 가지 짚고 넘어가야 할 것은 조선인 회사 특징의 하나로서 자본금 규모의 영세성이 지적되어왔다. 규모의 영세화경향은 평균자본금의 추이를 민족회사별로 비교하는 것에 의해 설명되어왔다. 그러나 경성그룹, 방의석그룹의 존재에서 알 수 있듯이, 대기업과 중소기업의 평균을 내어 자본의 영세화경향에 대해 말하는 것은 별로 의미가 없다고 할 수 있다.

[그림 5-1] 1937년 현재 조선재적 자본가 그룹의 형성과 분포지역

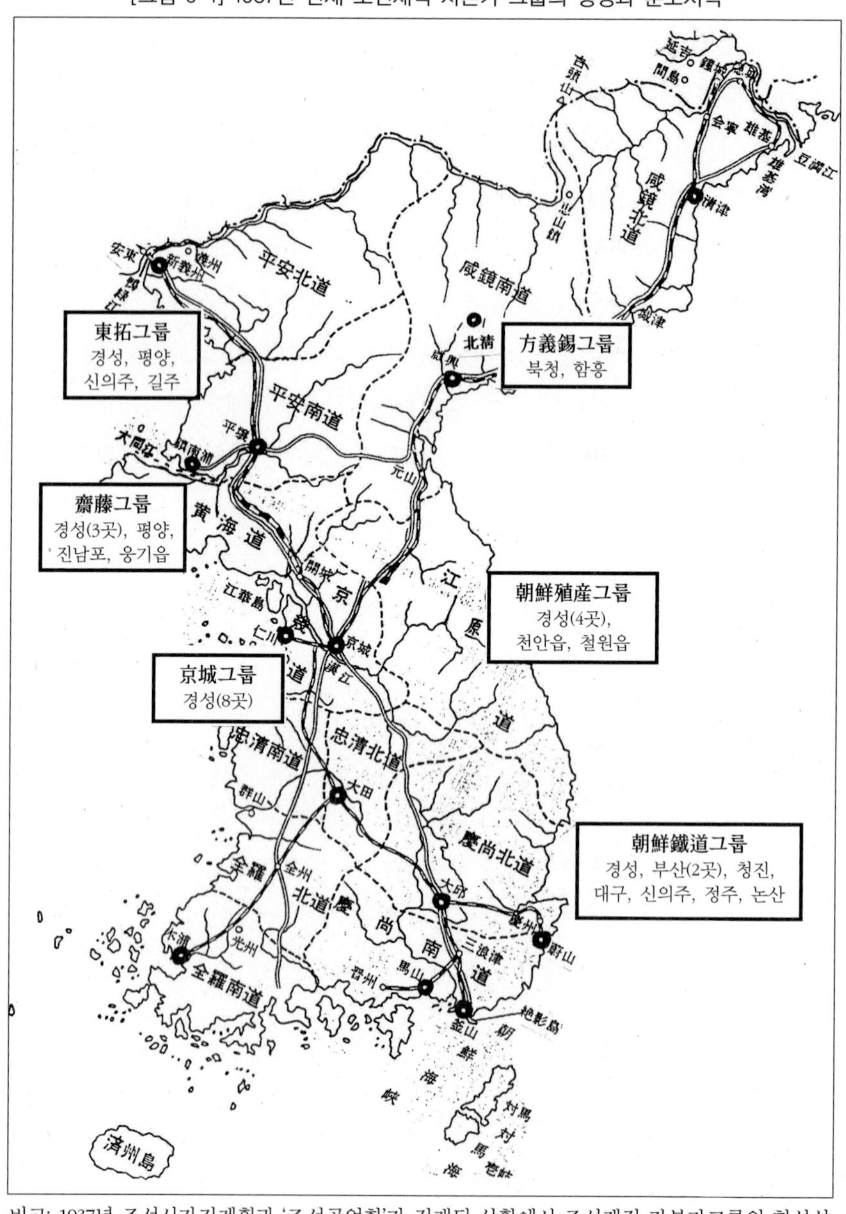


비고: 1937년 조선시가지계획과 '조선공업화'가 전개된 상황에서 조선재적 자본가그룹의 형성실태 표시.

### 3) 주요 자본가 그룹의 식민지적 특징

조선에 본점을 둔 4개 기업 이상에서 중역과 대주주를 겸임하고 있었던 자본가들을 분석한 결과 9개 그룹이 추출되었다. 이 그룹들을 자본유형별로 분류하면 대체로 국책자본그룹(동척 · 금융 · 교통관련그룹), 일본인주도 그룹(화학공업계 노구치(野口)그룹 · 사이토(齋藤)그룹, 조 · 일합작그룹(면방직업계와 식산은행계 경성그룹(면방직 김연수계와 식산은행계), 조선인 주도 그룹(방의석 그룹)으로 나눌 수 있다. 그것의 전국적인 분포는 [그림 5-1]과 같다.

다음으로는 각 그룹에 속한 기업 실태 및 자본가들의 중역으로서 역할 등에 대해 검토해보고자 한다.

#### ① 국책관련 그룹

**동척관련그룹**

이 그룹은 동양척식주식회사(이하 동척으로 약칭)가 투자하고 있는 4개 이상의 기업에 자본가들이 중역과 대주주로 연결되어 있기 때문에 동척관련그룹이라고 명명하였다. 그러면 이 그룹의 실태와 중역겸임으로 네트워크를 형성하고 있는 자본가들의 특성에 대하여 살펴보자.

[표 5-3] [표 5-4]에서 보는 바와 같이, 이 그룹에는 1919년에 설립된 서선합동전기를 비롯하여, 1930년대에 설립된 조선미곡창고, 북선제지화학공업, 다사도철도주식회사, 선만척식주식회사 등이 포함되어 있다. 이 그룹과 관련되어 있는 기업의 총 자본금은 공칭자본금 62,250,000원 불입 24,105,250원으로 조선에서 내로라하는 기업 네트워크의 자본 규모라고 할 수 있다. 이 그룹은 경성 남대문, 평양 선교리, 신의주 녹정, 함북 길주군

영북면에 본점을 설치하고 공장을 세웠다.[20]

[표 5-3] 동척관련 그룹의 실태 및 자본금

| 개수 | 자본금 순위 | 회사명 | 소재 府郡 | 소재 町村 | 설립년 | 자본금 (円) | 불입금 (円) |
|---|---|---|---|---|---|---|---|
| a-1 | 14 | 선만척식(주) | 경성부 | 북미창 | 1936년 | 20,000,000 | 8,000,000 |
| a-2 | 25 | 북선제지화학공업(주) | 함북길주군 | 영북면 | 1935년 | 20,000,000 | 5,000,000 |
| a-3 | 13 | 서선합동전기(주) | 평양부 | 선교리 | 1919년 | 14,250,000 | 8,205,250 |
| a-4 | 54 | 조선미곡창고(주) | 경성부 | 남대문 | 1930년 | 5,000,000 | 2,000,000 |
| a-5 | 107 | 다사도철도(주) | 신의주부 | 녹정 | 1935년 | 3,000,000 | 900,000 |
| 합계 | | | | | | 62,250,000 | 24,105,250 |

[표 5-4] 동척관련 그룹의 중역자 및 겸임회수

| 회사명 / 성명 | 선만척식 주식회사 | 북선제지화학 공업주식회사 | 서선합동전기 주식회사 | 조선미곡창 고주식회사 | 다사도철도 주식회사 | 그룹내 겸임회 수(社) | 역원겸 임회수 (社) |
|---|---|---|---|---|---|---|---|
| 荒井初太郎 | | | | 감사역 | | 1 | 13 |
| 香椎源太郎 | | | 취체역사장 | | | 1 | 11 |
| 淺野太三郎 | | 감사역 | | | | 1 | 10 |
| 朴興植 | | 취체역 | | | | 1 | 9 |
| 佐方文次郎 | | | 취체역 | 감사역 | | 2 | 8 |
| 吉田雅一 | | | | | 감사역 | 1 | 8 |
| 加藤鍵治郎 | | | 취체역 | | 취체역 | 2 | 7 |
| 韓相龍 | | 감사역 | | | | 1 | 7 |
| 朴榮喆 | | 감사역 | | 취체역 | | 1 | 7 |
| 通口虎三 | | | 감사역 | | | 1 | 6 |
| 多田榮喜 | | 상담역 | | | | 1 | 5 |
| 林茂樹 | | | | 취체역 | | 1 | 5 |
| 朴龍雲 | | | | | 감사역 | 1 | 5 |
| 木村雄次 | | | | | 취체역 | 1 | 5 |
| 崔昌學 | | | | | 취체역 | 1 | 4 |

20) 조선총독부, 『관보』, 1938.

이 기업들의 특징은 왕자제지의 계열회사 왕자증권이 조선에 투자한 기업이 중심으로서, 동척, 조선은행, 식산은행 등이 모두 같은 기업에 자본을 투자하고 있다.[21]

원래 동척은 1908년 일제의 식민단체인 동양협회에서 만들었으며, 농업경영과 이민사업을 수행하기 위하여 설립한 반관반민 형태로 설립된 국책회사였다.[22] 1917년 7월 동양척식주식회사법 개정을 통해 금융기관으로 변하였고, 영업지역도 조선 이외 지역으로 확대하였다. 그러나 산미증식계획 실패로 경영위기에 몰려, 그 돌파구를 철도, 전기 등 기반산업과 30년대 공업화 중심업종인 화학공업으로 확대하였다.

위의 표에 나타나 있는 가장 중요한 인물들로는 동척의 조선총독이라고 불리면서 실질적으로 주도한 시가타 후미지로(佐方文次郎),[23] 농업·공업·광업·서비스업 등 글로벌경영을 하면서 조선재계의 2대 권위자라고 알려진 아라이 하쓰타로(荒井初太郎)[24]가 있다. 그리고 부산그룹의 수산왕 가

---

21) 선만척식 대주주와 주식수는 다음과 같다. 趙炳甲(11700), 秋田秀穗(11600), 朝鮮信託(7700), 東拓, 朝鮮銀行, 殖産銀行(각 5000), 崔昌學(5000), 漢城銀行(4600) 등. 북선제지화학은 왕자증권회사 207,797주, 다사도철도는 왕자증권회사 39,400주, 東拓 3000, 朝鮮銀行3000, 殖産銀行 2000, 崔昌學 1000 등이다(『요록』, 1940년판).

22) 동양척식주식회사에 대해서는 다음 논문을 참조. 河合和男·金早雪·羽鳥敬彦·松永達, 『國策會社·東拓の研究』, 不二出版, 2000 참조.

23) 시가타는 동척의 '조선총독'이며, 동척의 '조선군사령관격'이라는 세평이 있을 정도로 동척이 키워낸 자본가이었다. 그는 도쿄제국대학 경제학과 출신으로서 대학 졸업 직후 동척 경성지점에서 근무하였다. 강경·사리원·원산에서 각각 감사과장·경성지점장·대부과장을 역임하였다. 이후 장년기에는 동척지점 만주·봉천근무, 하얼삔지점장·대련지점장을 역임하였다. 정치적으로는 특히 위원을 역임한 것은 없으나, 조선신궁봉찬회 고문, 재단법인 조선예방협회평의원을 역임하였다. 『事業と鄕人』.

24) 아라이는 1868년 3월 토야마현(富山縣)출신으로 일본 자유당계 정치가였다. 기타류쿠구미(北陸組)를 설립하고 홋카이도(北海道)토목사업에 진출하면서 사업가가 되었다. 1904년 경부선 철도 건설과 관련하여 내한(來韓)하였으며, 아라이구미(荒井組)를 새롭게 설립하여 압록강 철교를 가설하였다. 이후 인천미두취인소장(仁川米豆取引所長)으로 조선광업회 이사를 겸임하였고, 조선축산회 부회장, 조선경마구락부 회장 등을 역임하였다. 그의 사업은 농업·공업·광업·서비스업 등 실로 광범위하다. 용산공작·북륙기선·가라후토(樺太)임업·조선정미·조선화약총포까지 경영하였다. 가라후토·대만에서도 사업을 확장하여, '수완꾼'

시이 겐타로(香椎源太郎),[25] 신의주에서 자본가로 성장한 가토 겐지로(加藤鍵治郎)[26] 등이다. 주요 인물들은 모두 역원겸임회수가 4개 기업 이상에서 중역 겸임과 대주주로 회사 경영을 장악하고 있으며, 일본인과 조선인 공조체제로 추진하고 있다는 것을 알 수 있다.

조선인으로는 박흥식이 북선제지의 이사로, 한상룡, 박영철이 같은 기업의 감사를 역임하고 있고, 박영철이 조선미곡의 이사로 활동하였다. 그리고 최창학이 다사도철도의 이사를 역임하면서 네트워크를 형성하고 있다. 이 그룹 내에서 조선인들은 이사와 감사역할을 담당하고 있다. 이것은 1920년대에 비한다면 전시체제기에는 조선인들도 중역으로 경영에 참가할 수 있었다는 것을 말해준다. 하지만 국책회사나 일본인회사에 사장이나 전무이사가 되지 않는 한 조선인 이사나 감사들의 역할은 한정된다고 할 수 있을 것이다. 그럼에도 불구하고 여기에 참가하고 있는 조선인들은 모두 총독정치에 밀착되어 정경유착구조를 형성하면서 자본을 축적하는 지역의 몇 안 되는 유력 상층 자본가들이다.

---

으로서 '조선사업계 2대 권위'로 불릴 정도이다. 『事業と鄕人』, 145쪽.

25) 가시이는 후쿠오카현(福岡縣)사람으로 1867년 태생. 1936년 현재 조선와사전기 사장, 일본경질도기(日本硬質陶器) 사장이다. 가쓰가이(勝海舟) 문하에서 수학하여 이토 히로부미(伊藤博文)와 연결되었고, 개화파 김옥균과도 교류하였다. 그는 동학농민전쟁이 발발했던 1894년에 이미 조선을 시찰하였고, 1905년에는 이토 히로부미 주선으로 경남 거제도 · 가덕도의 이왕가어장에 대한 어업관리권을 획득하였다. 그는 부산상공회의소 회두, 조선철도협회 평의원, 제국철도협회 평의원회원으로서 활동하였다. 조선송전 · 서선전기 · 경부수산의 중역이며, 남선합동전기의 회장이다.
정치적으로는 부산부회의원 · 경남도회의원 · 총독부 산업조사회의원으로 활동하였다. 부산거류민단장을 역임하였으며 부산국방회장까지 역임하였다. 상하수도 부설을 테라우치(寺內) 총독에게 건의하여 실현할 정도로 지역의 유력자였다. 그는 하자마 · 오이케와 함께 부산의 3대 자본가로서 특별한 유지 중 한 사람이다. 그 또한 초기 정주 일본인으로서 지역사회에 유지가 되었고, 정치권 연줄로 많은 이권을 획득하여 치부한 대표적 케이스이다. 『事業と鄕人』, 302쪽.

26) 가토는 일본 기후현(岐阜縣)사람으로, 1905년 미곡상으로 실업계에 출발하였다. 중국 안동(安東)과 상권 경쟁에 직면하여 활약하였다. 1937년 현재 신의주 상공회의소 회두로서, 신의주은행 사장이며, 도회의원 · 압록강일보 사장이다. 『事業と鄕人』.

이 그룹의 선만척식에는 동척, 만철, 식산은행, 조선은행 등 국책회사들이 대주주이다. 동척과 만철이 각 십만 주, 식산은행이 6만 주, 조선은행 4만 주, 미쓰이, 미쓰비시가 각 2만 5천 주를 소유하고 있다.

북선제지화학은 계열회사 왕자증권회사가 최대주주이며, 중역진 가운데 4개 이상에서 중역을 겸임하고 있는 인물은 이사 박흥식, 감사 한상룡 상담역 다다 에이기치(多田榮吉) 등이다.

그런데 표에는 나타나있지 않지만 이 그룹과 연관되어 있는 주요 자본가 왕자제지의 후지하라 긴지로(藤原銀次郎)를 들 수 있다. 후지하라(1869.7.25~1960.3.17)는 미쓰이 재벌의 중심인물로서 제지업을 통폐합하여 왕자제지 사장이 되었기 때문에 '제지왕'으로 불렸다. 그는 본토에서 귀족원(貴族院)의원에 칙선되었고, 요네우치 내각(米内内閣)의 상공대신, 도조내각(東條内閣)의 국무대신, 고이소(小磯内閣)의 군수대신까지 역임하였다.

그는 다사도철도에도 자본을 투자하고 회장을 역임하였다. 다사도철도는 같은 계열사인 왕자증권회사가 39,400주를 투자하였다.[27] 최창학이 이사와 대주주로 중역을 겸임하고 있다.

이처럼 이 그룹은 미쓰이 계통의 후지하라 긴지로가 대자본을 투자하고 있고, 중역진에는 재조일본인 자본가 거물들이 포진하고 있다. 특징적인 것은 1920년대 배타적으로 일본인들로만 구성되어 부산그룹의 주요 멤버이었던 가시이의 경우, 전시체제기가 되면 전국적인 레벨로 확장된 점과 조선인도 같이 국책기업에 참여하고 있다는 점이다.

이처럼 동척관련 그룹의 주요 인물들은 전문경영인과 토목사업 · 수산

---

27) 다사도철도의 사장은 生田淸三郎이다. 중역진은 다음과 같다. 상무이사 菅野精三, 이사는 高島菊次郎, 足立正, 木村雄次, 横生半三郎, 加藤銕治郎, 崔昌學, 池田信, 牟田吉之助, (감사) 松本弘造, 吉家敬造, 吉田雅一, 李熙迪, 白基肇이다. 상담역은 多田榮吉이다(『要錄』, 1940년판).

업·미곡업 등 분야에서 실업계의 권위자로서 중역을 겸임하고 대주주로 네트워크를 형성하고 있었다. 이들은 조선의 주요 도시 경성, 인천, 신의주, 부산 등 일제시기 건설된 도시에서 자본을 축적한 자들이었으며, 지역의 대표적인 유력자이었다. 또한 이 그룹 출신들 중 재조일본인은 모두 일본의 세력권을 무대로 자본을 축적하고 있는 재계의 거물들이었다. 또한 조선인 자본가들도 재계를 대표하는 상층 유력자들이었다.

### 금융관련 그룹

이 그룹은 주요 대주주가 모두 조선신탁, 조선상업은행, 조선저축은행, 식산은행, 조선은행 등 금융과 관계되어 있기 때문에 금융그룹이라 명명하였다.

이 그룹들에 속한 기업들은 [표 5-5]에서 보는 바와 같이, 설립시기가 주로 1908년부터 1922년에 설립된 것으로 일제의 침략초기에 주로 형성된 것들이다. 초기에 진출한 업종은 은행업·보험업과 전기·철도 등 기간산업이었으며, 1932년도에는 조선신탁이 이 그룹의 기업 모두에 대주주로 참가하고 있다. 전체 기업 중 자본금 순위가 모두 높은 기업들로 이루어져 있다. 기업은 경성지역에 집중적으로 분포되어 있고 강원도 철원과 충남 천

[표 5-5] 금융관련 그룹의 실태 및 자본금

| 개수 | 자본금 순위 | 회사명 | 소재 府郡 | 소재 町村 | 설립년 | 자본금(円) | 불입금(円) |
|---|---|---|---|---|---|---|---|
| b-1 | 3 | 조선식산은행 | 경성부 | 남대문 | 1918년 | 30,000,000 | 25,000,000 |
| b-2 | 9 | 경성전기(주) | 경성부 | 남대문 | 1908년 | 15,000,000 | 15,000,000 |
| b-3 | 11 | 조선경남철도(주) | 충남천안 | 천안읍 | 1920년 | 10,000,000 | 10,000,000 |
| b-4 | 15 | 금강산전기철도(주) | 철원군 | 청원읍 | 1919년 | 12,000,000 | 7,800,000 |
| b-5 | 44 | 조선신탁주식회사 | 경성부 | 남대문 | 1932년 | 10,000,000 | 2,500,000 |
| b-6 | 77 | 조선화재해상보험(주) | 경성부 | 태평통 | 1922년 | 5,000,000 | 1,250,000 |
| 합계 | | | | | | 82,000,000 | 61,550,000 |

안에도 분포되어 있다. 자본금은 공칭 8천2백만 엔, 불입 6천1백만 엔이다.

[표 5-6] 금융관련 그룹의 중역자 및 겸임회수

| 성명 \ 회사명 | 조선식산은행 | 경성전기(주) | 조선경남철도(주) | 금강산전기철도(주) | 조선신탁(주) | 조선화재해상보험(주) | 그룹내 겸임 회수(社) | 역원 겸임 총회수(社) |
|---|---|---|---|---|---|---|---|---|
| 東條正平 | 이사결원 | | | | | | 1 | 13 |
| 香椎源太郎 | | | | | | 취체역 | 1 | 11 |
| 韓相龍 | | | | | | 취체역 | 2 | 7 |
| 淸水佐太郎 | | | | | | 감사역 | 1 | 7 |
| 進辰馬 | | | | | | 취체역 | 1 | 7 |
| 閔大植 | | 감사역 | | | 취체역 | | 2 | 5 |
| 菊池一德 | 상임감사 | | | | | | 1 | 5 |
| 木村雄次 | | | | | 취체역 | | 1 | 5 |
| 井上賢太郎 | | | 취체역 | | | | 1 | 5 |
| 金漢奎 | | | | | 감사역 | 감사역 | 2 | 5 |
| 林茂樹 | | | | | 취체역 | 취체역 | 2 | 5 |
| 徐丙朝 | | | | | | 취체역 | 1 | 4 |
| 金季洙 | | | | | 감사역 | | 1 | 16 |
| 朴榮喆 | | | | | 취체역 | | 1 | 7 |
| 朝鮮信託 | 대주주 | 대주주 | 대주주 | | 대주주 | 대주주 | 6 | |
| 朝鮮商業銀行 | 대주주 | 대주주 | 대주주 | | 대주주 | 대주주 | 6 | |
| 漢城銀行 | 대주주 | | | | | 대주주 | 3 | |
| 朝鮮貯蓄銀行 | 대주주 | 대주주 | 대주주 | | 대주주 | | 5 | |
| 東一銀行 | | | 대주주 | | | | 2 | |
| 殖産銀行 | | | | | | 대주주 | 2 | |
| 朝鮮銀行 | | | | | | 대주주 | 1 | |

이 그룹은 조선이 자본가들이 중심이 되어 재조일본인 자본가들과 연결되어 있다. 조선인 자본가로서는 한상룡, 박영철, 김연수, 민대식, 김한규, 서병조 등 조선인 유력 자본가들이 금융권과 네트워크를 형성하고 있다는 것을 알 수 있다. 재조일본인은 기구치 잇도쿠(菊池一德), 가시이 겐타로(香

椎源太郎), 신 다쓰마(進辰馬), 하야시 시게키(林茂樹) 등이 중역을 겸임하고 있다.

조선신탁 대표인 한상룡은 "조선의 시부자와 에이이치(澁澤榮一)"라고 할 정도로 당시 재계의 중심인물이었다. 그와 박영철은 조선인 중 재계 최고의 지위를 가진 자본가들이다. 한상룡은 기울어가는 한성은행을 살려냈고, 동척, 식은, 조우(朝郵), 제당, 방적, 축산흥업, 농업개량, 천연 얼음, 화재해상, 서적인쇄, 생명보험, 신탁 등 실로 다종다양한 기업에 관계하고 있었다. 그는 이른바 조선 재계에서 '값나가는' 은행이나 회사를 설립할 때는 반드시 중역이 되어 산파역을 하였다. 그는 정치적으로는 도회의원 일 뿐만 아니라, 중추원 참의로서, 역대 총독들에게 모두 인정받은 대표적인 친일파이다.[28]

조선상업은행 대표인 박영철은 일본 육군사관학교 출신으로서 하세가와의 직속 부하였기 때문에 테라우치, 하세가와 총독에게 발탁되어 익산군수에서 시작하여 함경도, 강원도지사를 지내고 중추원 참의가 된 인물이다. 그의 부친 박기순은 전주와 익산의 대지주로서 삼남은행 대표이다. 당시 사람들은 그를 토지왕이라고 불렀다. 박영철은 부친의 재력과 함께 총독 라인의 사람으로서 행정계와 재계의 실력자가 되었다. 그는 1928년부터 조선상업은행의 부사장이 되었고 대주주가 되어 중앙 재계로 진출하였다. 1930년에는 상업은행 사장이 되어 조선인들에 대한 금융지배를 공고히 하였다.[29]

그는 전시체제기가 되면 조선의 대륙병참기지화를 위한 물자총동원제

28) 『事業と鄕人』, 160~162쪽 ; 『韓相龍君を語る』, 韓相龍氏還曆紀念會, 1941.

29) 朴栄喆, 『五十年の回顧』, 1929. 박기순 박영철에 대해서는 최원규, 「일제하 한국인지주의 농장경영과 자본전환－전북 옥구군 서수면 사례」, 홍성찬 · 최원규 · 이준식 · 우대형 · 이경란, 『일제하 만경강 유역의 사회사』, 혜안, 2006 참조.

제를 지원하기 위해 시국 관련 기구의 총무를 도맡아 처리하였다. 또한 재계를 이끌어 총독부 지배정치가 원활하게 돌아가도록 주도하였다.

이 금융그룹에 관련되어 있는 조선인 자본가들은 모두 해방 이후 반민족행위특별법 위반으로 조사를 받았으며,[30] 현재까지도 친일행각에 대한 역사적 재판은 미완의 상태로 계속되고 있다.

한편 이 금융그룹에는 재조일본인 중 관료출신으로서 낙하산 인사 출신 하야시 시게키(林茂樹)를 비롯하여 조선에서 성장한 기구치 잇도쿠(菊池一德), 신 다쓰마(進辰馬)가 참가하고 있다. 부산 그룹의 가시이 겐타로(香椎源太郎)도 이 금융관련 그룹에 관여하고 있다.

이 금융관련 그룹에는 조선인 자본가 중 재계의 대표적인 유력자들이 모두 중역과 대주주로서 참여하고 있고, 재조일본인 관료출신과 조선에서 성장한 일본인 자본가들이 연관되어 있다. 요컨대 상층 조선인 자본가와 재조일본인 자본가들이 금융관련 그룹으로 네트워크를 통해 자금원으로 활용하는 구조를 만들었다는 것을 알 수 있다.

### 교통관련그룹의 실태

교통관련 그룹에 속한 기업들은 주로 1930년대에 설립되었으며, 철도·자동차·철공소 등 모두 도로·교통 등 기간산업과 관련되어 있어 교통관련그룹이라고 명명하였다. 경부선, 경원선을 따라 부산·대구·논산·경성·신의주 등 식민 도시 건설이 진행된 곳에 분포되어 있으며, 평북 정주와 함북 청진으로 가는 철도노선에도 분포되어 있다. 그룹이 포함되어 있는 자본금은 공칭 6,097만 엔으로 2,174만 엔을 불입하였다.

---

30) 정운현 편, 『풀어서 본 반민특위재판기록』 Ⅰ, Ⅱ, Ⅲ, Ⅳ, 선인, 2009.

[표 5-7] 교통관련그룹의 실태 및 자본금

| 개수 | 자본금 순위 | 회사명 | 소재 府郡 | 소재 町村 | 설립년 | 자본금 (円) | 불입금 (円) |
|---|---|---|---|---|---|---|---|
| c-1 | 5 | 조선철도주식회사 | 경성부 | 고시정 | 1916년 | 54,500,000 | 17,650,000 |
| c-2 | 102 | 경남자동차주식회사 | 부산부 | 영정 | 1931년 | 1,000,000 | 1,000,000 |
| c-3 | 108 | 조철자동차흥업(주) | 경성부 | 고시정 | 1936년 | 3,000,000 | 900,000 |
| c-4 | 208 | 함북자동차주식회사 | 청진부 | 항정 | 1933년 | 500,000 | 400,000 |
| c-5 | 221 | 경북화물자동차(주) | 대구부 | 금면 | 1936년 | 330,000 | 330,000 |
| c-6 | 227 | 공영자동차(주) | 대구부 | 행정 | 1928년 | 320,000 | 320,000 |
| c-7 | 225 | 조선교통주식회사 | 평북정주 | 정주읍 | 1934년 | 320,000 | 320,000 |
| c-8 | 226 | 충남자동차운수(주) | 충남논산 | 논산면 | 1929년 | 500,000 | 320,000 |
| c-9 | 243 | 선만교통주식회사 | 신의주 | 영정 | 1925년 | 300,000 | 300,000 |
| c-10 | 333 | 출구철공소 | 부산부 | 수정정 | 1935년 | 200,000 | 200,000 |
| 합계 | | | | | | 60,970,000 | 21,740,000 |

교통그룹을 이끄는 대표적인 자본가는 도조 쇼헤이(東條正平), 노다 도기치(野田董吉)로서, 이 그룹에서 대주주이면서 중역을 겸임하고 있는 자본가이다. 도조는 기업의 중역을 겸임한 기업 총 수가 13개이며, 3개 회사 사장이고 그룹 내 9개 회사에 중역으로 참가하고 있다.

도조는 1937년 현재 조선철도 전무취체역으로서 1877년 가가와현(香川縣) 출신이다. 대구에 본사가 있는 조선중앙철도 감사역으로 내한하였다. 1899년 일본의 중앙대학을 졸업하고 실업계에 진출하여 수력전기사업에 관계하였다. 조선철도에서 방계 여러 회사, 즉 조선물산상회 취체역, 대정상회 취체역, 선남식산 전무 등 중역을 역임하였다. 이후 자동차업으로 사업을 확장하였다. 그는 당시 '사람으로서 완성의 경지에 이른 사람'이라는 세평을 받기도 하였다.[31]

그룹 내 관계에서 보면 도조와 닛다 유지로(新田留次郎), 노다는 9개 기

31) 『事業と鄉人』, 569쪽.

[표 5-8] 교통관련그룹의 중역자 및 겸임회수

| 회사명＼성명 | 東條正平 | 新田留次郎 | 野田董吉 | 吉田雅一 | 賀田直治 | 佐方文次郎 | 朴榮喆 | 張稷相 | 河駿錫 | 朴龍雲 | 金斗河 | 朝鮮鐵道 |
|---|---|---|---|---|---|---|---|---|---|---|---|---|
| 조선철도 | 전무취체역 | 취체역 부사장 | 상무취체역 |  | 취체역 |  |  |  |  |  |  | 대주주 |
| 경남자동차 | 취체역 사장 | 감사역 | 취체역 |  |  | 감사역 | 취체 |  | 취체 |  |  | 대주주 |
| 조철자동차흥업 | 상무취체역 | 취체역 | 취체역 |  | 감사역 |  |  |  |  |  |  | 대주주 |
| 함북자동차 | 취체역 사장 | 감사역 | 취체역 |  |  |  |  |  |  |  |  | 대주주 |
| 경북화물자동차 | 취체역 |  | 감사 |  |  |  |  | 취체 |  |  | 감사 | 대주주 |
| 공영자동차 | 취체역 사장 | 감사역 | 취체역 |  | 감사역 |  |  |  |  |  |  |  |
| 조선교통 | 취체역 |  | 감사역 | 취체역 회장 |  |  |  |  |  |  |  | 대주주 |
| 충남자동차운수 | 취체역 | 감사역 | 취체역 |  |  |  |  |  |  |  |  | 대주주 |
| 선만교통 | 취체역 | 감사역 | 취체역 | 취체역 회장 |  |  |  |  |  | 취체역 |  | 대주주 |
| 출구철공소 | 취체역 | 감사역 | 취체역 |  |  |  |  |  |  |  |  | 대주주 |
| 그룹내겸임회수(社) | 9 | 7 | 9 | 2 | 2 | 1 | 1 | 1 | 1 | 1 | 1 | 9 |
| 역원겸임총회수(社) | 13 | 9 | 8 | 8 | 8 | 8 | 7 | 6 | 5 | 5 | 4 |  |

업에서 같이 중역을 겸임하고 있다. 도조는 경남자동차, 함북자동차, 공영자동차 등 3개 기업 사장이며, 조선철도, 조철자동차흥업, 경북화물자동차, 조선교통, 충남자동차운수, 선만교통, 출구철공소 등 7개 기업 취체역이다. 그리고 닛다는 조선철도 부사장이었다. 따라서 이들은 이 그룹을 이끄는 지렛대라고 보아도 무방할 것이다. 이 그룹의 특징은 조선철도 부사장 닛다, 상무취체역 노다, 전무취체역 도조가 무려 8~9개 기업에 함께 중역을 겸임하고 있는 것이다.

따라서 이 그룹의 특징은 이들이 조선철도㈜를 실질적으로 운영하면서, 경성 · 부산 · 대구 · 청진 · 정주 · 논산 · 신의주 등에서 자동차 사업을 공동으로 운영한 그룹이다.

### ② 일본인 주도 자본가 그룹

#### 화학공업의 노구치(野口)그룹

이 그룹으로 추출된 기업은 조선질소비료, 장진강수전, 조선송전, 조선석탄공업, 신흥철도, 웅기전기, 단풍철도, 조선질소화약㈜이다.[32] 이 모든 기업에 노구치 시타가우(野口遵)가 취체역 사장으로 실질적으로 주도하고 있기 때문에 노구치그룹이라 명명하였다. 이 그룹에 속해 있는 회사명, 소재지, 설립년월, 자본금 등의 실태를 표로 나타내면 다음과 같다.

[표 5-9] 노구치그룹의 실태 및 자본금

| 개수 | 자본금 순위 | 회사명 | 소재 府郡 | 소재 町村 | 설립년 | 자본금(円) | 불입금(円) |
|---|---|---|---|---|---|---|---|
| a-1 | 1 | 조선질소비료(주) | 함남함주 | 흥남읍 | 1927년 | 70,000,000 | 62,500,000 |
| a-2 | 2 | 장진강수전(주) | 함남함주 | 함남읍 | 1928년 | 70,000,000 | 32,500,000 |
| a-3 | 18 | 조선송전(주) | 경성부 | 남대문 | 1934년 | 15,000,000 | 6,000,000 |
| a-4 | 42 | 조선석탄공업(주) | 함북명천 | 서면 | 1935년 | 10,000,000 | 2,500,000 |
| a-5 | 61 | 신흥철도(주) | 함남함주 | 함남읍 | 1930년 | 2,000,000 | 1,520,000 |
| a-6 | 135 | 웅기전기(주) | 함북경흥 | 웅기읍 | 1923년 | 1,000,000 | 625,000 |
| a-7 | 165 | 단풍철도(주) | 함남함주 | 흥남읍 | 1937년 | 5,000,000 | 500,000 |
| a-8 | 281 | 조선질소화약(주) | 함남함주 | 흥남읍 | 1935년 | 1,000,000 | 250,000 |
| 합계 | | | | | | 174,000,000 | 106,395,000 |

첫째, 노구치그룹은 1930년대 조선공업화에서 핵심적인 부분이었던 화

[32] 노구치 시타가우가 이끄는 흥남 조선질소㈜ 콤비나트의 중추는 비료공장의 비료과와 유안과이었다. 이 두 개과 총 재적수 1,700명 중, 약 7할에 해당하는 1,175명은 일본인으로, 압도적 다수는 일본인 성년노동자이었다. 그 이외 운반, 채광, 채탄으로 된 부차적 부서에는 대다수 육체소모적이고, 기계를 도입하는 것보다 저렴한 식민지 노동력을 도입하는 것이 기업에 유리하였다(野口遵의 흥남질소비료 공장에 대해서는 姜在彦, 앞의 책, 1985 참조).

학공업부문에서 단독으로 두각을 나타내었다. 조선총독부의 인프라 설치 지원을 받아, 조선질소비료를 비롯하여, 장진강수전㈜, 조선송전㈜ 등 기간산업에도 진출하였다. 공장이 위치한 곳은 모두 함경남북도로 흥남, 함남, 웅기 지역에 분포되어 있다. 이 그룹의 특징은 질소비료, 수력발전, 전기업, 석탄 화약 등 모두 신흥업종에 진출한 것이며 전시체제하 가장 핵심적인 군수물자를 중심으로 구성되어 있다는 것이 특징이다.

[표 5-10] 노구치그룹 자본가와 중역 직무

| 회사명 \ 성명 | 野口遵 | 大島英吉 | 佐方文次郎 | 荻生傳 | 山中宇三郎 |
|---|---|---|---|---|---|
| 조선질소비료주식회사 | 취체역사장 | 취체역 | | 감사역 | |
| 장진강수전주식회사 | 취체역사장 | 감사역 | | 감사역 | |
| 조선송전주식회사 | 취체역사장 | 감사역 | 감사역 | | |
| 조선석탄공업주식회사 | 취체역사장 | 감사역 | | | |
| 신흥철도주식회사 | 대표취체역 | 감사역 | | | |
| 웅기전기주식회사 | 취체역사장 | 취체역 | | | 감사역 |
| 단풍철도주식회사 | 대표취체역 | | | | |
| 조선질소화약주식회사 | 취체역사장 | 취체역 | | 감사역 | |
| 그룹내겸임회수(社) | 8 | 7 | 1 | 3 | 1 |
| 역원겸임총회수(社) | 12 | 11 | 8 | 6 | 5 |

이 그룹의 중심인물은 노구치이다. 그는 1873년 7월 26일 도쿄시 혼고에서 출생하였다. 도쿄제국대학 전기학과 출신으로 청년기인 1914년에 회목전력회사를 창립할 정도로 사업수완이 있었다. 일본카바이트상회 사장, 독일의 프랑카로식 특허권을 매수하였고, 일본질소비료사장을 역임했다. 그는 조선에 군산견사 방적기사로 왔었지만, 1899년 도쿄로 돌아갔다. 다시 그는 1927년에 조선의 북부지역 함경남도 흥남에 조선질소비료㈜를 창업하면서 신흥그룹의 선두주자가 되었다. 9개 기업 사장 10여개 기업 중역이며, 일본질소 · 조선질소의 사장이다.

특히 그가 장진강 수력발전권을 매수하여, 장진강수전회사를 설립한 것은 기술력뿐만 아니라 조선총독부와 금융권의 적극적인 지원 없이는 불가능한 것이었다. 그는 또한 조선광업개발회사사장, 아사히(旭) 벤베르크사장, 일본수전조선송전사장, 웅기전기사장, 신흥철도사장, 일본수전 사장이었다. 그는 전시체제가 심화되면서 석탄액화 경화유공업과 마그네사이트 분야로 진출하여 군수공업 생산을 추진하였다.

한편 노구치(野口)는 흥남읍장을 역임하였다. 그는 경제적인 면에서 사업적 수완이 있을 뿐만 아니라 정치적으로도 읍내에서 각종 개발을 통해 독점적인 이익을 창출할 수 있었다. 이러한 그의 정치적 활동은 그가 기업 콘째른을 형성하는데 견인차 역할을 하였던 것이다.

노구치그룹의 특징은 그룹 내 자본금이 모두 공칭자본금 1억 7천만 원, 불입자본금 1억 6백만 원으로서 조선 내 중역겸임자 네트워크 그룹 중 가장 많은 거액의 자본금이 연관되어 있었던 것이다.[33] 또한 모두 1930년대에 진출하였고, 다른 그룹과 달리 중역들이 모두 일본인만으로 배타적으로 구성되어 있는 것이다. 이 그룹에는 오시마 에이기치(大島英吉), 시가타(佐方文次郎), 오규 덴(荻生傳)이 8개의 기업에서 각각 이사와 감사역으로 중역을 겸임하면서 네트워크를 형성하고 있다.

### 사이토(齋藤)그룹의 실태

사이토그룹은 사이토 지휘하에 그의 사위 가네마루 나오토시(金丸直利)가 이끌고 있다. 이 그룹의 특징은 원료에서 제품생산, 판매까지 일관생산 유통체계 방식으로 이루어진 것이다. 분포지역은 경성부와 평양, 진남포, 경흥군으로서 모두 도시에 공장이 분포되어 있다. 그룹 내 자본금 규모는

---

[33] 野口그룹의 흥남 대규모 시설은 한국전쟁 당시 궤멸되어 버렸으나, 이후 복구되었다.

공칭 6,100,000엔 불입 2,975,000엔이며 이 그룹도 모두 일본인으로 구성되어 있다.

[표 5-11] 사이토그룹의 실태 및 자본금

| 개수 | 자본금 순위 | 회사명 | 소재府郡 | 소재町村 | 설립년 | 자본금(円) | 불입금(円) |
|---|---|---|---|---|---|---|---|
| b-1 | 85 | 풍국제분(주) | 경성부 | 경정 | 1921년 | 2,000,000 | 1,050,000 |
| b-2 | 109 | 친화목재(주) | 함북경흥군 | 웅기읍 | 1934년 | 2,000,000 | 875,000 |
| b-3 | 132 | 황해농업(주) | 경성부 | 남대문 | 1926년 | 1,000,000 | 700,000 |
| b-4 | 421 | 풍국제과(주) | 경성부 | 남대문 | 1934년 | 500,000 | 125,000 |
| b-5 | 472 | 국량장유(주) | 평양부 | 교구정 | 1935년 | 500,000 | 125,000 |
| b-6 | 563 | 재등정미(주) | 진남포부 | 명협정 | 1930년 | 100,000 | 100,000 |
| 합계 | | | | | | 6,100,000 | 2,975,000 |

[표 5-12] 사이토그룹의 중역자 및 겸임회수

| 회사명 \ 성명 | 齋藤久太郎 | 金丸直利 | 林卯三郎 |
|---|---|---|---|
| 풍국제분주식회사 | 취체역사장 | 취체역 | 취체역 |
| 황해농업주식회사 | 취체역사장 | 취체역 | 취체역 |
| 풍국제과주식회사 | 취체역사장 | 취체역 | 감사역 |
| 국량장유주식회사 | 대표취체역 | 취체역 | |
| 재등정미주식회사 | 대표취체역 | 취체역 | 감사역 |
| 그룹내겸임회수(社) | 5 | 5 | 4 |
| 역원겸임총회수(社) | 13 | 6 | 4 |

사이토 히사타로(齋藤久太郎)는 1874년 8월 나가사키현(長崎縣) 출신으로서 일찍부터 조선에 들어와 무역업에 종사하였다. 그는 진남포 · 평양 · 경성을 중심으로, 당미(糖米) · 고무 · 제분 · 제주업(製酒業) 등 다양한 사업분야에 진출하여 부를 축적하였다. 그는 기름집 · 농업 · 광산 · 고무 · 제분 · 주조 · 미곡 · 비료 · 면사 · 임대업 · 식당 등 실로 다양한 경영을 하였다. 그 역시 일찍부터 조선에 정착하여 상업으로 부를 축적하여 산업자본

가로 성장한 대표적인 사람 중 하나이다.

그의 특징은 그룹 내 대다수 다른 자본가들이 여러 회사에 중역을 겸임하면서 자본가로서 위치를 유지하지만, 그는 혼자서 다양한 분야에 진출하여 다각적인 사업을 경영하고 있었다는 점이다. 무엇보다도 자신의 농장에서 미곡을 생산하여, 정미소와 주류공장에서 쌀과 술을 만들어, 금천대(金千代) 회관에서 판매하였다. 즉 유통단계의 마진을 없애고 생산에서 바로 판매로 나아가는 전략으로 식민지에서 사업에 성공하였다.[34)]

이 그룹에는 사위 가네마루가 사이토의 지배인으로 주로 양조기술을 개발하였고, 그는 사이토의 참모이며 사실상 주재자로서 평양사업계 제일인자라는 평을 받았다. 이외에 하야시 우사부로(林卯三郎)가 풍국제분, 황해농업에 취체역으로, 풍국제과, 사이토정미 감사역으로 역할하였다. 그룹 내 자본금은 공칭 6,100,000엔, 불입금 2,975,000엔이다.

이처럼 특징적인 것은 조선에서 무역업으로 자본을 축적하여 산업자본가로 성장한 대표적인 일본인이다. 특히 유통단계의 마진을 없애고 원료에서 생산−판매까지 일관생산체제를 구축하였다는 점은 주목된다.

### 조선운송그룹과 해주그룹

그 외 조선운송그룹, 해주그룹이 있는데 모두 운수업에서 중역을 겸임하고 있으며, 대구, 전주, 해주 등지에서 소규모로 사업을 경영하는 자본가들이다. 이 그룹들은 다른 대도시에 비해 상대적으로 자본금 규모가 소규모이다. 하지만 자본의 취약성을 만회하기 위해 중역과 대주주를 겸임하는 구조를 취하여 기업을 경영했다는 점은 중역겸임 체제가 대규모 자본뿐만 아니라 중소규모까지 퍼져있었다고 할 수 있다.

---

34) 高橋三七, 『事業と鄉人』, 實業 タイムス社 · 大陸硏究社, 1939, 174쪽.

[표 5-13] 중소규모의 중역겸임 실태와 자본금

| 개수 | 그룹명 | 자본금 순위 | 회사명 | 소재 府郡 | 소재 町村 | 설립년 | 자본금 (円) | 불입금 (円) |
|---|---|---|---|---|---|---|---|---|
| c-1 | 조선운송 | 590 | 남선운수주식회사 | 대구부 | 원정 | 1921년 | 100,000 | 85,000 |
| c-2 | 조선운송 | 601 | 조선트럭운수(주) | 경성부 | 황금정 | 1929년 | 200,000 | 80,000 |
| c-3 | 조선운송 | 651 | 호남트럭운수(주) | 전주부 | 고사정 | 1930년 | 200,000 | 70,000 |
| d-1 | 해주그룹 | 679 | 해주무진주식회사 | 황해도 | 해주읍 | 1927년 | 200,000 | 56,000 |
| d-2 | 해주그룹 | 778 | 해주운수주식회사 | 황해도 | 해주읍 | 1931년 | 100,000 | 50,000 |
| d-3 | 해주그룹 | 803 | 해주주조주식회사 | 황해도 | 해주읍 | 1934년 | 100,000 | 40,000 |

**조선운송팀**

| 회사명 \ 성명 | 河合治三郎 | 松村作二 | 朝鮮運送 |
|---|---|---|---|
| 남선운수주식회사 | 취체역 | 감사역 | 대주주 |
| 조선트럭운수주식회사 | 취체역사장 | 감사역 | |
| 호남트럭운수주식회사 | 취체역사장 | 감사역 | |
| 그룹내겸임회수(社) | 3 | 3 | 1 |
| 역원겸임총회수(社) | 4 | 4 | |

**해주팀**

| 회사명 \ 성명 | 高橋謙三 | 萬代龍助 | 難波彌一 | 韓泳瓚 |
|---|---|---|---|---|
| 해주무진주식회사 | 전무취체역사장 | 취체역 | 취체역 | 감사역 |
| 해주운수주식회사 | 취체역 | 취체역 | 취체역 | 취체역 |
| 해주주조주식회사 | 감사역 | 감사역 | 취체역사장 | |
| 그룹내겸임회수(社) | 3 | 3 | 3 | 2 |
| 역원겸임총회수(社) | 4 | 4 | 4 | 4 |

### ③ 조일 합작 그룹

#### 면방직계와 식산은행계의 경성그룹

경성그룹은 조선에서 축적한 자본 중에서 조선인이 주도적인 역할을 하는 대표적인 그룹이다. 이 그룹 구성원은 조선인뿐만 아니라 조선본점 기업의 재조일본인 자본가들도 다수 포함되어 있다. 대표적인 핵심 자본가는 김연수이다.

이 그룹에는 김연수 일가와 부산그룹의 거두 하자마 후사타로(迫間房太郎)·경성재계의 거두 가다 나오지(賀田直治) 등 조선의 경성과 부산에서 성장한 자본가 중 재계에서 가장 중요한 자본가들이 모두 포함되어 있다.[35] 하자마는 부산에서 성장한 대부호 중 하나이며, 가다는 경성상공회의소 회장이며, 일제의 조선 통치를 위한 민간인 유력자이었다. 김연수 일가는 원래 호남지역에서 경성으로 진출하여 산업자본으로 성공한 그룹이다. 관계회사가 모두 수도 경성에 있는 것도 특징적이다. 자본금은 4천여만 원으로 불입자본금이 3분의 1 수준에 머물고 있다.

[표 5-14] 경성그룹의 실태 및 자본금

| 개수 | 자본금 순위 | 회사명 | 소재府郡 | 소재町村 | 설립년 | 자본금(円) | 불입금(円) |
|---|---|---|---|---|---|---|---|
| a-1 | 21 | 조선석유주식회사 | 경성부 | 황금정 | 1935년 | 10,000,000 | 5,000,000 |
| a-2 | 41 | 조선저축은행 | 경성부 | 본정 | 1929년 | 5,000,000 | 2,500,000 |
| a-3 | 43 | 조선제련주식회사 | 경성부 | 태평통 | 1930년 | 10,000,000 | 2,500,000 |
| a-4 | 57 | 경성방직주식회사 | 경성부 | 남대문 | 1919년 | 3,000,000 | 2,000,000 |
| a-5 | 101 | 경춘철도주식회사 | 경성부 | 황금정 | 1936년 | 10,000,000 | 1,000,000 |
| a-6 | 116 | 해동은행 | 경성부 | 남대문 | 1920년 | 2,000,000 | 800,000 |
| a-7 | 218 | 동아일보사 | 경성부 | 광화문 | 1921년 | 700,000 | 350,000 |
| a-8 | 341 | 중앙상공주식회사 | 경성부 | 병목정 | 1911년 | 200,000 | 200,000 |
| 합계 | | | | | | 40,900,000 | 14,350,000 |

35) 賀田家에 대해서는 다음을 참조. 김명수, 「한말 일제하 賀田家의 자본축적과 기업경영」, 『지역과 역사』 제25호, 부경역사연구소, 2009.

[표 5-15] 경성그룹의 중역자 명단 및 겸임회수

| 회사명 / 성명 | 조선석유 주식회사 | 조선저축 은행 | 조선제련 주식회사 | 조선신탁 주식회사 | 경성방직 주식회사 | 경춘철도 주식회사 | 해동 은행 | 동아 일보사 | 중앙상공 주식회사 | 그룹내 겸임회수(社) | 역원겸 임총회 수(社) |
|---|---|---|---|---|---|---|---|---|---|---|---|
| 金季洙 | 취체역 | 감사역 | 감사역 | 감사역 | 취체역 사장 | 취체역 | 취체역 회장 | 취체역 회장 | 취체역 사장 | 9 | 16 |
| 野口遵 | 취체역 | | | | | | | | | 1 | 12 |
| 大島英吉 | 감사역 | | | | | | | | | 1 | 11 |
| 大塚俊雄 | 취체역 | | | | | | | | | 1 | 10 |
| 迫間房太郎 | | 취체역 | 감사역 | | | 감사역 | | | | 3 | 9 |
| 朴興植 | 취체역 | | | | 취체역 | | | | | 2 | 9 |
| 小杉謹八 | | | 취체역 | | | | | | | 1 | 9 |
| 佐方 文次郎 | 취체역 | | | | | | | | | 1 | 8 |
| 賀田 直治 | 감사역 | | | | | | | | | 1 | 8 |
| 韓相龍 | | | 취체역 회장 | | | | | | | 1 | 7 |
| 玄俊鎬 | | | | | 취체역 | | | 취체역 지배인 | | 2 | 7 |
| 朴榮喆 | | | | 취체역 | | | | | | 1 | 7 |
| 金性洙 | | | | | 고문 | | | | | 1 | 6 |
| 淺野 太三郎 | | | | | | 감사역 | | | | 1 | 6 |
| 金在洙 | | | | | 취체역 | | 취체역 | | 감사역 | 3 | 5 |
| 木村雄次 | | 감사역 | 감사역 | | | | | | | 2 | 5 |
| 金漢奎 | | | | 감사역 | | | | | | 1 | 5 |
| 菊池一德 | | | 취체역 | | | 취체역 | | | | 2 | 5 |
| 林茂樹 | | | | 취체역 | | | | | | 1 | 5 |
| 閔大植 | | | | 취체역 | | | | | | 1 | 5 |
| 崔昌學 | | | | | 취체역 | | | | | 1 | 4 |

위의 표를 볼 때, 김연수는 해동은행㈜과 동아일보사의 취체역 회장, 경성방직㈜과 중앙상공㈜ 취체역 사장을 지냈다. 이 기업들에는 김재수, 현준호와 같이 모두 조선인들이 취체역이나 감사역을 역임하였다.

그리고 그는 조선석유㈜와 경춘철도㈜의 취체역, 조선저축은행㈜, 조선제련㈜, 조선신탁㈜의 감사역을 지냈는데, 하자마(迫間)·고스기 긴바치(小杉謹八)·가다(賀田直治) 등 당대 재계 실력자들과 함께 취체역으로 기업경영에 참가하였다.[36] 그는 경성그룹내만 하더라도 모두 9개 기업에서 중역을 역임하고 있으며, 총 역원 겸임 회수가 16개 기업으로 조선에서 일본인을 포함하여 가장 많은 회사에 중역으로 참가하고 있다.

김연수는 호남 지주 김성수 동생으로서, 일본 교토대학 경제학부를 졸업한 후 조선에서 경성방직주식회사를 훗날 삼양그룹으로 키운 자본가이다. 일본에서 경제학을 공부하고 직접 사업을 경영하여 그룹을 이끄는 주역이 되었다. 경성방직은 김연수 사업 가운데 가장 중심이었으며, 앞에서 서술했듯이 조선 면방직공업 붐을 타고 많은 자본을 축적할 수 있었다.[37] 일본의 만주침략과 함께 만주에도 회사를 세울 정도로 재력이 막강하였다. 그는 일제가 낳은 대표적인 성공한 조선인 사업가이다.[38]

가다 나오지는 1902년에 도쿄농과대학을 졸업한 농학사로 임업에 관심이 많았다. 궁내성 어료국(御料局)에서도 근무하였다. 상업은행·가다구미(賀田組)·조선석유·자동차흥업·공영자동차의 감사역을 역임하였다. 1937년 당시 군수회사인 조선피혁회사 사장을 비롯하여 조선권농 사장, 동양축산과 조선철도의 취체역을 역임하였다. 그는 대만총독부 촉탁으로 구미에 유학한 바 있으며, 식산기사로 11년 동안 대만의 임정에 영향력을 행사하였다.

---

36) 경춘철도와 조선석유에 대해서는 『要錄』, 1937년판, 60·313쪽 참조.

37) 김경남, 「1920·30년대 면방대기업의 발전과 노동조건의 변화—4대 면방대기업을 중심으로—」, 『부산사학』 25·26합집, 부산사학회, 1994 참조.

38) 경방을 둘러싸고 여러 가지 논의가 있다. 한국의 근대화문제와 관련하여 에커트는 김연수의 경방이야말로 '제국의 유산'이라고 주장하였다(C. 에커트, 주익종 역, 『제국의 후예: 고창(高敞) 김씨와 한국 자본주의의 식민지적 기원, 1876~1945』, 푸른역사, 2008). 최근 주익종은 경방을 '제국의 척후병'이라고 하여 경방의 사업수완을 높이 평가하고 있다(주익종, 앞의 논문, 2001).

그는 1917년에 조선에 들어와 실업계로 진로를 바꾸어, 농림 · 광산 · 토목 · 철도 · 자동차와 각 방면 사업회사에 관계하여 놀랄만한 활약을 하였다. 조선사설철도의 합동문제를 주선하는데 큰 역할을 하기도 하였다. 그 후 관계사업이 일진일퇴해서 도쿄로 물러갔었는데, 1937년 현재 많은 공공단체에 관계하였으며 조선통치를 위한 민간유력자이었다.[39)]

이 그룹에서 하자마 후사타로는 조선저축은행의 취체역과 조선제련주식회사의 감사역, 경춘철도주식회사의 감사역을 역임하고 있다. 개항장의 대표적인 일본인 자본가가 경성의 대표적인 일본인, 조선인 자본가와 함께 네트워크를 형성하고 있다는 것이 주목된다.[40)] 즉, 전시체제기에 오면 각 지역에서 성장한 재조일본인들이 경성 재계로 진출하여 전국적 레벨의 네트워크를 형성하고 있다는 것을 의미한다.

### ④ 조선인 그룹

#### 방의석 그룹

북청에 있는 방의석그룹의 대표자는 방의석, 한백하, 안문찬 등이다. 방의석은 조선인으로서 성공한 대표적 자본가 가운데 한사람으로, 이 그룹은 모두 조선인으로 구성되어 있는 것이 특징이다. 업종은 택시 등 서비스업종과 양조 · 목재 · 창고업에 진출하였으나 업종 간 산업내적 연관이 없이 다양한 업종에서 문어발식 경영을 하고 있었다. 자본금은 공칭 2,700,000엔 불입 1,090,000엔이었다.

39) 『事業と郷人』, 136~139쪽.

40) 迫間은 金季洙에게 문상우를 소개시켜 그를 경성으로 진출하게 하였다(朴元杓, 『郷土釜山 釜山의 古今(하)』, 太和出版社, 1967, 227~230쪽). 자세한 것은 다음 절 참조.

[표 5-16] 방의석 그룹의 실태 및 자본금

| 개수 | 자본금 순위 | 회사명 | 소재 府郡 | 소재 町村 | 설립년 | 자본금(円) | 불입금(円) |
|---|---|---|---|---|---|---|---|
| a-1 | 146 | 함흥택시(주) | 함흥부 | 대화정 | 1929년 | 1,000,000 | 505,000 |
| a-2 | 346 | 공흥(주) | 함남북청군 | 북청읍 | 1920년 | 200,000 | 200,000 |
| a-3 | 773 | 북청양조(주) | 함남북청군 | 북청읍 | 1936년 | 200,000 | 50,000 |
| a-4 | 687 | 국경탁재(주) | 함남갑산군 | 혜산읍 | 1929년 | 200,000 | 50,000 |
| a-5 | 474 | 함경목재(주) | 함남북청군 | 북청읍 | 1935년 | 500,000 | 125,000 |
| a-6 | 473 | 함남창고(주) | 함남북청군 | 북청읍 | 1935년 | 500,000 | 125,000 |
| a-7 | 837 | 문화(주) | 함남북청군 | 북청읍 | 1927년 | 100,000 | 35,000 |
| | | | | | | 2,700,000 | 1,090,000 |

[표 5-17] 방의석 그룹의 중역자 및 겸임회수

| 회사명 \ 성명 | 方義錫 | 韓百厦 | 安文燦 | 金羽坤 | 方禮錫 | 朴基孝 |
|---|---|---|---|---|---|---|
| 함흥택시주식회사 | 대표취체역 | 상무취체역 | | | 상무취체역 | 감사역 |
| 공흥주식회사 | 대표취체역 | 취체역 | 취체역 | 취체역 | 취체역 | 취체역 |
| 북청양조주식회사 | 대표취체역 | 취체역 | 감사역 | 취체역 | | |
| 국경탁림주식회사 | 취체역사장 | 감사역 | 감사역 | 취체역 | | |
| 함경목재주식회사 | 취체역사장 | 취체역 | 감사역 | | | |
| 함남창고주식회사 | 대표취체역 | | 취체역 | | | |
| 문화주식회사 | 취체역사장 | 취체역 | 감사역 | 취체역 | | |
| 그룹내겸임회수(社) | 7 | 6 | 6 | 4 | 2 | 2 |
| 役員겸임총회수(社) | 12 | 9 | 6 | 6 | 5 | 4 |

[표 5-17]에서 보는 바와 같이, 이 그룹 대표는 방의석이다. 그는 함흥택시, 공흥, 북청양조, 국경탁림, 함경목재, 함남창고, 문화주식회사 등에서 모두 취체역사장이다. 그와 함께 네트워크를 형성하고 있는 인물은 한백하, 안문찬, 김부곤 등이다.

방의석은 함경남도 북청 사람으로 1895년 10월 태생이다. 어릴 때 자동차회사 사환으로 있었는데 사장의 도움으로 받아 자립하여, 26세에 함흥에

자동차상회를 설립 · 경영하였다. 북청공흥자동차주식회사, 함흥택시, 북청전등회사사장이며, 조선교통철도 · 목재 · 전기 · 농사사업 · 무역 · 금광업 등 실로 다양한 분야의 사업에 진출하였다. 금융조합장이면서 활발한 정치적 활동을 하였는데 북청읍회의원 · 면협의원 · 세제조사회특별위원 · 관선도회의원 · 국방의원 등을 역임하였다.[41]

당시 일본인들은 그를 '북선사업계의 패자(覇者)', '조선 정 · 재계에 유용한 존재'라고 평가하였다.[42] 조선인이 일제 침략하에서 사업에 성공하기 위해서는 여러 가지 정치 · 사회활동을 더욱 적극적으로 해야 한다는 것을 보여준 대표적인 사례이다.

이 그룹은 북부지역 함경도 함흥부, 북청군, 갑산군에 관계회사가 모두 밀집되어 있는 특징이 있다. 북청읍에서 교통은 동해안으로 가는 국도가 연결되어 있을 뿐 아니라 내륙의 풍산군, 갑산군, 혜산군 방면으로 통하는 간선도로가 연결되어 있고, 그 밖에 군소 도로가 방사형으로 뻗어 있다. 또한 철도는 함경본선의 신북청역에서 갈라진 북청지선(北靑支線)이 북청역까지 설치되어 있다. 특징은 함경도 지역에 한정된 그룹으로서 3개 군이 연결되어 있고, 기업그룹 중에서 유일하게 도시화가 상대적으로 늦은 지역에서 사업을 전개한 그룹이라 할 수 있다.

### 4) 식민도시 부산의 자본가 세대변화

앞에서 살펴보았듯이 개항 이후 일찍 조선에 정주한 재조일본인을 중심

41) 그는 국방관계로 고사포 기관총 1대를 헌납했고, 1939년에는 국기(國旗) 2천 매를 함경남도 각 학교에 증정하였으며, 모친은 애국부인회에 가입하여 1천 엔을 기부하기도 했다(『事業と鄕人』, 958쪽).

42) 『事業と鄕人』, 958쪽.

으로 대주주와 중역을 겸임하는 형태로 부산그룹이 형성되었다. 부산의 지역경제는 1920년까지 이들 3인이 거대 독점자본가로서 지역경제를 좌지우지하였다. 그런데 전시체제기 부산지역의 주요 자본가들의 유형은 어떻게 변화하였는가.

첫째, 전시체제기 부산의 대표적인 자본가 가시이 겐타로는 부산지역을 넘어 경성, 일본 본토 등으로 사업 영역을 확대시켜 기업 활동을 전국적 레벨로 확대한 케이스이다. 가시이는 경성에 본사가 있는 남선합동전기주식회사 회장으로 있으면서 경영 일선에 오랫동안 남아 전국적인 차원에서 추진된 전력업에서 활동하였다.[43] 그리고 중역겸임체제로 기업 네트워크체제를 공고히 하였다. 중역겸임체제를 이루는 그룹 중에서 그가 관련되어 있는 것은 동척관련그룹, 금융관련그룹, 경성그룹 등으로 조선 재계의 핵심그룹에 모두 관여하고 있다.

둘째, 전시체제기 부산에서는 조선에서 자본을 축적한 재조일본 자본가 2세가 경영 전면에 나서게 된 케이스를 들 수 있다. 오이케와 하자마, 다테이시가 대표적이다. 1930년 오이케 츄스케는 대구에서 객사하였다. 이후 사업 일체는 그의 장남 겐지(源二)가 물려받아 경영하였다. 오이케 겐지(大池源二)는 1892년 9월에 태어나 게이오(慶應義塾)대학 이재과(理財科)를 졸업하였다.[44]

겐지는 대표적으로 무역상, 토지가옥 임대업을 경영하였다. 주식회사 오이케 회조점(株式會社大池回漕店) · 남조선자동차주식회사 사장 · 조선기

---

43) 朝鮮瓦斯電氣株式會社, 『朝鮮瓦斯電氣株式會社發達社』, 1938, 144쪽. 1937년 1월에 朝鮮瓦電을 비롯한 남부지역 6사를 합병하여 전기합동회사를 만들기로 승인 가결하였다. 같은 해 4월 10일 동경에서 개최된 합동회사 제1회 임시 주주총회에서 다음과 같이 결정했다. 본사위치는 경성, 지점은 각 지역 옛 본사 소유지, 취체역회장 香椎源太郎, 취체역사장 小倉武之助로 결정되었다(朝鮮瓦斯電氣株式會社, 같은 책, 141~144쪽). 합전본사의 부산유치운동, 북부지역 전기공업, 남선고무공업의 통제 추가.

44) 『大阪朝日』 1930年 2月 4日.

선주식회사(자본금 100만 원) 취체역·원산수산주식회사 사장 등을 역임하였다. 한때 그는 오이케가(大池家)를 반석에 올려놓았다고 할 정도로 경영수완이 있었지만, 하자마가(迫間家)와 같이 족벌경영체제를 구축한 모습은 보이지 않는다.

이 외에도 그는 1923년도 조선우선주식회사 대주주로 확인되며, 1927년에는 부산빌딩(자본금 5만 엔) 등에서 이사와 대주주로서 참가하고 있다. 아시아태평양전쟁이 시작된 후 1942년 현재 원산수산주식회사에 이사와 대주주로 활동하였다.[45] 패전 이후 귀환하여 하자마가는 계속 기업을 경영하고 있으나 오이케가는 친척이 그의 무덤을 관리하고 있다.

하자마 후사타로는 식민지 말기에 일본으로 돌아가고 대신 그의 장남 카즈오(迫間一男)가 뒤를 이어 활동하였다. 카즈오는 동경 상과대학 출신이며 부산에서 성장하여 조선 최대 거부(巨富)로 성장한 그의 부친의 후광으로 시쳇말로 금수저를 물고 태어난 재벌2세이다. 당시 주변 사람들은 '평화로운 시대(아버지세대에 비해－필자) 물질적인 혜택을 받고 자란 세대'라 하였다. 1936년에 자본금 백만 원을 투자하여 조선부동산주식회사 사장을 맡은 후 얼마가지 않아 남부지역 실업계에서 유명하게 되었다. 그는 남선상사주식회사 취체역, 조선 중공업주식회사 취체역, 주식회사 부산공장소 취체역을 맡아 경영수업을 착실히 받았으며, '조선 제일의 자산가 아들로 교양있고, 거재(巨財) 수완이 있었다' 한다. 그리고 일본 재계에도 진출하여 관련 분야를 장악할 정도로 식견을 가지고 있었다 한다. 그리하여 하자마 일족은 족벌경영체제를 구축하였다.

하자마 일가는 대구부로도 진출하여 남선상사주식회사(자본금 십만 원)를 설립하여 총포화약류를 판매하였다. 이 회사 사장은 하자마 다케오(迫

45) 『要録』, 각년판.

間武雄)이고,[46] 이사가 하자마 카즈오(迫間一男), 하자마 히데오(迫間秀雄)였다.[47] 대주주는 하자마 다케오로서 2,000주 가운데 1,000주를 보유하였다. 그리고 부산부에 설립된 조선부동산주식회사(자본금 1백만 원)에는 카즈오가 사장이고, 이사가 후사타로이며, 다케오와 히데오가 모두 감사로 중역활동을 하였다. 이렇듯 식민지 초기부터 진출한 하자마는 식민지 말기가 되면 공업부문과 부동산부문에서 족벌경영체제를 구축하게 되었다.

그 외 다테이시 센조(立石善藏)는 다테이시 요시오(立石良雄) 아들로서 다테이시 상점 전무 취체역으로 아버지 뒤를 잇기 위해 경영수업을 실전에서 배우고 있었다.[48]

셋째, 전문경영인으로 조선에 진출하여 사업을 하고 있는 경우이다. 요네쿠라 세이자부로(米倉淸三郞), 사사키 가쓰미(佐佐木克己) 등을 들 수 있다. 1930년대에 들어오면 일제 침략 초기에 비해 전문경영인 출신 사업가들이 많아졌다는 것은 이미 전국적인 수준에서 확인한 바 있다. 구체적으로 살펴보면, 요네쿠라는 삼화호모(주) 사장으로 부산상공회의소 의원을 역임하였다. 1897년 7월 나라현(奈良縣 高城郡 吐田鄕村)에서 태어났다. 1920년 8월 도선(渡鮮)하여, 1925년 마루다이(丸大)고무주식회사를 따로 창립하여 제조공장(후에 삼화고무 제1공장)을 만들어 사장이 되었다. 조선과 만주의 고무공업계에서 자본을 축적하여 재계 중진이 되었다. 1934년에는 미쓰이(三井)물산회사와 제휴하여 남부지역 고무회사를 합병하여 삼화호

---

46) 하자마 다케오(迫間武雄)는 迫間房太郎의 4남으로서 南鮮商社株式會社 사장이고 조선부동산㈜ 감사이었다. 1908년 1월 26일 부산부에서 태어나 대구부 南龍岡町 63번지에 거주. 광산업에 종사하고 농원을 경영함. 1935년에 현직 향군 대구 제1분회장이고 종교는 진언종이다(谷サカヨ, 『大衆人事錄』 제14판, 「外地 · 滿 · 支, 海外編」, 帝國秘密探偵社, 1943).

47) 하자마 히데오(迫間秀雄)는 迫間房太郎의 2남으로서 1901년 9월 22일 부산부에서 태어났다. 부산부 영주정에서 거주하였으며 육군 소위 출신이다. 迫間商店, 農具 諸器械業에 종사하였다. 메이지대학 정경과를 졸업하고 1928년 조선에서 창업하였다(谷サカヨ, 위의 글, 1943).

48) 『事業と鄕人』, 186쪽.

모주식회사를 조직하여 다시 사장에 취임하였다.[49] 부산상공회의소 의원으로서 공업부장이 되어 요직에서 일하였다.

사사키 가쓰미(佐佐木克己)는 조선방직주식회사 상무취체역 겸 공장장이다. 달리 사회 경제단체 활동은 하지 않았으며 조방 경영에 전념하였다. 1870년 4월 카가와현(香川縣 小豆郡 大鐸村) 사사키 고다이라(佐佐木小平)의 2남으로 태어났다. 1889년 봄 오카야마현 시즈타니주쿠(岡山縣 閑谷塾)를 졸업한 후 방적업에 종사하였다. 1911년 4월 조선방직회사 창립을 위해 도선(渡鮮)하여, 1915년 구미 각국 방직공장을 시찰하여 경영노하우를 만들기도 하였다. 1930년 현재 조방의 상무취체역 겸 공장장이 되었다.[50]

넷째, 개항기부터 상점 점원으로 있다가 독립하여 자수성가한 경우를 들 수 있다. 이시다테 요시오(立石良雄)가 대표적인데, 그는 주식회사 다테이시상점 사장으로서 부산상공회의소 상의원(常議員)이고 부산어상동맹(釜山御商同盟) 회장을 역임하였다. 1883년 8월 후쿠오카현(福岡縣 宗像郡 赤間町)에서 태어났다. 1898년 무나가타(宗像)실업학교를 졸업한 후 오사카 마쓰오(大阪松尾) 상점에 들어가 1911년 퇴직하고 조선으로 건너왔다. 같은 해 9월 부산납촉공장을 건설하였다. 1913년 다시 석유업을 시작하였고 1926년 유상조합(油商組合)을 설립하여 조합장에 선임되었다. 주식회사 이시다테 상점 사장, 경성 자동차 주식회사 사장, 경성 모타스 주식회사 사장, 서부 카바이트 판매 주식회사 감사역이고, 부산어상(釜山御商) 동맹회장을 역임하였다.

한편 그는 경제사회단체에서 왕성하게 활동하였다. 1928년 4월 부산상업회의소 평의원에 당선, 1930년 4월 재선으로 상무위원이 되었고, 1932년

49) 평양매일신문부산지국내 부산명사록간행회, 『釜山名士録』, 1935, 573쪽.

50) 『釜山名士錄』, 1935, 180쪽.

7월 부산상공회의소 의원에 당선되어 상의원(常議員)으로 되었다. 1934년에는 상공업에 대한 대책을 세우기 위해 남양과 유럽을 시찰하였다. 그의 아들 센조(善藏)는 다테이시상점 전무취체역이 되어 부친을 도우면서 경영 수업을 하였다.[51]

이렇게 일찍부터 식민도시 부산에서 자본을 축적해온 재조일본인 자본가들은 족벌경영체제나 전문경영인체제를 만들어, 총독부 체제를 지원하고 지지하였다. 부산그룹은 2세대가 기업을 물려받아 경영하는 체제로 바뀌거나 부산을 넘어 전국적으로 사업망을 넓혀갔다. 심지어 일본 본토까지 사업을 확장하였다.

그렇다면 전시체제기 상층 자본가들이 총독부의 총력전체제에 편승하여 정경유착구조를 더욱 강하게 맺고 있는 가운데, 부산의 조선인 자본가들은 어떻게 변화하였는가. 대표적인 유형은 자본가로 성장한 케이스와 완전 몰락한 케이스를 들 수 있다.

먼저, 전문경영인, 자본가로 성장한 케이스로 문상우(文尙宇) · 김장태(金璋泰) 등이 대표적이다. 그들은 일본인 거상이 운영하는 상점 지배인이나 자본가로서 사업을 하다가 전시체제기 이후 일본 독점자본 진출에 의해 기업이 합병되면서, 합병된 기업에서 중역이 되어 전문경영인으로 전환한 경우이다.

문상우는 1882년 부산진 좌천동에서 태어났으며 사숙육영제(私塾育英齊)에서 한학을 배웠다. 가난한 집안사정으로 진학을 단념하고 일본인 거상 하자마상점 점원으로 취직했다. 그는 성격이 침착하고 창의력이 풍부하고 주산(珠算)기능이 탁월하여 하자마에게 두터운 신임을 받았다. 하자마는 상점 운영에서 열쇠를 쥐고 있는 지배인은 언제나 조선인을 두어 사

51) 『釜山名士錄』, 1935, 80쪽.

업을 움직이게 하는 운영방법을 썼다. 그는 입사할 때 지배인이었던 정기두(鄭箕斗) 누이동생과 결혼하였으며, 하자마와 처가 도움으로 일본 도쿄상고(商高)에 유학하였다. 그는 일본에서 '조선유학생회'를 조직하고 '학지광(學之光)'이란 기관지까지 발간했는데 이 모임의 중추적 역할을 하였다.

그의 교우(交友)는 동래의 김우영(金雨英)을 비롯하여 김병노(金炳魯), 김성수(金性洙), 송진우(宋鎭禹) 등이 있다. 교우들 중에는 강점 초기에 민족의 대표이었다가 후기로 가면 앞장서서 친일행각을 하는 이들도 있었는데, 그도 또한 부산부 의원, 경남도평의원으로 정치에 참여하였다.

가난 때문에 학업을 중지하고 돈 버는 길을 선택한 조선인 문상우는 식민지 시기 일본인 거상이 운영하는 상점에서 점원으로 시작하여 지배인, 중역, 자본가로 변신하였다. 그는 1912년 지방은행으로서는 처음 구포은행이 설립된 후 지배인으로 취임했다. 동래에 있던 구포은행은 사업이 발전함에 따라 1915년 1월 이름을 경남은행으로 변경하고 본점을 부산으로 옮겼다. 이때 일본인 갑부 오이케 츄스케, 하자마 후사타로 등은 주식을 조선인에게도 개방하였으며, 그를 이사직에 임명하였다. 그는 1921년 7월에 지배인에서 취체역으로 승진하였고, 경남은행장까지 되었다.

그는 하자마가 추천하여 부산상공회의소 부회두 자리를 차지하였으나, 전문경영인으로 만족하지 않았다. 경남은행장 임기 만료 뒤에는 하자마 후원으로 부산부나 경상남도 정치에 참가하였고 상공단체 등에서 중진으로 활약하였다. 그는 부산부 의원이 되어 부산부 정치에 참여하였고, 다시 경상남도 의회 부의장이 되었다. 나아가 하자마가 추천하여 관선 도평의원에도 임명되어 1934년 7월까지 활동하였다.

이러한 그의 행보는 당시 그가 살던 부산진 일원 조선청년들에게 정치적 타깃이 되었다. 재계의 거물인 하자마 하수인으로 전락한 문상우를 노리고 있었다. 그의 지역구였던 부산진은 조선인들이 집단 거주하던 지역으로서 부산에서 가장 청년운동이 왕성했던 곳으로, 이곳 청년들은 일제의 억압 정치에 반기를 들고 경성회(警醒會)를 만들었다. 청년단은 그가 저명한 일본인들과 자주 접촉하는 것을 좋지 않게 생각하여 그와 자주 갈등관계에 있었다.

이러한 사정으로 그는 경성에 있던 재계 거물 김연수(金秊洙)가 초청하여 경성소재 해동은행으로 이전하였다. 해동은행은 원래 경성에 있던 조선인 재계 인사들이 자금을 모아 설립하였으나 운영이 어렵게 되자 김연수에게 경영을 맡겼다. 김연수는 1935년 7월 자신이 취체역 회장이 되고, 대표취체역 겸 전무에 문상우(文尙宇)를 임명하였다. 그러나 1938년 1월 해동은행이 한성은행으로 업무를 양도하고 해산됨으로써 그 또한 중역에서 물러났다.[52)]

다음으로 사업과 함께 독립운동을 하다가 몰락한 경우를 들 수 있다. 대표적으로 부산에서 유명하던 조선인 자본가 중에 백산 안희제(安熙濟), 윤현진(尹顯振) 등이 있다. 안희제는 1885년 창녕군 부림면 입산리에서 양반가문에서 태어났다. 조선의 풍운을 통탄하여 한학을 버리고 경성으로 가 양정의숙(養正義塾)에서 신학문을 배웠다. 1911년 26세 때 의령에 있는 소유 전답을 방매하여 그것을 자본으로 백산상회를 설립하였다. 이때 그는 안현진과 함께 활동하였다.[53)] 4년 후인 1914년에는 자본금 1백만 원의 주식회사를 조직하여 본점을 부산에 두고 경성을 위시한 국내 5개 도시와 만주의 안동(安東), 봉천(奉天)까지 지점을 설치하였다. 주로 해산물과 육산물을 취급하는 유일한 조선인 무역회사로 전국적으로 유명하였다. 백산은

52) 朴元杓, 앞의 책, 1966, 227~230쪽.

53) 1892년 양산군에서 출생하여 일본에 유학, 귀국 후에 비밀경사 대동청년당에 가입하여 안희제와 같이 활동하고 후에 부산에서 백산상회에 참가하였다. 3·1운동에 미국 선교사의 알선으로 자금 30만 원을 가지고 상하이(上海)에 건너가 임시정부 재부차장이 되었다가 1922년 그곳에서 31세로 병서하였다(朴元杓, 위의 책, 224쪽).

일본인만으로 조직되어 있던 부산상공회의소 의원 선거에 조선인들도 입후보할 수 있도록 강경히 주장하여 부회두가 되었다. 또한 조선인을 조합원에 가입시키지 않았던 부산미곡거래소에도 십여 차례 항의 끝에 백산상회만이 참가하게 되었다.

더욱이 주목되는 것은 백산상회가 국내에 비밀리에 귀환하는 독립투사들의 은신처가 되었고 여비 조달처 역할을 하였다는 것이다. 이 비밀을 알아낸 일본 경찰들은 수차례 회사 장부를 압수하고 그를 여러 번 구속하여 예심에 회부하였으나 증거불충분으로 면소(免訴)되었다. 한편 조선인 교육을 위하여 부산부와 투쟁하여 부산진과 영도에 공립 소학교를 설립할 수 있도록 뒷받침하였고, 의령과 구포에도 자비로 중학교를 세웠다.

이처럼 백산상회는 내적으로는 경비지출이 방대하였고 외적으로는 경찰박해가 심했으므로 43세 때 백산상회를 해산하고 부산을 떠나 경성으로 가 중외일보 사장이 되었다. 결국 그는 1943년 8월 북만주 목단강(牧丹江) 감옥에서 순사하였다.[54)]

이상에서 살펴본 바와 같이, 개항기 이래 일본에서 건너온 재조일본인들은 이주자 특혜, 정치권 연결, 도시개발의 불로소득 등을 통해 자본을 축적하였다. 조선인들도 식민지지배체제하에서 식민통치에 협력해가면서 자본주의적 경영방식을 배웠다. 조선에서 성장한 일본인과 조선인 자본가들은 1930년대가 되면 지역을 넘어 전국적인 범위에서 대주주와 중역겸임을 통해 기업 경영에 참여하였다. 이러한 경영과 총독부의 지원 등으로 노구치그룹은 신흥콘째른으로 성장하였고, 김연수는 경방그룹(후에 삼양사)을 형성하였다. 그리고 1930년대 중반이 되면 재계 2세들이 등장하여 기업을 경영하였으며, 대표적인 재벌 하자마가(迫間家)는 족벌경영체제를 구

54) 朴元杓, 위의 책, 223~226쪽.

축하였다. 그중 부산의 조선인 상층 자본가들은 일본인 대자본가의 지배인이나 취체역을 맡음으로써 자본가집단망의 일부를 형성하였다. 이들은 경제적으로 성공한 후, 부산부, 경남도정 등 총독부의 식민지 지배 정치에 참가하여 같은 지역구 조선인들에게 질타를 받았다. 이에 반해 조선인 자본가 안희제는 무역상을 하면서 독립운동을 지원하였기 때문에 일제의 잦은 탄압을 받았으며 결국 일본경찰의 차가운 감옥에서 순사하였다.

일제의 조선침략에 따라 재조 일본인 자본가들은 각종 특혜를 통해 자본을 축적하였고 토지를 통해 도시개발에 따른 불로소득을 벌어들였다. 또한 조선인 자본가들은 총독부정치에 유착하여 사업을 계속 확장해가는 케이스와 식민지 정책에 반대하여 사업도 패망하고 차가운 감옥에서 죽어간 케이스로 극명하게 대비되었다. 이렇게 식민지에서 사는 민중들은 자본가들조차도 협력이냐 저항이냐, 삶이냐 죽음이냐 하는 극단적인 선택을 언제나 강요당하였다. 아울러 생각해야 하는 것은 재조일본인 자본가들이다. 이들은 일제의 침략정책과 함께 조선에서 자본을 축적한 사람들로서 조선인들에게는 피해를 준 사람들이다. 그러나 이들은 일제가 패망한 뒤, 자신들이 소유하고 있던 토지, 공장 등 부동산과 생산설비를 모두 조선에 두고 귀환할 수밖에 없었기 때문에 일본제국에 의한 또 하나의 피해자로 바뀌었다. 결국 일제의 침략전쟁은 조선인은 물론 대부분의 일본인, 심지어 자본가들에게조차도 피해를 준 전쟁이다.

## 2. 전시동원체제하 총독부와 자본가의 정경유착

전시동원체제하 총독부와 자본가의 정경유착은 어떻게 작동하였는가.

1929년 미국발 세계경제공황은 일본제국주의에도 심각한 타격을 주었다. 일본제국의 정권을 장악하고 있던 일왕을 내세운 군부세력과 내각은 전쟁을 통한 경제블럭을 형성하여 이를 극복하고자 하였다. 이에 일본은 조선, 대만, 만주, 중국, 남방을 연결하는 이른바 '대동아공영권' 형성을 목표로 '15년전쟁'을 계속하였다. 연합군에 의해 패전할 때까지 일제는 국가총력전체제로 대응하고자 하였다. 이를 위한 법령으로 국가총동원법, 군수물자통제법, 수이출물자통제법 등을 공포하였다. 그러나 일본 군부는 본토 재계와 경제부처 대장성(大蔵省)의 반대에 부딪혀, 조선, 만주 등 식민지·점령지를 통해 물자를 수급하는 방안으로 우회하였다.[55]

이에 일본 군부는 조선을 전진대륙병참기지로 지정하였고, 총독부와 군 당국은 식민지 자원을 이용하기 위하여 긴급성을 띤 전시물자수급을 위한 정책을 적극적으로 추진하였다. '선택과 집중' 방식으로 인적·물적 자원을 적극적으로 동원하고자 하였다.[56] 이러한 과정은 제국과 식민지의 정치경제적 분업체제 속으로 더욱 깊숙이 들어가는 과정이며, 그 동맹자로서 조선 재계의 도움이 절실히 필요하게 되었다. 특히 군수물자와 무상노동력 확보를 위해 조선인 징용, 징병제도가 무엇보다 필요하였고, 당사자들을 설득시키기 위해 그들의 도움이 절실히 필요한 실정이었다.

이러한 변화된 국제경제질서 속에서 조선의 총독부, 군부, 금융계, 재계는 어떻게 대처해나갔는가. 총독부는 군수를 위한 전략물자를 중심으로 공업화를 활성화하려고 하였는데, 주로 화학공업, 면방적공업, 교통운수업

---

55) 小林英夫, 『帝国日本と総力戦体制』, 有志社, 2004, 159~160쪽. 제3장 총력전체제하의 편견 만주·조선·화북·화중 참조.

56) 大野緑一郎, 「内鮮一体強化と前進兵站基地確立へ」, 高橋三七 著, 『事業と郷人第1輯』, 実業タイム社·大陸研究社, 1939, 40~71쪽. 전시체제기 조선에서 시행된 물자통제정책에 대해서는 다음을 참조. 山内敏, 『朝鮮経済統制法全書』, 大津出版社, 1945 ; 김인호, 「중일전쟁 시기 조선에서의 '배급통제' 연구(1938~1942)」, 『史叢』 第47輯, 고대사학회, 1998, 139~171쪽. 1940~42년에 대해서는 김인호, 같은 논문, 109~158쪽 참조.

등 국책과 관련된 민간기업을 활용하고자 하였다. 이때의 주식공모 방식은 국가의 개입에 의한 상호출자방식이었다. 즉, 조선에는 저축수준이 낮았기 때문에 식민지 국가가 개입하여 금융특혜를 주어 개인 간 긴밀한 친분관계를 통해 중역과 대주주가 되어 기업을 설립하는 방식을 활용하였다.[57] 이 방식은 이미 개항도시 일본인을 중심으로 조선에서도 실행되었던 방식이다.[58]

그렇다면 일제의 전시체제기로 접어들었을 때 이 방식을 활용한 중역겸임 네트워크는 어떻게 변화되었을까.[59] 중역겸임 자본가들은 경제적 네트워크를 바탕으로 어떻게 정치적, 사회적 네트워크를 형성하고 있었는가. 또한 자본가들은 조선총독부, 일본군, 금융권과 어떠한 구조 속에서 연관을 맺고 있었는가. 이러한 톱 메니지먼트의 연관구조를 파악하는 것은 전시체제기의 정치 · 경제 · 사회적 본질을 파악하기 위한 핵심 사안이며, 특히 정치적인 측면에서 조선인 중핵 기업가가 제국주의 전쟁을 통한 이윤

---

57) 森川英正,『日本経営史』, 日本経済新聞社, 1981, 18쪽. 일본자본주의형성 초기의 네트워크형 기업가 그룹 연구에 대해서는 다음을 참조. 鈴木恒夫 · 小早川洋一,「明治期におけるネットワーク型企業家グループの研究『日本全国諸会社役員録』明治31 · 40年の分析」,『経済論集』第43巻 第2号, 学習院大学, 2006 ; 渡邊剛 · 小坂武,「日本における企業間関係の社会ネットワーク分析」, The Japanese Corportion Network ; Social Network Analysis, 東京理科大学, 1995. 미국사례는 細井活一,「アメリカ会社間ネットワークの計量分析」,『社会科学論集』第55号, 名古屋経済大学, 1993. 한국 사례는 다음을 참조. 김경남,「일제강점초기 중역겸임제를 통한 자본가네트워크의 형성」,『한일관계사연구』 제48집, 한일관계사연구회, 2014a ; 김경남,「전시체제기 중역겸임제를 통한 자본가네트워크와 전시동원체제」,『전북사학』 No.45, 전북사학회, 2014b.

58) 조선에서도 각 개항장 및 개시장에 자본을 축적한 일본인들이 중심이 되어 중역겸임 그룹과 네트워크가 배타적으로 만들어졌다. 1920년경 3사 이상에서 대주주와 중역을 겸임하고 있는 그룹으로 경인그룹, 부산그룹, 신의주그룹, 목포그룹 등이 검출되었다. 모두 일본인으로 구성되었으며, 경인그룹의 경우 관료출신의 조선인만 그들의 네트워크 속으로 들어갈 수 있었다. 처음에는 소비재 제조공업에서 많았는데 점차 금융업으로 확장되어 갔다. 자세한 것은 김경남, 위의 논문, 2014a 참조.

59) 본고에서 전시체제기는 일제의 만주침략시기부터 태평양전쟁까지의 시기를 말한다. 전시체제기의 시기구분에 대한 자세한 내용은 김인호,『태평양전쟁기 조선공업연구』, 신서원, 1998 참조.

메커니즘 속에서 연동하면서, 궁극적으로 친일행위를 하는 것과도 밀접하게 관련되어 있다는 점에서 그 중요성은 더해진다.

지금까지 1930·40년대 전시체제기 경제구조에 대한 연구는 다양하게 전개되었다. 이에 따라 화학공업, 면방직공업, 전시동원체제 등에 대한 실태에 대해서는 상당히 구체적으로 밝혀졌다.[60] 최근에는 개별 회사에 대한 연구도 진척되고 있다.[61] 또한 조선인중역에 대해서도 연구되어, 1930

---

60) 전시체제기 자본주의 경제구조에 대한 연구는 다음을 참조. 조기준, 『한국자본주의성립사론』, 대왕사, 1973 ; 梶村秀樹, 『韓国近代経済史研究』, 사계절, 1983 ; 許粹烈, 「1930年代 軍需工業化政策과 日本 獨占資本의 進出」, 『일제의 한국 식민통치』, 정음사, 1985 ; 박현채, 「한국자본주의와 민족자본」, 『한국의 사회경제사』, 한길사, 1987 ; 허수열, 「일제하 한국인회사 및 한국인 중역의 분석」, 안병직 외편, 『朝鮮近代의 經濟構造』, 비봉출판사, 1989 ; C.J.Eckert, *Offspring of Empire-The Koch'ang and the Colonial Origions of Korean Capitalism, 1876~1945* (Univ. of Washington, 1991) ; 可合和男·尹明憲, 『植民地期の朝鮮工業』, 未来社, 1991. 그런데 1990년대 아시아의 식민지 경험을 가진 NIEs국가들의 급격한 경제성장을 둘러싸고 식민지근대화론연구도 활발히 진행되었다. 安秉直·中村哲, 『近代朝鮮工業化의 硏究-1930~1945年』, 일조각, 1993 ; 堀和生, 『朝鮮工業化の史的分析』, 有閔閣, 1995. 이에 대한 비판은 제국주의미화론, 주체가 배제된 근대화, 개발에 대한 과대평가 등 다양하게 전개되었다. 전시체제기 조선공업화와 자본가 실태에 대한 연구는 다음을 참조. 허수열, 「식민지적 공업화의 특징」, 吳斗煥 外, 『工業化의 諸類型(Ⅱ)-韓國의 歷史的 經驗-』, 經文社, 1996 ; 이승렬, 「1930년대 조선의 수출증가와 조선공업계의 동향-조선인 자본가의 산업적 지위와 관련하여-」, 『韓國 近現代의 民族問題와 新國家建設』, 金容燮敎授停年紀念韓國史學論叢刊行委員會, 1997 ; 이승렬, 「1930년대 전반기 일본군부의 대륙침략관과 '조선공업화'정책」, 『國史館論叢』 第67輯, 國史編纂委員會, 1996 ; 허수열, 『개발 없는 개발-일제하 조선경제 개발의 현상과 본질-』, 은행나무, 2005, 2011증보판 ; 김인호, 『식민지 조선경제의 종말』, 신서원, 2000 ; 오미일, 『한국근대자본가연구』, 한울아카데미, 2002 ; 김경남, 「일제하 조선에서 도시건설과 자본가집단망 형성」, 부산대학교 박사학위논문, 2003 ; 柳沢遊·木村健二, 『戦時下アジアの日本経済団体』, 日本経済評論社, 2004 ; 주익종, 『대군의 척후-일제하의 경성방직과 김성수·김연수』, 푸른역사, 2008, 431쪽 ; 오미일, 『근대 한국의 자본가들』, 푸른역사, 2014 ; 김경남, 앞의 논문, 2014b.

61) 김경남, 「4대면방대기업의 실태와 노동조건의 변화」, 『지역과역사』 25·26 합집, 부경역사연구소, 1995 ; 배석만, 「조선 제철업육성을 둘러싼 정책조율과정과 청진제철소 건설(1935~45)」, 『동방학지』 151, 연세대학교 국학연구원, 2010 ; 배석만·김동철, 「일제시기 日本硬質陶器株式會社의 기업경영 분석」, 『지역과 역사』 29, 부경역사연구소, 2011 ; 배석만, 「전시체제기 동양척식주식회사의 자금동원 구조와 투자동향 분석」, 『지역과 역사』 34, 부경역사연구소, 2014 ; 정안기, 「戰時期 日本鋼管(주)의 조선 투자와 경영-원산제철소 건설과 경영활동을 중심으로-」, 『경제사학』 51, 경제사학회, 2011 ; 정안기, 「1930년대 조선형특수회사, 「조선중공업(주)」의 연구」, 『사회와 역사』 102, 한국사회사학회, 2014 ; 정안기, 「1930년대 電力國策, 『朝鮮送電(주)』의 연구」, 『동방학지』 166, 연세대학교 국학연구원, 2014.

년대에는 조선인 기업은 영세화되었고, 『요록』 상에 나타난 조선인 중역 수는 1921년 1,110명에서 1933년 3,845명, 1937년 7,011명으로 증가하였다. 주요중역들은 단순한 다수회사의 중역이라는 차원을 넘어 조선인 주요 자본가로서의 위치를 차지하고 있었다는 것이 지적되었다.

그런데 전시체제기의 식민지 근대사상을 '식민지근대화론'에서 주장하는 경제적인 양적 분석방법으로 파악하기에는 일정한 한계가 있다고 보인다. 양적인 성장을 나타내 보이는 그 이면에 숨어있는 질적 요소는 무엇인지, 각 분야별로 그 내부구조를 면밀하게 조사 · 분석할 필요성이 있다. 이러한 한계를 극복하려는 다양한 시도가 있는데, 그중 최근에는 경제적인 측면뿐만 아니라 정치 · 사회적 측면을 총체적으로 파악하여 이 시기를 설명하려는 연구가 진행되고 있다.[62] 그렇지만, 이러한 연구도 일제 초기에 관한 것이고, 전시체제기에 대한 연구는 충분하다고 볼 수 없다.

기존 연구에서 노구치그룹을 사례로 전시체제기에 총독부, 군당국의 정치경제적 유착관계에 대한 연구는 진척되고 있다. 그런데 주로 독점자본에 연구가 집중되어 있어, 개항 후부터 조선에서 자본을 축적하여 1930년대 전체 자본금의 40% 이상까지 꾸준히 성장한 재조일본인과 조선인상층자본가들의 정경유착 관계는 더욱 더 사례 발굴이 필요한 실정이다. 그리고 일제의 선택과 집중방식에 의한 금융특혜정책으로 조선인 자본가의 양극화 현상에 대한 구조에 대해서도 연구가 필요하다. 이렇듯 전시체제기 제국과 식민지의 정치 · 경제 구조 속에서 추진된 총독부와 군과 재계의 구조적이고 총체적인 유착관계를 밝히는 것은 한국의 식민지적 자본주의의 본질을 밝히는 중요한 포인트가 될 것이다.

그 원인을 구조적으로 파악하기 위해서는 횡적인 중역겸임을 통한 경제

62) 오미일, 앞의 논문, 2014 ; 김경남, 앞의 논문, 2014.

적 네트워크와 종적·횡적인 정치사회적 내부구조를 보다 명확하게 파악할 필요가 있다. 이를 규명하기 위해서는 중역겸임자들이 구축한 네트워크(Capitallist's networks)를 기반으로 지역사회에서 어떠한 사회적, 정치적 조직활동을 모색하고 있는지에 대한 실태를 밝히는 것이 중요하다. 이것은 경쟁과 협조의 복잡한 교착관계에 있는 근대적 기업가들의 경영 행동을 설명해주는 키워드이다.[63] 특히 식민지 전시체제하에서 형성된 한일기업가들의 행동양식의 특수성을 설명해주는 키워드가 될 것이다.

이 장에서는 1930년부터 1945년까지 조선에 본점을 둔 기업의 중역겸임기업가 네트워크의 실태를 검출하고, 이를 기반으로 기업가의 사회단체, 정치단체에서의 네트워크 실태를 총체적으로 살펴보고자 한다. 분석 대상은 1937년 현재 4사 이상에서 대주주와 중역을 겸임하여 추출된 경성그룹, 노구치그룹이다. 이를 통해 제국의 일방적인 전쟁수행 상황하에서, 식민지 조선에서 자본을 축적한 재조일본인과 조선인 상층자본가들의 행동양식을 구조적으로 복원하는 것이 가능하게 될 것이며, 식민지적 자본주의의 특질을 밝히는 데 일조할 수 있을 것이다.

### 1) 전시체제기 중역겸임을 통한 자본가 네트워크의 변화

#### 경성그룹의 중역겸임을 통한 자본가 네트워크

경성그룹 네트워크는 관련 기업이 모두 경성에 소재하고 있으며, 면방직공업, 금융업, 제련업, 석유업, 철도업, 언론 등에 걸쳐있다. 이 그룹은 크게 2개의 서브그룹으로 성립되어 있다. 조선인만으로 형성된 호남계열과 재조일본인과 조선인 합작으로 형성된 조선식산은행 계열이 그것이다.

---

63) 미국회사 간 네트워크의 계량분석은 細井의 앞의 논문, 2008 참조.

이 그룹은 조선인 10명, 재조일본인 11명 총 21명이 조선방직, 조선제련 등 8개 기업에 대주주와 중역을 겸임하고 있다. 이 그룹 핵심인물은 김연수와 식산은행 대표 아루가 미쓰도요(有賀光豊)이다. 김연수는 이 8개 기업에서 모두 중역으로 참가하고 있고, 조선식산은행과 대표이사 아루가도 4개 기업에서 대주주와 중역을 겸임하고 있다.

경성그룹은 두 개의 서브계열로 이루어져 있는데, 하나는 호남계열로서 중핵인물은 김연수, 현준호이다. 이들은 전남, 전북의 지주출신으로서 경성지역에 기반을 가지고 중역을 겸임하는 형태로 네트워크를 형성하였는데, 조선인만으로 배타적으로 구성되어 있다. 이 서브계열의 핵심인물 김연수는 식산은행계열의 기업에도 중역을 겸임하거나 주식을 투자하는 형태로 밀접하게 연관되어 있다.

다른 하나는 식산은행계열로서 중심인물은 아루가 식산은행장이다. 식산은행이 최대주주로 투자한 기업에 개항기부터 조선 각지에서 자본을 축적해 온 재조일본인과 조선인 상층자본가들이 대주주와 중역을 겸임하여 연관구조를 가지고 있다. 이 두 계열이 투자한 소재지는 모두 경성이다.

### 경성그룹 핵심멤버의 자본가 전환 유형

다음은 경성그룹의 핵심인물 자본가 전환 유형과 그 특성에 대하여 살펴보자.

첫째, 이 그룹은 1920년대와 같이 총독부 관료가 낙하산 인사를 통해 기업가로 변신하여 경성재계를 장악한 케이스가 많다. 대표적으로 일본인 가다 나오지(賀田直治)는 궁내성, 대만총독부 관료에서 낙하산 인사로 조선피복 사장이 되어 재계에 진출하였다. 이후 조선철도 이사, 조선상업은행과 조선석유의 감사 등을 역임하였다. 그는 1932년부터 1937년까지 경성상공회의소 회두로서 경성재계를 대표하였다.

뒤를 이어 아루가 미쓰도요(有賀光豊)가 1937년부터 경성상공회의소 회두가 되었다. 그는 1919년 조선총독부 이재과장에서 식산은행 수석이사로 낙하산 취임하였고, 1938년까지 장기집권하였다. 그는 우가키 총독, 미나미 총독과 친밀한 관계를 가지고 있었으며, 경성그룹 최대 핵심인물로서 각지 중핵인물들과 긴밀한 네트워크를 형성한 인물이다. 1939년에는 귀족원 의원으로서 조선의 박영효와 어깨를 나란히 할 수 있는 사람으로 성장하였다.[64)]

또한 식산은행 정책을 더욱 원활하게 하기 위해, 전북지사, 경북지사, 학무국장을 역임한 하야시(林茂樹)가 새롭게 식산은행 이사로 취임하여 경성그룹에 참가하였다. 또한 우시지마 쇼조(牛島省三)는 조선총독부 내무국장에서 경춘철도 사장으로 낙하산 인사되었다. 조선인 민대식, 박영철 등은 이미 오래전 대한제국 관료에서 이사가 된 인물들로서, 경기도 도평의원과 중추원참의를 역임하였고 많은 기업에서 발기인으로 참가하고 중역과 대주주를 겸임하였다.

둘째, 개항 후 일찍부터 내한하여 경성, 부산, 신의주, 흥남 등에서 자본을 축적한 대표적인 재조일본인 자본가들이 포함되어 있다. 이미 20년대 경인그룹 핵심인물 구기모토 후지지로(釘本藤次郎), 도미다 잇사쿠(富田一作), 백완혁, 조진기 등은 퇴직, 사망 등으로 재계에서 사라졌다. 그리고 전시체제기에는 식산은행이 투자한 기업을 중심으로, 이미 1920년대 부산, 신의주 등에서 그룹을 형성하고 있던 지역경제 거두들이 경성그룹의 네트워크로 연결되었다는 점이 특징이다. 일본제국정부와 총독부 개입에 의한 국가자본의 집중과 관련된 현상이라고 볼 수 있을 것이다.

64) 『事業と鄕人』, 83~85쪽.

부산의 거두 하자마 후사타로[65]와 가시이 겐타로, 신의주의 시가타 후미지로(佐方文次郎), 흥남의 노구치 시타가우(野口遵)와 오시마 에이기치(大島英吉)를 비롯하여, 경성의 조선증권금융(주) 대표 오기(小杉謹八), 이사 아사노(淺野太三郎), 조선제련 이사 기구치(菊池一德), 동양생명보험사장 도쿄의 기무라 유지(木村雄次), 북선제유(北鮮製油)(株) 회장 오쓰카(大塚俊雄) 등이 새롭게 경성그룹 네트워크로 연결되었다. 이 가운데 노구치는 전시체제기를 통해 화학공업, 북부전기개발사업에서 총독의 전폭적인 지원에 힘입어 전기, 화학 등에서 새롭게 신흥 콤비네이트를 형성하게 되었다.[66]

셋째, 대지주에서 자본가로 전환한 경우로서, 전북 고창 대지주가(大地主家) 김성수, 김연수, 김재수 일족과 전남 재벌 현준호를 들 수 있다. 김연수는 혈연으로 연결되어 있는 김성수, 김재수와 호남지역을 기반으로 성장한 기업가 현준호와 함께 긴밀한 네트워크를 형성하였다. 김성수는 동생 김연수가 교토대학 경영학과를 졸업하고 돌아오자 기업경영을 그에게 맡긴다. 김연수는 면방직공업에 중점을 두면서 식산은행 등 금융권과 시국관련 16개 기업의 중역과 대주주를 겸임하면서 재계에서 입지를 굳건하게 구축해갔다. 그는 경성그룹 내 모든 기업의 중역으로 참가하고 있다.

김연수계가 기업경영을 확대한 것은 세 번의 자본금조달과 관련이 있다. 자세한 것은 후술하겠지만, 자본금은 모두 총독과 군부의 알선으로 식산은행과 만주흥업은행으로부터 융자금을 받아 크게 늘어난 것이다.

또한 현준호는 호남은행을 설립한 전남의 대자본가이다. 호남은행은 광주에 본점이 있고, 목포, 순천, 장성, 보성, 거창, 담양, 영광, 동래에 지점이 있어, 전남과 경남지역까지 금융사업을 확장하였다.[67] 그는 경성의 김

---

65) 『事業と鄕人』, 676~677쪽.
66) 小林英夫, 앞의 책, 2004, 103~104쪽.
67) 『事業と鄕人』, 134~135쪽.

성수, 김연수와 연관을 맺어 경성방직, 중앙상공, 동아일보 이사를 맡으며 네트워크를 형성하였다. 그는 이러한 경제적 기반을 토대로 전남도평의원, 중추원참의가 되어 지역의 핵심인물로 성장하였다. 전시체제 말기에는 경성그룹의 박흥식, 민대식, 김연수와 함께 총독부의 전시경제체제에 긴밀하게 협조하고 있다.[68]

넷째, 조선인 관료에서 자본가로 전환한 유형으로, 한상룡, 민대식, 박영철을 들 수 있다. 한상룡은 이완용의 친척으로 조선생명보험㈜, 조선신탁㈜을 비롯하여 8개 기업에 대주주 및 중역을 겸임하고 있다. 그는 조선총독이 가장 믿을 수 있었던 기업인으로 수많은 기업을 창설하는데 산파역을 담당하였다. 경성상업회의소 부회두이면서, 대정실업친목회 의원, 조선실업구락부 회장을 역임하였다. 또한 동민회와 조선신궁봉찬회 간부에 취임하여 총독정치의 버팀목이 되어 주었다. 전시체제기에는 조선국방협회 부회장(1933년 퇴직), 국민협회 이사, 1939년 국민총력조선연맹 사무총장으로 일제의 침략전쟁을 도왔다.[69]

박영철은 대한제국 시기 무관을 지낸 관료로 조선상업은행의 대표를 지냈으며, 조선생명보험, 조선미곡창고, 조선신탁 등 7개 기업에서 중역을 맡았다. 이 두 인물은 당대 최고 조선인 유력자로서 총독의 두터운 신임을 받았던 인물이다. 민대식은 호위대참의, 육군정의에서 대한공업회설립 의원, 조선신탁, 조선맥주, 경춘철도 취체역으로 활동하였고 조선생명보험㈜의 대주주이다. 이들은 공통점이 많다. 모두 경기도평의원, 중추원 참의를 역임하였고, 시국관련 사상단체인 동민회, 조선신궁봉찬회 간부이다.[70]

---

68) 박흥식에 관해서는 정운현, 『풀어서 본 반민특위재판기록』Ⅱ, 13~463쪽. 김연수에 관해서는 『풀어서 본 반민특위재판기록』Ⅰ, 111~199쪽 참조.

69) 『事業と鄕人』, 160~162쪽.

70) 동선희, 『식민권력과 조선인 지역유력자－도평의회 도회의원을 중심으로』, 선인, 2011 참조.

다섯째, 상인에서 자본가로 전환한 유형으로 박흥식이 대표적이다. 그가 자본가로 성장한 계기는 자신의 사업적 수완에도 있지만, 총독 및 금융권 인사들과의 친분을 이용하여 식산은행, 한성은행 등에서 자금을 잘 끌어들일 수 있었기 때문이다. 1926년 선일지물㈜을 창립할 때 본인이 가진 2만 원과 부동산을 담보로 50만 원으로 평가되는 회사를 담보로 그 두 배에 해당하는 대출금 1백만 원을 받아냈다. 또한 전국 300여 개소에 화신연쇄점㈜을 만들어 연쇄점 점주의 토지를 담보로 우가키 총독에게 알선받아 식산은행에서 자금 7백만 원을 조달하였다. 그리고 1944년에 조선비행기㈜를 창립할 때 군부 알선으로 5,000만 원 중 2,500만 원을 차용하였다. 그 대신 그는 총독부 시책에 가장 적극적으로 앞장서 국민총력조선연맹 상임이사, 임전보국단 상임의원 등 13개 단체에서 간부로 취임하여 일제의 전쟁에 협력하였다. 결국 그는 전시체제와 총독과의 친밀한 관계를 이용하여 자본을 증식하였고 재계의 중견인물로 성장하였다. 하지만 그의 성공은 민족의 불행을 이용하고, 식민지 청년과 노동자를 동원하여 노동력을 착취한 기반 위에 세워진 것이었다.

위와 같이 경성그룹 중역겸임자들은 주로 관료, 전문경영인, 지주, 상인에서 자본가로 전환된 케이스가 많다. 특히 1920년대와 다른 주목할 만한 특징은 현준호, 김연수, 박흥식 등과 같이 조선인관료가 아니라 상인이나 지주출신으로서 자본가로 변신하여 중역그룹에 참가하고 있는 점이다. 또한 전시 통제경제 시스템하에서 각 지역의 재계 대표인 재조일본인과 조선인 자본가들이 모두 경성그룹을 중심으로 연관구조를 구축하고 있다. 동척의 사령관이라고 불리던 시가타 후미지로(佐方文次郎), 신의주를 대표하는 오시마 에이기치(大島英吉), 화학공업 콘째른을 형성한 노구치, 부산의 대재벌 하자마, 가시이, 전남의 대자본가 현준호, 대구의 최창학 등이 그들이다.

### 노구치그룹의 중역겸임 네트워크 실태

노구치(野口)그룹은 화학공업을 중심으로 흥남, 경성, 웅기에 소재하고 있다. 노구치그룹의 핵심멤버는 노구치 시타가우(野口遵), 오시마 에이기치(大島英吉), 오규 쓰다우(荻生傳), 야마나카 우자부로(山中宇三郎), 시가타 후미지로(佐方文次郎)이다. 노구치를 중심으로 오시마, 오규는 같은 분야 전문가들로서 취체역과 감사역을 맡고 있고, 신의주에서 성장한 시가타, 야마나카가 감사역을 맡고 있다. 이 그룹에 속하는 기업은 8개 기업으로, 웅기전기, 조선질소비료, 신흥철도㈜, 장진강수전㈜, 조선송전㈜, 조선석탄공업㈜, 조선질소화약㈜, 단풍철도(端豊鐵道)㈜ 등이다.

노구치그룹은 공칭자본 1억 7천만 원, 불입자본 1억 6백만 원으로서 조선 내 중역겸임자 네트워크 그룹 중 가장 거액의 자금으로 회사를 운영하고 있었다. 또한 공장이 위치한 곳은 모두 함경남북도로서 흥남, 함남, 웅기 지역에 분포되어 있다. 이 그룹의 특징은 질소비료, 수력발전, 전기업, 석탄, 화약, 철도 등 모두 신흥업종에 진출한 것이며 전시체제하 가장 핵심적인 군수물자를 중심으로 이루어진 것이 특징이다. 이 그룹은 다른 그룹과 달리 중역들이 모두 일본인만 배타적으로 구성되어 있다.

### 노구치그룹의 멤버구성과 자본가전환 유형

이 그룹의 핵심 인물은 노구치 시타가우(野口遵)를 중심으로 구보타 유타카(久保田豊), 오시마 에이기치(大島英吉), 오규 쓰다우(荻生伝)이다. 모두 일본질소계열의 사람으로서, 조선에서는 조선질소비료를 비롯하여 각각 12개, 4개, 11개, 6개사에서 중역과 대주주를 겸임하고 있다.

첫째, 전문경영인에서 자본가로 전환한 케이스로 노구치를 들 수 있다. 그는 1896년 도쿄출생, 도쿄제국대학 전기학과 출신이다. 청년기부터 일본에서 전기회사를 창립하였으나 크게 성공하지는 못했다. 그가 1927년 조선질소비료를 세우기 이전, 대구의 대자본가 오구라 다케노스케(小倉武之助)가 대표취체역을 맡고 있는 선남은행, 대흥전기에서 취체역과 상담역을 맡았다. 선남은행주식 100주, 대흥전기주식 400주, 해외척식 주식도 소유하여 대주주가 되었다. 선남은행에서는 이병학, 장직상 등과 운영에 참가하였다.[71] 그가 본격적으로 자본가로 성장하는 계기는 조선의 북부지역 함경남도 흥남에 조선질소비료, 신흥철도, 조선석탄공업을, 경성에 조선송전을 설립하면서부터이다. 그는 우가키 총독시기 전기사업과 농업정책, 미나미 지로 총독시기 전시총동원체제하에서 전폭적인 지원을 받아 매년 막대한 투자를 하게 되었다. 주로 화학·화약공업, 전기공업, 석탄공업 등에 진출하여 신흥콘쩨른으로 발돋움하게 되었다.

정치와 경제의 유착관계가 가장 적나라하게 드러나는 것은 그가 1931년부터 1943년까지 흥남읍장을 역임한 것이었다. 그는 흥남읍 지역개발에 대한 최고 결정자가 되어 지역의 유력자가 되었다. 그는 흥남행정 책임자로서 흥남에 계속 공장을 세워 오늘날 울산의 현대그룹과 같이 흥남의 노구치그룹이 되어 조선 전체에서 가장 강력한 자본가로 떠올랐다.[72] 1939년에는 시국조사대책위원회 의원으로 위촉되어 활동하였다.

둘째, 기업의 사원 및 전문기술자에서 중역으로 승진한 케이스이다. 일본질소㈜ 노베오카(延岡)공장이 완성되었을 때 오시마는 고가세카와(五ケ瀨川)전력 상무였고 오규(荻生)는 회계부장이었다. 오시마는 1923년 설립된 웅기전기에 대주주와 취체역으로 조선에 진출하였다. 이후 조선질소비

71) 『要錄』, 1921년판.

72) 노구치와 미나미 총독의 관계는 서로 군수품 생산을 위해 화학공업의 성장을 위해 협력한 관계이다. 노구치가 죽음에 앞서 기부금을 내고자 했을 때, 미나미는 조선에서 사업에 성공하였으니, 기부금 3천만 원 중 5백만 원을 조선의 장학금에 내달라고 부탁하여 받아낼 정도였다(柴村羊五, 『起業の人野口遵伝 電力と化学工業のパイオニア』, 有斐閣, 1981, 327쪽).

료, 신흥철도, 조선질소화약의 취체역과 장진강수전, 조선석탄공업의 감사역을 역임하고 있다. 그는 도쿄제국대학 응용화학과를 졸업하여, 같은 과 졸업생을 기사로 채용하는 전권을 위임받았다.[73] 회계가 전문인 오규는 조선질소비료, 장진강수전, 조선질소화약, 단풍철도의 감사역을 담당하였다.

셋째, 일질계열이 아닌 인물로서 전문경영인, 상인에서 중역으로 네트워크를 형성하고 있는 케이스이다. 동척의 사령관인 시가타 후미지로(佐方文次郎)와 웅기지역 유력자 야마나카 우자부로(山中宇三郎)이다. 시가타는 도쿄제국대학 경제학과 출신 전문경영인으로서 일찍부터 동척 경성지점, 강경, 사리원, 만주 봉천, 함흥지점을 전근하며 장기 근속한 사람이다. 그는 동척의 조선총독, 조선군사령관이라고 할 정도로 비중있는 인물이다. 한편 야마나카는 원산, 북청을 거쳐, 웅기에 정착한 재조일본인으로서 회사원, 상인에서 중역겸임을 통해 자본가로 성장한 케이스이다. 그 또한 정치적으로 읍회의원, 국방의회 회장을 역임하여 전시동원체제에 적극적으로 협력하였다. 함북 웅기지역에서 경제발전과 관련된 일이라면 그가 관여하지 않은 것이 없다고 할 정도로 지역의 핵심유력자이었다.[74]

따라서 노구치그룹은 톱 메니지먼트 노구치, 전문기술자 오시마, 회계전문가 오규 등이 중심역할을 맡고 있다. 거기에 조선 북부지방 사정을 잘 알고 있는 시가타, 야마나카와 같은 유력 자본가가 감사역을 맡고 대주주가 되어 기업 운영에 많은 도움을 받을 수 있었다. 이들은 일찍부터 조선에 건너와 자본을 축적한 유력자들로서, 함흥과 웅기지역에서 노구치계열과 네트워크를 형성하고 있기 때문에 이 그룹은 동북부지역 자본가 네트워크라고 보아도 좋을 것이다. 또한 이 그룹은 경성그룹과 달리 조선인이

---

73) 吉岡喜一,『野口遵』, フジインターナショナルコンサルタント, 1962, 143쪽.
74)『朝鮮名鑑』, 182쪽.

한 명도 없이 일본인만으로 만들어진 배타적 연관구조를 가지고 있는 것이 특징이다.

### 2) 총독부 전시경제시스템과 낙하산 인사 실태

#### 경성그룹 낙하산 인사 실태

1930년 만주사변 이후부터 1945년까지 일본제국정부는 군부와 협력하여 전쟁의 길을 선택하였다. 이렇듯 국제정치가 변화됨에 따라 대주주와 중역겸임제를 통한 자본가 네트워크는 그들의 체제 속으로 재편되어갔다. 그러면 구체적으로 어떠한 정치 · 사회적 관계로 변화되었는가. 주로 경성그룹의 중역겸임 자본가들을 중심으로 살펴보고자 한다.

일본제국주의가 전쟁을 확대함으로써, 이 전쟁은 일본 본토는 물론 식민지 조선, 대만과 점령지 만주를 포함한 모든 지역의 물자와 사람, 자금을 통제하면서 추진되었다. 그러므로 그 세력권에 있는 모든 사람의 생명을 담보로 한 위기적 국면을 초래하였다. 전시경제통제를 위한 법적 근거는 1937년 4월 1일 국가총동원법이었다. 이 법에 의해 일본제국정부와 군부는 제국의회의 의사결정을 거치지 않고 인적 물적으로 필요한 모든 자원을 전쟁에 동원할 권한을 갖게 되었다. 그리고 군수물자통제를 강화하기 위해 동년 9월 10일 임시자금통제법, 수출입 등 임시조치법, 동년 9월 18일 군수공업동원법을 공포하였다.

그러나 일본내각과 군부의 총동원 정책은 일본 재계와 대장성의 반대에 부딪혀, 이 법률을 시행하는 것은 일본 본토에서는 계속 늦어졌고 잠정조치에 그치고 말았다.[75] 이에 따라 군부는 우회 전략으로 조선이나 만주의

---

75) 小林英夫, 『帝国日本と総力戦体制』, 有志舎, 2004, 100~121쪽.

자원을 총동원하는 정책으로 전환하였다.[76] 식민지 조선은 전진대륙병참기지로 규정되었기 때문에, 인적 물적 자원을 총동원하는 시스템을 긴급하게 만드는 것은 미나미 총독과 군부의 사활이 걸린 문제였다. 그 가장 중심에 있는 것이 '관치주의' 경제지배 시스템과 아마쿠다리구미(天降組, 이하 낙하산인사) 제도였으며, 총독부와 독점자본은 강인한 유착관계를 형성하였다.[77] 또한 전쟁이 확대될수록 총독부는 조선인을 노동자나 군인으로 동원해야 했기 때문에 조선인 중 세력을 가진 핵심 인물들은 더욱 중요한 존재로 부상하였다.

우가키 총독시기부터 '관치주의'를 재계에 관철시키고 재생산하는데 중추적인 역할을 담당한 것은 낙하산인사 출신들이었다. 아마쿠다리는 퇴관한 관료가 관변 금융기관이나 특수회사의 사장 또는 중역으로 취임하는 낙하산 인사 출신을 말한다. 대상자는 병합 초부터 한국에서 장기 근속한 과장급, 국장급, 도지사를 역임한 고급 관료들이었다.[78]

경성그룹의 대표적인 아마쿠다리 출신은 가다(賀田直治), 아루가(有賀光豊), 하야시 시게키(林茂樹), 박영철, 민대식 등이다. 가다는 조선피혁 대표로, 아루가와 하야시는 식산은행대표, 이사로 취임하였다. 가다는 우가키 총독시기 1932년부터 1937년까지 경성상공회의소 회두를 역임하였다. 미나미 총독 부임 후에는, 일본 오쿠라쇼(大蔵省) 세무서장 출신으로서 총독부 참사관이었던 아루가로 교체되었다.[79] 그는 조선저축은행, 경춘철도, 조선제련의 대주주와 중역을 겸임하였다. 금융연맹회장, 식산은행 이사인

---

76) 小林英夫, 위의 책, 121~124쪽.

77) 高橋亀吉, 『現代朝鮮経済論』, 千倉書房, 1935, 135~136쪽 ; 鈴木正文, 『朝鮮経済の現段階』, 帝国行政学会朝鮮本部, 1938, 92~96쪽 ; 堂本敏雄, 『朝鮮行政の特質』, 朝鮮行政, 1940, 21쪽.

78) 방기중, 「1940년대 전후 조선총독부의 '신체제'인식과 병참기지 강화정책-총독부 경제지배시스템의 특질과 관련하여」, 『東方學志』 제138집, 延世大學校 國學研究院, 2007, 105 · 112쪽.

79) 아루가는 총독부의 총력전체제에 적합한 자금을 마련하기 위해 각지 농공은행에서 대출한 자금을 불량자금으로 정리하였다. 자세한 것은 『事業と郷人』, 83~85쪽 참조.

야나베 에이자부로(矢鍋永三郎),[80] 경성방직 대표 김연수, 아라이 하쓰타로(荒井初太郎), 부산의 거두 하자마 후사타로의 장남 카즈오(迫間一男)와 연관을 맺었다. 그는 후에 일본고주파중공업 사장이 되었다.

경상북도지사를 역임한(1929.12.11.~1931.9.23) 하야시(林茂樹)는 1931년에 조선식산은행㈜ 이사로 취임하였다. 그는 이외에도 조선화재해상보험㈜ 조선미곡창고㈜, 한성은행㈜, 조선신탁㈜, 조선서적인쇄㈜, 경춘철도㈜, 한강수력전기㈜ 등 11개 기업에서 대주주와 취체역을 겸임하였다.[81]

박영철(朴榮喆)은 전북 전주출신으로서 부친은 전북재계에서 중추적인 인물 박기순이다. 그는 무관출신으로서 일본의 육군사관학교를 나와 조선총독부에서 주요 관직을 역임하였다. 그는 함경북도지사(1916.8.14~1927.5.18), 강원도지사(1924.12.1~1926.8.14)를 지내고 재계로 들어온 인물이다. 조선상업은행㈜의 대표이며, 조선생명보험㈜, 조선미곡창고㈜, 조선신탁㈜, 조선철도㈜, 북선제지화학공업㈜, 조선맥주㈜ 등 7개 기업에서 중역을 겸임하고 대주주로서 지배력을 행사하였다. 주로 금융업과 철도업, 화학공업, 식료품공업 등에 투자하였다.

민대식은 1898년부터 시종원시어, 호위대참의, 육군참의, 육군정위를 역임한 인물로서, 1920년 이후 한일은행장으로서 활동함으로서 재계의 거물로 부상했다. 조선신탁㈜, 조선맥주㈜의 취체역, 경춘철도, 조선생명보험의 대주주, 조선비행기공업㈜의 취체역으로 재직하였으며, 대한공업회 설립위원으로 활동하였다. 또한 그는 정치활동으로서 중추원참의를 지냈고,

---

80) 야나베 에이사부로(矢鍋永三郎)도 황해도지사(1924.12.1~1925.8.11)를 지낸 인물로서 낙하산 인사출신이다. 그는 금융연맹회장을 지냈으며, 朝鮮殖産銀行(株), 漢城銀行(株), 朝鮮土地改良(株), 朝鮮貯蓄銀行(株), 京城日報社(合資)의 중역을 겸임한 인물로, 은행업과 언론에서 중요한 역할을 하였다. 『事業と郷人』, 141~143쪽.

81) 그 외 대주주 및 취체역을 겸임한 기업은 다음과 같다. 朝鮮製鹽工業(株), 朝鮮單式印刷(株), 半島土地建物(株), 朝鮮貨物自動車 運送事業組合, 朝鮮旅客自動車運送事業組合 등이다.

한상룡과 함께 동민회와 조선신궁봉찬회 간부를 맡아 총독부 시책에 적극적으로 협력하였다.[82)]

이처럼 경성그룹 낙하산 인사들은 조선식산은행, 조선상업은행, 조선저축은행, 한성은행, 조선생명보험 등 모두 금융권 대표와 이사가 되었다. 총독부는 낙하산 인사정책을 통해 식민지의 경제동맥인 금융권을 장악하여 전쟁을 위한 총동원체제에 필요한 제 시책을 원활하게 추진하고자 한 것을 알 수 있다.

### 3) 경성그룹 중역겸임 자본가의 정치 · 사회적 네트워크

#### 경성그룹 중역겸임 자본가의 경제 · 사회단체 활동 실태

다음으로 경성그룹 중역겸임 자본가그룹의 경제단체, 사회단체에서 활동한 실태를 살펴보자. 경성그룹은 식산은행계열과 김연수계열로 나눌 수 있기 때문에 두 축을 중심으로 검토해보고자 한다.

#### 경제단체활동

경성그룹 멤버의 대다수는 경성상공회의소, 경성상업회의소 등 주요 경제단체의 간부를 역임하고 있다. 먼저, 경성상업회의소와 상공회의소에서 간부로 활동한 경성그룹의 멤버에 대하여 검토해보자.

먼저 경성상공회의소는 강제 합방된 뒤 조선인 상업회의소가 통폐합되어 만들어진 것이다. 1920년대를 거쳐 1930년대에는 상공회의소 체제가 점차 안정되어 갔다. 그 중심에는 경성그룹 멤버 가다 나오지가 있었다. 그

82) 『事業と鄕人』, 267~270쪽. 민대식, 민규식 등 민영휘 일가의 자본축적과 정치 사회 활동에 대한 자세한 사항에 대해서는 오미일, 앞의 책, 2014, 50~105쪽 참조.

는 전술했듯이 일본 궁내청과 대만총독부 관료를 지낸 인물로서, 사이토 총독시기에 조선피혁 사장으로 낙하산 인사된 인물이다. 그는 총독부의 시국조사사업에 참가하고 활발한 재계 활동을 기반으로 우가키 총독시기인 1932년 7월 경성상공회의소 회두로 취임하였다. 그가 활동하였을 때 상공회의소 회원은 3,600명으로 증가하였고, 시과금도 15만 원 이상으로 크게 늘어났다.[83]

미나미 총독이 부임한 후, 재계의 거물 아루가가 경성상공회의소 회두가 되었다. 이 인사는 미나미 지로의 정책인 '전진대륙병참기지정책'에서 금융적 해결을 위한 특별 조치라고 할 수 있다. 그는 경성상공회의소 회두로 있으면서, 총독부 정책을 원활하게 수행하기 위해 식산은행 자금을 자본가들에게 융자해주는 역할을 하였다. 특히 화학공업, 면공업, 철도업 등 전쟁수행과 관련된 필수적인 공업분야를 지원해주었다. 그 사례로서는 화학공업의 노구치, 면공업의 김연수, 철도업의 닛다(新田) 등이다.

이렇듯 1930년대 경성그룹의 중핵인물이 경성상공회의소와 식산은행계열을 장악하고 있었다. 이들은 모두 낙하산인사 출신으로 전시경제체제하 조선총독부의 손발이 되었으며, 경성상공회의소 조사활동을 하면서 자신들에게 유리한 경제정책을 추진하도록 유도하기도 하였다.

상업회의소 및 상공회의소 참가자들은 경기 · 경북 · 경남 · 평남 · 함남 등 상공업이 발달한 지역출신이 대부분이다. 특히 경성그룹 멤버 중에는 경성상업회의소에서 한상룡, 김한규, 민대식, 김연수가 간부를 역임하였다. 대구상의에는 장직상, 경남상의에는 문상우도 하자마를 통해 경성그룹 김연수와 연관되어 있다. 이들은 상업회의소에서 상공회의소로 바뀌었을 때도 계속 함께 활동하였다.[84] 1927년 11월에 결성한 대구상공협회에는

83) 『事業と郷人』, 136~139쪽.

정해붕(경북도평의회 의원 24관), 장직상 등이 참여했다.[85] 1930년 12월 한상룡, 박주명 등 조선인 상공업자들은 '경성상공협회'를 설립하였다.

이토 통감부터 테라우치, 사이토, 우가키, 미나미, 고이소 총독이 부임하였을 때, 조선재계에는 '조선의 시부자와(渋沢)'로 불렸던 경성그룹 멤버 한상룡(1930년, 50세)이 존재했다. 그는 이완용의 친척으로서, 러일전쟁기부터 조선의 금융관련 기업을 설립하는데 견인차 역할을 하였다. 1933년에는 조선에 금융조합을 만들어 중앙에서 금융을 컨트롤하기 위하여 조선금융조합연합회를 설립하고 임원을 역임하였다. 또한 조선생명보험 대표 취체역으로서, 1928년부터 1940년까지 중추원참의를 역임하였다. 1941년부터 45년까지는 중추원 고문으로서 재계의 원로가 되어서도 전시총동원체제를 위해 총독부 정책을 도와주었다. 심지어 도쿄에 가서 고관들에게 조선경제의 특수한 사정을 알리기도 하였다. 경상농공은행 취체역이고, 1924년부터 27년, 1933년부터 40년까지 중추원 참의를 역임한 경북의 서병조도 한상룡과 밀접하게 연결되어 있는 중역겸임 자본가이다.[86]

1944년에 이르면 '조선상공경제회령'으로 도단위로 상공회의소를 통합시키고자 하였다. 도별로 상공경제회 설립준비위원으로 참가한 경성그룹 멤버는 경기의 김연수, 경북의 장직상이며, 강원도에는 다수중역겸임자인 최준집이 참여하였다.[87]

중역겸임을 통해 네트워크를 만들고 있던 핵심자본가들은 대부분 전시동원체제하 군사독재 총독정치와 깊은 연관을 맺고 있으며, 사회적으로도

---

84) 동선희, 앞의 책, 2011, 225쪽.

85) 대구의 예속자본가는 조선인만으로 이루어진 대구상공협회 참가를 거부하고 대구상업회의소만을 인정했다(오미일, 위의 책, 351쪽)고 하고 있으나, 장직상 또한 전시체제기에는 예속자본가로 변화하므로 그 성격에 대해서는 시기별로 좀 더 자세한 조사가 필요하다고 생각된다.

86) 동선희, 앞의 책, 2011, 224쪽.

87) 최준집은 강원도 평의회 33관, 37관, 41관을 역임하였다.

핵심인물이 되어 전쟁물자 지원정책을 위해 적극적으로 참가하게 되었다. 총독부와 군부의 정책은 강제성을 띠고 있었기 때문에, 그들이 요구하던 것을 중역겸임자들은 거절할 수 없었다. 거절하면 다른 중심 기업들이 심각한 금융적 영향을 받기 때문이었을 것이다. 협력한 김연수, 박흥식의 기업은 성장하고, 협력을 거부한 부산의 대표적인 민족자본가 백산 안희제의 기업은 폐업하게 된 것은 이를 극명하게 나타내준다.

### 사회단체 활동

경성그룹 멤버는 대체로 재계 자본가의 친목회, 사교단체를 중심으로 활동하였다. 먼저, 경성그룹 멤버 한상룡을 중심으로 하는 조선실업구락부를 들 수 있다. 이 모임은 민영기, 조진태가 중심이었던 1920년대 대정실업친목회를 이어서 만든 것으로서 1930년대 명칭이 변경되었다. 한상룡은 중추원참의를 지냈기 때문에 귀족들과 돈독한 친분을 맺고 있었으며, 이것을 기반으로 조선은 물론 일본 본토의 정계와 실업계의 거두들과 인맥을 쌓아갔다.

조선실업구락부와는 별도로 경성과 각 지방의 유지들의 사교단체 구일회가 상업은행 회장이자 중추원 참의인 박영철을 중심으로 새롭게 만들어졌다. 구일회는 박영철이 회장을 맡고 민규식, 박흥식, 최창학, 조병상 등이 중심인물이었다. 조병상 이외에는 간부들이 모두 경성그룹의 네트워크 멤버였다. 그들은 친목회를 만들어 일본에서 정 · 재계 귀빈들을 초청하여 친목을 돈독히 유지하였다. 회원은 경성 20여 명, 각 지방에 50명 총 70명으로, 매월 9일마다 모임을 가졌다. 이들은 생활개선을 목표로 회원이 제시한 의견을 구일회라는 집단체 의사로 제출하였다.

이러한 집단적 움직임과는 달리 1939년 경성그룹의 하준석, 민규식, 박흥식, 박창훈 등이 군부, 관계 주요인물 초청 친목회를 주목적으로 경성에

청구구락부를 만들었다. 이 단체회원은 120명 정도로 정재계 실업가, 관리뿐만 아니라 학자, 사상가들이 모여 사교단체를 만들었다는 것이 특징이다.[88] 하준석, 민규식도 중추원 참의이므로 이러한 모임을 통해 정재계의 인맥을 쌓고, 취미생활을 공유하면서 자연스럽게 네트워크를 만들어갔다는 것을 알 수 있다.

### 경성그룹의 정치참여 및 정치단체 활동 실태

조선총독부와 군부는 재조일본인과 조선인 자본가를 총독부의 조사의원, 중추원 참의, 각 도 및 각 부의 도평의원, 도회의원, 부회의원 등으로 임명하여 체제내로 끌어들이고자 하였다. 그 중심에는 경성그룹의 중역겸임 자본가들이 있었다. 이들은 군사독재 총독정치와 연계되어 이른바 내선융화정책의 구조적인 시스템 속에 들어가 있었다. 이에 대한 구체적인 실태는 다음과 같다.

첫째, 조선인 중역겸임자들은 중추원 참의로 참여하였다. 중추원은 원래 조선귀족과 '병합공로자'를 중심으로 한 관리 출신자들을 예우하고 총독 자문에 응하도록 하기 위해 만들어졌으나 실질적인 기능을 하지 못하고 유명무실화되고 있었다고 평가되고 있다.[89] 하지만 1930년 이후 중추원의 가장 큰 변화는 재계의 중핵 자본가들이 중추원 참의로 임명되었던 것이다. 이것은 신분제 사회의 최고 지위로 대우받은 마지막 봉건귀족과 '병합공로자'들이, 식민통치하에서 성장한 조선인 부르주아들로 교체되는 과정이라고 볼 수 있다. 조선후기 사회에서 양반들이 천대하던 상인이 일

88) 『三千里』 第10卷 第1号, 1939年 1月 1日, 「秘密室, わが社会の諸内膜」(국사편찬위원회, 한국근현대잡지자료) 三千里秘密室, The Korean cham-ber. 이 외에 다른 단체로서 최린 씨의 아호를 따서 설립한 고우회(古友会)가 있다. 회원은 최린과 친교가 있는 개인이나 단체로 조직된 것. 이돈화, 박창도, 최성환 등이 있다.

89) 동선희, 앞의 책, 2011, 213쪽.

강점기에는 중추원 참의까지 신분이 상승할 수 있었던 것이다.

중추원의 공식적인 기능은 년 1회 중추원회의를 통한 고문정치로 형식화되어갔으나, 그 중추원 내부의 핵심 인사들은 목요회를 만들어 친목을 도모하고 각종 시국사건들을 논의하였다. 당시 목요회는 총독정치의 이모저모에 대한 다양한 의견들이 한정된 인사들 사이에서 논의되므로 정계·재계의 귀추를 주목받고 있었다.[90]

중추원 참의가 된 중역겸임 그룹 멤버는 1930년대 경성 한상룡, 장직상, 경기 김정호, 경기 김한규, 전남 현준호, 경북 서병조, 경남 하준석, 함남 방의석이고, 1940년대 경기 김연수 등이다. 이 중 한상룡, 장직상, 김한규, 현준호, 김연수가 경성그룹이다.[91]

우가키 총독시기에 중추원 참의 중 경성그룹은 한상룡, 장직상이며, 조선신탁그룹과 다수 겸임그룹 인사는 서병조, 한규복, 최린이다. 주요내용은 우가키 총독시기 농공병진정책과 사상통제정책과 관련이 깊다. 즉 농산어촌 자치문제, 부녀자 교육문제, 국방의회 회원 획득운동, 비상시국 인식, 현존 종교선도책 등이다. 1934년 4월 26일부터 27일까지 제15회 정례회의에 경성그룹의 한상룡, 장직상이 참여하였다.

미나미 지로 총독시기에 참가한 경성그룹 자본가는 박영철, 장직상, 김연수, 현준호 등이다. 주요 내용은 당시 전시통제체제에서 필요한 대안책으로 구성되어 있다. 즉 내선일체, 풍습과 일상생활의 일본화, 조선인 특별지원병령 실시, 생산확충, 애국반활동, 황도정신철저, 고도국방건설 위한 금융정책 등이다. 즉, 중추원 참의들은 일제의 정부시책에 적극적으로

90) 현준호는 1932년 10월 중추원 개혁에 대한 의견서를 제출하였다(중추원참의 답신서, 566쪽).

91) 경성지역 중추원 참의들의 관계망에 대해서는 다음을 참조. 이승렬, 「경성지역 중추원 참의들의 關係網과 식민권력의 지역지배」, 『鄕土서울』 第69號, 서울特別市史編纂委員會, 2007, 101~144쪽.

호응하면서 자신들의 계급적 이익을 대변하고 있었다.

둘째, 도평의회, 도회, 부회 등 지역정치에 참여하였다. 경성그룹 중에는[92] 경기도 한상룡이 20관, 24관, 27관, 30관, 33관, 37관, 41관을 역임하였다. 또한 경기의 김연수(29관, 31관, 32관), 김한규(경기20관, 24관), 민대식(경기30관)이 선임되었다.

도평의회, 도회의 경우도 통상 연1회 7~10일 열리고 임시회의가 소집되었는데, 실제로 민의를 반영하지도 못했고 정책방향에 영향을 주지도 못하였다. 그러나 지역의 유력자로서 명예로운 직책으로 여겨져 여러 가지 비리가 발생했다고 한다.[93] 회의내용은 교육확충, 도로, 항만 등 지역생활 개선, 부역 철폐문제 등이었으나, 대부분 당국이 책정한 예산안이 그대로 통과되었다. 그렇지만 일제당국은 지방의회에서 민족적 사회적 모순이 첨예하게 드러날 가능성을 늘 경계하였다.[94] 도평, 도의의 경우도 지역의 유지들이 명예를 얻고 총독부의 제한된 자치제도 속에 구조적으로 포섭되어 있었다. 또한 다양한 인맥을 형성할 수 있는 기회가 생겼고, 자신들의 지위를 향상시키는 수단이 되기도 하였다.

셋째, 시국관련 단체결성과 총독부 시국조사대책위원회의 참여이다. 우가키 총독은 만주사변과 경제공황으로 일본 국내에 조성된 파시즘적 분위기를 조선에도 조성하기 위해, 내선일체사상의 실천과 농공병진정책을 시국방침으로 정했다. 이에 중역겸임 자본가들은 동민회에 참가하여 내선일체 사상, 국방사상에 대한 선전을 하였으며, 국민협회, 조선유교회, 시중회 등의 단체를 만들어 총독부 정책에 대한 협력체제를 만들었다.[95]

92) 동선희, 앞의 책, 2011, 204~209쪽.

93) 제21회, 중추원회의 참의 답신서, 1940년 10월 24~25일.

94) 동선희, 앞의 책, 2011, 302쪽.

95) 동선희, 위의 책, 291쪽.

만주사변 이후 1933년 초부터 일본에서는 파시즘 운동이 고조되면서 국방의회가 만들어졌다. 조선에도 일제당국과 조선군의 주도로 일본인 재향군인과 조선인 친일유지들을 중심으로 군국주의 단체 국방의회가 조직되었다. 경성그룹의 김한규가 부회장(1933년 퇴직), 박흥식이 이사, 가시이가 국방협회 경남회장을 담당하였다.

이 조직은 1934년 이마이다 기요노리(今井田清德) 정무총감 주도로 국방의회연합회로 확대되었다. 경성그룹과 동척그룹의 가시이 겐타로(香椎源太郎), 방의석그룹의 방의석, 조선신탁그룹의 서병조, 다수중역겸임자의 김장태, 김두하 등이 간부로 참가하고 있다. 각각 부산, 대구, 창원, 함흥지역의 주요 유력자들로 구성되어 있다.[96]

당시 내선사상과 국방사상 등을 선전하기 위해 각종 단체를 만들고 이끌어가는 가장 중요한 핵심인물은 한상룡이다. 그는 1930년대만 9개 단체 간부로 활동하였다. 구체적인 단체명과 활동내용, 경성그룹의 중역겸임자로서 간부를 지낸 자본가의 실태는 다음 [표 5-18]과 같다.

[표 5-18] 1930년대 한상룡이 만든 정치단체

| 단체명 | 경성그룹 간부 | 목적 및 활동내용 |
|---|---|---|
| 1924 동민회 | 한상룡, 김한규, 민대식 | 내선융화론, 산업개발 위한 계몽활동 |
| 1931.1 동우구락부 | 한상룡 | 정재계 인사 친목도모 |
| 1932.12 소화연맹경성지부 | 한상룡 | 내선일체사상 전파 |
| 1933.10 조선신궁봉찬회 | 한상룡, 민대식, 박영철, 仕方文次郎(고문) | 조선신궁 10주년 자금모집 |
| 1934.3.3 조선대아세아협회 | 한상룡, 민대식 | 내선일체사상의 전파 |
| 1935.11 소도회 | 한상룡, 김한규 | 내선일체사상의 전파 |

출전: 정운현, 『풀어서 본 반민특위 재판기록』 Ⅳ, 선인, 2009, 32~33쪽. 동선희, 『식민권력과 조선인 지역유력자－도평의회 도회의원을 중심으로』, 선인, 2011, 288쪽 참조하여 작성.

96) 1930년대 중역겸임 그룹의 분류에 대해서는 김경남, 앞의 논문, 2003, 178~200쪽 참조.

위의 표에서 보는 바와 같이, 한상룡은 시국과 관련된 단체를 1930년부터 매년 만들어 6개를 조직하였다. 창립 시 함께 간부로 참가한 사람들은 경성그룹의 중역겸임자들이었으며, 이들은 4사 이상 기업에 대주주나 중역을 겸임하면서 네트워크를 형성하고 있었다. 중역겸임자들은 이 단체들의 자금줄이 되고 있었을 것이다. 동민회와 같은 경우는 재정을 주로 일본인들이 담당하였고, 총독부가 후원을 하고 있어 그 내용과 방법적인 측면에서 민족적 갈등이 생겼다.[97]

이외에도 1932년 9월에 각 지역을 중심으로 조선유교회가 만들어졌는데, 경성그룹의 현준호가 주요 간부로 참가하고 있으며, 1934년 11월에 내선융화를 목적으로 만들어진 시중회에는 경성그룹의 장직상이 참가하고 있다. 이 시중회는 국민총력조선연맹으로 명칭과 조직이 변경되어 더욱 전시총동원체제에 적극적으로 활용되었다. 이렇듯 우가키 총독 시기에는 주로 내선일체사상과 국방관련 단체에서 중역겸임자들이 협력활동을 하였으나, 무게 중심은 내선일체사상쪽에 있었다.

그런데 미나미 총독이 부임하고 중일전쟁을 준비하면서 조선은 전진대륙병참기지로 위치 지어졌기 때문에 모든 상공업체제, 정치체제는 긴급하게 재편되었다. 먼저, 시국관련 단체를 만들기 위한 전초전으로서 각 도별로 시국순례강연회가 추진되었다. 1937년 9월 6일부터 도별로 명사 59명을 차출하여 제2회 시국순례강연회를 전개하였다.[98] 경성그룹 관련 연사는 전남에 파견된 현준호,[99] 강원도 김성수, 함남 한상룡, 함북 박영철 등이다.

97) 内田じゅん, 「植民地朝鮮における同化政策と在朝日本人―同民会を事例とし」, 『朝鮮史研究会論文集』 41, 朝鮮史研究会, 2003, 173~201쪽 ; 동선희, 앞의 책, 2011, 286쪽.

98) 국사편찬위원회 한국사데이타베이스, 親日派群像, 「豫想登場人物 親日派 群像(上)」 三. 各種團體 及 團體 共同行動의 部①.

99) 현준호에 대한 연구는 고승제, 『한국금융사연구』, 일조각, 1970 ; 조기준, 『한국기업가사』, 박영사, 1973 ; 김병철, 『인물은행사』 상, 은행계사, 1978 ; 조기준, 「무송 현준호의 호남은행 창업과 기업활동」, 『한국경제의 역사적 기반과 경영이념』, 임원김병하교수 정년기념논문집

이들은 모두 중추원 참의, 도평의원을 역임한 자들이다.

또한 1938년 5월 8일에는 조선인 군사지원병제도를 '축하'하기 위한 구체적인 사항이 결정되었다. 대표적인 인사와 단체는 한상룡, 박영철, 예종석, 국민협회, 대정친목회, 동민회, 시중회 등이다. 당시 주요 유력자 사회단체 대부분이 발기인으로 참가하고 있다.

이러한 정지작업을 거쳐, 드디어 1938년 7월 6일 국민정신총동원연맹(國民精神總動員聯盟)이 결성되었다. 결성식은 조선총독부 회의실에서 거행되었는데, 총재는 총독 미나미 지로, 상무이사 윤치호, 하야시 시게키(林茂樹), 조병상, 이각종(李覺鐘)이었다. 국민정신총동원위원회 위원장은 정무총감 오노 로쿠이치로(大野綠一郎), 위원은 총독부의 각 국장을 포함하여, 심의실 수석 사무관, 관방 과장, 조선이사에는 박흥식, 한규복, 최린, 김성수, 김연수, 각 도회 부의장은 장직상, 최창학, 민규식이며, 참사가 하준석이 임명되었다. 위에서 보는 바와 같이 상무이사 하야시와 조선이사 3명, 각도회 부의장 3명, 참사1명이 모두 경성그룹의 핵심인물들이다. 또한 경성그룹에 네트워크가 있는 가시이는 경상남도연맹 이사, 하준석은 전라남도연맹 이사로 참가하고 있다. 이처럼 경성그룹 멤버들은 총독부의 전시동원정책 시스템 속에 적극적으로 참여하게 되었다.

한편 노구치그룹도 시국과 관련하여 정치조직 시스템 속에서 긴밀한 협력을 하고 있다. 핵심인물 노구치는 1931년 우가키 총독시기부터 흥남읍장과 조선시국조사대책위원회 의원으로 활약하였고, 1933년에는 방공위원회 위원을 역임하였다. 노구치는 총독부정책과 밀접하게 연관을 가지고

간행위원회, 1995 ; 홍성찬, 「한말 일제하 전남지역 한국인의 은행설립과 경영－광주농공은행, 호남은행의 사례를 중심으로」, 『성곡논총』 30, 성곡학술문화재단, 1999 ; 정근식 · 김민영 · 김철홍 · 정호기, 「현준호－호남은행 설립자」, 『근현대의 형성과 지역 엘리트』, 새길, 1995 ; 박이준, 「현준호의 자본형성 과정과 친일행위」, 『한국근현대사연구』 40집, 한국근현대사학회, 2007 ; 현준호에 대한 자세한 것은 오미일, 앞의 책, 2014 참조.

정치활동을 함으로써, 그가 기업을 신흥콘째른으로 키우는데 견인차 역할을 하였다고 보인다. 노구치그룹의 야마나카는 강제병합 이전 웅기에 정착한 인물로서, '웅기의 야마나카'로 불리는 재력가다. 그는 웅기읍회의원, 국방협회장을 역임하였다.

1941년 이래 아시아태평양전쟁으로 확전이 되자 사태는 더욱 긴박해졌다. 제2차 고노에(近衛文麿)내각과 군부는 사활을 걸고 본국과 식민지에 신체제을 위한 운동단체를 만들었다. 일본본토 · 가라후토(樺太) · 남양제도(南洋諸島)는 기존의 대정익찬회(大政翼賛会)가 담당하였다. 그리고 식민지 조선에는 국민총력조선연맹, 대만에는 황민봉공회(皇民奉公会), 관동주에는 관동주흥아봉공연맹(関東州興亜奉公連盟)이 새롭게 설립되었다.

신체제와 운동단체가 추구하는 핵심은 일제의 세력권에 있는 민중들을 전쟁에 총동원하기 위한 내선일체화 강조와 전쟁물자 확보에 있다. 조선인 지원병제도와 노동자징발, 군수물자 확보 등은 모두 이 시스템과 관련되어 추진되었다. 이에 따라 경성그룹 자본가들은 물론 각 지역 유력자본가들은 국민총력조선연맹, 조선임전보국단, 조선국방협회 등 각종 시국 국방단체에 간부로 취임하게 되었다. 경성그룹의 박흥식, 김연수, 민대식, 최창학은 조선연맹과 임전보국단을 만들고 이사가 되었다.

이 시스템에서 살아남기 위하여 시국관련 순례강연회, 각종 국방헌금, 히노마루, 비행기 등 거액의 헌금과 다량의 물자를 헌납하게 되었다. 특히 조선총독부와 군부는 조선인을 군사적으로 강제동원하기 위하여 조선인 핵심 인물들을 자신들의 편으로 끌어들이는 것은 필수적인 것이었다. 박흥식, 김연수, 민대식, 최창학 등은 이 시기에 더욱 총독부 정권의 핵심 인물이 되어갔다. 총독부 정권에 협력하지 않고 독립운동단체를 지원하던 안희제의 백산상회는 전시말기에 파산되었다. 이와 같이 이민족 정권의 침탈하에 조선인 자본가들은 빈익빈 부익부 현상이 심화되어 양극화는 더욱 심각해졌다.

요컨대 전시체제기에 들어와 20년대와 다른 점은 핵심 자본가들이 일제의 침략전쟁과 궤를 같이하여 총독부의 전시동원체제 시스템 속에 적극적으로 들어가 있다는 점이다. 경성그룹 멤버들은 우가키 총독시기에는 동민회, 시중회, 조선유교회, 방공위원회, 조선시국조사대책위원회 등의 간부로서 내선일체사상을 전파하고 총독부 정책을 지지하였다. 미나미 총독시기에는 국민총력조선연맹, 조선임전보국단, 조선국방협회 등의 간부가 되었다. 특히 국민총력조선연맹은 일본의 대정익찬회와 같은 단체로서, 조선총독 미나미가 수장이었고, 낙하산인사 출신으로 식산은행장 하야시 시게키와 박흥식, 김연수, 민대식, 김성수가 연대하여 만든 단체이다. 참가자가 대부분 경성그룹의 핵심인물들이라는 점과 네트워크로 연결된 각 지역재계의 거물들이라는 점에서, 지금까지 연구에서 주시하던 독점자본의 동맹만으로는 설명할 수 없었던 것을 알 수 있다. 즉, 개항 이후 조선에서 자본을 축적해 온 재조일본인과 조선인 상층자본가들과 총독부·군부의 동맹으로 전시체제가 만들어졌다는 것을 알 수 있다.

### 4) 핵심자본가에 대한 금융특혜와 전시동원과의 관계

이렇듯 기업의 중역을 겸임하여 네트워크를 형성하고 있던 자본가들이 시국관련 단체에서 간부가 되고, 사회적으로 친목단체를 만들고, 정치적으로 중추원, 도정, 부정, 읍정에 참여하는 근본적인 이유는 무엇인가. 사업가들로서 가장 큰 이유는 특혜적 금융과 관변 정책을 통해 기업 이익을 올리기 위한 것이라고 볼 수 있다. 특히 전시통제체제기 총독부와 군부의 국가경제에 대한 개입은 유례가 없을 정도로 조직적으로 커지기 때문에 식민지에서 자본을 축적한 자본가들은 이러한 금융통제에 종속될 수밖에 없었다. 더욱이 전쟁에 조선인을 동원할 필요성이 생기자, 총독부와 군부는 조선인 자본가들에게 보다 적극적인 활동을 요구하였다. 기업인이 정치적이지 않으면 경쟁에서 이겨낼 수 없는 구조, 전시체제기가 될수록 조선에서 기업인은 정치적이어야만 살아남을 수 있었다. 이러한 식민지적 종속구조와 민족적 차별성이 바로 식민지적인 특징이라고 할 수 있을 것이다.

그러면 총독부와 군부는 조선본점 기업 중역겸임 자본가와 어떠한 관련성이 있었는가. 이것을 파악하기 위해 총독부, 군부와 식산은행 등 금융특혜에 대해 살펴보자. 그 대표적인 것으로 경성그룹의 박흥식, 김연수, 노구치의 사례를 들 수 있다.

먼저, 박흥식은 사이토 총독부터 아베총독까지 거의 모두 친밀한 관계이었고, 그중에서도 우가키 총독을 가장 숭배했다.[100] 그의 이러한 정치적인 인맥은 바로 특혜적 금융으로 이어졌다. 1930년대에 들어와 가장 먼저 대출을 받은 것은 신태화가 세운 화신백화점을 인수할 때이다. 그는 식산은행에서 어음할인으로 융자를 받아 자신의 현금 4만 원으로 1백만 원을 융자받았으며, 그 가운데 50만 원을 백화점 인수금액으로 불입하게 되었다.[101] 나머지 50만 원에 대한 사용출처는 알 수가 없다. 또한 화신연쇄점

---

100) 경성그룹의 박흥식은 우가키(宇垣), 미나미, 고이소(小磯), 아베(阿部) 총독 등 관변의 톱클래스부터 재무와 관련된 실무 과장까지 모두 긴밀한 인맥을 가지고 있었다. 식산국장 穗積 재무국장 水田 경무국장 池田, 三橋, 丹下, 상공과장 山澤, 伊坂 등이다. 그리고 식산은행 대표인 有賀와 이사인 林繁藏, 山口, 伊森, 野田, 近藤 상업금융과장, 조선은행 伊賀 총재, 이사 加藤敬三郎, 松原純一, 色部는 물론 지배인 古田, 河日, 한성은행 전무 提永市, 업무과장 登島과 張宇植 경기도지사 동 松本, 동 경무부장 등과도 친밀하였다. 그리고 일제시대 유력자 중에 가장 가깝게 지낸 사람은 경성그룹의 김연수, 민규식, 한상룡, 박영철, 현준호, 장직상이 있고, 그 외 박중양, 방의석, 이규재, 이기연 등이었다(정운현 편, 『풀어서 보는 반민특위재판기록』 Ⅱ, 49쪽).

101) 일제에 의해 식민지 지배를 당한 조선의 경우는 권력과 직간접적인 유착관계를 유지한 관료출신 실업가나 대상인 대지주가 아닌 경우 금융기관의 지원은 거의 기대하기 어려웠다. 대한제국시기 및 일제초기의 경우 대한천일은행, 한일은행의 대출자가 대부분 일정 자본규모 이상의 시전, 객주 상인, 유력 자산가라는 연구 결과에서도 확인할 수 있다. 정병욱, 「1910년대 한일은행과 서울의 상인」, 『서울학연구』 12, 1999 ; 김윤희, 「대한제국기 서울지

주식회사를 만들어, 각 지방 연쇄점 점주들의 토지를 담보로 우가키 총독이 추천하여 식산은행에서 거액의 융자를 받았다. 이 회사가 부도처리 되었을 때, 그는 전혀 손실을 입지 않았다.

그리고 박흥식은 조선에 징병제도 실시 기념 대가로 1944년 10월 2일 조선비행기공업㈜을 창립하였다. 이 기업은 조선에서 가장 비밀 기업으로서, 그는 조선에서도 비행기를 제조할 수 있다는 것을 어필하기 위하여 일본내각의 도조(東條) 내각수상, 가미우치(上內) 군사령관과 접촉하여 결국 '쇼와천황' 히로히토(裕仁)의 초청을 받아 대면하고 친히 악수까지 교환한 후 기업을 건립하였다. 가장 문제가 되는 비행기 제작 기술은 싱가폴에 있는 일본군 지원을 받았고, 노동력은 징용보국단을 만들어 조선인 약 2,800명을 강제 동원하여 충당하였다. 그리고 경기도 안성에 토지 100만 평을 군부 도움으로 강제 수용하여 회사를 설립하였는데, 해방 이후 4,000여 명의 피해자들이 소송을 제기하여 커다란 사회적 물의를 일으켰다.[102]

자본금은 공칭자본금이 5천만 원인데, 그 절반인 2,500백만 원을 불입하였다. 총주식수는 100만 주였다. 박흥식 명의로 2만 주에 당시 50만 원을 지불하였고 법인 화신 사장 박흥식 명의로 14만 주에 350만 원을 불입하였다. 식산은행에서 3백만 원 삼화은행에서 백만 원을 총독부와 군부 알선으로 융자받아 출자하였다. 이때 박흥식과 함께 같은 방식으로 출자한 경성그룹 기업가는 김연수 1만 주, 장직상 4천 주, 민규식, 한상룡 각 3천 주 등이었다. 그리고 이 회사는 군부나 관변 측에서 물심양면으로 적극적인 지원을 받았다.[103]

---

역 금융시장의 변동과 상업발전」, 고려대학교 박사학위논문, 2002, 부표8 참조.

102) 해방 이후 토지 강제수용자들은 반민특위재판에 호소하게 된다(정운현 편, 앞의 책, 2009, 99~112쪽).

103) 정운현 편, 위의 책, 68~92쪽.

그는 식산은행과 한성은행에서 몇만 원부터 최고 몇천만 원까지 융자를 받았다. 그가 경성그룹의 네트워크를 통해 금융적인 특혜를 받은 것은 사업수완도 있었지만 역시 인맥이었다. 당시 은행거래에서 그를 특별히 애호, 원조해준 사람은 식산은행 아루가 대표와 야마구치(山口二三) 이사, 역대 과장들과 한성은행 하야시(林茂樹) 은행장, 쓰쓰미 에이이치(堤永市) 전무 등 일본인들이었다. 해방 이후 반민특위재판 심문과정에서 그는 이 사실에 대해 '당시 그런 예는 별로 없었고, 조선인으로서는 최고 우대를 받았다'고 진술하고 있다.[104]

박흥식이 중역을 겸임한 주요기업은 19개 기업이며 취체역대표를 역임한 기업은 화신상사, 화신, 조선비행기공업주식회사이다. 감사를 역임한 기업은 경성방직(후에 이사), 동양척식, 이사를 역임한 기업은 북선제지화학공업, 조선석유, 제주도흥업, 조선생명징병보험, 조선공영(朝鮮工營), 조선권업, 대흥무역, 남만방직, 조선양지배급(朝鮮洋紙配給), 동광생사, 동인금속, 조선영화제작, 매일신보사, 조선래-스 등이다. 한편 그는 경제단체 5개, 사회 · 교육단체 9개, 친일정치단체 · 전시통제조직 13개에 소속되어 임원으로 활동하였다. 실로 전시체제기 주요한 정치 경제단체 활동에는 모두 그가 참여하고 있었다고 해도 과언이 아닐 정도로 왕성한 활동을 지속하였다. [표 5-19]는 그것을 나타낸 상세표이다.

이를 통해 볼 때, 박흥식은 국민총력조선연맹 이사, 경기도연맹 참여, 조선임전보국단 상무이사, 조선무역협회 이사, 조선공업협회 상무이사, 조선수출공업협회 이사, 경성상공회의소 특별의원, 조선사회사업협회 평의원,

---

104) 박흥식은 금융업과 지물업계에서 조선인의 대표적 거상이었다. 그가 대표적 상인이 된 것은 아루가를 위시하여 은행계 일본인 등과 밀접한 친교와 그들의 특별한 원조에도 있었으나 지물류 거래처 일본 동경에서 2류 대상인 노자와 겐지로(野澤源次郎)의 많은 원조와 애호를 받았다고 진술하고 있다. 정운현 편, 위의 책, 51쪽.

[표 5-19] 박흥식의 정치 · 경제 · 사회단체에서의 임원활동

| 경제단체 | 사회 · 교육단체 | 친일정치단체 · 전시통제 |
|---|---|---|
| · 朝鮮貿易協會 理事<br>· 朝鮮工業協會 常務理事<br>· 朝鮮輸出工業協會 理事<br>· 京城商工會議所 特別議員<br>· 東亞經濟懇談會 朝鮮委員會 委員 | · 財團法人私立光新商業學校理事長<br>· 京城體育振興協會 副社長<br>· 帝國發明協會朝鮮本部 理事<br>· 朝鮮社會事業協會 評議員<br>· 朝鮮實業俱樂部 副會長<br>· 朝鮮儒道聯合會 理事<br>· (財)機械化國防協會 朝鮮本部理事<br>· 國民營養報國朝鮮聯盟 副會長<br>· 大和同盟 審議員 | · 朝鮮總督府 物價委員會 委員<br>· 朝鮮中央賃金委員會 委員<br>· 朝鮮總督府保護觀察所囑託及保護司<br>· 國民總力朝鮮聯盟 理事<br>· 國民總力京畿道聯盟 參與<br>· 國民總力京城府聯盟 理事<br>· 朝鮮臨戰報國團 常務理事<br>· 京城司法保護委員會 參與<br>· 食糧協會朝鮮本部(軍) 評議員<br>· 被服協會朝鮮支部(軍) 理事<br>· 朝鮮住宅營團 評議員<br>· 借地借家調停委員會 委員<br>· 大義黨 幹部 |

조선실업구락부 부회장 등 실로 많은 정치단체, 경제단체, 사회단체에서 활동을 하였다. 이러한 그의 활동을 기반으로, 그는 1926년 평남 용강에서 경성으로 올 때 2만 원을 가지고 있었는데, 1944년에는 2,500만 원을 불입할 수 있는 기업가로 변신할 수 있었던 것이다. 그의 다각적인 정치적, 사회적, 경제단체에서 활동을 통해 획득한 것이었다. 무엇보다도 군부는 일본 본토 재계에서 총동원체제를 반대하자, 조선에서 총동원시킬 수 있는 시스템을 만들기 위해 모든 수단을 강구하였는데 이것은 이들 재조일본인들과 조선인 자본가를 끌어들였기 때문에 가능한 것이라고 할 수 있다.

둘째, 경성그룹의 중핵인물 김연수이다.[105] 그가 총독부와 군부의 금융적 특혜를 받은 것은 크게 3회라고 할 수 있다.[106] 먼저, 경성방직을 창립

[105] 김연수와 경성방직에 대한 자세한 연구는 다음을 참조. 에커트, 앞의 책, 1991 ; 김경남, 앞의 논문, 1994 ; 주익종, 앞의 책, 2008.

[106] 자세한 것은 김경남, 위의 논문, 1994. 김성수가 사이토에게 보낸 서한(일본 국회도서관 헌정자료실, 斎藤実文書) 참조.

할 때의 일이다. 1919년 박영효를 사장으로 내세우고 김성수가 경성방직 공장을 세울 때에는 민족기업을 표방하였다. 그러나 당시 전무였던 이강현이 오사카 선물거래에서 자금을 모두 잃어 공장설립이 불가능하게 되었다. 그때 사이토 총독이 알선하여 조선식산은행으로부터 80만 원(당시 공칭자본금 100만 원)을 대출받아 겨우 경성방직을 살릴 수 있었다.[107] 민족기업을 표방하여 설립하려고 했지만 결국 식산은행을 이용할 때 사이토 총독에게 부탁할 수밖에 없는 처지가 되었다.[108]

또한 1939년 12월 26일 남만주방적을 설립할 때도 자본금 1천만 엔을 은행에서 융자받았다. 그는 조선식산은행에서 3천만 원, 만주흥업은행에서 1천2백만 원, 총 4천2백만 원 등 거액을 융자받았는데, 당시 조선인은 물론 일본인들 중에서도 그런 거액을 융자받을 수 있는 사람은 아무도 없었다고 한다.[109] 그는 이 회사에 5백만 원만 불입하였는데, 나머지 3천7백만 원의 사용용도는 알 수 없다. 그는 공교롭게도 같은 해 만주국 명예영사로 추대되었다.

그리고 1944년에는 군수공업의 핵이라 할 수 있는 조선비행기공업㈜에 박흥식, 민대식과 함께 대주주와 취체역이 되었는데, 이때도 총독부와 군부의 알선으로 식산은행에서 대출받아 주식 1천 주를 사는데 충당하였다.[110]

이처럼 김연수계는 총독의 추천으로 식산은행, 만주흥업은행 등에서 융

107) 金相鴻,『秀堂 金季洙』, 三養社, 1985, 86~92쪽.

108) 당시 경성방직은 파산에서 면하기 위해, 김성수의 아버지 김경중이 내 준 토지를 저당 잡아서 대출을 받았지만, 그와 같은 거금은 총독의 추천이 있지 않고서는 받을 수 없었다(일본 국회도서관 헌정자료실 소장, 斎藤実에게 보낸 김성수의 서한. 서한에는 사이토 마코토 퇴임 후 안부 인사와 총독시기 경성방직주식회사 설립자금을 대출하도록 해주어서 고맙다는 내용이 기재되어 있다).

109) 金相鴻, 앞의 책, 153쪽.

110) 정운현 편,『풀어서 본 반민특위재판기록』Ⅲ 참조.

자를 받아 투자하는 방식으로 자본금을 불려나갔고 재계의 핵심자본가로 성장할 수 있었다. 그 결과 김연수는 금융특혜를 기반으로 사장 6개 사, 취체역 13개 사, 감사 5개 사 등 총 24개의 기업에서 중역을 겸임하였다.

1930년 이래 그가 사장으로 취임한 곳은 1934년 11월 합자회사 삼양사 대표사원, 1935년3월 경성방직㈜, 1937년 4월 중앙상공㈜, 1939년 12월 남만방직㈜, 1941년 8월 삼양상사㈜, 1943년 6월 삼성면업㈜이다. 감사역을 역임한 기업은 1929년 6월 조선저축은행, 1932년 12월 조선신탁㈜, 1938년 1월 서선중앙철도㈜, 1938년 7월 조선취인소, 1939년 2월 한강수력전기㈜이며 이사를 역임한 기업은 다음과 같다. 1931년 5월 조선서적인쇄㈜, 1936년 2월 경동(京東)철도㈜, 1936년 3월 대창산업㈜, 1936년 7월 경춘철도㈜, 1938년 3월 조선권농㈜, 1939년 2월 대동직물㈜, 1939년 6월 동광제사㈜, 1939년 7월 ㈜한성은행, 1941년 10월 ㈜화신, 1941년 10월 화신상사㈜, 1941년 3월 동아무역㈜, 1944년 10월 조선비행기공업㈜이었다.

이렇듯 그에게 금융특혜가 주어진 것은 그의 총독과의 친분과 전시동원체제 속에서의 정치 · 사회적 활동과 관련이 깊다. 그는 경제단체 3곳, 사회단체 3곳, 정치단체 4곳에서 활약하였다. 그 주요한 내용은 다음 표와 같다.

[표 5-20] 김연수의 정치 · 경제 · 사회단체에서의 임원활동

| 경제단체 | 사회단체 | 정치단체 |
| --- | --- | --- |
| · 1933.6 조선공업협회 부회장 취임<br>· 1937.6 조선직물협회 부회장 역임<br>· 1940.2 조선방적공업 조합 이사장 취임 | · 1939.5 삼양동제회 이사장 취임<br>· 1939.7 재단법인 양영회(養英会) 대표이사 취임<br>· 1940.2 봉천 동광중학교 이사장 취임 | · 1929.4~1932.3 경기도 도평의원 1939.6 만주국 주경성 명예 총영사 피명<br>· 1941.5 조선총독부 중추원 참의 피명<br>· 1942.11~1943.4 국민총력 조선연맹 사무국 후생부장 |

위의 표와 같이, 그는 경제단체로서 조선공업협회, 조선직물협회 조선방적공업조합 간부를 역임하였고, 사회단체에서는 산양동제회, 양영회에서 대표이사가 되었다. 그리고 정치 활동으로서는 1929년 4월부터 1932년 3월까지 경기도 도평의회 의원을 역임하였고, 1939년 6월에는 만주국 주경성 명예 총영사가 되었다. 그리고 1941년 5월에는 조선총독부 중추원 참의가 되었고, 1942년 11월부터 1943년 4월까지 국민총력조선연맹 사무국 후생부장으로 임명되었다. 그는 기업인에서 성장하여 중추원 참의가 된 대표적인 케이스로서 귀족의 반열에 올라 총독정치를 보좌하였다.

또한 그는 일제의 총동원정책에 적극적으로 협력하였다. 1938년 7월 28일 국방과 군위문비 명목으로 2만 원, 동년 10월 16일에는 육해군과, 교육관련, 양성비로 510,000원을 헌납하였다. 이후 군사후원, 총력동원, 임전보국단, 소년연성비, 비행기 지원, 지원병훈련 용도로 8회에 걸쳐 총 813,000원과 히노마루(日の丸) 3천 개 등을 헌납하였다. 나아가 조선인 청년들을 지원병으로 동원하기 위해 조선 일대와 도쿄까지 가서 학생들에게 연설하였다.[111]

이에 대한 반대급부는 실로 막대한 것이었다. 그가 박흥식과 함께 조선비행기주식회사를 설립할 때도 '돈이 없어 투자를 할 수 없다'고 하자, 총독부와 군부의 알선으로 식산은행에서 1천만 원을 대출받아 1만 주를 사고 취체역 중역으로 취임하게 되었다.[112] 이렇듯 총독의 알선으로 식산은

111) 이외에 경성그룹 멤버로서 박흥식도 임전보국단비, 소년 연성비로 250,000원, 최창학은 군부의 시국운동비, 애국기, 精總 기금 192,000원과 남방군인용 부채 1,000개를, 민대식은 비행기 제작지원금으로 20,000원 등 총 1,275,000원과 다량의 물품을 헌납하였다. 1938년부터 1942년까지 조사한 물품을 제외한 전체금액을 합하면 1,461,500원이기 때문에 경성그룹 멤버들이 전체의 87.23%를 헌납하였다는 것을 알 수 있다. 국사편찬위원회 한국사데이타베이스 친일파 군상 참조(http://db.history.go.kr/item/level.do?itemId=pj&setId=374688&position).

112) 정운현 편, 위의 책Ⅰ, 111~199쪽. 단기 4282년 1월 20일 조사관 서상열은 피의자조사보고서에서 다음과 같이 보고하고 있다. 피의자는 단기 4266년 경기도 관선 도 평의원, 동 4272년 만주국 명예총영사, 동 4278년 국민총력연맹 후생부장, 동 4273년 중추원 칙임참의에 피임

행, 만주흥업은행은 그에게 금융특혜를 주었고, 그는 총독부와 군부에게 거액의 헌금과 물자를 상납하는 구조가 형성되었다.

셋째, 노구치그룹의 노구치이다. 중핵인물은 노구치가 총독 우가키와 정치적으로 밀접하게 연관되어 있다. 1931년 2월 우가키 총독이 부임하고 3개월 뒤, 만주사변이 발발하여 조선에는 만주사변을 치르기 위하여 제정비가 필요하였다. 그중 전기통제사업에서 이츠쓰그룹의 총수 노구치에게 은행으로부터 대출을 알선해주고 조선으로 투자하도록 유도하였다. 이로 인해 노구치는 값싼 노동력 각종 특혜를 바탕으로 막대한 이윤을 확보할 수 있었다. 또한 정치적으로는 노구치가 흥남읍장을 맡아 지역의 제 공사를 발주하는 역할을 하였기 때문에 총독과 공조하여 식민정책을 적극적으로 추진할 수 있었다.

이상에서 볼 때, 일제의 전시체제기에는 총독의 추천으로 조선식산은행, 만주흥업은행 등에서 중역겸임을 통한 자본가들에게 자신들이 가진 것보다 훨씬 많은 금액을 특혜로 융자받을 수 있는 시스템이 만들어졌다. 특히 전시체제 말기로 갈수록 이러한 폐해는 더욱 커져갔으며, 특혜를 받은 기업가들은 친일을 넘어서 자신들의 전쟁수행이라는 인식으로 고착화 되어갔다. 친일 협력 자본가들은 담보가 없어도 특혜금융자금을 받을 수 있었으나, 그렇지 못한 조선인 자본가들은 회사 문을 닫을 수밖에 없는 양극화 현상이 더욱 심각하게 되었다. 정경유착관계는 자본주의에서 일반적으로 나타나는 현상이기는 하지만, 식민지 조선이라는 상황은 제국과 식민지라는 중첩된 구조가 더해져, 자본가들은 더욱 일제의 정권에 충성을 다하도록 요구당하였다. 이것은 제국과 식민지의 정치 · 경제구조 속에서, 총독

되었으며 동 4274년 임전보국단 이사, 그 외 조선항공주식회사에 주식 1천주, 조선비행기주식회사에 1만주의 주권을 매수하였고, 국방헌금, 학병권유 연설 등 일본정책에 아부한 점이 수다함으로 이에 조사 보고함.

부·군부의 전시동원정책과 재계의 톱 메니지먼트와의 구조적 유착관계가 형성된 것이라고 할 수 있다. 이러한 시스템은 한국의 건전한 자본주의 발달을 저해하고 일부 권력에 충성하는 자본가들에게 특혜가 돌아가는 암적인 시스템이 만들어졌다는 측면에서 해방 이후 한국 자본주의 발전에도 악영향을 끼쳤다고 할 수 있다.

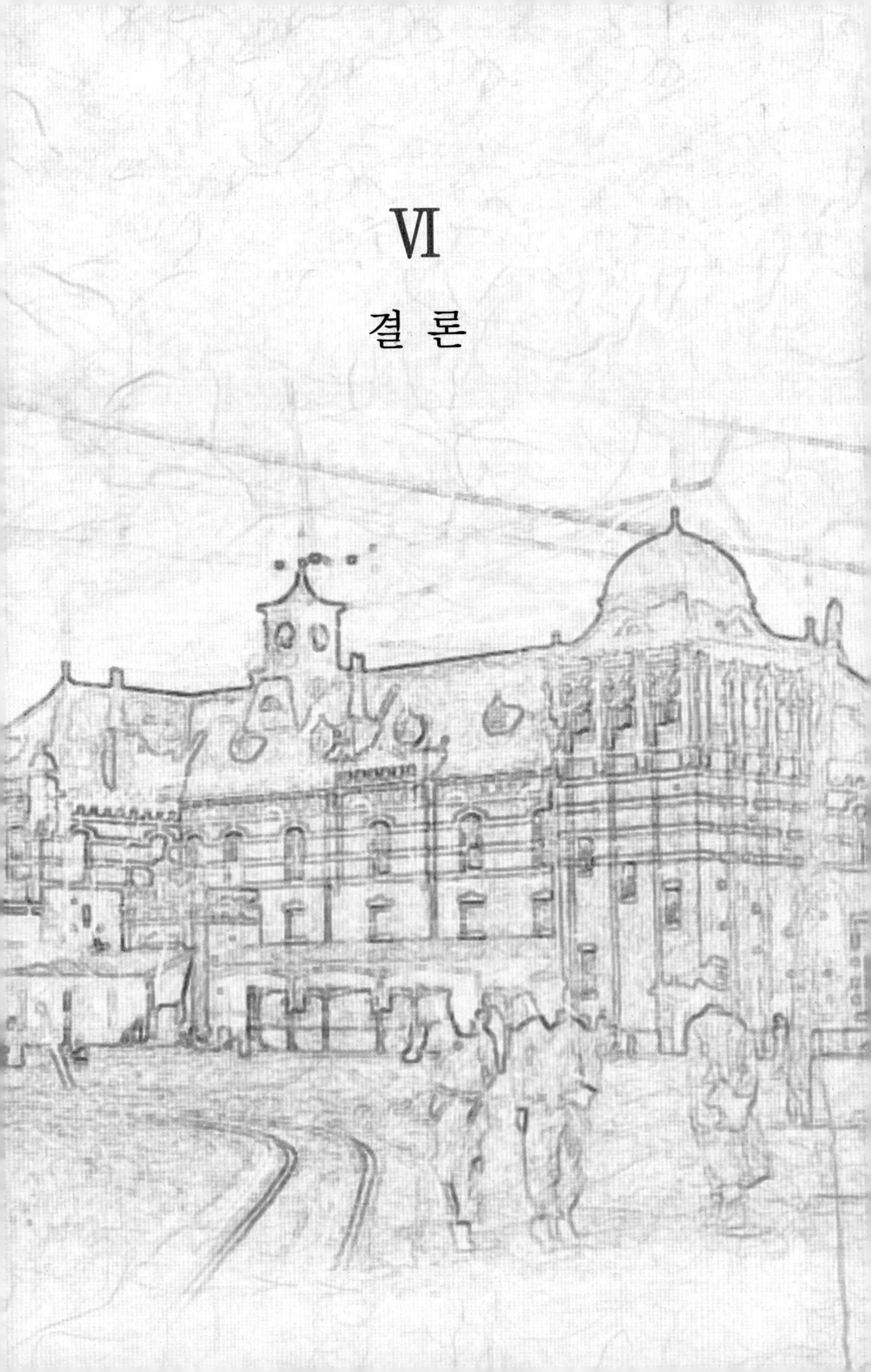

# Ⅵ

# 결 론

본서의 목적은 식민지 자본주의의 특질을 밝히기 위한 일환으로, 일본 제국주의가 조선에 침투한 1876년부터 식민지 지배를 포기한 1945년까지 식민도시화, 전략적 공업화, 자본가 네트워크 형성에 대해 검토하는 것이다. 주로 최초의 개항장 부산지역을 대상으로 분석하였다.

본고는 일제강점기 도시화 · 공업화 · 자본가의 성장과정을 제1단계 일본인 거류지 정착기(1876~1910년), 제2단계 식민도시 건설과 자본가 네트워크 형성기(1910~1933), 제3기 전시체제기 신시가지 개발과 자본가 네트워크 변동기(1934~1945)로 나누어 각 단계의 특질을 밝혀내고, 도시화정책과 공업화정책은 어떠한 관련이 있으며, 이로 인해 변화된 식민도시의 자본가 집단의 네트워크 변동을 규명하고자 하였다.

제1기는 1876년 '조일수호조규'로 인해 일본이 조선을 침략하기 위한 교두보를 마련하기 시작한 시기부터 1910년 강제 병합 이전까지 기간이다. 이 34년 동안 종래 전통도시를 중심으로 발달한 상품화폐경제가 서서히 메이지 정부가 점령한 거류지를 중심으로 불법적으로 확대되어 가던 시기이다. 메이지정부는 조 · 일 간 무역장소 부산포를 점령하여 쓰시마 도주 종가를 왜관에서 내쫓고 일본전관거류지로 만들었으며, 목포 · 마산 · 진남포 · 성진 등으로 일제가 거점을 확대해가고 있던 시기이다.

먼저 일본은 1876년부터 조선에 이주하여 경제적 동맥을 장악하기 위해 은행을 설치하였으며, 도로 · 군대 · 유곽 등을 만들어 일본인 거류지를 시가지화 하였다. 개항지에 정착한 일본인들을 위해 일본 정부는 거류지에서 그들의 토지소유를 인정하고 그 소유권을 법적으로 보호하기 위해 지계제도(地契制度)를 시행하였다. 거류지에는 사회간접시설이 확충되었고, 영대차지(永代借地)를 통한 토지불하와 정경유착을 통해 일본인 대토지 소유자가 등장하였고 대토지 자본가가 만들어졌다. 결국 이것은 식민지 토지 자본축적의 하나의 형태로서, 그 지배구조는 거류지 토지소유를 '일본제국신민'에 제한함으로써, 자본주의를 신속하게 습득한 일본인의 정보능력과 일본정부의 특혜에 의해 소수 일본인이 조선에서 토지를 독점적으로 소유할 수 있는 구조가 만들어졌다.

일본내각과 군부는 조선 침략정책의 일환으로 이주정책을 시행하였으며, 식민지에 전초기지를 확보하기 위해 일차적으로 거류지를 개발하였다. 그런데 한반도를 '생명선'으로 인식한 야마가타 내각과 참모본부는 거류지만으로 러시아와의 일대결전을 준비할 수 없다고 판단하여 불법과 편법으로 군용지를 확보하였다. 일본참모본부는 농상공부 장관 민영기와 재조일본인 하자마 후사타로(迫間房太郎)를 이용하여 한국인 명의를 빌리는 편법으로 마산과 부산일대 광대한 토지와 진해만 일대 조선해협을 장악하였다. 그들은 진해만일대 요새지대를 비밀리에 구축하였다. 이것은 당시 대한제국의 외국인 토지소유 금지조항과 영국 러시아와의 조약을 위반한 것이다.

한편 전통 도시에서 조선인 객주 상인들은 상업회의소 등을 만들어 상공업 활동을 계속하였지만, 거류지 일본인들이 배타적인 상공단체를 조직하여 조선인 상공단체에 대항하는 구조를 형성하였다.

제2기는 조선이 일본의 강제병합으로 완전 식민지가 되고 총독부가 본격적으로 식민지 지배체제의 기반을 다지고자 했던 시기이다. 조선총독부는 1910년 한국을 강제병합한 후 각국 거류지를 철폐하여 외국인을 쫓아내고, 부제(府制)를 실시하여 일본인 거류지를 식민도시로 키워갔다. 반면 전통 도시들은 전시체제기(1930~1945) 이전까지 도시개발 과정에서 상대적으로 소외되어갔다.

총독부는 1910년부터 독일 · 러시아 등 각국 거류지를 정비한 후, 1914년 거류지를 부(府)로 승격시키고 행정구역을 확대 · 재편하였다. 부로 승격한 도시는 경성 · 인천 · 부산 · 마산 · 진남포 · 평양 · 군산 · 목포 · 원산 · 대구 · 신의주 · 청진 등 12곳이었다. 식민도시의 정책은 도로정비와 시구개정, 그리고 구역확대를 통해 점차 그 지배영역을 넓혀나가는 방향으로 추진하였다. 더욱이 도청을 이전하는 수법을 통해 종래 지역의 유력자로서 향촌을 지배하던 조선인 세력을 약화시켰고, 전통도시는 상대적으로 개발이 지연되었다.

총독부는 1911년 4월 제령3호 토지수용령을 시행하여 일본인들이 조선에서 토지를 소유할 수 있는 법적 근거를 마련하였다. 이 과정에서 초기에 정착한 일본인 이주자들이 빌린 토지의 소유권을 보장해 주었다. 그리고 일본인들이 편법으로 구거류지 밖 토지를 헐값으로 사들여 중소 규모 토지를 소유한 조선인들은 전층적으로 몰락해갔다. 총독부는 새로운 도시에 도로 · 철도 · 주택 · 항만 등을 만들어나갔으며, 바다를 매립하고 신시가지를 개발하여 공업화를 위한 정지작업을 단행하였다.

일제는 각국 거류지 폐지과정에서 초기에 정착한 일본거류민단에게 토지를 무상으로 불하하거나 경매를 통해 좋은 장소에 있는 토지를 선점할 수 있게 해 주었다. 이에 더하여 총독부에서는 토지조사사업을 시행하여 근대적인 토지증명제도의 혜택을 주었다. 그 사례로 부산에서 토지를 기반으로 성장한 오이케 츄스케(大池忠助), 하자마 후사타로, 가시이 겐타로(香椎源太郎) 등을 들 수 있다. 하자마는 부산은 물론 성진, 진남포 등에서도 토지자본을 축적하였다. 이들은 토지자본과 상업자본에서 상공업 부문으로 진출하여 산업자본가로 변신하였다.

이 시기는 조선이 일본의 식량공급지로 규정되었던 시기로서, 공업부문에서는 식료품공업이 더욱 확대되었고 조선산미를 일본으로 대량 이출하였다. 초기에는 회사령이 발효되어 조선에서 자본을 축적한 자본가들이 기업을 설립하는 것은 일정하게 제한이 가해졌다. 그 사이 일본의 대자본이 면방직공업과 시멘트공업 등에 부분적 · 선별적으로 침투하였다.

조선인들은 경성 · 부산 · 인천 등 도시로 이주하여 새로운 질서에 적응하고자 하였다. 그러나 조선인들의 이익을 대변하던 상업회의소는 독자적인 활동이 어려워져 결국 1914년에는 일본인 상업회의소와 통합되어버렸고 이후 상공단체는 일본인들 주도로 재편성되었다.

부산지역의 경우 조선방직 등 근대적인 공업부문에서 일본인들이 이미 주도권을 잡고 있었기 때문에 조선인들은 탁주생산, 고무공업 등 한정된 부문에서 사업을 전개하였다. 경성지역에서는 김연수(金季洙) 일가가 경성방직주식회사를 세워 근대적인 면방직공업 부문에 진출하였다. 그러나 설립 초기부터 오사카 삼품시장에서 공장을 지으려던 자본금을 모두 잃고 자금난에 빠졌다. 결국 조선총독 추천으로 식산은행에서 대출받아 겨우 재기하였다.

결국 이 시기 거류지가 부(府)로 승격하여 만들어진 식민도시에서는, 강제병합 이전부터 조선에 진출한 일본인 자본가들이 주식회사 형태를 통해 그들만의 자본가 네트워크를 형성하였다. 그것은 부산, 경성·인천, 신의주, 목포 등지에 4개 그룹이 검출되었으며 모두 거류지에서 성장한 일본인 자본가들로 이루어진 배타적인 성격을 가지고 있었다.

제3기는 일제의 대중국·대남양 침략으로 조선이 군사적 병참기지로 활용된 시기로서 1934년부터 1945년까지 기간이다. 세계대공황의 여파로 일제는 경제적 돌파구를 중국 대륙침략을 통한 시장개척으로 찾으면서 조선의 역할은 한층 강화되었다. 곧 식량공급지 역할에 더해 면방직과 화학제품의 조품(粗品) 생산지로 변화하였다.

조선 병참기지에는 공업생산을 촉진시키기 위한 법적·제도적 장치가 필요하였고 이와 함께 도시의 기반시설을 정비할 것이 요구되었다. 이에 따라 발효된 것이 1934년 '조선시가지계획령'이다. 시가지계획령의 목적은 새로운 공업단지를 만드는 것이었고, 그것은 기존도시를 개편 확대하는 방안과 신도시를 창설하는 방안으로 추진되었다. 전자는 경인지역·부산지역 공업지구 형성이 대표적이고, 후자는 나진 · 흥남지역 공업지구 형성이 대표적이다.

아시아태평양전쟁으로 확대되면서, 조선은 전진대륙병참기지로 규정되었고, 그 구체적인 시행은 시가지계획령을 개정하면서 추진되었다. 일제의 국방국토계획은 일본본토와 조선 · 만주 · 중국을 포괄하는 정책이었지만, 본토에는 잠정 조치에 그치고 말았다. 하지만 식민지 조선에서는 국방국토계획 방침에 따라 시가지계획령을 개정하여 방공과 보안을 강화하였다. 이 과정에서 부읍면회를 거치지 않고 총독이 직권으로 토지수용과 시가지구역과 방위구역 설정 등을 할 수 있도록 개정하였다. 바로 군사독재체제로 전환한 것이다.

그런데 전시동원체제와 관련하여 도시화와 공업화가 진행됨에 따라 토지 가격은 폭등하였고, 도시 빈민들의 가옥이 철거되어 삶의 터전에서 쫓겨나게 되었다. 군용지에서는 토지수용이라는 명목으로 토지를 강제로 빼앗기는 등 심각한 도시문제가 발생하였다. 이 과정에서 일본인들 주도로 정책이 진행되고 그 부가가치도 그들에게 돌아가게 됨으로써 계층적인 차별구조가 곧 민족적인 차별로 나타나 중층성을 띠었다. 무엇보다도 부산, 나진, 흥남 등 군사요새지대는 일본의 적국인 미국의 공격 대상이 되어 그 지역에 사는 주민들의 안전보장문제는 심각하였다.

이 시기 총독부의 정책적인 변화는 일본 독점자본과 조선에서 성장한 일본인 · 조선인 상층 자본의 기대에 부응하는 것이었다. 총독부는 일본 면방독점체들이 조선에 본격적으로 진출할 수 있도록 각종 인프라 기반을 만들어주었다. 조선에서 성장한 자본가들은 조선방직 · 경성방직과 같이 면방직 부문에 진출하여, 30년대 진출한 일본대방적 기업 동양방직 · 종연방적과 함께 4대 면방직 독점체제를 만들었다. 화학공업분야는 노구치(野口)그룹이 주도적인 역할을 하였다.

이 시기에는 전국에 8개의 자본가 네트워크가 존재하였다. 그것은 국책관련그룹, 일본인그룹, 조선인그룹, 조일합작그룹으로 나눌 수 있다. 국책관련그룹으로는 금융관련그룹 · 동척관련그룹 · 교통관련 그룹이 검출되며, 일본인 그룹은 노구치(野口) · 사이토(齋藤)그룹이, 조선인 그룹으로는 방의석 그룹이 대표적이며, 조 · 일 합작그룹으로는 경성그룹이 검출되었다.

이 가운데 국책관련 그룹들이나 경성그룹과 같이, 조선인들 상당수가 기업에서 대주주나 중역을 겸임하는 형태로 일본인과 함께 기업을 경영하였다. 특히 경성그룹 대표 김연수는 1937년 현재 16개 회사에 중역을 겸임하여 일본인을 포함하여 조선 전체에서 가장 많은 기업에서 경영에 참가하고 있었다. 방의석은 함경도 북청에서 교통운수업 분야에서 그룹을 형성하였다. 이들 조선인 자본가 상층은 해방 이후에도 주요한 자본가로 기능할 수 있었다.

또한 일본인 가운데 조선에서 자본을 축적한 자본가들은 2세 경영체제로 바뀌면서 족벌경영체제를 형성하기도 하였다. 가장 대표적인 재벌은 부산의 하자마 재벌(迫間家)이다.

식민지에서 성장한 자본가들은 신규 일본 독점자본에 경쟁력을 갖추기 위하여 네트워크를 통한 기업그룹을 형성하였고, 이것은 자본의 상대적 영세성을 극복하기 위한 하나의 방법이었다고 생각된다. 특히 조선본점 기업 자본가들은 일본 독점자본의 경영진과 달리 대부분 지역의 유력자로서 존재하고 있었다.

그런데 전시체제기 조선이 대륙병참기지로 규정됨으로써 신시가지가 적극적으로 개발되었는데, 자본가들에게는 협력을 통해 새로운 기회를 잡거나 저항을 통해 완전히 기업이 파산하게 되는 계기가 되었다. 식민지 조선에서는 중역겸임을 통하여 경제적 네트워크가 지역을 넘어 전국적으로 확대되었다. 이를 기반으로 자본가들의 정치 · 사회적 연관도 전 지역에 걸쳐 구축되었다. 이 네트워크는 조선에서 성장한 재조일본인·조선인 상층부의 핵심자본가들과 총독정치 간부들 간에, '특혜금융지원'과 '전시동원'을 매개로 형성된 강인한 유착관계를 통해 더욱 지지되고 있었다. 특히 조선인 노동자 징용, 학도군 징병 등 물자와 사람을 강제동원하기 위하여 지역의 유력자인 조선인 자본가들의 중요성은 더욱 높아졌다. 총독부가 선택한 핵심자본가는 커다란 특혜를 받고 적극적으로 협력하는 시스템이 구조적으로 만들어졌다. 반면 총독부 정책에 반대하여 독립운동을 지원한 기업들은 명맥만 유지하거나 완전히 파산하고 말았다.

이렇듯 식민지 모국의 국가가 개입된 식민지적 정경유착 구조는 한국자본주의 최대의 고질병으로 정착하고 말았다. 해방 이후 관련 핵심자본가들은 '반민족행위진상규명특별법'의 심문대상이 되었으나, 이 또한 정치적 타결로 유야무야 끝났다.

에커트는 고창 김연수를 사례로 조선인 부르주아는 경제활동이 성공적일수록 일제의 지배에 대항하기보다 일제와 일체감을 강화했다고 기술하고 있다. 이것은 일제강점기에 성공한 대부분의 조선인 자본가 사례를 보더라도 명백하다. 하지만 조선에서 성장한 식민지 자본가(재조일본인, 조선인)에 대한 네트워크 구조를 체계적으로 인식할 필요가 있다. 조선인 일본인 할 것 없이 조선에서 성장한 자본가들은 일본 독점자본에 비하면 자본이 취약하였다. 이 때문에 제국주의 대자본과 경쟁에서 살아남기 위하여, 경제적으로는 몇 개 기업에서 중역을 겸임하고 자본을 공동으로 투자하여 네트워크를 만들었다. 그리고 재조일본인 상층과 조선인 상층 자본가들은 총독부가 건설한 도시에서 정치적·경제적·사회적 단체 활동을 통해 지역 유력자 사이의 밀접한 연관구조를 형성하였다. 따라서 전시동원체제기 자본가에 대해서는 보다 체계적이고 구조적인 인식이 필요하다.

당시 조선에서 자본을 축적한 재조일본인과 조선인은 경제적 경쟁 상대였지만, 일본의 독점대자본에 맞설 때는 협력 상대가 되기도 하였다. 급변하는 전쟁 상황 속에서 돈줄을 쥐고 있는 본국 대장성과 재계는 내각과 군부를 적극적으로 지원하지 않았다. 이러한 사정은 일본내각, 총독부, 군부가 조선 기업에서 낙하산 인사와 호우카쵸 방식(상호출자)에 의한 군수기업을 설립하는 계기가 되었다. 이러한 상황에서 총독부가 조선에서 자본을 축적한 재조일본인, 조선인 재계 인사들과 밀접한 정경유착관계를 유지하는 것은 식민지 독재지배체제를 유지하는 관건이었다.

총독부는 전시체제를 구축하기 위해 도시개발을 추진하는 한편 이데올로기적으로는 '내선일체'와 '황국신민화'로 대표되는 '민족말살'정책을 추진하였다. 민족말살은 단순히 생물학적인 말살을 의미하는 것은 아니었다.[1] 이는 언어, 문화, 혈연, 운명공동체로서 '조선적'인 모든 것이 해체되고 파괴되는 것을 의미한다.

전시체제기 독점적 잉여가치를 획득하기 위해 재조일본인 자본가들은 물론 유력한 조선인 자본가들은 전시동원체제를 지탱하는 '지도자'로서 변신하였다. 이 때문에 많은 식민지 조선인 청장년들과 여성들은 조선은 물론 세계 각지의 일본군 전쟁터로 끌려 나가 열악한 노동 생활조건 속에서 인권을 유린당하였다.[2]

요컨대 총독부는 개항장 개시장에 일본인을 이주시켜 대도시로 만들었고 조선인을 유입하였다. 이 도시에는 시가지계획을 하고, 도로, 철도, 상하수도 등 인프라 스트럭쳐 즉 건조환경을 구축하였다. 일제의 의도를 관

---

1) 国民総力朝鮮連盟, 内鮮一体の具現, 国民総力朝鮮連盟, 1941 ; 警務局長, 内鮮一体の理念及其実現方策要綱, 朝鮮総督府, 1941.

2) 노무자, '위안부' 등 강제동원문제는 전후보상(배상)과 관련하여 현재까지도 한일외교관계에서 풀지 못한 중요한 문제이다. 특히 일본과 북한이 수교도 맺지 않은 상황이기 때문에 남북통일 후에는 더욱 중요한 문제로 부각될 것이다. 이 문제에 대한 자세한 것은 우쓰미 아이코 저, 김경남 역, 『전후보상으로 생각하는 아시아와 일본』, 논형, 2012 참조.

철시키기 위해 만들어진 식민도시에 건조환경을 건설하는 과정은 자본가들에게 잉여가치를 유리하게 창출하도록 하였다. 이러한 조건을 기반으로 조선에는 식민지적 자본주의가 구축되었으며, 총독부와 일본인 자본가, 거기에 협력한 조선인 자본가들에게 유리한 지역지배 질서가 만들어졌다.

이렇듯 시가지계획은 1934년 시행령 초기에는 나진 · 청진 · 흥남 등 북부지역 공업지대를 중심으로 진행되었으며, 점차 경인지구의 경성과 인천, 남부지역의 부산과 마산으로 확산되었다. 이 도시들은 모두 대륙병참기지와 관련하여 전략적으로 중요한 거점도시들로서, 일제가 군사적으로 전략적 거점도시들을 확대 강화해나갔다는 사실을 알 수 있다. 이에 따라 조선의 공업화는 북부지역을 중심으로 추진되었으나, 아시아태평양전쟁으로 확전되면서 부산요새지대를 중심으로 울산 · 마산 · 대구 · 광주 · 전주 등으로 확대되어갔다.

일본이 패전하자, 총독부 관료와 조선에서 자본을 축적한 일본인 자본가들은 강제 추방되었다. 총독부와 결착된 그들의 자본과 경영 노하우, 기술 등 식민지 자본축적 노하우도 하루아침에 사라졌다. 이에 따라 식민도시에 만들어진 자본가 네트워크를 통한 기업그룹도 단숨에 무너졌다. 낙하산을 통해 취임한 재계의 일본인 거물들이 없어지고 조선인 중심의 네트워크는 남았지만 그들의 경영 노하우를 하루아침에 극복하기는 어려운 일이었다. 해방 후 한국자본주의는 강대국의 대리 전쟁 폐허 속에서 또 다른 출발을 해야 했으며, 미 · 소 군정의 주도하에서 새로운 세계 경제 질서에 편입되어 갔다. 조선의 식민도시들은 일본제국주의에 의해 세계 식민도시체제에 편입되었으나, 국제정세의 변화에 따라 또 한번 급격하게 재편되어 갔다.

[부표 1] 1921년 조선에 본점을 둔 기업의 중역 겸임 총괄표

| 겸임수 | 성명/회사명 | 16 | 22 | 59 | 73 | 86 | 46 | 53 | 45 | 91 | 105 | 128 | 15 | 124 | 147 |
|---|---|---|---|---|---|---|---|---|---|---|---|---|---|---|---|
| 8 | 釘本藤次郎 | 16 | 22 | 59 | | 86 | | | | | | | | | |
| 3 | 末森富良 | 16 | | 59 | | 86 | | | | | | | | | |
| 3 | 古城梅溪 | 16 | | 59 | | 86 | | | | | | | | | |
| 4 | 天日常次郎 | 16 | | 59 | 73 | | | | | | | | | | |
| 9 | 吉田秀次郎 | 16 | | 59 | | | | | | | | | | | |
| 3 | 田中友吉 | | | 59 | | 86 | | | | | | | | | |
| 4 | 篠崎半助 | 16 | | 59 | | | | | | | | | | | |
| 7 | 白完爀 | | 22 | 59 | | | | | | | | | | | |
| 6 | 賀田直治 | 16 | 22 | | 73 | | | | | | | | | | |
| 4 | 山口太兵衛 | 16 | | | 73 | | | | | | | | | | |
| 5 | 小杉謹八 | | | 59 | | | | | | | | | | | |
| 4 | 金溶泰 | | | 59 | 73 | | | | | | | | | | |
| 4 | 趙鎭泰 | | | 59 | | | | | | | | | | | |
| 3 | 芮宗錫 | | | 59 | 73 | | | | | | | | | | |
| 3 | 豊田正平 | | | | 73 | | | | | | | | | | |
| 5 | 中村再造 | 16 | | | | | | | | | | | | | |
| 9 | 迫間房太郎 | | | | | | 46 | 53 | | | | | | | |
| 6 | 香椎源太郎 | | | | | | 46 | 53 | | | | | | | |
| 3 | 中村俊松 | | | | | | 46 | 53 | | | | | | | |
| 7 | 大池忠助 | | 22 | | | | 46 | 53 | | | | | | | |
| 4 | 坂田文吉 | | | | | | 46 | | | | | | | | |
| 4 | 萩野彌左衛門 | | | | | | | 53 | | | | | | | |
| 3 | 井谷義三郎 | | | | | | | 53 | | | | | | | |
| 3 | 桐岡金三 | | | | | | | 53 | | | | | | | |
| 3 | 武久捨吉 | | | | | | | 53 | | | | | | | |
| 8 | 賀田金三郎 | | 22 | | | | | | | | | | | | |
| 7 | 李柄學 | | 22 | | | | | | | | | | | | |
| 5 | 中村精七郎 | | 22 | | | | | | | | | | | | |
| 5 | 李王職長官 | | 22 | | | | | | | | | | | | |
| 4 | 山本條太郎 | | 22 | | | | | | | | | | | | |
| 3 | 東洋拓殖會社 | | 22 | | | | | | | | | | | | |
| 9 | 富田儀作 | | 22 | 59 | | | | | | | | | | | |
| 5 | 阿部國造 | | | | | | | | 45 | 91 | 105 | 128 | | | |
| 7 | 横江重助 | | | | | | | | 45 | 91 | 105 | 128 | | | |
| 5 | 加藤鐵治郎 | | | | | | | | 45 | 91 | 105 | 128 | | | |
| 5 | 增田光平 | | | | | | | | 45 | 91 | 105 | 128 | | | |
| 4 | 多田榮吉 | | | | | | | | 45 | 91 | | | | | |
| 4 | 松畏哲次 | | | | | | | | | 91 | | | | | |
| 3 | 杉原左一郎 | | | | | | | | 45 | | 105 | | | | |
| 3 | 藤平泰一 | | | | | | | | 45 | | 105 | | | | |
| 6 | 松井邑次郎 | | | | | | | | | | | | 15 | 124 | |
| 6 | 福田有造 | | | | | | | | | | | | 15 | 124 | |
| 5 | 山野瀧三 | | | | | | | | | | | | 15 | 124 | |
| 3 | 高根信禮 | | | | | | | | | | | | 15 | 124 | |
| 6 | 森田泰吉 | | | | | | | | | | | | 15 | | |
| 4 | 守田千助 | | | | | | | | | | | | 15 | | |
| 3 | 山本萬次郎 | | | | | | | | | | | | 15 | | |
| 4 | 靑木十三朗 | | | | | | | | | | | | | 124 | |
| 3 | 藤森利兵衛 | | | | | | | | | | | | | 124 | |
| 4 | 原田綱治 | | | | | | | | | | | | | | 147 |
| 4 | 陶山美賀藏 | | | | | | | | | | | | | | 147 |
| 3 | 谷本寅吉 | | | | | | | | | | | | | | 147 |
| 3 | 藤光卯作 | | | | | | | | | | | | | | 147 |
| 3 | 萩原巖 | | | | | | | | | | | | | | 147 |
| 3 | 服部源次郎 | | | | | | | | | | | | | | 147 |

※ 본표 가로숫자는 다음 자본금 순위와 같음

| 자본금 순위 | 회사명 | 그룹명 |
|---|---|---|
| 16 | 조선실업은행 | 경인 |
| 22 | 동양축산흥업㈜ | 경인 |
| 59 | 경성증권신탁㈜ | 경인 |
| 73 | 조선요업㈜ | 경인 |
| 86 | 조선제면㈜ | 경인 |
| 46 | 부산수산㈜ | 부산 |
| 53 | 부산공동창고㈜ | 부산 |
| 45 | 신의주은행 | 신의주 |
| 62 | 선만염료공업 | 신의주 |
| 91 | 평북농잠㈜ | 신의주 |
| 105 | 신의주창고㈜ | 신의주 |
| 128 | 신의주요업㈜ | 신의주 |
| 15 | 조선면화㈜ | 목포 |
| 124 | 목포식산(주) | 목포 |
| 147 | 통영어로㈜ | 기타 |

**【표 설명】**

자료 「朝鮮銀行會社組合要錄」 1921년판을 이용하여, 조선에 본점이 있는 기업을 대상으로 하였다.

추출방법은 먼저 「要錄」에 있는 조선본점기업의 중역명, 대주주명, 기업명 등을 모두 엑셀에 입력한 다음, 株主로서 자본을 出資하고 重役을 겸임하고 있는 인물 중 3사 이하는 삭제하였다.

가로는 회사 자본금순위 번호, 세로는 자본가명을 입력하여 중복되는 경우를 추출하였다. 회색은 대주주이면서 동시에 중역을 겸임하고 있는 경우이다.

## [부표 2] 1937년 조선에 본점을 둔 기업의 중역 겸임 총괄표

| 連番 | 氏名 | 겸임수 | 1 | 2 | 18 | 42 | 61 | 135 | 165 | 281 | 3 | 9 | 11 | 15 | 44 | 5 | 102 | 108 | 208 | 221 | 227 | 225 | 226 | 243 | 333 | 85 | 109 | 132 | 421 |
|---|---|---|---|---|---|---|---|---|---|---|---|---|---|---|---|---|---|---|---|---|---|---|---|---|---|---|---|---|---|
| 1 | 野口遵 | 12 | 1 | 2 | 18 | 42 | 61 | 135 | 165 | 281 | | | | | | | | | | | | | | | | | | | |
| 2 | 大島英吉 | 11 | 1 | 2 | 18 | 42 | 61 | 135 | | 281 | | | | | | | | | | | | | | | | | | | |
| 7 | 都筑康二 | 7 | | | | 42 | | | | | | | | | | | | | | | | | | | | | | | |
| 3 | 日本窒素肥料 | 6 | 1 | 2 | 18 | | 61 | 135 | | 281 | | | | | | | | | | | | | | | | | | | |
| 4 | 荻生傳 | 6 | 1 | 2 | | | | | 165 | 281 | | | | | | | | | | | | | | | | | | | |
| 9 | 山中宇三郎 | 5 | | | | | | 135 | | | | | | | | | | | | | | | | | | | | | |
| 5 | 久保田豊 | 4 | | 2 | 18 | | 61 | | 165 | | | | | | | | | | | | | | | | | | | | |
| 6 | 金田榮太郎 | 4 | 1 | | | 42 | | | | | | | | | | | | | | | | | | | | | | | |
| 8 | 永里高雄 | 4 | 1 | | | | 61 | | 165 | 281 | | | | | | | | | | | | | | | | | | | |
| 10 | 清水榮次郎 | 4 | | | 18 | | | | | | | | | | | | | | | | | | | | | | | | |
| 11 | 朝鮮信託 | 13 | | | | | | | | | 3 | 9 | 11 | 15 | | 5 | | | | | | | | | | | | | |
| 12 | 朝鮮商業銀行 | 10 | | | | | | | | | 3 | 9 | 11 | 15 | | | | | | | | | | | | | | | |
| 13 | 東一銀行 | 7 | | | | | | | | | | | 11 | | 44 | 5 | | | | | | | | | | | | | |
| 14 | 朝鮮貯蓄銀行 | 7 | | | | | | | | | 3 | 9 | 11 | 15 | | 5 | | | | | | | | | | | | | |
| 15 | 進辰馬 | 7 | | | | | | | | | 3 | | | | | | | | | | | | | | | | | | |
| 16 | 韓城銀行 | 7 | | | | | | | | | 3 | | | | | 5 | | | | | | | | | | | | | |
| 17 | 韓相龍 | 7 | | | | | | | | | | | | 15 | 44 | | | | | | | | | | | | | | |
| 22 | 山野秀一 | 6 | | | | | | | | | | | | | | 5 | | | | | | | | | | | | | |
| 18 | 金鍾翊 | 5 | | | | | | | | | | | 11 | 15 | | 5 | | | | | | | | | | | | | |
| 20 | 金漢奎 | 5 | | | | | | | | | | | | | 44 | | | | | | | | | | | | | | |
| 23 | 古城憲治 | 5 | | | | | | | | | | | 11 | | | | | | | | | | | | | | | | |
| 24 | 井上賢太郎 | 5 | | | | | | | | | | | 11 | | | | | | | | | | | | | | | | |
| 25 | 秋本英吾 | 5 | | | | | | | | | | | 11 | | 44 | | | | | | | | | | | | | | |
| 21 | 朝鮮火災海上保 | 4 | | | | | | | | | 3 | | | | | | | | | | | | | | | | | | |
| 19 | 徐丙朝 | 4 | | | | | | | | | 3 | | | | | | | | | | | | | | | | | | |
| 26 | 東條正平 | 13 | | | | | | | | | | | | | | 5 | 102 | 108 | 208 | 221 | 227 | 225 | 226 | 243 | 333 | | | | |
| 27 | 野田董吉 | 12 | | | | | | | | | | | | 15 | | | 102 | 108 | 208 | 221 | 227 | 225 | 226 | 243 | 333 | | | | |
| 28 | 朝鮮鐵道 | 9 | | | | | | | | | | | | | | 5 | 102 | 108 | 208 | 221 | | 225 | 226 | 243 | 333 | | | | |
| 37 | 賀田直治 | 8 | | | | | | | | | | | | | | 5 | | 108 | | | 227 | | | | | | | | |
| 29 | 新田留次郎 | 8 | | | | | | | | | | | | | | 5 | 102 | 108 | 208 | | 227 | | 226 | 243 | 333 | | | | |
| 30 | 吉田雅一 | 8 | | | | | | | | | | | | | | | | | | | | 225 | | 243 | | | | | |
| 31 | 朴龍雲 | 5 | | | | | | | | | | | | | | | | | | | | | | 243 | | | | | |
| 32 | 金東0 | 6 | | | | | | | | | | | | | | | | | | | | 225 | | | | | | | |
| 33 | 崔昇烈 | 5 | | | | | | | | | | | | | | | | | | | | 225 | | | | | | | |
| 34 | 張稷相 | 6 | | | | | | | | | | | | | 44 | | | | | 221 | | | | | | | | | |
| 35 | 金斗河 | 4 | | | | | | | | | | | | | | | | | | 221 | | | | | | | | | |
| 36 | 入山昇 | 4 | | | | | | | | | | | | | | | | | | 221 | | | | | | | | | |
| 38 | 中谷竹三郎 | 4 | | | | | | | | | | | | | | | | | | | 227 | | | | | | | | |
| 39 | 岩田遂 | 5 | | | | | | | | | | | | | | | | | 208 | | | | | | | | | | |
| 40 | 河駿錫 | 5 | | | | | | | | | | | | | | | 102 | | | | | | | | | | | | |
| 41 | 齋藤久太郎 | 13 | | | | | | | | | | | | | | 5 | | | | | | | | | | 85 | 109 | 132 | 421 |
| 42 | 金丸直利 | 6 | | | | | | | | | | | | | | | | | | | | | | | | 85 | | 132 | 421 |
| 45 | 淺野太三郎 | 6 | | | | | | | | | | | | | | | | | | | | | | | | | 109 | | |
| 43 | 齋藤信次 | 5 | | | | | | | | | | | | | | | | | | | | | | | | 85 | | 132 | 421 |
| 44 | 林卯三郎 | 4 | | | | | | | | | | | | | | | | | | | | | | | | 85 | | 132 | 421 |
| 46 | 平澤喜介 | 5 | | | | | | 135 | | | | | | | | | | | | | | | | | | | 109 | | |
| 47 | 中村直三郎 | 5 | | | | | | | | | | | | | | | | | | | | | | | | | 109 | | |
| 48 | 山本高次 | 5 | | | | | | | | | | | | | | | | | | | | | | | | | 109 | | |
| 49 | 石原新造 | 7 | | | | | | | | | | | | | | | | | | | | | | | | | 109 | | |
| 50 | 方義錫 | 13 | | | | | | | | | | | | | 44 | | | | | | | | | | | | | | |
| 51 | 韓百厦 | 9 | | | | | | | | | | | | | | | | | | | | | | | | | | | |
| 52 | 金羽坤 | 6 | | | | | | | | | | | | | | | | | | | | | | | | | | | |
| 53 | 安文燦 | 6 | | | | | | | | | | | | | | | | | | | | | | | | | | | |
| 54 | 坪倉二三 | 4 | | | | | | | | | | | | | | | | | | | | | | | | | | | |
| 55 | 方禮錫 | 5 | | | | | | | | | | | | | | | | | | | | | | | | | | | |
| 56 | 朴基孝 | 4 | | | | | | | | | | | | | | | | | | | | | | | | | | | |
| 57 | 東洋拓殖會社 | 14 | | | 18 | | | | | | | | | | | 5 | | | | | | | | | | | | | |
| 75 | 荒井初太郎 | 13 | | | | | | | | | | | | | | | | | | | | | | | | | | | |
| 70 | 香椎源太郎 | 11 | | | | | | | | | | | | | | | | | | | | | | | | | | | |
| 63 | 淺野太三郎 | 10 | | | | | | | | | | | | | 44 | | | | | | | | | | | | | | |
| 62 | 朴興植 | 9 | | | | | | | | | | | | | | | | | | | | | | | | | | | |
| 64 | 朝鮮殖産銀行 | 9 | | | | | | | | | | | | | 44 | | | | | | | | | | | | | | |
| 65 | 加藤平太郎 | 8 | | | | | | | | | | | | | | | | | | | | | | | | | | | |
| 60 | 佐方文次郎 | 8 | | | 18 | | | | | | | | | | | 5 | | | | | | | | | | | | | |
| 58 | 殖産銀行 | 7 | | | | | | | | | | | | | | | | | | | | | | | | | | | |
| 66 | 加藤鐵治郎 | 7 | | | | | | | | | | | | | | | | | | | | | | | | | | | |
| 61 | 朴榮喆 | 7 | | | | | | | | | | | | | 44 | 5 | | | | | | | | | | | | | |
| 71 | 清水佐太郎 | 7 | | | | | | | | | | | | | | | | | | | | | | | | | | | |
| 76 | 内谷萬平 | 6 | | | | | | | | | | | | | | | | | | | | | | | | | | | |
| 79 | 樋口虎三 | 6 | | | | | | | | | | | | | | | | | | | | | | | | | | | |
| 80 | 松井邑次郎 | 6 | | | | | | | | | | | | | | | | | | | | | | | | | | | |
| 59 | 朝鮮銀行 | 5 | | | | | | | | | | | | | 44 | | | | | | | | | | | | | | |
| 67 | 林茂樹 | 5 | | | | | | | | | | | | | 44 | | | | | | | | | | | | | | |
| 73 | 多田榮喜 | 5 | | | | | | | | | | | | | | | | | | | | | | | | | | | |
| 74 | 閔大植 | 5 | | | | | | | | | | 9 | | | 44 | | | | | | | | | | | | | | |
| 77 | 山内松平 | 5 | | | | | | | | | | | | | | | | | | | | | | | | | | | |
| 68 | 崔昌學 | 4 | | | | | | | | | | | | | 44 | | | | | | | | | | | | | | |
| 69 | 森菊五郎 | 4 | | | | | | | | | | | | | 44 | | | | | | | | | | | | | | |
| 72 | 大橋新太郎 | 4 | | | | | | | | | | 9 | | | | | | | | | | | | | | | | | |
| 78 | 金正浩 | 4 | | | | | | | | | | | | | | | | | | | | | | | | | | | |
| 86 | 金季洙 | 16 | | | | | | | | | | | | | 44 | | | | | | | | | | | | | | |
| 81 | 吉田秀次郎 | 11 | | | | | | | | | | | | | | | | | | | | | | | | | | | |
| 82 | 大塚俊雄 | 10 | | | | | | | | | | | | | | | | | | | | | | | | | | | |
| 83 | 小倉武之助 | 10 | | | | | | | | | | | | | | | | | | | | | | | | | | | |
| 93 | 小杉謹八 | 9 | | | | | | | | | | | | | | | | | | | | | | | | | | | |
| 88 | 迫間房太郎 | 9 | | | | | | | | | | | | | | | | | | | | | | | | | | | |
| 94 | 玄俊鎬 | 7 | | | | | | | | | | | | | | | | | | | | | | | | | | | |
| 89 | 金性洙 | 6 | | | | | | | | | | | | | | | | | | | | | | | | | | | |
| 90 | 金在洙 | 5 | | | | | | | | | | | | | | | | | | | | | | | | | | | |
| 91 | 菊池一德 | 5 | | | | | | | | | 3 | | | | | | | | | | | | | | | | | | |
| 92 | 木村雄次 | 5 | | | | | | | | | | | | 15 | | | | | | | | | | | | | | | |
| 84 | 三井物産 | 5 | | | | | | | | | | | | | | | | | | | | | | | | | | | |
| 85 | 杉野多市 | 4 | | | | | | | | | | | | | | | | | | | | | | | | | | | |
| 87 | 有賀光豊 | 4 | | | | | | | | | 3 | | | | | | | | | | | | | | | | | | |
| 98 | 坂本俊資 | 5 | | | | | | | | | | | | | | | | | | | | | | | | | | | |
| 95 | 松村作二 | 4 | | | | | | | | | | | | | | | | | | | | | | | | | | | |
| 96 | 河合治三郎 | 4 | | | | | | | | | | | | | | | | | | | | | | | | | | | |
| 97 | 朝鮮運送 | 4 | | | | | | | | | | | | | | | | | | | | | | | | | | | |
| 99 | 萬代龍助 | 4 | | | | | | | | | | | | | | | | | | | | | | | | | | | |
| 100 | 難波彌一 | 4 | | | | | | | | | | | | | | | | | | | | | | | | | | | |
| 101 | 高橋謙三 | 4 | | | | | | | | | | | | | | | | | | | | | | | | | | | |
| 102 | 韓泳環 | 4 | | | | | | | | | | | | | | | | | | | | | | | | | | | |

【표 설명】

자료 「朝鮮銀行會社組合要錄」 1937년판을 이용하여, 조선에 본점이 있는 기업 4,900여 사, 총 역원수 7,011명을 대상으로 하였다.

추출방법은 먼저 「要錄」에 있는 조선본점기업의 기업명, 역원명, 대주주명 등을 모두 엑셀에 입력한 다음, 株主로서 자본을 出資하고 重役을 겸임하고 있는 인물 중 4社 이하를

가로는 회사 자본금순위 번호, 세로는 자본가명을 입력하여 4社 이상 중복되는 경우를 추출하였다. 회색은 대주주이면서 동시에 중역을 겸임하고 있는 경우이다.

| 472 | 563 | 146 | 346 | 773 | 687 | 474 | 473 | 837 | 14 | 25 | 13 | 54 | 107 | 21 | 41 | 43 | 57 | 101 | 116 | 218 | 341 | 590 | 601 | 651 | 679 | 778 | 803 |
|---|---|---|---|---|---|---|---|---|---|---|---|---|---|---|---|---|---|---|---|---|---|---|---|---|---|---|---|
| | | | | | | | | | | | | | | 21 | | | | | | | | | | | | | |
| | | | | | | | | | | | | | | 21 | | | | | | | | | | | | | |
| | | | | | | | | | | | | | | | | | | 101 | | | | | | | | | |
| | | | | | | | | | | | | | | | 41 | | | | | | | | | | | | |
| | | | | | | | | | | | 13 | 54 | | | | | | | | | | | | | | | |
| | | | | | | | | | | 25 | | | | | | | | | | | | | | | | | |
| | | | | | | | | | | 25 | | | | | | | | | | | | | | | | | |
| | | | | | | | | | | | | | | | 41 | | | | | | | | | | | | |
| | | | | | | | | | | | | | 21 | | | | | | | | | | | | | | |
| | | | | | | | | | | | | | 107 | | | | | | | | | | | | | | |
| 472 | 563 | | | | | | | | | | | | | | | | | | | | | | | | | | |
| 472 | 563 | | | | | | | | | | | | | | | | | | | | | | | | | | |
| 472 | 563 | | | | | | | | | | | | | | | | | | | | | | | | | | |
| | 563 | | | | | | | | | | | | | | | | | | | | | | | | | | |
| | | 146 | 346 | 773 | 687 | 474 | 473 | 837 | | | | | | | | | | | | | | | | | | | |
| | | 146 | 346 | 773 | | 474 | | | | | | | | | | | | | | | | | | | | | |
| | | | 346 | 773 | 687 | | | 837 | | | | | | | | | | | | | | | | | | | |
| | | | 346 | 773 | 687 | 474 | 473 | 837 | | | | | | | | | | | | | | | | | | | |
| | | | 346 | 773 | | | 473 | | | | | | | | | | | | | | | | | | | | |
| | | 146 | 346 | | | 474 | | | | | | | | | | | | | | | | | | | | | |
| | | 146 | 346 | | | | | | | | | | | | | | | | | | | | | | | | |
| | | | | | | | | | 14 | 25 | 13 | 54 | 107 | 21 | | | | | | | | | | | | | |
| | | | | | | | | | | | | 54 | | | | | | | | | | | | | | | |
| | | | | | | | | | | | 13 | | | | | | 57 | | | | | | | | | | |
| | | | | | | | | | | 25 | | | | | 41 | | | 101 | | | | | | | | | |
| | | | | | | | | | | 25 | | | | 21 | | | 57 | | | | | | | | | | |
| | | | | | | | | | | | | 54 | | | 41 | 43 | | | | | | | | | | | |
| | | | | | | | | | | | 13 | 54 | | | | | | | | | | | | | | | |
| | | | | | | | | | | | 13 | 54 | | 21 | | | | | | | | | | | | | |
| | | | | | | | | | 14 | 25 | | | 107 | | | | | 101 | | | | | | | | | |
| | | | | | | | | | | | 13 | | 107 | | | | | | | | | | | | | | |
| | | | | | | | | | | 25 | | 54 | | | | | | | | | | | | | | | |
| | | | | | | | | | | | | | | | 41 | | | | | | | | | | | | |
| | | | | | | | | | | | | 54 | | | | | | | | | | | | | | | |
| | | | | | | | | | | | 13 | | | | | | | | | | | | | | | | |
| | | | | | | | | | | | 13 | | | | | | | | | | | | | | | | |
| | | | | | | | | | 14 | 25 | | 54 | 107 | | | | | | | | | | | | | | |
| | | | | | | | | | | | | 54 | | | | | | | | | | | | | | | |
| | | | | | | | | | | 25 | | | | | | | | | | | | | | | | | |
| | | | | | | | | | | | | 54 | | | | | | | | | | | | | | | |
| | | | | | | | | | | | | | 107 | | | | | | | | | | | | | | |
| | | | | | | | | | | | | 54 | | | | | | | | | | | | | | | |
| | | | | | | | | | | 25 | | | | | | | | | | | | | | | | | |
| | | | | | | | | | | | 13 | | | | | | | | | | | | | | | | |
| | | | | | | | | | | | | | | 21 | 41 | 43 | 57 | 101 | 116 | 218 | 341 | | | | | | |
| | | | | | | | | | | | | | | 21 | | | | | | | | | | | | | |
| | | | | | | | | | | | | | | 21 | | | | | | | | | | | | | |
| | | | | | | | | | | | | | | 21 | | | | | | | | | | | | | |
| | | | | | | | | | | | | | | | | 43 | | | | | | | | | | | |
| | | | | | | | | | | | | | | | 41 | 43 | | 101 | | | | | | | | | |
| | | | | | | | | | | | | | | | | | 57 | | | | | | | | | | |
| | | | | | | | | | | | | | | | | | 57 | | 116 | 218 | 341 | | | | | | |
| | | | | | | | | | | | | | | | | | 57 | | 116 | 218 | 341 | | | | | | |
| | | | | | | | | | | | | | | | | 43 | | 101 | | | | | | | | | |
| | | | | | | | | | | | | | 107 | | 41 | 43 | | | | | | | | | | | |
| | | | | | | | | | | | | | | 21 | | | | | | | | | | | | | |
| | | | | | | | | | | | | | | 21 | | | | | | | | | | | | | |
| | | | | | | | | | | | | | | | 41 | 43 | | 101 | | | | | | | | | |
| | | | | | | | | | | | | | | | | | | | | | | 590 | | | | | |
| | | | | | | | | | | | | | | | | | | | | | | 590 | 601 | 651 | | | |
| | | | | | | | | | | | | | | | | | | | | | | 590 | 601 | 651 | | | |
| | | | | | | | | | | | | | | | | | | | | | | 590 | 601 | 651 | | | |
| | | | | | | | | | | | | | | | | | | | | | | | | | 679 | 778 | 803 |
| | | | | | | | | | | | 13 | | | | | | | | | | | | | | 679 | 778 | 803 |
| | | | | | | | | | | | 13 | | | | | | | | | | | | | | 679 | 778 | 803 |

| 자본금 순위 | 회사명 (주식회사) | 그룹명 |
|---|---|---|
| 1 | 조선질소비료 | 野口 |
| 2 | 장진강수전 | 野口 |
| 165 | 단풍철도주식 | 野口 |
| 18 | 조선송전주식 | 野口 |
| 42 | 조선석탄공업 | 野口 |
| 61 | 신흥철도주식 | 野口 |
| 135 | 웅기전기주식 | 野口 |
| 281 | 조선질소화약 | 野口 |
| 3 | 조선식산은행 | 조선식 |
| 9 | 경성전기 | 조선식 |
| 11 | 조선경남철도 | 조선식 |
| 15 | 금강산전기철 | 조선식 |
| 44 | 조선신탁주식 | 조선식 |
| 77 | 조선화재해상 | 조선식 |
| 5 | 조선철도 | 조선철 |
| 102 | 경남자동차 | 조선철 |
| 108 | 조철자동차흥 | 조선철 |
| 227 | 공영자동차 | 조선철 |
| 208 | 함북자동차 | 조선철 |
| 225 | 조선교통주식 | 조선철 |
| 243 | 선만교통주식 | 조선철 |
| 333 | 충구철공소 | 조선철 |
| 226 | 충남자동차운 | 조선철 |
| 221 | 경북화물자동 | 조선철 |
| 85 | 풍국제분주식 | 齋藤 |
| 109 | 친화목재주식 | 齋藤 |
| 132 | 황해농업주식 | 齋藤 |
| 421 | 풍국제과주식 | 齋藤 |
| 472 | 국광장유주식 | 齋藤 |
| 563 | 재등정미주식 | 齋藤 |
| 146 | 함흥택시주식 | 방의석 |
| 346 | 공흥주식회사 | 방의석 |
| 473 | 함남창고주식 | 방의석 |
| 474 | 함경목재주식 | 방의석 |
| 687 | 국경탁림 | 방의석 |
| 773 | 북청양조 | 방의석 |
| 837 | 문화주식회사 | 방의석 |
| 13 | 서선합동전기 | 동척 |
| 14 | 선만탁식 | 동척 |
| 25 | 북선제지화학 | 동척 |
| 54 | 조선미곡창고 | 동척 |
| 107 | 다사도철도 | 동척 |
| 43 | 조선제련주식 | 경성 |
| 21 | 조선석유주식 | 경성 |
| 41 | 조선저축은행 | 경성 |
| 57 | 경성방직주식 | 경성 |
| 101 | 경춘철도주식 | 경성 |
| 116 | 해동은행 | 경성 |
| 218 | 동아일보사 | 경성 |
| 341 | 중앙상공주식 | 경성 |
| 590 | 남선운수주식 | 조선운 |
| 601 | 조선트럭운수 | 조선운 |
| 651 | 호남트럭운수 | 조선운 |
| 679 | 해주무진 | 해주 |
| 778 | 해주운수 | 해주 |
| 803 | 해주주조 | 해주 |

삭제하였다.

# 참고문헌

## 1. 자료

『陸軍省大日記』『御署名原本』『大日本紡績聯合會月報』

『外務省韓国各地二帝国陸海軍要地買収関係雑件』『駐韓日本公使館記錄』

『馬山港誌』『釜山名士録』『三千里』『日本外交文書』

『日韓尋交ノ為花房大丞森山茂一行渡韓関係』『朝鮮』『朝鮮經濟圖表』

『朝鮮功労者』『朝鮮名鑑』『朝鮮總督府官報』『朝鮮總督府統系年報』

『中樞院會議 参議 答申書』『昌原雑牒』『参謀本部雑綴(秘)』『斎藤実文書』

『旧韓末條約彙纂』『旧韓国外交文書』 太政官, 『太政類典草稿(公文類聚)』

『京城日報』『大阪朝日』『東亞日報』『毎日新報』『釜山日報』『朝鮮中央日報』

「居留帝國民ニ對スル施設」, 『施政年報』, 1908

間城香陽, 『釜山の使命』, 釜山日報社印刷部, 1926

警務局, 『道警察部長會議書類』, 1937

朝鮮総督府 警務局長, 『内鮮一体の理念及其実現方策要綱』, 1941

慶尙南道棉作係編, 『慶南の棉』, 1931

京城都市計劃研究會, 『京城都市計劃研究』, 京城府, 1927

京城府, 『京城都市計劃調査書』, 大和商會印刷所, 1928

京城商工會議所, 『朝鮮經濟雜誌』, 1928

高岡熊雄, 「投資地としての植民地の價値」, 1931

高橋亀吉, 『現代朝鮮経済論』, 千倉書房, 1935

高橋三七, 『事業と郷人 第1輯』, 実業タイム社・大陸研究社, 1939

谷サカヨ,『大衆人事錄』 제14판 「外地 · 滿 · 支, 海外編」, 帝國秘密探偵社, 1943
金谷重義 · 平実,『地方計画の基本問題－特に近畿地方計画を中心として』, 有斐閣, 1941
內閣,『都市計劃法』, 1919
內閣, 「基本国策要綱及之ニ基ク具体問題処理要綱」(閣甲240号), 1940
內閣總理府, 「国土計画設定ニ関スル件」,『御署名原本』, 1940
堂本敏雄,『朝鮮行政の特質』, 朝鮮行政, 1940
大野緑一郎, 「內鮮一体強化と前進兵站基地確立へ」, 高橋三七 著,『事業と郷人 第1輯』, 実業タイム社 · 大陸研究社, 1939
東亞經濟時報社,『朝鮮銀行會社組合要錄』, 1937
東亞經濟新報社,『朝鮮銀行會社要錄』, 1942
東洋經濟新報社,『朝鮮産業の共榮圈『參加體制』』, 1942
藤沢論天,『半島官財人物評論』, 大陸民友社, 1926
鈴木正文,『朝鮮経済の現段階』, 帝国行政学会朝鮮本部, 1938
陸軍省, 「釜山練兵場の件」,『明治32年機密文書編册』 1907
陸軍省大日記,『明治33年分 韓國馬山地所 第2の編册木機密』 1910
朴栄喆,『五十年の回顧』, 1929
飯沼一省,『都市計画法の話』, 都市研究会, 1933
飯沼一省 著,『都市計劃(地方行政叢書)』, 1934
防衛省,『南朝鮮兵站関係部隊配置要図(1945년 현재)』, 1950
釜山甲寅会,『釜山繁栄論策』, 1927
釜山名士錄刊行會,『釜山名士錄』, 釜山名士錄刊行會, 1935
釜山繁榮會,『釜山繁榮論策』, 1927
釜山府, 「復命書」,『釜山鎭海面紛爭』, 1913년 12월 23일
釜山府,『釜山鎭海面紛爭』, 1913
釜山府,『釜山府社會施設概要』, 1927
釜山府,『釜山』 1월호, 1928
釜山府,『釜山』 2월호, 1930
釜山府,『釜山の産業』, 1930

釜山府,『釜山府勢要覽』, 1926-1936년판

釜山府,『釜山都市計劃決定』, 1936~1942

釜山府,「人口の都市集中防止に關する件」,『釜山府關係綴』, 1936

釜山府,「市街地計劃事業道路改修工事費起債の件」, 1938

釜山府 地方課, 地第715号「市街地計劃事業道路改修工事費起債ノ件」, 1938

釜山商業會議所,『釜山商業會議所年報』, 1909

釜山商業會議所,『釜山港經濟統計要覽』, 1929

釜山商業會議所,『昭和4年 釜山港經濟統計要覽』, 附錄 釜山工場一覽表, 1929

釜山稅關內 釜山經濟調査會,『釜山港經濟概覽』, 1931

釜山領事館,『釜山領事館制定諸規則』, 年度未詳

釜山日報社,『大釜山建設』, 1942

釜山日本人商業會議所,『釜山日本人商業會議所年報』, 1907

濱野恭平,『世界綿業恐慌』, 日本綿業倶樂部, 1932

山內敏,『朝鮮経済統制法全書』, 大津出版社, 1945

森田福太郎,『釜山要覽』, 釜山商業會議所, 1911

森田福太郎,『釜山要覽』, 釜山商業會議所, 1912

上田耕一郎,『釜山の商工案內』, 釜山商工會議所, 1937

石田頼房,『日本近代都市計画の百年』, 自治体研究所, 1987

石川榮耀 著,『都市計劃及國土計劃』, 1941

石川栄耀『都市計画と国土計画』, 工業図書株式会社, 1941

石川栄耀,『日本国土計画論』, 八元社, 1941

石川栄耀,『皇国都市の建設』, 常磐書房, 1942

細井和喜藏著,『女工哀史(原著發行은 1925年)』, 岩波書店, 1954.

小林生,「釜山において勞働者需給の現況」,『釜山』 1927년 9월호

松下傳吉,『財閥三井の新研究』, 1936

水田直昌,『統監府時代の財政』, 友邦協會, 1916

勝田伊助,『釜山を擔ぐ者 晉州大觀』, 晉州大觀社, 1940

外事局,『居留地關係書類－民團關係調査ノ分』, 1911

外事局,『居留地關係書類』, 1911

外事局,『外國居留地整理關係書類』, 1912
外事局,『外國居留地整理ニ關スル件』, 1913
外事局,『在鮮外國居留地整理ニ關スル下協議會議事概要(參考書類 別綴)』, 1913
牛島省三,「朝鮮市街地計劃令の發布について」,『朝鮮』, 朝鮮總督府, 1934
宇垣一成文書研究會,『宇垣一聲關係文書』, 芙蓉書房, 1995
『宇垣一成日記』, みすず書房, 1971
有馬順吉,『朝鮮紳士録』, 1931
『日本地理風俗大系』 16. 17 朝鮮(上, 下), 新光社, 1930
長田睦治,『釜山名士錄』, 釜山名士錄刊行會, 1935
全國調査機關聯合會朝鮮支部編,『朝鮮經濟年報』, 1940
田内竹葉, 淸野秋光 編,『朝鮮成業銘鑑』, 朝鮮研究會藏版, 1917
田中麗水 編,『全鮮商工會議所發達史』, 釜山日報社, 1935
朝鮮工業協會,『工業協會會報』 31号, 1934.3
朝鮮工業協會,『朝鮮工業協會會報』, 各年版
朝鮮軍臨時兵站司令部釜山支部,「釜山府内並東萊海雲台軍隊宿営力調査表」, 1940
朝鮮綿絲布商聯合會,『朝鮮綿業史』, 1929
朝鮮棉花株式會社,『朝鮮棉花株式會社20年史』, 1943
朝鮮商工研究會,『朝鮮商工大監』, 1929
朝鮮新聞社,『朝鮮人事興信録』, 1922
朝鮮瓦斯電氣株式會社,『朝鮮瓦斯電氣株式會社發達史』, 大盛堂, 1938
朝鮮總督府,『市政年報』, 1908
朝鮮總督府,『釜山鎭海面埋立紛爭關係』, 1908~1929
朝鮮總督府,『朝鮮總督府 統計年報』, 1911
朝鮮總督府,「釜山鎭 埋立地區 土地分割 占有」,『釜山府關係綴』, 1915
朝鮮總督府,『官報』, 各年版
朝鮮總督府,『工場名簿』, 1932년판
朝鮮總督府,『工場名簿』, 1935년판
朝鮮總督府,「朝鮮市街地計劃令」 第1條(1934.6.20. 制令 第18號)(朝鮮市街地計劃令竝關係法規集).

朝鮮總督府, 『釜山都市計劃決定』, 1936
朝鮮總督府, 『東亞經濟の新政勢と朝鮮工業』, 1939
朝鮮總督府, 『人口ノ都市集中防止ニ關スル件』, 1936
朝鮮総督府, 『釜山都市計画決定』, 1936~1942
朝鮮総督府, 「朝鮮全図」, 1937
朝鮮總督府, 『朝鮮總督府及所屬官署職員錄』, 各年版
朝鮮總督府, 『朝鮮總督府職員錄』, 각년판
朝鮮總督府 殖産局, 『朝鮮工場名簿』, 1913
朝鮮總督府 總督官房 外事局, 『居留地關係綴』, 1908~1910
朝鮮總督府 總督官房 外事局, 『各國居留地關係取極書』, 1910
朝鮮總督府 總督官房 外事局, 『各國居留地整理に關する書類』, 1913
朝鮮總督府 總督官房 外事局, 『外國居留地整理關係書類』, 1912년판, 1914년판
朝鮮總督府 土木課, 『釜山鎮海面埋立關係書類』, 1909~1929
中村資郎編, 『朝鮮銀行會社要錄』, 東亞經濟時報社, 各年版
楫西光速 編, 『纖維』 上, 現代日本産業發達史研究會, 1937
榛葉, 「朝鮮に於ける都市計劃の特異性」, 『都市問題』 第5号, 1938.11
川島喜彙 編, 『新釜山大觀』, 釜山出版協会, 1934
天野誠齋, 『朝鮮渡航案內』, 新橋堂, 1904
川合彰武, 『朝鮮工業の現段階』, 東洋經濟新報社京城支局, 1943
内閣, 「朝鮮市街地計画令中改正制令案」, 1940
内閣, 「国土計画設定ニ関スル件」, 1940
内閣, 「国土計画審議会設置ニ関スル件」, 『公文雜纂』 昭和十六年・第二巻・内閣二, 1941.10.23
内閣官房 総務課, 「国土計画の設定に関する一考察」, 1939
内田じゅん, 「植民地朝鮮における同化政策と在朝日本人—同民会を事例とし」, 『朝鮮史研究会論文集』 41, 朝鮮史研究会, 2003
統監府, 『施政年報』, 1907
統監府, 「居留帝國民ニ對スル施設」, 『施政年報』, 1908
統監府總務府內事課, 『在韓本邦人戸口及諸官署一覽表』, 1907

国民総力朝鮮連盟, 内鮮一体の具現, 国民総力朝鮮連盟, 1941
国際労働機関 国際労働局著, 大日本紡績聯合会(訳), 『世界纖維工業』, 千倉書房, 1937
板本嘉一, 『朝鮮土木行政法』, 年代未詳
片岡 · 吉田共著, 『都市計劃』, 1935
平壤每日新聞釜山支局內 釜山名士錄刊行會, 『釜山名士録』, 1935
『韓相龍君を語る』, 韓相龍氏還曆紀念會, 1941
対馬知事官房, 『対馬国政治革全』 明治25年 1902

## 2. 논문

### 1) 국문

姜萬吉, 「大韓帝國時期의 商工業問題」, 『亞細亞研究』 제16권 제2호, 아세아문제연구소, 1973
강창석, 「釜山理事廳을 통해 본 日帝의 對韓政策」, 『港都釜山』 제12호, 1995
강창일, 「일제의 조선지배정책－식민지유산문제와 관련하여－」, 『역사와현실』 12호, 한국역사연구회, 1994.
계명대 개교50주년준비위원회 · 계명사학 · 계명대사학과, 『대구 근대의 도시발달과정과 민족운동의 전개』, 계명대 개교50주년 준비위원회, 2004
권태억, 「식민지기 '조선 근대화론'에 대한 단상」, 『한국민족운동사연구』, 나남출판, 1997
김경남, 「1920~30년대 면방대기업의 발전과 노동조건의 변화－4대 면방대기업을 중심으로」, 『釜山史学』 제25 · 26합집, 부산사학회, 1994
김경남, 「1930 · 40년대 면방직공업 재편성의 본질」, 『지역과역사』 제2호, 1996
김경남, 「韓末 · 日帝下 釜山地域의 都市形成과 工業構造의 特性」, 『지역과역사』 제5호, 1999
김경남, 「일제하 조선에서 도시건설과 자본가집단망」, 부산대학교 박사학위논문, 2003
金慶南, 「전시체제기 근대도시 부산개발의 식민지적 성격(戦時体制期における近代

都市釜山開発の植民地的特性)」, 『経営経済論集』 18(1), 九州国際大学, 2011
김경남, 「한말 · 일제의 진해만요새 건설과 식민도시개발의 변형」, 『항도부산』 28, 부산광역시사편찬위원회, 2012
김경남, 「일제강점초기 중역겸임제를 통한 자본가네트워크의 형성」, 『한일관계사연구』 제48집, 한일관계사연구회, 2014
김경남, 「전시체제기 중역겸임제를 통한 자본가네트워크와 전시동원체제」, 『전북사학』 No.45, 전북사학회, 2014
김경남, 「제국의 식민지 · 점령지 지배와 '전후보상' 기록의 재인식」, 『기록학연구』 제39호, 한국기록학회, 2014
김경남, 「1894-1910년 한국과 일본 근대기록구조의 중층성과 종속성－전북지역 전략적 인프라구축기록을 중심으로」, 『한국기록관리학회지』 15(3), 2015
金慶南, 「경계지역의 로칼리티 교류 － 쓰시마와 부산을 중심으로 (境界地域におけるローカリティ交流-対馬と釜山を中心に)」, 『法政大学大原社会問題研究所雑誌』 No.679, 2015
김경남, 「일제의 식민지 도시개발과 '전통도시' 전주의 사회경제구조 변용」, 『한일관계사연구』 No.51, 한일관계사학회, 2015
金慶南, 「조선해협에서 요새 · 군항건설과 국제관계 (朝鮮海峡への要塞 · 軍港建設と国際関係)」, 坂本悠一編, 『地域の中の軍隊 帝国の最前線』 7巻, 吉川弘文館, 2015
김경일, 「日帝下에 있어서 고무노동자의 상태와 노동운동」, 『일제하의 사회운동』, 문학과지성사, 1987
김광우, 「대한제국 시대의 도시계획－한성부 도시개정사업」, 『향토서울』 제50호, 서울시사편찬위원회, 1990
김대상, 「빼앗긴 땅－일인의 토지수탈－」, 『開港百年』, 부산일보사, 1976
김명수, 「한말 일제하 賀田家의 자본축적과 기업경영」, 『지역과 역사』 제25호, 부경역사연구소, 2009
김명수, 「1920년대 한성은행의 정리와 조선인 CEO 한상룡의 몰락」, 『역사문제연구』 제27호, 역사비평사, 2012
김백영, 「왕조 수도로부터 식민도시로－경성과 도쿄의 市區 개정에 대한 비교 연구」,

『韓國學報』 112, 2003
김백영, 「천황제제국의 팽창과 일본적 근대의 기획: 일본형 식민지도시의 특성에 대한 비교사적 분석」, 『도시연구: 역사, 사회, 문화』 제1호, 도시사학회, 2009
김백영, 『지배와 공간—식민지도시 경성과 제국 일본』, 문학과지성사, 2009
김백영, 「식민지 시기 한국 도시사 연구의 흐름과 전망」, 『역사와 현실』 81, 2011
김용섭, 「고종조 왕실의 균전수도문제」 및 「광무연간의 양전지계사업」, 『한국근대농업사연구(하)』, 일조각, 1988
김용섭, 「고부 김씨가의 지주경영과 자본전환」, 『한국근현대사농업사연구』, 일조각, 1992
金容旭, 「釜山倭館考」, 『한일문화』 1집 2권, 부산대 한일문화연구소, 1962
김용욱, 「釜山築港誌」, 『항도부산』 2호, 부산시사편찬위원회, 1963
김윤희, 「대한제국기 서울지역 금융시장의 변동과 상업발전」, 고려대학교 박사학위논문, 2002
金義煥, 「釜山 近代工業 發達史(上)」, 『港都釜山』 第6號, 1967
김인호, 「중일전쟁 시기 조선에서의 '배급통제' 연구(1938~1942)」, 『史叢』 第47輯, 고대사학회, 1998
김인호, 「일제초기 조선공업의 '과도기 자본주의'적 특징(1910~1919)」, 『한국근현대사연구』 10호, 한울, 1999
김인호, 「1945년 부산지역의 도시소개연구」, 『한국민족운동사연구』 41호, 한국민족운동 사학회, 2004
김일수, 「일제강점 전후 대구의 도시화과정과 그 성격」, 『역사문제연구』 10, 역사문제연구소, 2003
김일수, 「'한일병합' 이전 대구의 일본인거류민단과 식민도시화」, 『한국학논집』 59, 계명대학교 한국학연구원, 2015
김주관, 「공간구조의 비교를 통해 본 한국 개항도시의 식민지적 성격－한국과 중국의 개항도시 비교를 중심으로」, 『한국독립운동사 연구』 42집, 2012
김중섭, 「일제하 경상남도 도청이전과 주민의 반대운동」, 『경남문화연구』 제18호, 경상대학교 경남문화연구소, 1996
김태웅, 「일제하 군산부에서 주민의 이동사정과 계층분화의 양상」, 『한국민족문화』

35, 부산대 한국민족문화연구소, 2009
김호범, 「開港期 商業構造와 植民地 商業體制의 形成에 관한 研究」, 『經濟學論叢』 제2권 제1호, 韓國東南經濟學會, 1993
류승렬, 「역사비평 기획시리즈 식민지 시기 '조선의 기업가'」, 『교수신문』 2007년 7월 16일
柳濟憲, 「大邱圈地域에 있어서 空間構造의 近代化 過程」, 『지리학』 27권 2호, 대한지리학회, 1992
柳興校 · 洪俊豹, 「전주 도시구조의 변화 -일제시대」, 『도시 및 환경연구』 제5집, 1990
문영주, 「20세기 전반기 인천 지역경제와 식민지 근대성: 인천상업회의소(1916~1929)와 재조일본인」, 『인천학연구』 제10호, 인천학연구원, 2009.
민유기, 「한국 도시사 연구에 대한 비평과 전망」, 『사총』 64, 2007
박선희, 「일제강점기 도시공간의 식민지 근대성; 전주를 중심으로」, 『문화역사지리』 제19권 제2호, 2007
박세훈, 「1920년대 경성도시계획의 성격: 경성도시계획연구회와 '도시계획운동'」, 『서울학연구』 15, 2000
박이준, 「현준호의 자본형성 과정과 친일행위」, 『한국근현대사연구』 40집, 한국근현대사학회, 2007
박재을, 「한국 면방직업의 사적연구」, 경희대학교 박사학위논문, 1980
박재화, 「1930년 조선방직노동자들의 파업 연구」, 부산여자대학교 석사학위논문, 1993
박현채, 「한국자본주의와 민족자본」, 『한국의 사회경제사』, 한길사, 1987
방기중, 「1940년대 전후 조선총독부의 '신체제'인식과 병참기지 강화정책-총독부 경제지배시스템의 특질과 관련하여」, 『東方學志』 제138집, 延世大學校 國學研究院, 2007
배석만, 「일제시기 부산의 대자본가 香椎源太郎의 자본축적활동－日本硬質陶器의 인수와 경영을 중심으로」, 『지역과 역사』 제25호, 2009
배석만, 「조선 제철업육성을 둘러싼 정책조율과정과 청진제철소 건설(1935~45)」, 『동방학지』 151, 연세대학교 국학연구원, 2010
배석만, 「1930년대 부산 적기만 매출 연구」, 『항도부산』 28, 부산광역시사편찬위원회,

2012
배석만, 「전시체제기 동양척식주식회사의 자금동원 구조와 투자동향 분석」, 『지역과역사』 34, 부경역사연구소, 2014
배석만 · 김동철, 「일제시기 日本硬質陶器株式會社의 기업경영 분석」, 『지역과역사』 제29호, 2011
배석만, 부산대학교 한국민족문화연구소 편, 『일제시기 부산항 매축과 池田佐忠』, 선인, 2012
배성준, 「1930년대 일제 섬유자본의 침투와 조선 직물업의 재편」, 『한국사론』 29, 서울대 국사학과, 1993
배성준, 「1930년대 일제의 '조선공업화론' 비판」, 『역사비평』, 1995 봄호
배성준, 「1930년대 경성지역 공업의 식민지적 '이중구조'」, 『역사연구』 제6호, 역사학연구소, 1998
배성준, 「日帝下 京城地域 工業硏究」, 서울대학교 박사학위논문, 1998
배영수, 「도시사의 최근 동향」, 『서양사연구』 17, 1995
부산직할시편찬위원회, 『부산시사』 1권, 1989
안유림, 「1930년대 總督 宇垣一成의 식민정책－북선수탈을 중심으로」, 『梨大史苑』 27집, 1994
염복규, 「1933~43년 日帝의 '京城市街地計劃'」, 『한국사론』 46, 서울대국사학과, 2001
염복규, 「일제말 京城지역의 빈민주거문제와 '시가지계획'」, 『역사문제연구』 8, 2002
염복규, 「식민지 근대의 공간형성－근대 서울의 도시계획과 도시공간의 형성 변용 확장」, 『문화과학』 39호, 2004
염복규, 「1920년대 京城도시계획운동의 전개와 성격」, 『국사관논총』 제107집, 국사편찬위원회, 2005
염복규, 「1930-40년대 인천지역의 행정구역 확장과 시가지계획의 전개」, 『인천학연구』 6, 인천대학교 인천학연구원, 2007
염복규, 「일제말기 지방 · 국토계획론과 경인시가지계획」, 『서울학연구』 32, 2008
염복규, 「日帝下 京城도시계획의 구상과 시행」, 서울대학교 박사학위논문, 2009
염인호, 「日帝下 地方統治에 관한 硏究 : 朝鮮面制의 형성과 운영을 중심으로」, 연세대학교 석사학위논문, 1983

오미일, 「1920년대 말~1930년대 부산 · 경남지역 당재건 및 혁명적 노동운동의 전개와 파업투쟁」, 『한국근현대지역운동사』, 여강, 1993
오미일, 『한국근대자본가연구』, 한울, 2002
유장근 · 허정도 · 조호연, 「大韓帝國 시기 馬山浦 지역의 러시아 租借地 성립 과정과 各國共同租界 지역의 都市化」, 『人文論叢』 16, 경남대 인문과학연구소, 2003
유재건, 「식민지 · 근대와 세계사적 시야의 모색」, 『창작과비평』 98호, 1997
윤희철, 「시가지계획령(1934~1962년)의 성립과 전개에 관한 법제사연구」, 전남대학교 석사학위논문, 2011
이귀원, 「1920년대 전반기 부산지역 민족해방운동의 전개와 노동자계급의 항쟁」, 부산대학교 석사학위논문, 1991
이규수, 「개항장 인천, 1883~1910 : 재조일본인과 도시의 식민지화」, 『인천학연구』 제6호, 인천학연구원, 2007
이병천, 「거류지 무역기구와 개항장 객주」, 『경제사학』 7호, 경제사학회, 1984
이상찬, 「1906~1910년의 지방행정제도의 변화와 지방자치 논의」, 『韓國學報』 42, 1986
이성호, 「식민지 근대도시의 형성과 공간 분화－군산시의 사례」, 『쌀 · 삶 · 문명 연구』 창간호, 전북대학교 인문한국 쌀 · 삶 · 문명 연구원, 2008
이송순, 「조선총독부 도시계획 관련 정책 심의기구 연구－조선총독부 토목회의와 시가지계획위원회」, 『韓國史硏究』 134, 韓國史硏究会, 2006
이승렬, 「일제시기 민족자본가논쟁」, 『역사비평』 9호, 1990년 여름호
이승렬, 「1930년대 전반기 일본군부의 대륙침략관과 '조선공업화'정책」, 『國史館論叢』 第67輯, 國史編纂委員會, 1996
이승렬, 「1930년대 조선의 수출증가와 조선공업계의 동향－조선인 자본가의 산업적 지위와 관련하여－」, 『韓國 近現代의 民族問題와 新國家建設』, 金容燮敎授停年紀念韓國史學論叢刊行委員會, 1997
이승렬, 「경성지역 중추원 참의들의 關係網과 식민권력의 지역지배」, 『鄕土서울』 第69號, 서울特別市史編纂委員會, 2007
이영학, 「한국 근대 연초업에 대한 연구」, 서울대학교 박사학위논문, 1990
이영학, 「대한제국기 토지조사사업의 의의」, 한국역사연구회 토지대장반, 『대한제국

의 토지조사사업』, 민음사, 1995
李完永, 「東萊府 및 倭館의 行政 小考」, 『항도부산』 2호, 부산시사편찬위원회, 1963
이창언, 「대구지역 都市史 연구의 동향과 과제」, 『민족문화논총』 44, 영남대학교 민족문화연구소, 2013
이태진, 「한국 근대도시 구성의 시발 : 1896년 서울도시개조사업」, 『한국근대도시의 재성찰』, 한국도시연구소, 1995
이한구, 『일제하 한국기업설립운동사』, 청사, 1989
이헌창, 「開港期 韓国人 搗精業에 관한 研究」, 『経済史学』 7호, 1984.6
장순순, 「왜관의 일본조계화 과정」, 『한일관계사연구』 15집, 2001
장시원, 「일제시대 경제사 연구의 방향정립을 위한 일시론」, 『한국사론』 30, 2000
전우용, 「1930年代 '朝鮮工業化'와 中小工業」, 서울대학교 석사학위논문, 1989
전우용, 「1930년대 '조선공업화'와 중소공업」, 『한국사론』 23, 1990
全遇容, 「開港期 韓人資本家의 形成과 性格」, 『國史館論叢』 41, 1993
전우용, 「대한제국기－일제초기 서울 공간의 변화와 권력의 지향」, 『전농사론』 5, 1999
정근식 · 김민영 · 김철홍 · 정호기, 「현준호－호남은행 설립자」, 『근현대의 형성과 지역 엘리트』, 새길, 1995
정병욱, 「1910년대 한일은행과 서울의 상인」, 『서울학연구』 12, 1999
정승진, 「복합적 위계도시로서의 이리」, 『쌀 · 삶 · 문명 연구』 창간호, 2008
정안기, 「戰時期 日本鋼管(주)의 조선 투자와 경영－원산제철소 건설과 경영활동을 중심으로－」, 『경제사학』 51, 경제사학회, 2011
정안기, 「1930년대 電力國策, 『朝鮮送電(주)』의 연구」, 『동방학지』 166, 연세대학교 국학연구원, 2014
정안기, 「1930년대 조선형특수회사, 「조선중공업(주)」의 연구」, 『사회와 역사』 102, 한국사회사학회, 2014
정연태, 「'식민지근대화론' 논쟁의 비판과 신근대사론의 모색」, 『창작과 비평』, 1999년 봄호
鄭在貞, 「韓末 · 日帝初期(1905~1916년) 鐵道運輸의 植民地的 性格(上)－京釜 · 京義鐵道를 中心으로－」, 『韓國學報』 제28집, 1982

정재정, 「일제의 한국철도침략과 한국인의 대응(1892~1945)」, 서울대학교 박사학위논문, 1992
정재정, 「1980년대 일제시기 경제사연구의 성과와 과제」, 『한국의 '근대'와 '근대성' 비판』, 역사비평사, 1996
정재정, 「식민지공업화와 한국의 경제발전」, 『일본의 본질을 다시 묻는다』, 한길사, 1996
정태헌, 「일제하 주세제도의 시행 및 주조업의 집적집중과정에 대한 연구」, 『국사관논총』 40, 1992
조기준, 「무송 현준호의 호남은행 창업과 기업활동」, 『한국경제의 역사적 기반과 경영이념』, 임원김병하교수 정년기념논문집간행위원회, 1995
주익종, 「일제하 평양의 메리야스공업에 관한 일 연구」, 서울대학교 박사학위논문, 1994
주익종, 「경성방직(주)의 초기 경영」, 『경제사학』, 경제사학회, 2001
池秀傑, 『한국의 근대와 공주사람들(한말일제시기공주의 근대도시발달사)』, 공주문화원, 1999
차철욱, 「대한제국기 부산 북항 매출관련 자료의 내용과 성격」, 『항도부산』 제22호, 부산광역시사편찬위원회, 2006
차철욱, 「부산 북항 매축과 시가지 형성」, 『한국민족문화』 제28집, 2006
차철욱, 「일제강점기 부산도시사 연구의 회고와 전망」, 『항도부산』 제23호, 2007
차철욱, 「전근대 군사도시에서 근대 식민도시로의 변화」, 『한일관계사연구』 48, 2014
채만수, 「중진자본주의론 비판」, 『사상문예운동』 3, 1990, 풀빛
최원규, 「日帝의 初期 韓國殖民策과 日本人 '農業移民'」, 『동방학지』 77 · 78 · 79합집, 국학연구원, 1993
최원규, 「한말 · 일제초기 토지조사와 토지법연구」, 연세대학교 박사학위논문, 1994
최원규, 「대한제국기 양전과 관계발급사업」, 『대한제국의 토지조사사업』, 1995
최원규, 「근대식민지 도시 부산의 발전」, 『부산의 역사와 문화』, 부산대 한국민족문화연구소, 1998
최원규, 「19세기후반 · 20세기 초 경남지역 일본인 지주의 형성과정과 투자사례」, 『한국민족문화』 제14집, 부산대 한국민족문화연구소, 1999

최원규, 「일제초기 조선부동산증명령의 시행과 역사성」, 『하현강교수정년기념논총 한국사의 구조와 전개』, 2000
최원규, 「일제하 한국인지주의 농장경영과 자본전환－전북 옥구군 서수면 사례」, 홍성찬 · 최원규 · 이준식 · 우대형 · 이경란, 『일제하 만경강 유역의 사회사』, 혜안, 2006
최창환, 「부산의 도시개발 변천에 관한 연구」, 『항도부산』 11, 부산직할시편찬위원회, 1994
하명화, 「일제하(1920~30년대 초) 도시 주거문제와 주거권 확보운동」, 부산대학교 석사학위논문, 2000
河宇鳳, 「壬辰倭亂 以後의 釜山과 日本關係」, 『항도부산』 9호, 부산직할시사편찬위원회, 1992
하원호, 「개항기 경제구조연구의 성과와 과제」, 『韓國史論』 25, 國史編纂委員會, 1995
한철호, 「대한제국 초기 한성부 도시개조사업과 그 의의」, 『향토서울』 59, 1999
許粹烈, 「1930年代 軍需工業化政策과 日本 獨占資本의 進出」, 『일제의 한국 식민통치』, 정음사, 1985
허수열, 「朝鮮人 勞動力의 强制動員의 實態, 朝鮮內에서의 强制動員政策의 展開를 중심으로」, 『일제의 한국식민통치』, 정음사, 1985
許粹烈, 「日帝下 韓國에 있어서 植民地的 工業의 性格에 관한 一硏究」, 서울대학교 박사학위논문, 1988
허수열, 「일제하 한국인회사 및 한국인 중역의 분석」, 안병직 외편, 『朝鮮近代의 經濟構造』, 비봉출판사, 1989
허수열, 「일제하 조선인공장의 동향」, 『근대조선 공업화의 연구』, 일조각, 1993
허수열, 「식민지적 공업화의 특징」, 吳斗煥 外, 『工業化의 諸類型(Ⅱ)－韓國의 歷史的 經驗－』, 經文社, 1996
허영란, 「일제시기의 장시 변동과 지역주민」, 서울대학교 대학원 박사학위논문, 2005
허정도, 「전통적 도시구조의 근대적 변화－개항부터 해방까지 原마산을 중심으로」, 『2002년 Seoul International Conference for History－역사 속의 한국과 세계』, 2002
현재열, 김나영, 「도시계획적 측면에서 본 16세기 해항도시 르아브르의 건설: 근대

도시계획의 기원」, 『역사와 경계』 90호, 2014

홍성찬, 「한말 일제하 전남지역 한국인의 은행설립과 경영－광주농공은행, 호남은행의 사례를 중심으로」, 『성곡논총』 30, 성곡학술문화재단, 1999

홍순권, 「일제시기 부산지역 일본인사회의 인구와 사회계층구조」, 『역사와경계』 51, 2004

홍순권, 『부산의 도시형성과 일본인들』, 선인, 2008

홍순권, 『근대도시와 지방권력－한말 · 일제하 부산의 도시발전과 지방세력의 형성』, 선인, 2010

## 2) 일문

加藤圭木, 「植民地期朝鮮における「市街地計画」－咸鏡北道羅津の事例を中心に」, 『朝鮮学報』 通巻217号, 朝鮮学会, 2010

加藤圭木, 「一九三〇年代朝鮮における港湾都市羅津の「開発」と地域有力者」, 『朝鮮史研究会論文集』 49号, 朝鮮史研究会, 2011

加藤圭木, 「植民地期朝鮮における港湾「開発」と漁村――九三〇年代の咸北羅津―」, 『人民の歴史学』 190号, 東京歴史科学研究会, 2011

加藤圭木, 「日露戦争以降の朝鮮における軍事基地建設と地域―永興湾を対象として」, 『一橋社会科学』 第5巻, 一橋大学大学院社会学研究科, 2013

加藤圭木, 「朝鮮東北部 · 咸鏡北道の社会変容―植民地期の港湾「開発」問題を中心に」, 一橋大学大学院社会学研究科博士論文, 2014

加藤圭木, 「朝鮮東北部の社会変容と植民地支配―清津港の建設をめぐって」, 『日韓相互認識』 6号, 日韓相互認識研究会, 2015

姜徳相, 「李氏朝鮮開港直後における朝日貿易の展開」, 『歴史学研究』 265, 歴史学研究会, 1962

小峰和夫, 「開國期における海外植民論」, 淺田喬二, 『'帝國'日本とアジア』, 吉川弘文館, 1994

橋谷弘, 「1930~40年代の朝鮮社會の性格をめぐって」, 『朝鮮史研究會論文集』 27号, 1990

橋谷弘, 「NIEs都市ソウルの形成」, 『朝鮮史研究會論文集』 제30집, 1992

橋谷弘,「釜山・仁川の形成」,『近代日本と植民地』3, 岩波書店, 1993
橋谷弘,「植民地都市」, 成田龍一編,『都市と民衆』, 吉川弘文館, 1993
橋谷弘,「植民地都市の形成」, 淺田喬二編,『「帝國」日本とアジア』, 吉川弘文館, 1994
堀和生,「植民地期 京城府の都市構造」,『經濟論叢』第154巻 6號, 京都大學 經濟學會, 1994
堀和生,「植民地帝國日本の經濟構造－1930年代を中心に－」,『日本史研究』462号, 2001
金慶南,「境界地域におけるローカリティ交流-対馬と釜山を中心に」,『法政大学大原社会問題研究所雑誌』No.679, 2015
金慶南,「朝鮮海峡への要塞・軍港建設と国際関係」, 坂本悠一編,『地域の中の軍隊 帝国の最前線』7巻, 吉川弘文館, 2015
金明洙, 「1930年代における永登浦地域の工業地帯の形成ー大工場の進出過程を中心に」,『三田学会雑誌』vol.101, 2008
渡邊剛・小坂武,「日本における企業間関係の社会ネットワーク分析」, The Japanese Corportion Network ; Social Network Analysis, 東京理科大学, 1995
渡辺俊一,「帝都復興とビアとの都市計劃論」,『都市計劃の誕生』, 柏書房, 1993
藤永壮, 「植民地下日本人漁業資本家の存在形態－李王家漁場をめぐる朝鮮人漁民との葛藤」,『朝鮮史研究會論文集』24, 朝鮮史研究會, 1987
鈴木恒夫, 小早川洋一,「明治期におけるネットワーク型企業家グループの研究『日本全国諸会社役員録(明治31・40年)の分析』」,『学習院大学 経済論集』第43巻 第2号, 2006
木村健二,「朝鮮進出日本人の營業ネットワーク－龜谷愛介商店を事例として」, 杉山伸也 リンダ・グローブ,『近代アジアの流通ネットワーク』, 創文社, 1999
木村健二,「朝鮮における経済統制の進行と経済団体」, 柳沢遊・木村健二編著,『戦時下アジアの日本経済団体』, 日本経済評論社, 2004
梶村秀樹,「植民地と日本人」,『日本生活文化史⑧生活の中の国家』, 河出書房新社, 1974 (『梶村秀樹著作集』1巻, 明石書店, 1992)
梶村秀樹,「民族資本と隷屬資本」,『朝鮮における資本主義の形成と展開』, 龍溪書舍, 1977
朴美貞,「植民地朝鮮の博覧会事業と京城の空間形成」,『立命館言語人文研究』21巻

4号, 2012

浜下武志,「東アジアのなかの日清戰爭」, 東近代史學會 編,『日清戰爭と東アジア世界の變容』上巻, ゆまに書房 1997

西川博史,「産業 = 貿易構造(Ⅱ)」, 石井寛治・海野福壽・中村正則 編,『近代日本經濟史を學ぶ』(下), 有斐閣, 1977

細井活一,「アメリカ会社間ネットワークの計量分析」,『社会科学論集』第55号, 名古屋経済大学, 1993

沼尻晃伸,『工場立地と都市計画－日本都市形成の特質 1905－1954』, 東京大学出版会, 2002

小林英夫,「東アジア經濟圏－戰前と前後」,『岩波講座 近代日本と植民地 1 ; 植民地帝國日本』, 岩波書店, 1992

水野直樹, 谷川竜一, 板垣竜太, ヤンスンキ,「北朝鮮フンナムの歴史都市空間ワークショップ」, 2014

安秉玲, 「朝鮮の経済的開化運動と日本帝国主義形成の一特質－朝鮮の官僚・商人と政商ブルジョア・居留日本商人の活動を中心に」, 龍谷大学経済・経営学会,『経済学論集』13권 3호, 1973.12

中尾美知子,「1930年『朝鮮紡織』爭議研究ノート」,『咰沫集』2, 1980

秦郁彦,『戦前期日本官僚制の制度・組織・人事』, 東京大学出版会, 1981

川合彰武,「大東亞共榮圈における朝鮮經濟の地位」,『朝鮮工業の現段階』, 東洋經濟新報社 刊, 1938

村上勝彦,「貿易の拡大と資本の輸出入」, 石井寛治・原朗・武田晴人編,『日本経済史2 産業革命期』, 東京大学出版会, 2000

村上勝彦,「植民地」, 大石嘉一郎,『日本産業革命の研究 下』, 東京大学出版会, 1975

學習院大學 東洋文化研究所 第4号 抜刷,『未公開資料 朝鮮總督府關係者 錄音記錄(3), 朝鮮總督府・組織と人』(宮田節子 監修, 岡本眞希子 解說, 2002)

## 3. 저서

### 1) 국문

W.G.Beasley 著, 杉山伸也 譯, 『日本帝國主義 1894-1945 居留地制度と東アジア』, 岩波書店, 1990
가람기획, 『조선총독 10인』(무크/친일문제연구제5집), 1996
강동진, 『일제의 한국침략정책사』, 한길사, 1980
慶南年鑑編纂會, 『慶南年鑑』 創刊號, 1954
京城紡織七十年史 編纂委員會, 『京城紡織株式會社七十年史』, 1989
高秉雲, 『近代朝鮮租界史の硏究』, 雄山閣出版, 1987
고석규, 『근대도시 목포의 역사 공간 문화』, 서울대 출판부, 2004
고승제, 『한국금융사연구』, 일조각, 1970
權泰檍, 『韓國近代綿業史硏究』, 一潮閣, 1989
김동철, 「근대 식민지 도시 부산의 형성과 발전」, 세계역사학대회, 2002
김백영, 『지배와 공간 : 식민지도시 경성과 제국 일본』, 문학과 지성사, 2009
김병철, 『인물은행사』 상, 은행계사, 1978
金相鴻, 『秀堂 金秊洙』, 三養社, 1985
김영정 · 소순열 · 이정택 · 이성호, 『근대 항구도시 군산의 형성과 변화』, 한울아카데미, 2006
金泳鎬, 『東アジア工業化と世界資本主義－第4世代工業化論』, 東洋經濟新報社, 1988
金義煥, 『釜山近代都市形成史硏究－日人居留地가 미친 影響을 中心으로』, 硏文出版社, 1973
김인호, 『태평양전쟁기 조선공업연구』, 신서원, 1998
김인호, 『식민지 조선경제의 종말』, 신서원, 2000
김종수 · 김민영 외, 『해륙의 도시 군산의 과거와 미래』, 선인, 2009
김홍식 외, 『대한제국의 토지제도』, 민음사, 1990
김흥수, 『한일관계의 근대적 개편 과정』, 서울대학교출판문화원, 2009
大韓商工會議所, 『商工會議所九十年史』, 1976

데이비드 하비 著, 최병두 · 한지연 편역, 『자본주의 도시화와 도시계획』, 한울, 1989
데이비드 하비 著, 초의수 역, 『도시의 정치경제학』, 한울, 1996
도시인문학연구소, 『1930~40년대 경성의 도시체험과 도시문제』, 라움, 2014
동선희, 『식민권력과 조선인 지역유력자－도평의회 도회의원을 중심으로』, 선인, 2011
마이크 새비지 · 알랜와드 저, 김왕배 · 박세훈 역, 『자본주의 도시와 근대성』, 한울, 2012
文定昌, 『軍國日本朝鮮强占三十六年史上』, 栢文堂, 1965
민유기, 『도시이론과 프랑스 도시사 연구』, 심산출판사, 2007
민족문제연구소, 『친일인명사전』, 역사비평사, 2009
朴元杓, 『開港九十年 釜山의 古今(상)』, 太和出版社, 1966
朴元杓, 『鄕土釜山 釜山의 古今(하)』, 太和出版社, 1967
배석만 · 한국민족문화연구소, 『일제시기 부산항매축과 池田佐忠』, 선인, 2012
배종무, 『목포개항사연구』, 느티나무, 1994
釜山經濟史編纂委員會, 『釜山經濟史』, 釜山商工會議所, 1989
부산광역시 상수도사업본부, 『부산상수도발달사』, 1997
釜山日報社, 『開港百年』, 1976
釜山直轄市史編纂委員會, 『釜山市史』 3권, 1991
서울사회과학연구소 경제분과, 『한국에서 자본주의 발전』, 새길, 1991
손정목, 『한국개항기 도시변화과정 연구』, 일지사, 1982
손정목, 『한국개항기 도시사회경제사연구』, 일지사, 1982
손정목, 『일제강점기 도시계획연구』, 일지사, 1990
손정목, 『일제강점기 도시사회상연구』, 일지사, 1996
손정목, 『일제강점기 도시화과정연구』, 일지사, 1996
安秉直 · 中村哲 共編著, 『近代朝鮮工業化의 硏究－1930~1945年』, 일조각, 1993
앤서니 킹, 이무용 옮김, 『도시문화와 세계체제』, 시각과 언어, 1999
오미일, 『한국근대자본가연구』, 한울, 2002
오미일, 『근대 한국의 자본가들』, 푸른역사, 2014
우쓰미 아이코 저, 김경남 역, 『전후보상으로 생각하는 아시아와 일본』, 논형, 2012
이승렬, 『제국과 상인』, 역사비평사, 2007

이한구, 『일제하 한국기업설립운동사』, 청사, 1989
인천대학교 일본문화연구소 · 박진한, 『제국 일본과 식민지 조선의 근대도시 형성－1920/30년대 도쿄 · 오사카 · 경성 · 인천의 도시계획론과 기념 공간을 중심으로』, 심산, 2013
張明洙, 『城郭発達과 都市計画研究－全州府城을 중심으로』, 學研文化社, 1994
전상숙, 『조선총독정치연구』, 지식산업사, 2012
전성현, 『일제시기 조선상업회의소 연구』, 선인, 2011
정운현 편, 『풀어서 본 반민특위재판기록』 Ⅰ · Ⅱ · Ⅲ · Ⅳ, 선인, 2009
정태헌, 『일제의 경제정책과 조선사회』, 역사비평사, 1996
趙璣濬, 『韓國資本主義成立史論』, 大旺社, 1973
朝鮮紡織株式會社 企劃課, 『朝紡의 概況』, 1952
주익종, 『대군의 척후－일제하의 경성방직과 김성수 · 김연수』, 푸른역사, 2008
池秀傑, 『한국의 근대와 공주사람들(한말 일제시기 공주의 근대도시발달사)』, 공주문화원, 1999
최윤규, 『근현대 조선경제사』, 갈무지, 1988
피터 손더스 著, 김찬호 · 이경춘 · 이소영 옮김, 『도시와 사회이론』, 한울, 1998
필립 암스트롱, 『1945년 이후의 자본주의』, 동아출판사, 1996
허수열, 『개발 없는 개발－일제하 조선경제 개발의 현상과 본질－』, 은행나무, 2005 (2011 증보판)
허정도, 『전통도시의 식민지적 근대화－일제강점기의 마산』, 신서원, 2005
현대자본주의연구모임, 『20세기 자본주의』, 한울, 1995
홍성찬 · 최원규 · 이준식 · 우대형 · 이경란, 『일제하 만경강 유역의 사회사』, 혜안, 2006
홍순권, 『근대도시와 지방권력』, 선인, 2010
홍순권 외, 『부산의 도시형성과 일본인들』, 선인, 2008
홍순권 편, 『일제시기 재부산일본인사회 주요인물 조사보고』, 선인, 2006
황명수, 『한국기업가사연구』, 단대출판부, 1982년 증보판

### 2) 일문

可合和男・尹明憲,『植民地期の朝鮮工業』, 未来社, 1991
姜在彦,『朝鮮における日窒コンツエルン』, 不二出版, 1985
高崎宗司,『植民地朝鮮の日本人』, 岩波新書, 2002
高嶋雅明,『朝鮮における植民地金融史の研究』, 大原新生社, 1978
橋谷弘,『帝国日本と植民地都市』, 吉川弘文館, 2004
堀和生,『朝鮮工業化の史的分析』, 有閔閣, 1995
金哲,『韓國の人口と經濟』, 岩波書店, 1965
吉岡喜一,『野口遵』, フジインターナショナルコンサルタント, 1962
大石嘉一郎 編,『日本帝國主義史』1, 東京大出版會, 1985
渡邊 剛 小坂 武,『日本における企業間関係の社会ネットワーク分析』, 東京理科大学, 1995
渡辺俊一,『都市計画の誕生—国際比較からみた日本』, ポテンティア叢書, 1993
東近代史學會 編,『日清戰爭と東アジア世界の變容』上卷, ゆまに書房, 1997
柳沢遊・木村健二,『戦時下アジアの日本経済団体』, 日本経済評論社, 2004
柳沢遊・木村健二・浅田進史 編著,『日本帝国勢力圏の東アジア都市経済』, 慶應義塾大学東アジア研究所叢書, 2013
木村健二,『在朝日本人の社會史』, 未來社 1989
木村健二・坂本悠一,『近代植民地都市釜山』, 桜井書店, 2007
梶村秀樹,『韓国近代経済史研究』, 사계절, 1983
朴慶植,『日本帝國主義の朝鮮支配』上, 青木書店, 1973
社會經濟史學會 編,『1930年代の日本經濟』, 東京大學出版會, 1982
山口日太郎,『メガバンク学閥人脈』, 新風舍, 2006.7
山崎隆三,『兩大戰間期の日本資本主義』上卷, 大月書店, 1978
森川英正,『日本経営史』, 日本経済新聞社, 1981
石垣幸子,『朝鮮の千葉村物語－房総から渡った明治の漁民たち－』, ふるさと文庫, 2010.
石塚裕道,『日本近代都市論－東京 : 1868~1923』, 東京大學出版會, 1991

成田龍一編,『都市と民衆』, 吉川弘文館, 1993
小林英夫,『「大東亞共榮圈」の生成と崩壞』, 御茶の水書房, 1975
小林英夫,『岩波講座 近代日本と植民地 1 ; 植民地帝國日本』, 岩波書店, 1992
小林英夫,『帝国日本と総力戦体制』, 有志社, 2004
須川英徳,『李朝商業政策史研究』, 東京大学出版会, 1994
柴村羊五,『起業の人野口遵伝 電力と化学工業のパイオニア』, 有斐閣, 1981
辛基秀,『韓國併合と獨立運動』, 勞動經濟史, 1995
岩波講座,『近代日本と植民地』, 岩波書店, 1993
外村大,『朝鮮人强制連行』, 岩波新書, 2012
田代 和生,『新・倭館—鎖国時代の日本人町』, ゆまに書房, 2011
朝鮮史研究會,『植民地朝鮮と日本の帝國支配』, 綠蔭書房, 2000.
朝鮮社會科學院 編, 金曜顯 譯,『日本帝國主義統治下の朝鮮』, 朝鮮青年社, 1978
佐藤誠, Antony. J. Fielding,『移動と定住』, 同文舘, 1998
中村良平・田渕隆俊,『都市と地域の經濟學』, 有斐閣, 1996
中村哲 外,『朝鮮近代の歷史像』, 日本評論社, 1988
楫西光速 編,『纖維』上, 現代日本産業發達史研究會, 1964
淺田喬二,『日本帝國主義と旧植民地地主制』, 東京: 御茶の水書房, 1968
淺田喬二,『「帝國」日本とアジア』, 吉川弘文館, 1994
通井秀行,『アジアの工場化と韓國資本主義』, 文眞堂, 1989
坂本悠一・木村健二著,『近代植民地都市 釜山』, 桜井書店, 2007
坂本悠一編,『(地域の中の軍隊7) 植民地 帝国支配の最前線』, 吉川弘文館, 2015
編輯委員會,『朝鮮所在重砲兵聯隊史』, 編輯委員會, 1999
布野修司・韓三建・朴重信・趙聖民,『韓国近代都市景観の形成』, 京都大学出版会, 2010
河原林,『植民地時期 臺灣財界の研究』,, 2002
金哲,『韓國の人口と經濟』, 岩波書店, 1966
成田一龍 編,『都市と民衆』, 吉川弘文館, 1993
賀田金三郎,『朝日日本歴史人物事典』, コトバン, 2012
河合和男・金早雪・羽鳥敬彦・松永達,『國策會社・東拓の研究』, 不二出版, 2000
河合和男・尹明憲著,『植民地期の朝鮮工業』, 未來社, 1991

## 3) 영문

A, King, *The Bangalou: The Producition of a Global Culture*. London/New York: Boufedge and Kegan Paul, 1984

A, King, Urbanism, *Colonialism, and the World-Economy: Cultured and soacial foundation of the world urban system, London/New york,* Routledge, 1990

Brad Beaven, *Leisure, Citizenship and working-class men in Britain, 1850-1945, Manchester*, Manchester Univ. Press, 2005

C. J. Eckert, *Offspring of Empire-The Koch'ang and the Colonial Origions of Korean Capitalism, 1876-1945*. Univ. of Washington, 1991

David Harvey, *THE URBAN EXPERIENCE*. Basil blackwell, 1989

Dennis L. McNamara, *The Colonial Origins of Korean Enterprise, 1910-1945*. Cambridge University, 1990

Dennis L. McNamara, *Trade and Transformation in Korea, 1876-1945*. Westview Press, 1996

Michael Edson Robinson, *Cultural Nationalism in Colonial Korea, 1920-1925*. University of Washington press, 1988/2014 edition

Robert Colls & Richard Rodger(eds), *Cities of Ideas: Civil Socity and Urban Governance in Britain, 1800-2000, Aldershot,* Ashgate Pub.2004

SOON-WON PARK, *Colonial Industrialization and Labor in Korea The Onoda Cement Factory*, Harvard University Asia Center, 1999

Steven H. Jaffe, *New York at War*, Basic Books, 2012

Wallerstein Immanual , *The Morden World-system Ⅲ: The Second Era Great Expansion of the Capitalist World-Economy, 1730-1840s*, New York Arcodemic Press, 1989

William Cunningham Bissell, *Urban Design Chaos and Colonal Power in Zanzibar*, Indiana University Press

# 찾아보기

## ㄱ

ㄴ

## ㄷ

## ㄹ



## ㅁ

ㅂ

ㅅ

## ㅇ

## ㅈ

ㅍ



ㅎ

## 기타

## ❖ 저자 | 김경남(金慶南)

한국근대사 전공. 호세이대학(法政大学) 겸임교수, 전주대학교 연구교수
1963년 경남 거창 출생. 경북대 출신. 부산대학교에서 문학박사
호세이대학(法政大学) 교수 역임
국가기록원 학예연구사
일본 국문학자료관(国文学資料館) 초빙교수
교토대학(京都大学) 각슈인대학(学習院大学) 외국인연구자 역임


**저서**

일제의 식민도시건설과 자본가(2015), 일제하 조선에서 도시건설과 자본가집단망(박사학위논문, 2003), 시민을 위한 부산의 역사(공저, 2003), 부산민주운동사(공저, 1998), 地域と軍隊 帝国の最前線(공저, 2015)

**논문**

「제국의 식민지 · 점령지 지배와 '전후보상' 기록의 재인식」, 「일제강점 초기 자본가 중역겸임제에 의한 정치 · 사회적 네트워크의 형성」, 「전시체제기 중역겸임제를 통한 자본가 네트워크와 전시동원체제」, 「境界地域におけるローカリティ交流－対馬と釜山を中心に」, 「일제의 식민지 도시개발과 '전통도시' 전주의 사회경제구조의 변용」, 「1894-1910년 한국과 일본 근대기록구조의 중층성과 종속성－전북지역 전략적 인프라구축기록을 중심으로」 등